könig konrad der erste – herrschaft und alltag

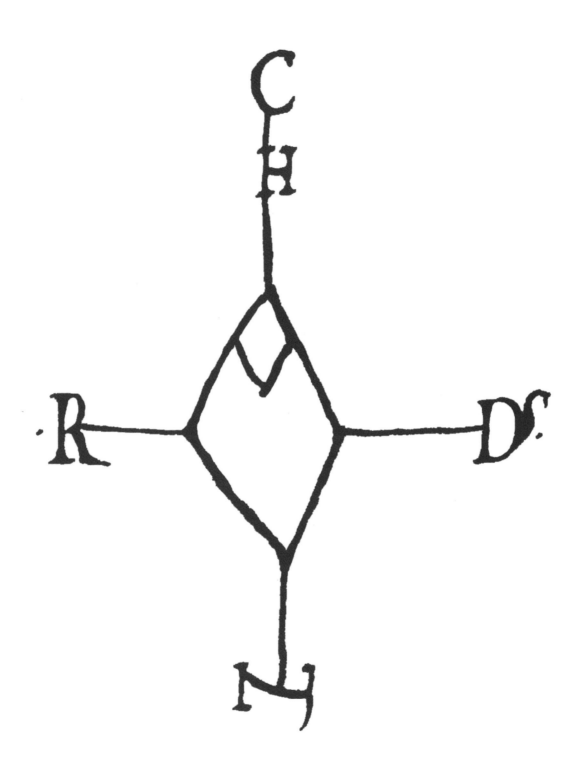

König Konrad I.
Herrschaft und Alltag

911

Begleitband zur Ausstellung

königswahl zwischen karolingern und ottonen

könig konrad der erste – herrschaft und alltag

herausgegeben

von Gregor K. Stasch und Frank Verse

VonderauMuseum Fulda

9. november 2011 bis 6. februar 2012

Vonderau Museum Fulda – Kataloge, Bd. 28

König Konrad I. – Herrschaft und Alltag

Begleitband zur Ausstellung

911 – Königswahl zwischen Karolingern und Ottonen

herausgegeben

von Gregor K. Stasch

und Frank Verse

Fulda 2011

Ausstellung im Vonderau Museum Fulda

9. November 2011 bis 5. Februar 2012

Kuratoren:

Thomas Heiler, Gregor Stasch, Frank Verse

Impressum

© 2011 by

    Vonderau Museum Fulda

    Michael Imhof Verlag

    www.imhof-verlag.de

Gestaltung und Layout:

    Gregor K. Stasch

Druck: Rindt Druck Fulda

Printed in EU

ISBN 978-3-86568-700-5

inhalt

vorwort

Die Ausstellung „911 – königswahl zwischen karolingern und ottonen. König konrad I. – herrschaft und alltag" und nicht minder der vorliegende Begleitband bilden wohl den Schlussakkord der Bemühungen einer vor zehn Jahren von Josef Hoppe gegründeten bürgerschaftlichen INITIATIVE „Konrad I. – der König, der aus Hessen kam."[1] Die hessenweit agierende INITIATIVE organisierte in Zusammenarbeit mit dem Fuldaer Museum zahlreiche Veranstaltungen und Ausstellungen, die mit der im September 2005 von Prof. Dr. Hans-Werner Goetz geleiteten wissenschaftlichen Tagung „Konrad I. – Auf dem Weg zum ‚Deutschen Reich'?" eine besondere Steigerung erfahren hat. Der ein Jahr später erschienene Tagungsband stellt den Stand der historischen Forschung zu „unserem" Thema dar. In diesem Sinn verstehen wir die Ausstellung als einen Versuch zur Erweiterung unserer Sicht auf das „dunkle" Zeitalter der Herrschaft Konrads I., indem wir die mit archäologischen Methoden gewonnenen Erkenntnisse zu Realien des damaligen Alltagslebens präsentieren wollen.

Diese Ausstellung hätte in ihrer präsentierten Vielfalt nicht verwirklicht werden können, wenn nicht zahlreiche Leihgeber, Museen und Privatsammler, bereitwillig ihre wertvollen Objekte zur Verfügung gestellt hätten. Hierfür muss allen Leihgebern herzlicher Dank gesagt werden.

Besonderer Dank gilt den Verfassern der Katalogbeiträge, in denen sie die Ergebnisse ihrer oft langjährigen Arbeit zusammengetragen haben und auch Herrn Dr. Michael Imhof für die Aufnahme der Museumspublikation in das Verlagsprogramm.

Und nicht zuletzt dürfen wir dem gesamten Museumsteam, aber auch zahlreichen ehrenamtlichen Helfern herzlichst danken: den Damen Michaela Heckel, Ellen Ploß, Hella Schwiesow, Milena Wingenfeld sowie den Herren Jörg Büchner, Bernd Glaser, Marcus Jehn, Maximilian Kutzner, Christian Lotz und Wolfgang Reinhard.

Fulda, am 9.11.2011,
dem 1.100ten Jahrestag der Wahl Konrads I. zum König

Thomas Heiler, Gregor Stasch, Frank Verse

[1] Über die INITIATIVE vgl. J. Hoppe, in: Götz 2006, 415-421.

einleitung   911 – die erste Wahl?

Mit der Zahl 911 verbindet ein durchschnittlicher deutscher Bürger heute wohl kaum etwas anderes als das erfolgreichste Modell der Marke Porsche, das seit der Frankfurter Automobil-Ausstellung 1963 bis heute diese magische Zahl belegt. Ein Historiker, der aber nun doch ausschließlich, denkt bei dieser Zahl mit Sicherheit an ein einziges historisches Ereignis aus dem Jahr 911, die „Wahl" des Königs Konrad I., die schon seit 150 Jahren die wissenschaftliche Diskussion der Mediävisten um die Anfänge des mittelalterlichen „Deutschen Reichs" immer wieder aufs Neue belebt hat und somit ein *mysterium fascinosum* geblieben ist. Damit aber enden schon die Gemeinsamkeiten.

Die Ereignisse von Anfang November 911, die zur Königserhebung Konrads I. geführt haben, liegen im Dunkel der Geschichte, da sie schon bei Zeitzeugen wohl kaum größerer Beachtung gefunden haben. Allein die *Annales Alamannici* berichten zum Jahr 912 sehr lapidar: „Franken, Sachsen, Alemannen und Bayern hätten Herzog Konrad zum König gewählt".[1] Weder das genaue Datum noch der Ort des Geschehens werden von den erzählenden Quellen erwähnt. Es kann lediglich aus den Tatsachen erschlossen werden, dass der neue König seine erste Urkunde in Forchheim am 10. November 911 ausstellte, und eine spätere, in Konstanz am 6. November 915 datierte Urkunde noch das vierte Herrscherjahr zählt, dass die Königserhebung zwischen dem 7. und 10. November in Forchheim oder in unmittelbarer Umgebung geschah. Die Annahme für die königliche Pfalz in Forchheim als Ort des Geschehens erscheint im Rückblick auf die Krönung des Vorgängers, König Ludwig des Kindes (reg. 900-911) als sehr wahrscheinlich.[2]

Schließlich muss auch der Wahlvorgang selbst in Frage gestellt werden, denn keine Quellen berichten über die anwesenden „Königswähler", geschweige denn ihre Absichten und Motive, wann, wie

Die "Wahl" von 911
Detail von der Porta Forchheimensis
von Harro Frey
Künstlerabguss, 2002
(Vonderau Museum Fulda)

[1] Annales Alamannici a. 912, 188.

[2] Vgl. R. Schieffer, in: Goetz 2006, 36-38.

und durch wen diese Entscheidung letztlich getroffen wurde. Wurde der König nur ausgerufen und anschließend gekrönt, wie elf Jahre zuvor sein gerade sechsjähriger Vorgänger?

Bei allen Unsicherheiten und Zweifeln bleibt aber als Tatsache bestehen, dass im ostfränkischen Reich 911 wirklich ein Dynastiewechsel[3] erfolgte. Zur Bedeutung der „Wahl" formulierte einprägsam Rudolf Schieffer anlässlich der Fuldaer Tagung von 2005:

„Dass 911 ein Mann zum König erhoben wurde, dessen Vater nicht König gewesen war, hat dem Vorgang seit jeher starke Beachtung innerhalb der Geschichte der fränkisch-deutschen Königswahl verschafft, obwohl die Quellenlage auch in dieser Hinsicht arg dürftig ist. [...] In der intensiven Diskussion des 20. Jahrhunderts über die näheren Umstände dieser häufig so genannten „freien Wahl" hat sich nach meinem Eindruck in den beiden wesentlichen Punkten die Waagschale zuungunsten der Schilderung Widukins gesenkt. Nicht bloß „das ganze Volk der Franken und Sachsen", wie der Corveyer Mönch schreibt, wird heute als handelnd betrachtet, sondern gemäß den viel früheren Annales Alemannici „Franken und Sachsen sowie Alemannen und Bayern", mithin eine Repräsentanz des gesamten Ostfrankenreiches (ohne Lotharingien), auch wenn kein einziger Anwesender außer dem gewählten Konrad sicher benannt werden kann. [...] Beides zusammengenommen, bedeutet doch wohl, dass die Männer der engsten Umgebung des unselbständig gebliebenen Ludwig gewiss nicht ein neues Verfassungsprinzip der „freien Wahl" etablieren wollten, sondern ihr eigenes Regiment, so gut es ging, auch nach dem Hinscheiden des Karolingers, in dessen Namen sie bisher aufgetreten waren, fortzuführen gedachten."[4]

Jene ominöse „Wahl" ist Anlass, aber eigentlich schon kein Gegenstand dieser Ausstellung; diese widmet sich insbesondere weiteren Themenbereichen. Nach der wissenschaftlichen Tagung von 2005, die zahlreiche, auch neue Fragen zum Gegenstand der Forschung um die Herrschaft König Konrads I. aufgeworfen hatte, ohne sie freilich erschöpfend beantworten zu können, erschien den Ausstellungsmachern geboten, sich einem anderen Thema vordergründig zu widmen und zwar, die mit Hilfe einer weiteren geschichtswissenschaftlichen Methode der Archäologie des Mittelalters gewonnenen Erkenntnisse zum Alltag der Menschen an der Wende vom karolingischen zum ottonischen Reich zu vermitteln. Der Mensch und seine Umwelt im Frühmittelalter, die Siedlungen, Pfalzen und Städte sowie das Handwerk mit Produktionsstätten und Erzeugnissen werden mit Hilfe zum Teil neuester Funde als Themenbereiche angesprochen[5]. Die nach neuesten Befunden angefertigten Rekonstruktionszeichnungen von Siedlungen, aber auch dreidimensionale Nachbildungen von Produktionsstätten oder Bestattungsorten der Zeit vermitteln zu den nicht selten nur unscheinbaren originalen Fundobjekten.

[3] Vgl. M. Becher in: Ebd. 246-264.

[4] R. Schieffer, in: Goetz 2006, 36 f.

[5] s. Beitrag von Cornelia Halm und Frank Verse.

Der Präsentation der Realien des Alltags im ostfränkischen Reich des 10. Jahrhunderts geht ein Versuch der Veranschaulichung von einigen Aspekten der Herrschaftsausübung der Zeit, im besonderen von König Konrad I., voraus. Der „Umritt" – das Reisekönigtum – wird mit Hilfe einer Nachzeichnung des Itinerars und im Besonderen der ersten eineinhalb Jahren seiner Regentschaft bildhaft angesprochen, auch wenn sich die Lebensumstände und Handlungen des Königs ähnlich wie seine „Wahl" weitgehend in der kargen schriftlichen Überlieferung verlieren. Erhalten und in der Ausstellung mit wichtigen Beispielen präsent sind die Königsurkunden und Münzprägungen, auch Handschriften aus der Zeit, wie der kurz nach 916 in Fulda verfasste Abtskatalog[6], der mit den zwei letzten Kurzviten der Äbte Huoggi (reg. 891-915) und Helmfried (reg. 915-916) auch Zeugnis über die ununterbrochene kulturelle Tätigkeit im Kloster Fulda, auch in der sonst als dunkle Zeit bezeichneten Periode um die Wende vom 9. zum 10. Jahrhundert, ablegt[7].

Auch wenn die „Wahl" von 911 schon kein Meilenstein, sondern nur eine der vielen Stationen im Werden des, wie auch immer zu verstehenden „Deutschen Reiches" darstellt[8], wirft die Ausstellung in ihrer am Ende positionierten Wandinstallation, undogmatisch und unhistorisch, die Frage nach der wie auch immer gearteten Relevanz zwischen den vor 1.100 Jahren stattgefundenen Ereignissen und der föderalen Verfassung des heutigen Deutschlands auf.

Unser Fokus ist aber nicht auf Forchheim, sondern auf Fulda gerichtet. Dies liegt nicht allein am Ort der Veranstaltung, sondern an der Tatsache, dass der König im Kloster Fulda seine letzte Ruhestätte gefunden haben soll.[9] Da vom Grab des Königs Konrad I. sich keine heute nachweisbaren Reste erhalten haben und auch eine in diesem Zusammenhang stehende besondere Fürbitte in der schriftlichen Überlieferung keinen Niederschlag gefunden hat, ist letztlich auch diese Tatsache nicht mit letzter Sicherheit zu belegen. Allein dem Eintrag zum Jahr 918 in der Weltchronik des in den Jahren 1058-1069 im Kloster Fulda als Inkluse lebenden Mönchs Marianus Scotus ist der einzige Hinweis auf das Grab und seine Lage zu entnehmen: „König Konrad, gestorben 10. Tage vor den Kalendae des Januar [23. Dezember], wurde im Kloster Fulda, beim Kreuzaltar bestattet."[10] In diesem Zusammenhang wird schließlich innerhalb der Ausstellung auch die Ratger-Basilika als Ort der letzten Ruhestätte des Königs thematisiert.

Mit der wohl auf eigenen Wunsch erfolgten Bestattung ging Konrad I. eine „ewige" Verbindung mit der Klostergemeinschaft von Fulda ein, deren bescheidenes Zeugnis die Totenannalen mit dem Eintrag des Königs als letzten Verstorbenen des Jahres 918 ablegen: *obiit cvonrat rex*[11]. Gewiss nicht in Nachfolge der ehemaligen Klostergemeinschaft hat die bürgerschaftlichen INITIATIVE „Konrad I. - der König, der aus Hessen kam" sich zur Aufgabe ge-

Gedenktafel im Dom zu Fulda
Adam Kramer, Sandstein, 1878/79
(Foto Erich Gutberlet)

[6] Hochschul- und Landesbibliothek Fulda, Handschrift B1, fol. 4r-5r.

[7] Gesta abbatum; vgl. auch S. Patzold, in: Goetz 2006, 229-243.

[8] Vgl. J. Jarnut in: Ebd. 265-273.

[9] Grundlegend dazu T. Heiler, Ebd. 277-294.

[10] Weltchronik des Marianus Scotus (gest. 1082), Biblioteca Apostolica Vaticana, Codex Palatino lat. 830, fol. 161

[11] Hochschul- und Landesbibliothek Fulda, Handschrift B1, fol. 15^V.

stellt, den in Fulda bestatteten König stärker im Geschichtsbe-
wußtsein der Bevölkerung zu verankern und unter dem Motto „Zukunft braucht Herkunft" sich um die Sicherung von regionaler, letztlich aber auch deutscher Identität bemüht.[12] Keine einfache Aufgabe, wenn man bedenkt, dass die INITIATIVE, zwar mit dem Fuldaer Museum einen institutionellen Partner hatte, doch letztlich nur
auf das Engagement der Mitglieder und Fremdförderung angewiesen blieb. Mit Konrad I. – einem „gescheiterten" König[13] – eine
historische Identität schaffen zu wollen, bedeutete im regionalen
Bereich es mit solchen Persönlichkeiten wie Bonifatius aufnehmen
zu müssen und im überregionalen (hessischen und deutschen) mit
einer schier unendlichen Zahl von „Nationalhelden" sich messen zu
lassen. Schließlich, und vielleicht sogar verständlich, kam Wider-
spruch von wissenschaftlicher Seite, auch wenn Hans-Werner Goetz
sich vermittelnd einschalten konnte:

„Da, wie wir heute wissen, auch die Geschichtswissenschaft die
Vergangenheit nicht wirklich ‚rekonstruieren', sondern sich ebenfalls lediglich ein – sicherlich methodisch reflektiertes – Bild von ihr
machen kann und, mehr noch, dieses Bild nicht minder vom ‚Zeit-
geist' geprägt ist – dies beweist fast jeder Blick in wissenschaftliche Werke des 19. und 20. Jahrhunderts –, lassen sich wissenschaftliche und außerwissenschaftliche Geschichtsbilder nicht einfach mehr als ‚richtig' und ‚falsch' einander gegenüberstellen. Der
‚historische Konrad' ist, mit anderen Worten, nicht wirklich er-
faßbar, und die Urteile über Konrad sagen mindestens ebensoviel
über die Wertkriterien der modernen Beurteiler wie über den mittelalterlichen König selbst aus, auch wenn sich die Quellenaussagen
natürlich weiterhin kritisch und methodisiert auswerten lassen, so
dass immer noch deutliche Unterschiede zwischen beiden Arten von
Geschichtsbildern bestehen bleiben."[14]

[12] J. Hoppe, in: Götz 2006, 415-421.

[13] Vgl. H.-H. Kortüm, in: Ebd. 43-56

[14] Götz 2006, 28.

konrad I. und die konradiner an der lahn

von Matthias Theodor Kloft

König Konrad I., Denkmal auf dem Bodensteiner Lei bei Villmar
von Ludwig Cauer, 1894 (Foto G. Stasch)

konrad I. und die konradiner an der lahn

Einleitung

Ein König in der Ahnenreihe hob seit dem Spätmittelalter die Bedeutung eines hochadeligen Geschlechtes ungemein. Für den ottonischen Nassau – Hadamarer Grafen und späteren Fürsten Johann Ludwig (1590-1653 – Gesandter des Kaisers beim Westfälischen Frieden in Münster), wie für seine oranische Verwandtschaft, war König Adolph von Nassau, obwohl zur in Weilburg ansässigen walramischen Linie der Nassauer gehörig, ein Ausweis der Bedeutung seiner Familie im Rahmen seiner kaiserlichen Gesandtschaft beim westfälischen Friedenskongress. Der päpstliche Nuntius Fabio Chigi, später Papst Alexander VII., erwähnt beim Einzug des kaiserlichen Gesandten ausdrücklich den Umstand, dass dieser durch die Verwandtschaft mit Adolph zu den königsfähigen Familien des Reiches gehöre.

Als für das walramische Fürstenhaus durch den nassau-saarbrückischen Hofrat Johann Martin Kremer 1779 eine genealogische Geschichte entstand, rekurrierte man jedoch nicht nur auf den unglücklichen König des ausgehenden 13. Jahrhunderts sondern suchte seine Ursprünge auch auf den mit der nassauischen Residenz Weilburg eng verbundenen König Konrad I. und seine nur noch schemenhaft bekannte Familie der Konradiner zurückzuführen. Manches historische Dokument zu dieser Familie, die 900 Jahre vorher bedeutsam wurde, wurde damit ins Licht der Geschichte befördert.

Wer waren diese Konradiner, an denen die Fürsten von Nassau-Saarbrücken und Nassau-Weilburg, die nicht zu den unbedeutendsten des Heiligen Römischen Reiches gehörten, ein solch familiäres Interesse hatten und die vor 1.100 Jahren mit der Wahl eines der Ihren den letzten karolingischen – ostfränkischen oder ersten „deutschen" König stellten? Der Beitrag möchte vor allem den Lahnbezug der Konradiner in den Mittelpunkt stellen, da insbesondere das östliche Hessen durch Konrads I. wohl in Fulda befindlichen Grabstelle, von einem König aus Hessen sprach. Dabei ist neben den westhessischen Stiften Limburg, Weilburg und Wetzlar mit den konradinischen Gründungen in Gemünden bei Westerburg und St. Florin in Koblenz genauso stark das nassauische Rheinland-Pfalz betroffen, weswegen die Historiker des 18. Jahrhunderts mit ihrem Nassaubezug der Konradiner nicht ganz falsch lagen.

Eine Neubewertung der Konradiner in ihrer geschichtlichen Rolle begann neben den genealogischen Forschungen des 18. Jahrhunderts

1 Karl Ballenberger (1801-1860)
König Konrad I., Entwurf für das Gemälde
im Frankfurter Römer
Aquarell, Zeichnung
(Institut für Stadtgeschichte, Frankfurt/Main)

in der romantischen Beschäftigung mit dem deutschen Königtum im 19. Jahrhundert. Für die Historiographen begann mit Konrad I. nach der übernationalen Epoche der Karolinger, die man aber auch ohne Probleme für die nationale Deutung Frankreichs oder Deutschlands reklamierte, das deutsche Königtum. Durch seine Übertragung der Königswürde an das sächsische Herrscherhaus war Konrad gleichsam die Schnittstelle zwischen der Frühzeit und dem nun nationalen Königtum. Dass der Anspruch der Ottonen sich ähnlich wie bei den westfränkischen Robertinern und den Konradinern auf verwandtschaftliche Beziehungen zu den Karolingern stützte und man sich im Westen wie im Osten zu diesem Zeitpunkt immer noch auf das fränkische Karolingerreich (Ostfranken – Westfranken) bezog, wurde im nationalen Überschwang nicht beachtet.

Eindrucksvolles Zeugnis dieser Neubewertung ist der Mitte des 19. Jahrhunderts neu ausgestattete Kaisersaal des Frankfurter Römers. Während die Karolinger mit einem großen Gemälde Karls des Großen und kleinen Medaillons, die an der Stirnseite angebracht sind, präsent sind, eröffnet Konrad I. die als gotische Bilder gestaltete Reihe der „deutschen Kaiser" *(Abb. 1)*. Paradoxerweise oder auch ganz natürlich in nationaler Sprache fehlt der einzige echte Frankfurter unter den Kaisern (obwohl er mit der Ordnungszahl zwei immer mitgezählt wurde) – Kaiser Karl II. d. Kahle. Er war zwar am 13. Juni 823 als Sohn Ludwigs des Frommen und der alemannischen Welfin Judith in der Pfalz geboren worden, aber sein in Compiègne von einer westfränkischen Mutter geborener Halbbruder Ludwig, hatte vielleicht auch durch seinen erst in jüngerer Zeit erworbenen Beinamen „der Deutsche" den einzigen echten Frankfurter unter den Kaisern verdrängt.

Mit Konrad beginnt auch die Beschriftung der Herrscher mit einem Motto, obwohl diese historisch erst bei den Herrschern des Spätmittelalters auftreten. Das Motto „Fortuna quum blanditur fallit - Das Glück trügt, wenn es schmeichelt" soll sich wohl auch auf das kurze Zwischenspiel eines Königs aus konradinischem Hause verweisen.

Nach der offiziösen Darstellung von 1855 ist das Bild nach dem Siegel aus Fulda gemalt und gut getroffen. Neben diesem Frankfurter ‚Denkmal' gedachte nun auch nach der preußisch-deutschen Reichsgründung das Lahntal selbst des nun als ersten deutschen König verstandenen Konrads. Hier wurde sogar direkt auf das Frankfurter Bild Bezug genommen und es entstand ein Standbild auf einem Lahnfelsen bei Villmar, das durch seine Einbindung ins Landschaftsbild wohl als eines der schönsten Denkmäler deutscher Könige gelten kann und nicht die protzige Größe wilhelminischer Denkmäler besitzt. Der König betrachtet sinnend die Krone, die er durch seine Weitergabe an die Sachsen zur deutschen Krone macht. Hier an der Lahn war auch die Hauptwirkungsstätte einer weit verzweigten Familie, die insbesondere in ihren Kirchengründungen im ehemaligen Herrschaftsgebiet erkennbar ist. Von St. Florin Koblenz, über Limburg, Dietkirchen, Weilburg und Wetzlar reihen sich die Stiftungen dieser Familie an der Lahn wie eine Perlenkette auf. Während gerade Wetzlar und Dietkirchen sich nur mit kleinen Mosaiksteinchen in ein Konradinerbild fügen, sind gerade das ehemalige Stift St. Walpurgis in Weilburg (heute die evangelische Schlosskirche) und das ehemalige St. Georgsstift in Limburg (heute der Limburger Dom) exemplarisch für die konradinische Erschließungspolitik des Lahnraumes heranzuziehen und waren in Weilburg bis zur Reformation und in Limburg sogar bis zur Säkularistation ideale Beispiele für eine konradinische Memoria im Lahngau.

2 König Ludwig IV. das Kind Schenkungsurkunde zur Gründung des Stiftes Limburg Frankfurt, 910 Februar 10 (Hessisches Hauptstaatsarchiv Wiesbaden Abt. 40, Nr. 1)

Beginn der konradinischen Erschließungspolitik an der Lahn

Im mittelrheinischen Raum wird der nach dem Familienleitnamen Konradiner benannte Familienverband unter Karls des Großen Sohn Ludwig dem Frommen ansässig. Der aus dem Loireraum stammende Lahngaugraf Gebhard gehörte zum engsten Vertrautenkreis des Kaisers und war wohl auch einer der Gewährsleute von Ludwigs Biographen, dem Trierer Chorbischof Thegan. Mit Thegans Bischof Hetti von Trier verband Gebhard sicher eine geistliche und darüber hinaus wohl auch eine reale Verwandtschaft, da geistliche Verwandtschaft (Patenschaft) in der Regel Blutsverwandtschaft verstärken sollte. Mit den Hattonen verband sich die konradinische Familie dadurch auch mit einer anderen dominanten Familie am Rhein. Bei der Gründungsurkunde Limburgs 910 von König Ludwig dem Kind, dem letzten ostfränkischen Karolinger, wird diese Verbindung durch die einzigen Intervenienten der Urkunde für den Niederlahngaugrafen Konrad Kurzbold sichtbar. Es waren dies der Oberlahngaugraf Konrad, der spätere König Konrad I., und der Mainzer Erzbischof Hatto aus der Hattonenfamilie. Durch die Konradiner geschah nun im Verbund mit dem Trierer Erzbistum die erste kirchenpolitische und damit auch kulturelle Erschließung des Lahnraumes *(Abb. 2)*.

Die Familie selbst kam aus dem Raum Orléans in den Mittelrheinraum, aus dem gerade die bis dahin bestimmende Familie der Robertiner (Kloster Lorsch) aus dem Rheingau (heute Rheinhessen) in den Loireraum abgewandert war. Die Rupertiner/Robertiner sollten mit ähnlich cognatischer Versippung wie die Konradiner 987 die letzten Karolinger im westfränkischen Reich ablösen und haben als Capetinger/Bourbonen bis heute in den Grafen von Paris und den Königen von Spanien Nachfolger mit königlichem Anspruch, wie sonst nur die aus demselben Raum stammenden Nassauer in den Niederlanden und Luxemburg.

Der erste mittelrheinische Konradiner, Gaugraf Gebhard, taucht zuerst 832 bei einem Gütertausch auf. 836 ist er bei der Translatio des heiligen Kastor nach Koblenz beteiligt, an der neben Erzbischof Hetti und dem Kaiserpaar wohl auch der Chorbischof Thegan teilnahm. Das belgische Trier besetzte mit dieser Translatio durch einen mit dem spätantiken Bischof Maximin verbundenen Heiligen ehemals zu den germanischen Diözesen Mainz und Trier gehöriges Territorium. Gebhard selbst hatte 845 in Kettenbach auf dem Einrich ein Stift begründet, das 879 nach Gemünden bei Westerburg im Westerwald verlegt worden war. Auch wenn die nur in einem Transsumpt von 1333 überlieferte Weiheurkunde in vielen Punkten angezweifelt wurde, scheinen doch eine Reihe von Informationen einen realen Hintergrund zu haben. Wieder ist bei dieser Gründung und Übertragung das Erzbistum Trier beteiligt. Der erhaltene Chor Gemündens wird heute mit dieser Weihe von 879 verbunden. Da der weihende Bischof Bertulf von Trier wohl selbst wieder ein Verwandter der Konradiner war, ist eine konradinische Begründung ohnehin sicher.

Neben Gebhards überlieferter Anwesenheit bei der Translation der Gebeine des hl. Kastor nach Koblenz, war die Grafenfamilie wohl auch bei der Translation des hl. Lubentius, ebenfalls eines Schülers des in konstantinischer Zeit wirkenden Trierer Bischofs Maximin, vom Moselort Kobern nach Dietkirchen an der mittleren Lahn beteiligt. Auch wenn kein konradinischer Stifter für Dietkirchen benannt werden kann, spricht doch vieles für eine starke Beteiligung der Familie. Gebhards Sohn Waldo, der Mönch und später Abt in St. Maximin in Trier war, ließ zur Übertragung 839/840 durch Lupus von Ferrières eine neue Maximinvita schreiben, die eigentlich nur eine Erweiterung der Lubentiusrolle im Leben Maximins darstellt. In der ältesten Schicht des Kalendarnekrologs des Trierer Klosters aus der späten Karolingerzeit werden Waldo und die Translatio auch eigens erwähnt, obwohl der größte Teil der Konradinerüberlieferung dieser Handschrift sonst ein späteres Geschichtskonstrukt darstellt. Der Fund eines Adelsskelettes aus der späten Karolingerzeit vor der Michaleskapelle in Dietkirchen im Frühjahr 2011 spricht weiterhin für eine maßgebliche Beteiligung des Lahnadels und der Konradiner bei der Gründung und Weiterentwicklung des Stiftes und Archidiakonatssitzes Dietkirchen. Wie Hedwig Röckelein für Sachsen gezeigt hat, stellten Reliquienübertragungen im 9. Jahrhundert eine geistlich-politische Form der Machtausübung und Machtsicherung dar, die anscheinend auch von den Konradinern im Verein mit den Trierer Erzbischöfen genutzt wurde, wie wir für Koblenz auch noch sehen werden.

Zwanzig Jahre nach der Verlegung des Kettenbacher Stiftes nach Gemünden findet man die Konradinersippe nun im östlichen Lahnraum aktiv. 897 beteiligt sich der Konradiner-Bischof Rudolf von Würzburg an der Gründung einer Marienkirche in Wetzlar, die aber erst im 10. Jahrhundert durch die alemannischen Konradiner Udo und Hermann zu einer Stiftskirche ausgebaut wurde. Trotz des in Wetzlar bis in die frühe Neuzeit vorhandenen Stiftergrabes und Stiftergedächtnisses blieb die historischen Einordnung der Stifternamen Udo und Hermann, häufige Konradinernamen, schwierig. Außerdem hatte die Reichsstadt Wetzlar diese alemannisch – elsässischen Stifter, wohl auch aus tagespolitischen Gründen, in die Vorfahrenreihe der Habsburger gestellt, was die Identifizierung nicht erleichterte.

An der Mosel- und Lahnmündung, genauer in der königlichen Stadt Koblenz, die erst Anfang des 11. Jahrhunderts an die Trierer Erzbischöfe übertragen wurde, gründete der Konradinerherzog Hermann von Schwaben ein weiteres Stift, das er durch die Übertragung des Bündner Heiligen Florin von Remüs an sein alemannisches Stammesherzogtum band. Die mit diesem Stift 931 und 959 verbundene Kirchengründung in Humbach (heute Montabaur) konnte aber wegen der abnehmenden Bedeutung der Familie nicht mehr zu einer Stiftskirche im westlichen Westerwald ausgebaut werden. Auch die mit den weiblichen Konradinern verbundene, ebenfalls von St. Florin abhängige Kirche in Höhn wurde lediglich zu einem Pfarrsitz mit großem Sprengel ausgebaut. Immerhin war die konradinisch-ottonische Äbtissin Mathilde II. daran beteiligt, dass um 1000 Höhn auf Befehl der Vorerbin Mathilde I. von Essen durch Ludolf von Trier die Übertragung an St. Florin bestätigt wurde.

St. Florin bildete aber mit den abhängig bleibenden Westerwälder Großpfarreien Montabaur und Höhn-Schönberg einen von der Archidiakonatsstruktur unabhängigen Jurisdiktionsverband, der die Eigengründung als sogenanntes Kleinarchidiakonat St. Florin noch bis 1802 abbildete. Zusammen mit diesen stellten die noch zu betrachtenden Gründungen Limburg und Weilburg bis weit ins 11. Jahrhundert die einzigen Gründungen geistlicher Gemeinschaften dar.

Erst mit einer Gründungswelle von Frauenklöstern seit dem 11. Jahrhundert kommen benediktinisches Klosterleben und schließlich auch Regularkanoniker in Gestalt der Prämonstratenser in diese Gegend. Mit dem Prämonstratenserkloster Arnstein entsteht gleichzeitig ein erstes Männerkloster. Zisterzienser folgen mit den Gründungen in Marienstatt (Westerwald) und Gnadenthal (Taunus). Die konradinischen Stifte bildeten jedoch bis zum Ende des

3 Handschriftenfragment (Lektionar) aus dem Marienstift in Wetzlar Wetzlar(?), Anfang 10. Jhd. Dompfarrei, Stiftsarchiv

Heiligen Römischen Reiches den bestimmenden kulturellen und geistlichen Faktor an der Lahn zwischen Gießen und der Mündung des Flusses.

König Konrad und Weilburg

Der Oberlahngaugraf Konrad, der spätere ostfränkische König, hatte seinen zentralen Verwaltungssitz auf einer Anhöhe über einer Lahnschleife in Weilburg. Der Gaugraf zeichnete sich durch eine hohe Königsnähe aus, die insbesondere durch cognatische (mütterliche), vielleicht auch agnatische Verwandtschaft begründet war. Eine nahe Verwandtschaft der Familien war sehr wahrscheinlich zuerst durch Hemma, die Frau Ludwigs des Deutschen, gegeben. Möglicherweise waren auch Glismunt, die Frau Konrads des Älteren, und Oda, die Frau Kaiser Arnulfs von Kärnten Schwestern und verstärkten die schon vorhandenen familiären Bande durch Schwägerschaft. Ludwig das Kind, der letzte ostfränkische Karolinger, nennt Konrad, der oft in seinen Urkunden auftaucht, „dilectus et amabilis nepos – geliebter und liebenswerter Onkel/ Neffe" oder gar „Propinqus – naher Verwandter." Wie schon oben erwähnt ist er einziger Intervenient neben einigen Geistlichen in der Limburger Urkunde von 910 und wird auch dort als „nepos" bezeichnet.

Königsnähe und Verwandtschaft prädestinierten ihn zum Nachfolger des letzten Ostfränkschen Karolingers, wenn man sich nicht einen König bei den meist ohnehin schwachen westfränkischen Karolingern oder den in Italien herrschenden Widonen holen wollte. Der neue König versuchte seine Königsherrschaft schon bald durch eine enge Bindung an die Kirche zu stützen. Mit Hatto von Mainz, Salomon III. von Konstanz als Kanzler und Erzbischof, Pilgrim von Salzburg als Erzkanzler stützte er sich auf die alten Eliten seiner Vorgänger und führte die karolingische Politik konsequent fort. In seiner Herrschaftszeit fand für lange Zeit die letzte große Synode statt, Hohenaltheim 816, die an alten karolingischen Glanz anzuknüpfen versuchte. Nach Hohenaltheim beginnt nicht nur im Synodenwesen ein kultureller Niedergang, der erst von Otto III. und Heinrich II. wieder in eine andere Richtung gelenkt wurde. Gerade Hohenaltheim evoziert in karolingischer Tradition den König als Christus Domini und gibt ihm so eine geistlich-theologische Legitimation wie sie schon beim Dynastiewechsel von den Merowingern zu den Karolingern eine archaische Königsheilvorstellung durch eine moderne politische Theologie ersetzte. Anders als beim Königtum Pippins kann Konrad mit dieser Übernahme karolingischer Vorstellungen jedoch keine dauerhafte Königsfamilie begründen.

Dabei spielt wohl auch die Tatsache mit, dass die fränkische Konradinerfamilie durch die Realteilung zwar in einen weitverzweigten Familienverband zerfiel, aber keine Gestalt in der Familie, die aus Teilungen und Auseinandersetzungen herrührenden Zwiste befrieden konnte.

Schon kurz nach der Königserhebung in Forchheim sorgte der neue König 912 für das Familiengedächtnis mit der Gedächtniskirche für seinen Vater in Weilburg. Bereits 906 hatte man den Vater Konrad den Älteren nach dessen gewaltsamen Tod nach Weilburg in die dort schon vorhandene Martinskirche übertragen. Aus einem königlichen Fiskus hervorgegangen, war dieser wichtige Lahnübergang mittlerweile zu konradinischem Allodialgut geworden. Konrad I. gründete nun eine Stiftskirche zu Ehren der Muttergottes und der heiligen Walburga und bevorzugte damit einen Minderheitenweg der Karolinger, der mit dem Karlsgrab in der Aachener Marienstiftskirche und dem Marienstift in Oeding (Altötting) zu vergleichen ist. Die Mehrheit der Karolinger bevorzugte jedoch die alten benediktinischen Grablegen in den Klöstern St. Denis bei Paris, St. Arnoul in Metz, St. Nazarius in Lorsch und St. Emmeram in Regensburg. 914 wurde diese Gründung noch durch eine Schenkung mit einer für den östlichen Westerwald und Dillraum wichtigen Taufkirche erweitert, mit der Kirche von Haiger. Die Schenkung von Nassau, Marienfels und anderen Gütern im Folgejahr zeigt den weiteren Ausbauwillen des Königs.

Ob Konrad mit dieser Gründung auch für sich eine klare Regelung für den Begräbnisort treffen wollte, ist nicht eindeutig überliefert. Dass aber schon die chronikalische Überlieferung des 10. Und 11. Jahrhunderts divergiert, legt zumindest nahe, dass Weilburg als konradinische Königsgrablege im Denken verankert war. Adalbert von Magdeburg und der Fortsetzer Reginos von Prüm überliefern, dass Cuonradus rex obiit –ipse vero huic vitae decedens in Fulda honorificatus est sepultura tumulatus – Konrad der König starb und wurde sterbend eines Begräbnisses in Fulda gewürdigt. Damit wäre die Haupttradition der Karolinger aufgenommen worden, auch wenn das große Fulda bislang nicht zu den Königsgrablegen gehörte.

Widukind von Corvey berichtete dagegen: Post haec autem rex ipse moritur– sepeliturque in civitate Wilinaburg, cum moerore ac lacrimis omnium Francorum. Danach starb der König selbst und wurde in der civitas Weilburg beigesetzt, unter Trauer und Tränen aller Franken. In der Folgezeit fällt Weilburg, das ähnlich wie das karolingische Pfalzstift Frankfurt trotz seiner eindeutig stiftischen Struktur als Abbatia bezeichnet wird, an das Königtum und wird von Otto III. 993 an das Domstift Worms weitergeschenkt. Eine konradinische Tradition wird in dieser Zeit in Weilburg jedoch nicht mehr in der Memorialverfügung Ottos für seine Familie sichtbar.

Marianus Scotus überliefert dann im 12. Jahrhundert das Königsgrab in Fulda vor dem Kreuzaltar und Jakob Brower erzählt von einer Übertragung der Gebeine im 15 Jahrhundert in die Andreaskapelle. Heute ist das Königsgrab wie das Stiftergrab in Wetzlar

4 Die letzten Zeilen des Berichts über das Jahr 919 in der Weltchronik des Regino von Prüm, Trierer Continuator

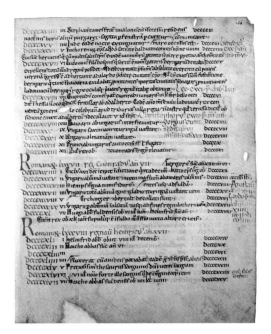

*5 Weltchronik des Marianus Scotus
Eintrag zu König Konrad I.
(Bibliotheca Apostolica Vaticana,
Cod. Pal. lat. 830)*

verschollen. Wohl auch weil Brower statt Weilburg, das mittlerweile eine lutherische Schlosskirche war, Limburg als Ort der königlichen Exequien angibt, kommt auch diese Stiftskirche als angebliches Königsgrab in den Blick. Spätestens mit der Reformation war jedes konradinische Gedächtnis in Weilburg vor der Wiederentdeckung durch Kremer 1779 verschwunden. Das prächtige Konradsgrab in Limburg wurde folgerichtig im ausgehenden 18. Jahrhundert und in der Führerliteratur des 19. Jahrhunderts zum Grab Konrad I., obwohl die Lokaltradition die Identität ihres Stifters immer überlieferte, wenn auch mit einer deutlichen Standeserhöhung wohl schon seit der Salierzeit.

Konrad Kurzbold und Limburg

Die älteste geistliche Institution Limburgs ist das Georgenstift, das auf dem Berg der Niederlahngauer Grafenburg 910 projektiert wurde und 940 errichtet war. Gaugraf Konrad Kurzbold hatte 910 bei König Ludwig dem Kind die Schenkung des Fronhofes und der Kirche zu (Ober)Brechen erwirkt. Intervenient war unter anderem Erzbischof Hatto von Mainz, der als Abt des Klosters Reichenau, wo zu dieser Zeit gerade eine Georgskirche gebaut worden war, auch mit der Wahl des Georgspatroziniums in Verbindung gebracht wird. Nach Eintreten Konrad Kurzbolds für Otto I. gegen dessen ältesten Sohn und seine konradinischen Verwandten, insbesondere den Frankenherzog Eberhard, erhielt Kurzbold für das mittlerweile errichtete Stift weitere Königsgüter – hier aus ursprünglich konradinischem Besitz in Niederzeuzheim. Bei diesem Schenkungsakt wird auch schon die wesentliche Aufgabe des Stiftes angesprochen, in dem *„die dort Gott dienenden Kleriker"* genannt werden. Die Stiftsgründung in Limburg gehörte zu einer Reihe von ähnlichen Akten im konradinischen Herrschaftsgebiet an der Lahn, zeigt aber durch die gute Überlieferungslage exemplarisch eine solche Stiftung und ihre Folgen, besser noch als die königliche Stiftung in Weilburg.

Konrad Kurzbold selbst verstand seine Stiftung ganz im Sinne frühmittelalterlicher Memorialstiftungen, die sein Seelenheil auf Dauer garantieren sollten. Dies war umso notwendiger, da Konrad selbst kinderlos war und eines institutionalisierten Gedächtnisses bedurfte. Schließlich war sein Eintreten für Otto I. bei Andernach 939 außerdem mit rabiatem Vorgehen gegen die eigene Sippe verbunden gewesen. Die Urkunde von 940 für das Stift weist alle Merkmale einer Sühnestiftung auf. Konrad hatte mit Herzog Eberhard ja den eigenen Vetter erschlagen, und auch König Otto musste im Rahmen der Aufstandsniederschlagung Verwandte töten bzw. töten lassen. Auch die Tatsache, dass der Schenkungsgegenstand, der Hof in Niederzeuzheim, aus der vom König sequestrierten Hinterlassenschaft des aufständischen Frankenherzogs stammte, spricht für eine Sühnestiftung wegen des Verwandtenmordes, die aber gleichzeitig der Memorialstiftung des Mörders zu Gute kam.

Die Gründung Konrads war ähnlich wie die Weilburger Gründung mit dem Gaugrafensitz an einer strategisch und verkehrstechnisch wichtigen Stelle verbunden. Konrad wollte in der Nähe seiner Gaugrafenburg, in monte quondam Lintburk vocato – auf dem Berg der Lintburg genannt wird, eine Stiftsgemeinschaft gründen. Es ist dies die erste Erwähnung des heutigen Ortes Limburg. Konrad selbst setzte gleichzeitig mit der königlichen Stiftung Ludwigs des Kindes ohne Urkunde Eigengüter mit der Kirche von Bergen (Berger Kirche bei Brechen) und der Pfarrkirche St. Petrus von Camberg ein. Er hatte allen Grund zu einem solchen Ansinnen, denn er hatte keine Nachkommen und wohl auch keine in Aussicht. Der Chronist Ekkehard von Sankt Gallen überliefert, dass Konrad eine Abneigung gegen Äpfel und Frauen hegte und sich an keinem Ort gemeinsam mit diesen aufhalten wollte. Ob es dabei um eine grundsätzliche Abneigung gegen das weibliche Geschlecht ging oder der laut seinem Beinamen vielleicht missgestaltete Graf nur keine adäquate Partnerin fand, lässt sich dabei nicht eruieren. Vielleicht wollte der dem Ordensstand angehörige Chronist dem Grafen auch eher Standhaftigkeit gegen die Versuchung attestieren. Die Frauenabscheu wird deshalb manchmal auch als versteckter Hinweis auf ein mönchisches Leben gedeutet. Es ist jedoch unwahrscheinlich, dass der Haudegen Konrad sein Leben in der von ihm gestifteten Klerikergemeinschaft beschlossen hat. Bestenfalls wollte das Stift den fast wie einen Heiligen verehrten Gründer nur noch stärker in sein Andenken einbinden. Frauen und Äpfel erinnern an den Beginn der Bibel. Das lateinische Wort für Apfel hat ohnehin den Gleichklang mit dem Wort für Böse, was uns bei der Bestimmung der Paradiesesfrucht im Abendland den Apfel beschert hat. Konrad sollte so als ein das Böse meidender Adeliger dargestellt werden. Die Kanonikergemeinschaft sollte Konrad ein liturgisches Gedenken bewahren, da es an einem Familiengedächtnis mangelte. Der im Erwachsenenalter unverheiratet Kinderlose musste sich eine geistliche Familie verschaffen und sicherte sich durch die Gründung analog zu seinen Verwandten auch noch die Seelsorge in seiner Grafschaft.

Wie alt der Graf bei der Stiftung war, weiß man nicht genau, sicher ist er wohl schon im Erwachsenenalter gewesen, vielleicht um die fünfundzwanzig oder dreißig Jahre. Konrad war der Sohn des Niederlahngaugrafen Eberhard und seiner Frau Wiltrud. Mit seiner noch lebenden Mutter urkundete er 933 zusammen für das Kloster Seligenstadt am Main, dem die Mutter Besitz im Gebiet von Diez und Braubach vermachte. Seligenstadt, die Stätte der Seligen - nämlich die Abtei der Heiligen Petrus und Marzellinus in Obermühlheim; war eine große Gründung der Karolingerzeit durch den Karlsbiographen Einhard. Konrads Vater war jedoch schon vor der Stiftung 910 verstorben.

*6 Grabmal des Grafen Konrad Kurzbold
Sandstein, Mitte des 11. Jhds.
Limburg, Dom
(Foto Bistum Limburg)*

7 Sog. Kurzboldkreuz
Bronze, Anfang 10. Jhd.
(Dommuseum Frankfurt/Main)

Nachgeschichte

Von der nach der Aachener Regel lebenden Kanonikergemeinschaft wurde die Grundpflicht der Totenmemoria auch in den folgenden Jahrhunderten gewissenhaft erfüllt. Im 11. Jahrhundert gibt es sogar Indizien für einen Versuch, den geachteten Gründer wie einen Heiligen zu verehren. Dies geschieht im Rahmen eines gesteigerten Interesses der sich auch auf die Konradiner berufenden Salier. Konrad II. dotierte zu einem unbekannten Zeitpunkt das Stift mit einem bedeutenden Besitz von Weinbergen in Kamp. Der Stiftsdekan und Limburger Chronist Johannes Mechtel schreibt in seiner historischen Schrift Pagus Logenahe, dass das Stift König Konrad als zweiten Stifter verehrte. Mit höchster Wahrscheinlichkeit hat Konrad das Stift wenigstens auch 1033 auf dem Weg von Sachsen nach Lothringen besucht. Vom Itinerar her ist die Urkunde vom 2. August 1033 mit dem Ausstellungsort Limburg jedenfalls ziemlich sicher auf Limburg an der Lahn zu beziehen. Zwei Urkundendatierungen vom 20. Januar 1032 und vom 17. Januar 1035 sind ebenfalls in Limburg, mit Möglichkeit Limburg an der Lahn, datiert. Die Wertschätzung des „anderen" Limburg, vielleicht über die Konradiner, fand jedenfalls ihre Fortsetzung in den Schenkungen von König Heinrich IV., der auf Bitten seiner Mutter, der Kaiserin Agnes und des königlichen Kaplans Imbricho, des späteren Bischofs von Augsburg, für das Seelenheil seines Vaters Güter in Brechelbach, Seck und Westernohe an das Stift schenkte. Drei Jahre später bestätigte derselbe König, dass seine Mutter Agnes aus ihrer Mitgift ebenfalls Güter in Herschbach und Hellenhahn, den Heiligen Georg und Konrad in Limburg zum Geschenk gemacht habe. Auch hier geht es um das liturgische Gedächtnis Heinrichs III. Die Salier verbanden so eigenes Gedenken mit einem Verwandten aus dem Konradinerhaus, interessanterweise nicht mit dem nun in Wormser Besitz befindlichen königlichen Weilburg.

Das heute noch in Limburg erhaltene Stiftergrab – das einzige mittelalterliche Konradinergrab - ist selbst Zeugnis für den gesteigerten liturgischen Dienst der Kleriker im 11. Jahrhundert. Vielleicht bei einem Kirchenumbau um 1058 wurde das Grabmal errichtet, dessen Tragefiguren bis heute erhalten sind und Kleriker zeigen, die das Totenoffizium singen. Bei der Erneuerung des Grabes im 13. Jahrhundert wurden die alten Figuren wahrscheinlich in derselben Funktion wiederverwendet – das Stift bewahrte sichtbar seine zentrale Verpflichtung. Vieles spricht dafür, dass das Grab auch eine salisch-konradinische Demonstration ist. Neben den Klerikern wird das Grab nämlich von einem Löwen und Bären getragen, die Konrad Kurzbold genau in die Mitte nehmen. Hier ist ein Verweis auf David gegeben, der in der Ikonographie ähnlich dargestellt werden kann. Dabei wird an 1 Sam 17,36 erinnert, wo David

vor dem Sieg über G
de vor Bären und Lö
teidigt. Damit ist ein o
gierung Ottos I. in der
ben. Möglich ist hier au
sel von den durch Konr
liern zu sehen. Der Konra
milienkontinuität zu den
so beriefen. Das Grabmal
erhaltenen ersten großen
Kunst. Vielleicht stammt de
rand gemalten Inschrift auc
tur hoc tumulo [dux], per qu
plo. Virtus laus, gloria Christ
al. Salicus), F(undator) H.(u
im Hoch- und Spätmittelalter
höhung des Stifters schon in d
Die Kleidung des Verstorbenen i
Jahrhunderts zeigt jedenfalls ein
dert wird Konrad sicher auch urk   .zug bezeichnet. Es
ist wohl weniger besondere Ehrerbietung des Stiftes, sondern der
Versuch dem Gründer und damit auch seiner Gründung noch einen
wichtigeren Platz unter den kurtrierischen Stiften zu geben. Der
Stiftschronist des 16. Jahrhunderts, Johannes Mechtel, setzt in
seiner Limburger Chronik (ed. Knetsch, S. 6) den Herzog schließlich
in eine logische Reihe mit dem Kirchengründer schlechthin, Karl
dem Großen: „ *Es ist auch aus den historien klar, daß Carolus Mag-*
nus hat Ingelheim und die konigliche stadt Achen, auch ganz
Saxen bischtumben gestiftet und erbauet...endlich auch dessen
Caroli nachkommlingen und konigen in Franken mit denselbigen
Saxen auch geheuratet, also vier nationen sich vereiniget, Alani und
Schwaben, der Franken heupt- und erbfeind, iure belli herzu-
kommen, erstlich unter der Franken iug. endlich auch in ihr geblut
vereinigt worden, davon Conradus ein herzog der Franken und
Lotharingen, ein furst der Schwaben, Alanen und Saxen, her ge-
born ist, der diese St. Georgenstiftskirche so reichlich hat helfen
begaben und erbauen, dadurch der name gottes gelobet und ge-
prisen wird in viltausend jar."

Neben den salischen Königen zeigt sich im 11. Jahrhundert auch
das Geschlecht der ezzonisch-ezzelinidischen lothringischen Pfalzgrafen am Limburger Stift interessiert. Eine auf einer Chortafel
im 15. bis 17. Jahrhundert überlieferte Weiheinschrift: „ *Anno in-*
carnationis dominicae milesimo quinquagesimo octavo indictione
undecima, tertio idus Augusti dedicatum est hoc oratorium in
honore domini nostri Jesu Christi et sanctae Mariae semper virgi-
nis, vicoriossisimae sanctae crucis ac beati Georgii martyris" ist
wohl mit dem Bleireliquiar verbunden, das 1235 vom Trierer Erzbischof Theoderich II. von Wied (1212-1242) wiederverwendet

8 Grabmal des Grafen Konrad Kurzbold
Zeichnung von Theodor Albrecht, 1779
Hessisches Hauptstaatsarchiv Wiesbaden
130 I, I 1/51, Bd. IV, 27)

worden war. Die Inschrift rühmt *„die übergroße Zahl heiliger Reliquien"*, die ein gewisser Graf Heinrich, der auch Gründer des Bauwerks sei, dem Stift überliefert habe. Das Reliquiar, vielleicht das bei den Reliquien partiell vorfindliche Hl. Grab darstellend, enthielt nach der von Mechtel mehrfach überlieferten Liste eine Fülle von stadtrömischen und hl. Landreliquien. Darunter war auch der Schwager der hl. Cäcilia, der hl. Tiburtius, dessen Fest auf den Weihetag Limburgs fiel und im Stift ausdrücklich begangen wurde. Diese Fülle von Reliquien römischer Herkunft hat nur eine Ausnahme, den hl. Lambert von Lüttich. Es liegt daher nahe, den Stifter im lothringischen Pfalzgrafen Heinrich zu sehen, der im Lahngau begütert war und der über seine Kontakte zu Papst Leo IX., ehemals Bischof von Toul, an die stadtrömischen Reliquien kommen konnte. Als Vogt von St. Servatius in Maastricht waren für ihn auch Lambertusreliquien gut erreichbar. Mit der Reliquienschenkung ist vielleicht auch das Auerochsenhorn verbunden, das seit dem Spätmittelalter als Sehenswürdigkeit galt und schließlich historisch mit Konrad Kurzbold verbunden wurde. Die Familie der Ezzonen-Ezzeliniden stiftete noch später ein Seelgedächtnis. Gräfin Adelheid von Orlamünde, die Schwiegertochter Heinrichs und Witwe von dessen Sohn Hermann II., schenkte 1097 im Andenken an ihren Mann und seine Familie Güter in Weidenhahn.

Damit brechen jedoch die Stiftungen des Kaisers und der Großen des Reiches ab. Von den in Limburg sicher ansässigen Leinigern gibt es nur wenige Nachrichten, die sich aber schon mit dem beginnenden Kirchbau Ende des 12. Jahrhundert in Verbindung bringen lassen. Mit der Herrschaftsübernahme der Isenburger in Limburg wird die Beteiligung der Stadtgemeinde immer wichtiger, die in Form der Pfarrei nun auch in die Stiftskirche einzieht.

Der Kirchbau startet in Limburg gleich eine neue Phase des Gründergedächtnisses aber auch der Aufgaben der Kirche überhaupt. Der Bau bringt eine Erneuerung des Stiftergrabes in der Mitte des Chores mit sich. Fast gleichzeitig mit der Erneuerung des Grabes wurde der Pfarraltar St. Nikolaus in die Stiftskirche inkorporiert. Die Seelsorge kommt nun als Aufgabe dazu. Auch im Stiftsschatz wurde jetzt die zentrale, fast heiligengleiche Rolle Kurzbolds verdeutlicht. Die dort verwahrten Gegenstände dienten in verschiedener Form dem Stiftergedächtnis. Zwei Pokale, der große und der kleine, Herzog Konrads waren liturgischen und semiliturgischen Handlungen gewidmet. Der „große Herzog Konrad" ist wohl um 1300 entstanden. Ein Dolch mit kleinem Messer, wohl aus dem 14./15. Jahrhundert, wurde erst seit dem 18. Jahrhundert ebenfalls mit dem Stiftsgründer in Verbindung gebracht und zierte eine unterlebensgroße Georgsstatue am Georgs- und am Memorialtag des Gründers. Diese Verbindung wird zur gleichen Zeit aber auch schon bei Corden kritisiert, die Buchstaben auf Graf Heinrich den Reichen von Nassau deutet.

1675 ersetzte man den romanischen Kreuzaltar – auch Konrad I. war in Fulda vor dem Kreuzaltar beigesetzt - durch einen heute noch erhaltenen aus Lahnmarmor und veränderte dabei wohl auch das Grab. Die erste Darstellung, die es noch vor der nächsten Veränderung im Jahre 1777 zeigt, gibt schon die heutige Form des Tischgrabes wieder, die sicher nicht ursprünglich ist. Auch sind die tragenden Kleriker noch in einer anderen Position. Im 19. und 20. Jahrhundert wechselte das Grabmal anders als das Grab vielfach seinen Platz und verlor dabei auch den hölzernen Aufsatz mit der alten Inschrift. Mit der letzten Restaurierung wurden Grab und Grabmal nicht ganz glücklich im Nordquerhaus vereint. Erst in den vergangenen Jahren war das Grab selbst Gegenstand einer umfassenden Restaurierung, die die alte Farbigkeit – wenn auch in der Form des Barock - wiederherstellte. Die nicht vollständig erhaltene Fassung verdeutlicht die Darstellung in vieler Hinsicht und macht das Grab besser „lesbar". Die Deckplatte ist mit einem Blätterkranz umgeben und zeigt ein gefaltetes Bahrtuch, auf dem der jugendliche Auferstehungsleib des Stifters liegt. Er trägt mit phrygischer Mütze, einem Herrscherstab und einem Herzogsmantel eine standeserhöhende Tracht, denn das Stiftsgedächtnis hatte ja aus dem Lahngaugrafen einen Herzog gemacht. Vielleicht auch deshalb hielt man es im 19. Jahrhundert sogar für das Grab seines Cousins König Konrad I. Auf die königliche Verwandtschaft mit der salischen Familie deuten, wie schon erwähnt, die beiden Tiere an den Mittelsäulen, ein Löwe und ein Bär. Denn der junge David rettete den Gott nicht immer wohlgefälligen König Saul nach eigener Aussage wie seine Herden vor Löwen du Bären. In der Salierzeit wollte man wohl so auf die Rettungstat des Angehörigen der nun herrschenden Familie der Salier für die früher herrschenden Ottonen anspielen. Zu Häupten des Grabmals stehen zwei junge Diakone mit Liturgiebüchern der Totenliturgie und zu Füßen zwei Priesterchorherren mit ihren charakteristischen Pelzkragen und erinnerten die Chorherren bei ihrem Gebet an ihre vornehmste Aufgabe, das ewige Gedächtnis des Stifters.

910 konnte Konrad Kurzbold wohl kaum ahnen, dass aus dem damals zuerst genannten Berg Limburg einmal eine lebendige Stadt werden würde und aus seinem Kollegiatstift eine Bischofskirche mit Domkapitel entstünde. Sein Grab erinnert jedoch als einiges erhaltenes Konradinergrab bis heute eindrucksvoll an die eine Familie, die vor 1100 Jahren den Lahnraum geprägt hat und mit dem Oberlahngaugrafen Konrad I. vor 1100 Jahren den ostfränkischen König gestellt hat. Die von allen Konradinern intendierte Memoria wird in der alten liturgischen Form nach einer kurzen Unterbrechung ab 1948 noch heute im Dom zu Limburg weitergeführt und verbindet so das ferne 10. Jahrhundert mit dem 21. Jahrhundert.

9 Limburg, Domfassade
spätromanisch, Weihe 1235

Literatur:

Ackva 2002; Benkard 1869; Busch 1841; Corden 2003–2005; Crone 1987; Dies. 1989; Deutinger 2002b; Diederich 1967; Dietrich 1953; Haefele 1989; Hinz 1996; Jackman 1990; Kloft 2007; Ders. 2004a; Ders. 2004b; Ders. 2005; Ders. 2010a; Ders. 2010b; Knetsch 1909; Kremer 1779; Kuhn 1792; Gensicke 1959; Goetz 2006; Kuhnigk 1985; Metternich 1994; Mütherich/Schramm 1983; Sebald 1990; Struck 1956; Ders. 1972; Ders. 1986; Ders. 1988; Ders. 1990a; Ders. 1990b; Weyres 1935; Wild 1994; Wolfram 2000

herrschaft durch präsenz
fulda im system des mittelalterlichen
reisekönigtums

von Thomas Heiler

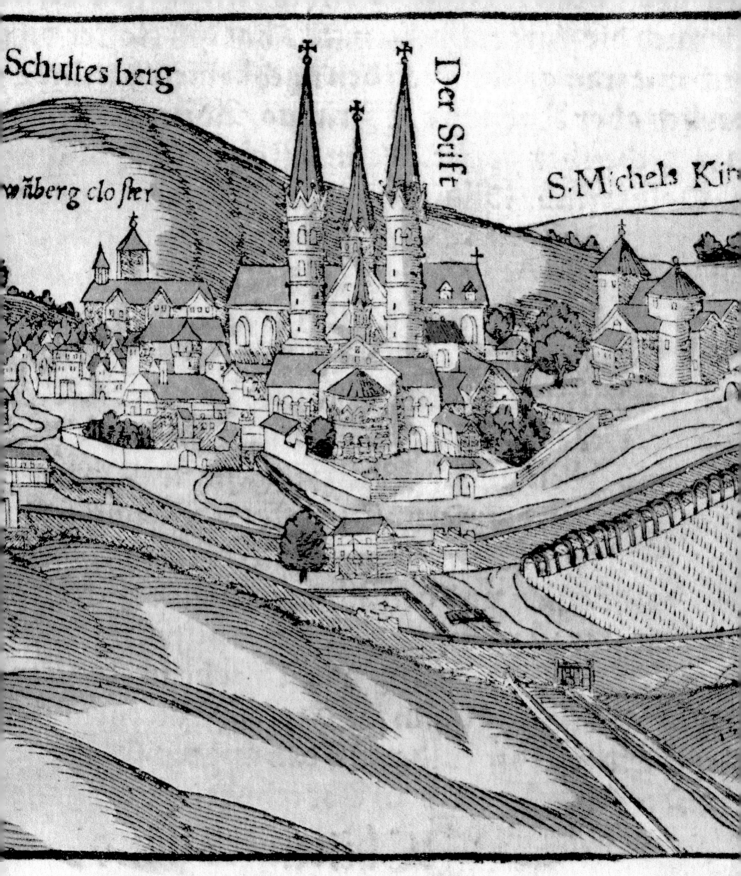

Schultes berg

wßberg closter

Der Stift

S. Michels Kir

Kloster Fulda, Ausschnitt aus der Vedute der Stadt Fulda,
Holzschnitt von Christian Stimmer nach Hans Brosamer, 1550,
aus: S. Münster Cosmographia universalis, Basel 1550

Xr

herrschaft durch präsenz
fulda im system des mittelalterlichen
reisekönigtums

Zwischen 782 und 1252 sind im Kloster Fulda mindestens 45 Besuche von Kaisern und Königen nachzuweisen[1]. Damit war die Bonifatiusgründung einer der bevorzugten Aufenthaltsorte der früh- und hochmittelalterlichen Herrscher des ostfränkisch-deutschen Reiches von den Karolingern bis hin zu den Staufern.

Die Königsnähe war Fulda schon in die Wiege gelegt, da sich die Mönche bereits im Jahre 765, gerade einmal zwei Jahrzehnte nach Errichtung des Konvents, dem Zugriff des Mainzer Bischofs Lul entzogen und König Pippin unterstellten. Hierbei ging der aus der Verbannung zurückgeholte Gründungsabt Sturmi (reg. 744-779) die Verpflichtung ein, künftig sein Recht und den Schutz des Klosters nur beim König zu suchen[2]. Begleitet wurde diese besondere Beziehung zum Reich durch eine Serie von Immunitätsprivilegien, in welchen die Könige seit dem Jahre 774 dem Kloster nicht nur das Recht der freien Abtswahl zustanden, sondern von der Gerichtsbarkeit der umliegenden weltlichen Grafen sowie der sonstigen königlichen Beamten befreiten und den Äbten die volle Jurisdiktionsgewalt in ihrem Sprengel zuerkannnten[3].

Die Bonifatiusnähe war somit schon in der Frühzeit durch eine enge Beziehung zum Königtum erweitert worden, welche den Rang des Klosters erhöhte und auch einen wirksamen Schutz gegen äußere Feinde bot. Allerdings hatte diese privilegierte Stellung auch ihre Kehrseite, denn es wurde eine Gegengabe erwartet. Diese bestand in der Verpflichtung zur Leistung von Diensten und Abgaben an die Könige, dem „Servitium regis"[4]. Dazu zählten neben dem Kriegsdienst und der Ablieferung von Geld und Naturalien auch die „Königsgastung". Man verstand darunter die Verpflichtung, dem König und seinem Gefolge eine Unterkunft zu stellen und sie mit Nahrung zu versorgen.

Den spärlich überlieferten und recht wortkargen schriftlichen Quellen zu den Beherbergungen der Könige in Fulda ist leider nur sehr wenig über Art und Umfang der Belastungen für das Kloster zu entnehmen. In einer Urkunde Ludwigs des Kindes vom Jahre 906, in der dieser die durch seinen Vorgänger Arnulf veranlasste Schenkung von acht Orten im Volkfeldgau an das Kloster Fulda bestätigt, wird hervorgehoben, dass man der Bitte des Abtes Huoggi (reg. 891-915) um eine solche Bekräftigung gerne nachkomme, da dieser dem König nicht nur treu diene, sondern auch ihm und den Seinen Ge-

[1] Staab 2001, 527-571; Jäger 2004, 305.

[2] Schieffer 1996, 42.

[3] Hussong 1985, 111-143.

[4] Allgemein: Brühl 1968; Mctz 1978; im Überblick für die Reichsabteien: Bernhardt 1993, 75-135; Vogtherr 2000, 153-269; für Fulda: Hussong 1986, 276-304; Jäger 2004, 305-307.

schenke (*dona*) zukommen lasse und diese auch ansammle[5]. Mit Hussong wird man wohl davon ausgehen müssen, dass es sich hierbei um jährliche Abgaben handelte. Relikte des finanziellen Königsdienstes sind wohl auch in jenen im Codex Eberhardi des 12. Jahrhunderts erwähnten Leistungen aus 33 fuldischen Orten zu sehen, die für das „Königsfutter" (*ad cunigesphuter*) bestimmt waren und meist aus Getreide und Schweinen bestanden[6]. Letztlich können wir aber den Umfang der finanziellen Dienste und die daraus resultierenden Belastungen für die Untertanen nicht in exakten Zahlen fassen. Nur einmal scheint die Not so groß gewesen zu sein, dass ein Kaiser unverrichteter Dinge weiterziehen musste. Es handelt sich hierbei um einen Besuch Heinrichs V. im Jahre 1120, der gerade zu jener Zeit anlässlich eines Fürstentags in Fulda weilte, als die Ostfassade des Domes gerade eingestürzt war. Christoph Brower, der Anfang des 17. Jahrhunderts schreibende Chronist, berichtet unter Verwendung älterer erzählender Quellen, dass Heinrich wegen des Mangels an Vorräten seinen Besuch abgebrochen habe[7].

Es waren jedoch nicht nur die materiellen Beanspruchungen, welche die Königsnähe mit sich brachte, gefragt war auch der im wahrsten Sinne persönliche Einsatz mit Leib und Leben zugunsten des Reichs während kriegerischer Auseinandersetzungen. Prominentestes Beispiel hierfür ist Sturmi, der im Auftrag Karls des Großen noch im hohen Alter die Grenzfestung Eresburg gegen die Sachsen verteidigte und sich hierbei eine Erkrankung zuzog, an deren Folgen er im Jahre 779 starb[8]. Auch die Äbte Rabanus Maurus (822-842) und Sigihard (reg. 869-891) finden wir in Kriegsdiensten[9]. Aus dem späteren 10. Jahrhundert ist bekannt, dass Fulda die ungewöhnlich hohe Zahl von 60 Panzerreitern für den Italienzug Kaiser Ottos II. zu stellen hatte[10], zusammen mit Reichenau so viel wie keine andere Abtei. Der Bedeutungsverlust des Klosters und der Reichsabtei im hohen und späten Mittelalter ist neben anderen Gründen auch in einer Auszehrung der Ressourcen des Landes zu sehen, welche zu gering waren, um die ständig ansteigenden Lasten des Reiches zu befriedigen. Hieran änderte auch der Umstand wenig, dass den Äbten vom Königtum nutzbare Hoheitsrechte (Regalien) wie Markt, Münzprägung, Zoll und Judenschutz abgetreten wurden, die einen finanziellen Ausgleich für den Reichsdienst schaffen sollten[11].

Als König Konrad I. wenige Monate nach seiner Wahl zum König mit seinem Gefolge in Fulda eintraf, um den dortigen Mönchen und insbesondere der Grablege des Bonifatius einen Besuch abzustatten[12], war dies keineswegs die Quartiernahme an einem sich zufällig ergebenden Etappenziel, sondern eine bewusste und somit län-

[5] MGH DD LdK, Nr. 46, S. 167-169; Hussong 1986, 285.

[6] CE II, 282; Hussong 1986, 286 f.; Staab 2001, 601; Jäger 2004, 304.

[7] Staab 2001, 585 f.

[8] Hussong 1986, 276 f.

[9] Vogtherr 2000, 185. Ebd., 166-188 weitere Belege für die Teilnahme von Fuldaer Äbten des Früh- und Hochmittelalters an Kriegszügen.

[10] Ebd. 266, 279 f.; Vogtherr 2000, 173.

[11] Rösener 1996, 224 geht dagegen von einer ungebrochenen Leistungskraft Fuldas im Hoch- und Spätmittelalter aus.

[12] Wehlt 1970, 237, 272; Staab 2001, 533.

König Konrad I.
Schenkungsurkunde an das Kloster Fulda
Fulda, 912 April 12.
(Hessisches Staatsarchiv Marburg
Urk. 75 Nr. 60)

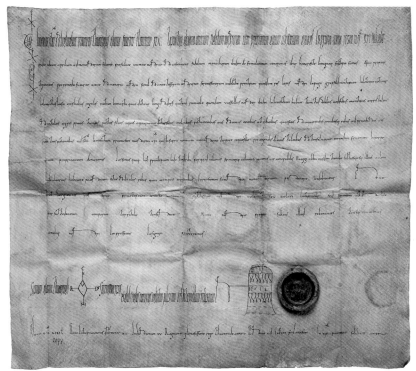

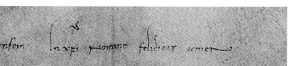

ger vorbereitete Aktion mit Symbolwirkung. Konrad bestätigte dem Kloster Fulda nicht nur mit der Immunität, dem Zehntbezug von den eigenen Gütern und dem freien Wahlrecht seine zentralen Privilegien[13], sondern er nahm die Beurkundung an einem Ostersonntag vor, dem höchsten Festtag des christlichen Kirchenjahres[14]. In der Vorrede zu einer zweiten an diesem Tag für Fulda ausgestellten Urkunde[15] erwähnt er zudem, dass er in Fulda ehrenvoll und freundlich aufgenommen worden sei (*honorifice benigneque suscepti sumus*), eine Formulierung, die sonst in keiner der insgesamt 38 von ihm ausgestellten Diplome zu finden ist und somit nicht als unverbindliche Höflichkeitsformel betrachtet werden kann. Als Grund seines Besuchs führt er die Sorge um sein Seelenheil (*pro salute animae nostrae*) an, ein Motiv, das in seinen Urkunden auch im Zusammenhang mit Privilegierungen im Umfeld seiner Heimat Weilburg sowie der Klöster Lorsch, St. Emmeram, Ansbach und Eichstätt erscheint[16]. Hierbei bezieht er in seiner Hoffnung auf den göttlichen Lohn neben seinen Ahnen auch die Vorgänger im Amt mit ein.

Ob bereits bei dieser Reise in Konrad der Wunsch reifte, das Kloster des Bonifatius zum Ort seines Begräbnisses zu wählen, kann zwar vermutet, aber nicht bewiesen werden[17]. Das einzige schriftliche Zeugnis dieser Absicht findet sich in einer nur im Codex Eberhardi überlieferten und vom Mönch Eberhard entstellten Urkunde Konrads[18], die zwar als Kronzeuge ausfällt, aber dennoch am Um-

[13] MGH DD K I, Nr. 6, S. 6-8.

[14] Deutinger 2006, 335 f. geht davon aus, dass der Besuch Konrads „kurz nach Ostern" stattgefunden habe und die Feier des Osterfestes im Kloster eher unwahrscheinlich sei, da man kein einziges Zeugnis für die Feier eines kirchlichen Hochfestes in den Klöstern bei den ostfränkischen Königen kenne. Dem steht aber die Datierung der Urkunde mit dem 12.4.912, dem Ostersonntag, eindeutig entgegen.

[15] MGH DD K I, Nr. 7, S. 8: Konrad schenkt dem Kloster Fulda Güter in Helmershausen und der Mark Pferdsdorf (Thüringen).

[16] Goetz 1980, 70 f.; Lohse 2006, 300-303.

[17] Zu Konrads Bestattung in Fulda vgl. Staab 2001, 533 (mit älterer Literatur); Heiler 2006; Vögler 2006.

[18] CE II, 28 f.; MGH DD K I, Nr. 38, S. 35 f.; vgl. Vogtherr 2006, 335-337.

König Konrad I., Denar
Regensburger Prägung
Silber
(Historischer Verein Eichstätt,
Foto Albert J. Günther)

stand nichts ändert, dass Konrad tatsächlich in Fulda an einer prominenten Stelle, nämlich beim Kreuzaltar in der Klosterkirche, bestattet wurde[19]. Als Motiv kommt dabei der Memoria, also dem Wunsch des Königs, in das Gebetsgedenken der Mönchsgemeinschaft eingeschlossen zu werden, eine wichtige Rolle zu. Man könnte hier von einer besonderen, einer geistlichen Form des „Servicium regis" sprechen, ein Aspekt, den die Fulda-Forschung seit längerem erkannt hat[20].

Der Gebetsaufenthalt (*orationis causa*) war im 9. und 10. Jahrhundert ein wichtiger Beweggrund für Herrscherbesuche in Fulda. Wir finden ihn bei Ludwig dem Deutschen, der 874 die Osterwoche in Fulda verbrachte[21] ebenso wie bei Kaiser Arnulf, welcher sich 897 von Frankfurt kommend, möglicherweise an Mariä Himmelfahrt, zum Gebet nach Fulda begab[22]. Auch Konrads Nachfolger Heinrich I. verbrachte - möglicherweise in der bewussten Kontinuität zu seinem Vorgänger - das erste Osterfest als König in Fulda[23] und bekräftigte hier unter Hinweis auf die entsprechenden Urkunden Ludwigs des Kindes und Konrads das alte Immunitätsprivileg[24]. Hier wie auch bei einem mutmaßlichen weiteren Aufenthalt Heinrichs Mitte des Jahres 922[25] gibt die Urkunde als Besuchsgrund das Gebet an. Nach Erkenntnissen der jüngeren Forschung sind die als Gebetsaufenthalte gekennzeichneten Klosterbesuche eine Eigenheit der Überlieferung aus karolingischer und frühottonischer Zeit, wobei insbesondere unter Konrad I. und den ersten beiden Ottonen *die orationis causa* von den Quellen hervorgehoben wird[26].

Konrads Osteraufenthalt 912 stand am Beginn einer „Tradition" von Festtagsbesuchen der Könige und Kaiser in den Reichsabteien. Alle Herrscher bis zu Heinrich V. hätten sich, so Thomas Vogtherr, wenigstens einmal während ihrer Amtszeit zu einem Kirchenfest in einer Reichsabtei aufgehalten[27]. Unter den Ottonen stand hierbei Quedlinburg im Vordergrund, während Otto I. zwar an keinem kirchlichen Festtag, aber doch zur Weihe der Stiftskirche 948 in Fulda weilte[28]. Für Otto II. wird angenommen, dass er das Pfingstfest des Jahres 975 in Fulda verbrachte[29]. Danach ist allerdings für eine lange Zeit kein Herrscheraufenthalt in Fulda zu verzeichnen. Erst anlässlich des denkwürdigen Treffens zwischen Kaiser Heinrich II. und Papst Benedikt VIII. im Jahre 1020 ist die Grablege des Bonifatius wiederum Schauplatz eines herrscherlichen Einzugs.

[19] Heiler 2006.

[20] Oexle 1978, bes. S. 168; Hussong 1986, 298-301.

[21] Staab 2001, 529.

[22] Ebd. 532.

[23] Staab 2001, 533 f. Der Aufenthalt ist zwar nur für den Montag nach dem Palmsonntag schriftlich verbürgt, dürfte sich aber auf die ganze Osterzeit erstreckt haben.

[24] MGH DD H I, Nr. 1, S. 39 (920 April 3).

[25] MGH DD H 4, Nr. 4, S. 42 (922 Juni 22). Zur Diskussion um diesen Aufenthalt vgl. Staab 2001, 534.

[26] Vogtherr 2000, 210.

[27] Ebd. 211.

[28] Staab 2001, 535.

[29] Ebd. 537

Insgesamt gesehen reicht die Bedeutung Fuldas als königlicher Stationsort nicht an die großen Pfalzen Aachen und Frankfurt heran[30], auch mit den Bischofsstädten Bamberg und Würzburg kann man sich ebenso wenig vergleichen wie mit den Kaiserpfalzen in den kleineren Orten Ingelheim und Goslar. Selbst Allstedt (Sachsen-Anhalt), das unter den Ottonen als Pfalzort eine Blütezeit erlebte, übertrifft mit 49 gesicherten Herrscheraufenthalten zwischen 935 und 1200 die Zahl der für Fulda nachgewiesenen Besuche[31]. Anders stellt sich hingegen das Bild dar, wenn als Vergleich nicht die „klassischen" Pfalzorte herangezogen werden, sondern die benediktinischen Reichsabteien. Thomas Vogtherr kommt bei einer Zusammenstellung der Itineraraufenthalte der deutschen Könige und Kaiser[32] zwischen 911 und 1125 auf 247 hinreichend gesicherte Besuche, die sich auf 18 Männer- und 16 Frauenklöster verteilen. Hinter Reichenau, das zusammen mit Ulm 30 Nennungen verzeichnet, allein aber nur in nachweislich 19 Fällen zwischen 780 und 1121 von den Herrschern aufgesucht wurde[33]

König Konrad I., Siegel
Schenkungsurkunde an das Kloster Fulda
Frankfurt, 912 Juli 1.
(Hessisches Staatsarchiv Marburg
Urk. 75 Nr. 61)

folgen bei den Männerklöstern Fulda und Hersfeld mit 24 und Corvey mit 23 Aufenthalten. Lorsch (12), Selz/Elsass (7) und Sankt Gallen (6) kommen zusammen auf 25 Besuche. Unter den Frauenklöstern ist der ottonische Memorialort Quedlinburg mit 49 Besuchen als „Sonderfall" zu werten[34], dem Erstein (10) sowie Gandersheim und Kaufungen (jeweils 9) folgen[35].

Insgesamt gesehen wird man sich der Meinung Vogtherrs anschließen müssen, wonach Reichsabteien als Itinerarstationen der hochmittelalterlichen Kaiser und Könige nur von untergeordneter Bedeutung waren. Zwar erlangten Corvey, Fulda, Hersfeld, Lorsch und Reichenau sowie das ottonische Familienstift Quedlinburg vor allem wegen der Feier kirchlicher Hochfeste eine gewisse Bedeutung, doch in salischer Zeit unter Heinrich IV. lasse sich eine Abkehr der Könige von den Reichsabteien als zwar selten, doch regelmäßig aufgesuchte Etappenstationen erkennen. Fortan spielten „Abteien wie Hersfeld oder Fulda [...] nur mehr aus militärischen Gründen im Zusammenhang der Sachsenkriege eine Rolle. Die Struktur des Reiches und die Verfahrensweisen der sich intensivierenden Reichsverwaltung verlangen statt dessen mehr und mehr Aufenthalte in den Zentren des Reiches, den Bischofsstädten und Handelsmetropolen"[36].

[30] Für Frankfurt werden 194 gesicherte Königsaufenthalte zwischen 794 und 1255 gezählt, vgl. Orth 1985/96.

[31] Gockel 1984.

[32] Die folgenden Zahlen nach Vogtherr 2000, 208.

[33] Maurer 2003, 525-535.

[34] Vogtherr 2000, 208. Zur Bedeutung des Reichsstifts Quedlinburg, das mit 69 nachweislichen hochmittelalterlichen Königsaufenthalten neben Magdeburg zu einem der wichtigsten Regierungsorte der Ottonen wurde, vgl. Hardt 2009.

[35] Vogtherr 2000, 208.

[36] Ebd. 219.

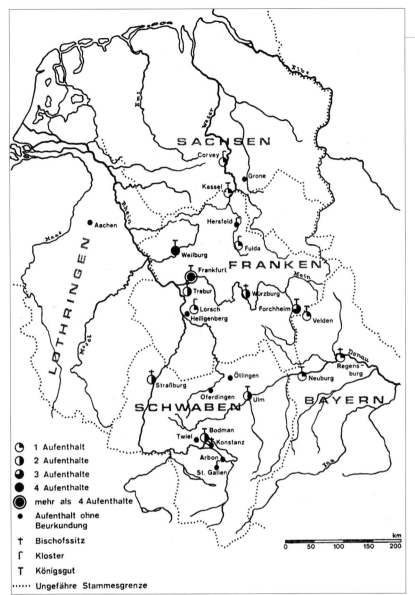

*Itinerar König Konrads I.
(aus: Götz 1980)*

Der Befund lässt sich am Beispiel Fuldas nur zum Teil belegen. Zwar wird das Kloster unter den Saliern nur noch in sechs einigermaßen sicher nachweisbaren Fällen von Konrad II., Heinrich III., Heinrich IV. und Heinrich V. aufgesucht[37], doch erlebte die Reichsabtei unter Lothar III. sowie den Staufern eine wahre Renaissance mit 22 Besuchen zwischen 1126 und 1231, nicht zuletzt als Schauplatz von Hof- und Reichstagen[38]. Der Rückgang im 11. Jahrhundert lässt nicht auf ein generelles Desinteresse der Salier an Fulda schließen, zeigen doch die regelmäßigen königlichen Interventionen bei der Besetzung des Abtsstuhls die Bedeutung, die man dem Kloster beimaß[39], auch wenn sich gerade Mitte des 11. Jahrhunderts unter Abt Widerad (reg. 1060-1075) ein Prestigeverlust Fuldas innerhalb der Germania Sacra abzeichnete, der seinen spektakulären Höhepunkt im „Goslarer Rangstreit" 1062/63 fand[40].

Der Staufer Friedrich I. hielt sich mindestens acht Mal in Fulda auf. 1157 war er bei der Weihe der wiederhergestellten Stiftskirche anwesend. 1165 feierte er zusammen mit seiner Gemahlin Beatrix den Palmsonntag am Neuenberg. In den Jahren 1170, 1173 und 1188 lässt sein Itinerar den allerdings nicht zwingend beweisbaren Schluss zu, dass Friedrich das Bonifatiusfest in Fulda feierte[41]. All dies spricht gegen eine grundsätzliche Abkehr des Königtums von der Reichsabtei Fulda in nachottonischer Zeit.

Das System des mittelalterlichen Reisekönigtums ist schon in vielfacher Hinsicht Gegenstand der Forschung gewesen[42]. Hierbei wurde insbesondere die Rolle der Pfalzen untersucht[43], die wirtschaftlichen und verfassungsrechtlichen Aspekte beleuchtet, wobei die Frage nach der Herrschaftspraxis des früh- und hochmittelalterlichen Kaisertums immer wieder im Mittelpunkt stand[44].

Als „Herrschaft durch Präsenz" wurde diese Form der königlichen Machtausübung zu Recht charakterisiert[45]. In Zeiten personell geprägter Landesherrschaft, die auf dem Lehensrecht beruhte, war ein persönlicher Kontakt zwischen dem König und dem regionalen Adel unbedingt erforderlich, zumal das Lehenswesen beide Teile zu gegenseitiger Loyalität verpflichtete. Insofern waren „An-

[37] Staab 2001, 541-545.

[38] Ebd. 545-570, 606.

[39] Franke 1987, 237; Staab 2001, 607.

[40] Zu Weihnachten 1062 und Pfingsten 1063 eskalierte ein Streit im Goslarer Stift St. Simon und Juda zwischen dem Abt von Fulda Widerad und Bischof Hezilo von Hildesheim über das Recht, neben dem Mainzer Erzbischof sitzen zu dürfen. Die Auseinandersetzung um den Vorrang zwischen

trittsbesuche" der Könige, wie jener Konrads I. im Jahre 912 in Fulda, nicht nur ein Gebot der Höflichkeit und ein Beweis für die tatsächlich nicht zu unterschätzende persönliche Frömmigkeit, sondern auch eine Form der Vergegenwärtigung des königlichen Machtanspruchs in einem der wichtigsten Klöster des Reiches. In den Zusammenhang der persönlichen Inbesitznahme des Landes gehört mutmaßlich auch der „Königsumritt", der zwar erst im 11. Jahrhundert nachzuweisen ist[46], aber ältere Wurzeln hat[47]. Die *praesentia* oder die *absentia regis* schieden das Reich in königsnahe und königsferne Landschaften und können somit über die Analyse des königlichen Itinerars einen Hinweis auf die Schwerpunkte der Herrschaftspolitik geben. Doch ist bei der Anwendung dieses Instrumentariums durchaus Vorsicht geboten. Gerade im quellenarmen 10. Jahrhundert liegen uns zum Teil nur spärliche Angaben über den Aufenthaltsort der Regierenden vor. Konrad I. können wir in seiner etwas mehr als sieben Jahre dauernden Regentschaft nur 39 Mal lokalisieren, meist um Umfeld von Beurkundungen, bei denen regelmäßig der Ausstellungsort genannt wird. Es ist somit, auch in quellenreicheren Phasen des mittelalterlichen Königtums, mit einer beträchtlichen „Dunkelziffer" zu rechnen. Zudem wird man davon ausgehen müssen, dass sich ein wichtiger Teil des Umherziehens der längerfristigen Planbarkeit entzog. Fürstentreffen, Hof- und Reichstage, vor allem aber die Feldzüge waren nicht immer zu kalkulieren, so dass bisweilen die reine Notwendigkeit die Route diktierte. Dennoch lässt im Falle Konrads I. der Blick auf das Itinerar gewichtige Rückschlüsse zu[48]. Nachweislich sieben Mal hielt er sich in Frankfurt auf, vier Mal in Weilburg und drei Mal in Forchheim, Orte, über die Konrad aufgrund ihrer Funktion als Königsgut bzw. konradinisches Eigengut (Weilburg) verfügen konnte. Je zwei Mal sind Besuche in den Bischofsstädten Würzburg und Straßburg sowie den Pfalzen Bodman, Ulm und Trebur bezeugt. Je ein Mal weilte Konrad in den Reichsklöstern Fulda, Corvey, Lorsch, St. Gallen und Hersfeld. Der Bewegungsraum hatte als äußerste Begrenzung Corvey im Norden und St. Gallen im Süden (ca. 630 Kilometer auf dem heutigen Straßennetz) sowie Aachen im Nordwesten und Regensburg im Südosten (ca. 575 Kilometer). Meist dürfte sich Konrad in den Pfalzen des Lahn- und Maingebiets aufgehalten haben, während er in die äußeren Gebiete des Reiches (Sachsen, Bayern) nur selten bis an die Randzonen (Grone bzw. Regensburg) drang. Zudem fällt auf, dass Konrad in den letzten beiden Regierungsjahren 917/18 kaum noch in Erscheinung trat, wohl Zeichen einer Erkrankung, die bereits 916 aufgetreten war. Roman Deutinger bemerkt prägnant hierzu: „Der König [Konrad] ist nicht am Widerstand der 'Stammesherzöge' gescheitert, sondern an der mangelnden Kunst der Ärzte"[49]. Folgt man Deutinger, so ist der in den letzten zwei Regierungsjahren auf Konrads Stammland eingeschränkte Aktionsradius nicht darauf zurückzuführen, dass er andernorts nicht erwünscht war, sondern seinem körperlichen Zustand geschul-

„Bamberger Reiter" – König zu Pferd aus dem Bamberger Dom wahrscheinlich Kaiser Heinrich II. (reg. 1002-1024), um 1235 (Abguss, Privatbesitz)

einem Bischof und dem Abt als Primas der Äbte Galliens und Germaniens endete 1063 in einem Blutbad, vgl. Heikkilä 1998.

[41] Die Angaben zu Friedrich I. nach Staab 2001, 557-565.

[42] Grundlegend Berges 1952; Peyer 1964; Boockmann 1995; Schieffer 2002; in Bezug auf die Reichsabteien: Bernhardt 1993.

[43] Ehlers 2002a; Zotz 2003.

[44] Müller-Mertens 1980; Zotz 1984; Zotz 1991.

[45] Deutinger 2006, 319.

[46] Schmidt 1981.

[47] Peyer 1964, 2.

[48] Zum Folgenden vgl. Goetz 1980, 72-90.

[49] Deutinger 2002, 54.

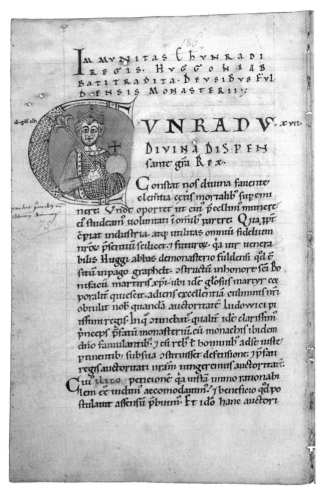

Bildnis des König Konrad I.
in: Codex Eberhardi
Fulda, um 1150-1160
(Hessisches Staatsarchiv Marburg)

det, der anstrengende Reisen nicht mehr zuließ. Immerhin bleibt im Hinblick auf Fulda festzuhalten, dass die Reise des Jahres 912 allen Warnungen vor der Überbewertung von Itineraren zum Trotz mit Sicherheit zu jener möglicherweise kleinen Gruppe von langfristig geplanten Reisen gehörte. Ob Konrad darüber hinaus noch öfter den für seine Grablege bestimmten Platz aufsuchte und welche Belastungen für das Kloster mit der Ankunft eines in seiner Größe nicht bezifferbaren Gefolges verbunden waren, lässt sich leider nicht mehr feststellen.

Unabhängig davon stellen sich aus regionaler Sicht noch zwei Fragen, nämlich nach dem Ort der Unterbringung und der durch das Fuldaer Land gewählten Reiseroute. Ein eigenes Pfalzgebäude mit einem angeschlossenen Wirtschaftshof, der die Versorgung des Königs garantiert hätte, kann in Fulda nicht nachgewiesen werden und hat, wie auch bei den anderen Klosterpfalzen, sicher nicht bestanden[50]. Im östlich dem Kloster vorgelagerten Atrium, dem 968-973 fertig gestellten „Werner-Paradies", erblickt die bisherige Forschung eine solche Klosterpfalz[51], für deren Vorhandensein nur wenige schriftliche Zeugnisse sprechen, die aber als sicher anzunehmen ist. Papst Benedikt VIII. erteilte bei seinem Fulda-Besuch von den *arces Romani imperii*, die meist mit dem „Werner-Paradies" in Verbindung gebracht werden, den Segen[52]. Untermann hat jüngst hingegen dafür plädiert, von dieser Gleichsetzung abzusehen und die Klosterpfalz außerhalb des für Frauen nicht zugänglichen Klosterareals bei der späteren Abtsburg bzw. der Vogtsburg zu suchen[53]. Offenkundig war die Klausur für die hohen Gäste, sofern sie mit ihren Gemahlinnen nach Fulda kamen, tatsächlich ein Thema. Sowohl Lothar III. als auch Friedrich I. übernachteten mit ihren Ehefrauen bei den Aufenthalten von 1132 bzw. 1165 nicht im Hauptkloster, sondern in Neuenberg[54], was allerdings gerade dafür spricht, von einer Lage der Pfalzräume innerhalb der Klausur auszugehen. Für die Bedeutung der Anlage, abgesehen davon, wo sie sich befand, spricht auch die aus dem 10. Jahrhundert stammende Erwähnung einer *capella regis*, die bisher allgemein mit der Johanneskapelle identifiziert wird[55].

Im Detail höchst umstritten und nicht abschließend zu klären ist die Wegeführung im Bereich des Klosters und seiner Umgebung während des Frühmittelalters[56], die untrennbar verknüpft ist mit den bisherigen Erkenntnissen zur fuldischen Frühgeschichte. Die von den frühen Textzeugnissen wie den Bonifatiusbriefen und Eigils *Vita Sturmi* immer wieder hervorgehobene Gründung der klösterlichen Niederlassung „mitten in der Einöde" schien durch Ausgrabungen von Joseph Vonderau und Heinrich Hahn, die unter dem heu-

[50] Hussong 1986, 295.
[51] Staab 2001, 523.
[52] Ebd. 538.
[53] Untermann 2010, 188.
[54] Staab 2001, 546 f., 559; so auch Untermann 2010, 187.
[55] Hussong 1986, 293.
[56] Vonderau 1920; Görich 1955; Ders. 1964; Ders. 1982; Heinke 1998; Ders. 2000.

tigen Domplatz Baureste ergruben, die sie als eine um 700 aufgegebene merowingische *curtis* deuteten, ins Wanken geraten zu sein. Demnach wäre Sturmi bei der Suche nach einem geeigneten Gründungsort in einem gut bekannten und erst seit kurzem frei gewordenen Gebiet fündig geworden. Diese Annahme ist jüngst von archäologischer Seite bezweifelt und die Existenz einer *curtis* in Abrede gestellt worden, wobei gleichzeitig darauf hingewiesen wurde, dass dieser Befund eine extensive Nutzung des Landes zu Beginn des 8. Jahrhunderts u.a. als Verkehrsraum nicht ausschließe[57]. Tatsächlich gibt uns die vom vierten Fuldaer Abt Eigil (reg. 818-822) verfasste Lebensbeschreibung[58] trotz ihrer zahlreichen topischen Elemente wichtige Hinweise auf das Fuldaer Becken als Verkehrsraum. Der von Fritzlar in die Einöde Buchonien (*in hanc solitudinem quae Bochonia nuncupatur*) ausgesandte Sturmi erreicht nach drei Tagen zunächst den Ort, der heute [zur Zeit der Abfassung] der Lebensbeschreibung Hersfeld genannt wird. Da dieser Platz wegen der Nähe zu den „wilden Sachsen" (*Saxones feroces*) von Bonifatius als ungeeignet angesehen wird, besteigen Sturmi und seine Gefährten im Raum Hersfeld ein Boot und fahren flussaufwärts bis hin zu jenem Ort, wo die Lüder in die Fulda fließt [beim heutigen Lüdermünd]. Auch diesen erreichen sie nach drei Tagen.

Obwohl die Dreizahl in der Komposition der *Vita Sturmi* eine große Rolle spielt und deshalb bei der Interpretation des Textes Vorsicht geboten ist, erhalten wir doch einen Hinweis auf die damalige Reisegeschwindigkeit, da die Zuhörer und Leser des 9. Jahrhunderts eine völlig abwegige Zeitangabe mit Sicherheit bemerkt hätten. Von Fritzlar bis Hersfeld sind ca. 50 Kilometer auf direktem Weg anzusetzen, von Hersfeld bis Lüdermünd ca. 35 Kilometer. Hieraus ist auf eine tägliche Strecke von ca. 17 bzw. 11-12 Kilometern zu schließen. Diese Angaben sind durchaus glaubhaft. Dass die Flussfahrt entgegen den bisherigen Forschungserkenntnissen[59] langsamer war als der Landweg von Fritzlar nach Hersfeld, dürfte zunächst darin begründet sein, dass letzterer bekannt und schon ausgetreten war, ansonsten wäre eine Tagesleistung von 17 Kilometern nicht zu erreichen gewesen. Entgegen der gemeinhin als durchschnittliche Reisegeschwindigkeit im Mittelalter angenommenen 30-35 Kilometer pro Tag, kommen die bisherigen Untersuchungen zu großen Unterschieden, die von den natürlichen Gegebenheiten, der Qualität der Wege, der Wahl der Verkehrsmittel, dem Zweck der Reise und der Jahreszeit abhingen[60]. Während ein reitender Bote im Extremfall 100 Kilometer mit Pferdewechsel zurücklegen konnte, sind die regionalen und überregionalen Reisegeschwindigkeiten,

Fulda, Ostatrium und Ratgerbasilika
Modell des Zustandes um 1000
(Vonderau Museum Fulda)

[57] Kind 2009, 63.

[58] Engelbert 1968.

[59] Reinke 1987, 243 errechnet aus den wenigen Schiffsreisen des Königshofes im 11. und 12. Jahrhundert einen Median von 21 Kilometern pro Tag. Das arithmetische Mittel beträgt 29 Kilometer pro Tag.

[60] Denecke 1989, 216 f.

ob mit Fuhrwerk oder zu Fuß, sehr niedrig anzusetzen. Itinerarforschungen kommen hier zu 12-15 Kilometern bei regionalen und 21-24 Kilometern bei überregionalen Reisen des Königshofes im 11. und 12. Jahrhundert[61]. Die angeblich drei Tage und damit relativ lange dauernde Flussfahrt von Hersfeld nach Lüdermünd könnte für die ortskundigen Mitbrüder im Kloster den zusätzlichen Hinweis enthalten, dass ab Hersfeld tatsächlich eine Fahrt ins Ungewisse mit Hindernissen begann, welches an anderer Stelle der Vita explizit wiederholt wird[62].

Nachdem Sturmi die Lüdermündung erreicht hatte, kehrten er und seine Gefährten wieder um, da sie die Gegend für eine Ansiedlung nicht geeignet hielten und erreichten über einen Ort namens *Ruohenbach*[63] ihre Zellen bei Hersfeld. Erst der dritte, von Sturmi allein unternommene Erkundungsversuch war von Erfolg gekrönt. Auf einem Esel reitend durchzog er die Einöde, bis er an eine Straße (*via* bzw. *platea*) kam, welche die Kaufleute auf ihrem Weg von Thüringen nach Mainz nutzten, und zwar an jener Stelle, wo die Straße die Fulda überquerte. An diesem überregionalen Handelsweg traf er zum ersten Mal auf Menschen. Badende Slawen, die ihn verhöhnten, zwangen ihn, seine Reise fortzusetzen.

Abgesehen von der nicht sehr wohlwollenden Personenbeschreibung Eigils, die ein Indiz für gentile Vorurteile im 9. Jahrhundert darstellen, verdient der Hinweis auf die Slawen besondere Beachtung. Mit Pius Engelbert wird man davon ausgehen müssen, dass es sich entgegen älterer Ansichten nicht um einen Sklaventransport handelte, sondern um eine hier ansässige Bevölkerungsgruppe. Leider hat die Fuldaforschung bisher dem Thema der slawischen Besiedlung nur am Rande Aufmerksamkeit geschenkt. Hier wären dringend Untersuchungen anzustellen, bei denen auch die Namenkunde wichtiges Material beizutragen hätte[64]. Bei der Diskussion dürfte dann auch die Deutung des Namens des südlich von Fulda, ebenfalls an einem Flussübergang gelegenen Ortes Bronnzell eine wichtige Rolle spielen. Dessen Name, in 852 zum ersten Mal überliefert als *Promestescella*[65], dürfte mit einiger Sicherheit im Erstglied einen Personennamen tragen, der allerdings bisher weder aus dem Germanischen noch aus dem Slawischen abgeleitet werden konnte. Die Deutung *proxima cella*[66] als dem Kloster Fulda nahe gelegene Mönchszelle ist sprachwissenschaftlich nicht haltbar.

Sturmi zog von der Fuldafurt auf der linken Fuldaseite weiter nach Süden und überquerte den Fluss Giesel, um bei Bronnzell auf den Ortesweg zu treffen (*ubi semita fuit, quae antiquo vocabulo Ortesveca dicebatur*). Bei dieser Straße handelt es sich um die südlich an Fulda vorbeiziehende Verbindung aus der Wetterau in das Grabfeldgebiet[67]. Mit Ortesweg ist, wie in der Vergangenheit zu Recht festgestellt wurde, ein Gattungsname für einen Höhenweg gemeint[68]. Hier traf Sturmi auf einen Pferdeknecht, der ihm die Namen der Örtlichkeiten in dieser Gegend mitteilen konnte. Der

---

[61] Reinke 1987, 250 f.

[62] Engelbert 1968, 138.

[63] Gemeint ist der Ort des Zuflusses des Rombach in die Fulda beim heutigen Fraurombach.

[64] Lübeck 1931; Ders. 1951.

[65] Genannt in einer Kopie des Mönches Eberhard um 1160, vgl. CE II, S. 118. Das u. a. bei Böhne 1978, 13 als älteste Namensform genannte *Praemestescella* ist eine Verlesung.

[66] Böhne 1978, 13.

[67] Heinke 1998.

[68] Althochdeutsch (ahd.) *ort* bedeutet „Spitze, Ecke".

Umstand, dass die Gewässer, Berge und auch die Landschaft Namen trugen, sowohl althochdeutsche wie *Eihloha* (Eichenwald) und *Grezzibach* (Krätzbach)[69] als auch aus dem voralthochdeutschen Sprachschatz zu erschließende wie etwa *Fulda*, zeigt, dass die Umgebung des zu gründenden Klosters den kundigen Durchreisenden bereits hinlänglich bekannt war. Wir finden den Ortesweg noch einmal in den Quellen, und zwar in der nur im „Codex Eberhardi" überlieferten Grenzbeschreibung des Fuldaer Klosterbezirks, die aus der Zeit 743-747 stammen soll[70]. Bei der Grenzumgehung wird bei der Quelle des Bimbachs ein Höhenweg überschritten, der *Antsanvia*[71] genannt wird und sich in der Nähe vom Himmelsberg (westlich von Giesel) mit dem Ortesweg kreuzt. Antsanvia, Ortesweg und die an anderer Stelle genannte *semita antiqua*[72] sind Teile eines frühmittelalterlichen Wegesystems, das Fulda an seinem westlichen und südlichen Rand streifte und die Zentren in den Altsiedellandschaften des Rhein-Main-Gebiets, Thüringens und des Grabfeldes, das seit Karl dem Großen mit der Königspfalz Salz ein wichtiges Zentrum aufzuweisen hatte, verband.

Mit der Klostergründung wurde ein Teil dieses Verkehrs in die neue Ansiedlung umgeleitet, wobei der Hauptzugang von Westen über die unter Abt Sigihard im 9. Jahrhundert erbaute steinerne „Lange Brücke" erfolgte. Rühmend erwähnt ein Fuldaer Abtskatalog, der zwischen 916 und 920 entstand, also gerade zu jener Zeit, als König Konrad I. in Fulda seine letzte Ruhestätte fand, diese Leistung Sigihards[73]. Sie wirft ein Schlaglicht auf die Bedeutung, welche das Kloster im ersten Jahrhundert nach seiner Errichtung erlangt hatte. Eine steinerne Brücke ist zu jener Zeit offenbar einzigartig nördlich der Alpen und als „Prestigebau" zu sehen[74]. Über diese wird auch Konrad ebenso wie seine Vorgänger und Nachfolgern geritten sein, als er 912 in Fulda weilte.

Erst im Verlauf der Neuzeit, in bedeutendem Umfang wohl erst mit dem Chausseebauprogramm unter dem Fürstbischof Heinrich von Bibra (reg. 1759-1788) flossen die überregionalen Verkehrsströme durch die Stadt selbst. Insofern sind Rekonstruktionen einer mitten durch Fulda führenden „Via Regia" als Teil einer europaweiten Handelsstraße, zumindest bezogen auf die Situation im Mittelalter, als unhistorisch anzusehen[75].

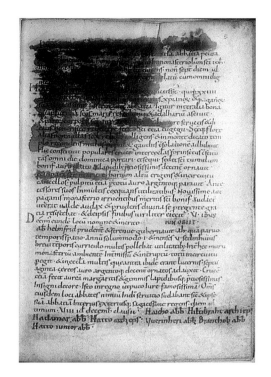

*Fuldaer Abtskatalog
Handschrift kurz nach 916
(Hochschul- und Landesbibliothek Fulda
B1, fol. 5ʳ)*

[69] Wohl zu ahd. **grezzi* „Dornengestrüpp", einer Kollektivbildung zu ahd. *grāt* „Gräte, Stachel".

[70] Stengel 1958, 7-11.

[71] Mit Haas 1914, 39 und Engelbert 1968, 85 als *antiana via* „alte Straße" zu deuten.

[72] Erwähnt in der aus dem späten 11. Jahrhundert stammenden Grenzbeschreibung der Kirche von Margretenhaun, vgl. Haas 1911, 152-154.

[73] Patzold 2006, 231.

[74] Vgl. den Beitrag von Thomas Kind in diesem Band.

[75] Dies gilt auch für die Rückprojektion von Flurbezeichnungen wie „Kaiserwiesen", „Kaiserweg" oder „Alte Heerstraße", für die ältere Belege fehlen.

alltagsleben im ostfrankenreich des 9. und 10. jahrhunderts

von Cornelia Halm und Frank Verse

alltagsleben im ostfrankenreich
des 9. und 10. jahrhunderts

Die Enkel Karls des Großen teilten 843 im Vertrag von Verdun das Frankenreich unter sich auf. Dabei zerfiel es in ein West-, Mittel- und Ostreich, wobei das Mittelreich 870 bzw. 875 in den beiden anderen Teilreichen aufging. Zunächst war nur eine Teilung der Herrschaft über das Frankenreich vorgesehen und nicht dessen dauerhafte Teilung. Diese wurde jedoch mit der Krönung Konrads I. und dem damit verbundenen Ende der karolingischen Herrschaft im Ostfrankenreich, spätestens aber mit dem Übergang der Königswürde an das sächsische Herrscherhaus (919) praktisch endgültig vollzogen.

Das Ostfrankenreich lag zwischen dem Westfrankenreich im Westen sowie slawischen Reichen im Osten, von denen das sog. Großmährische Reich im 9. Jahrhundert am größten war (s. Beitrag Poláček). Konrad I. musste hinnehmen, dass zu Beginn seiner Herrschaft Lothringen zum Westfrankenreich überging, was eine deutliche Schwächung seiner Machtbasis und Autorität zur Folge hatte.

Ab der zweiten Hälfte des 9. Jahrhunderts wurde das Frankenreich durch Wikingereinfälle zunehmend erschüttert. So wurden u. a. Köln und Aachen (881) sowie Trier (882) im Zuge der Normanneneinfälle geplündert und stark zerstört, allerdings sind archäologisch nur wenige Spuren dieser Überfälle nachweisbar[1]. Um 900 begannen die Einfälle der Ungarn, von denen vor allem die südlichen Teile des Ostfrankenreiches stark bedroht waren. Während der Regierungszeit Konrads I. konnte dieser Bedrohung kaum etwas entgegengesetzt werden. Erst mit dem Sieg bei der Schlacht auf dem Lechfeld im Jahre 955 unter Otto dem Großen konnte die Ungarngefahr endgültig gebannt werden.

Die Königsherrschaft war zur Zeit König Konrads I. aber nicht nur von außen, sondern auch von innen bedroht. Das Ostfrankenreich bildete keine zentral gelenkte territoriale Einheit. Es bestand vielmehr aus verschiedenen Stammesgebieten, die teilweise von eigenen, nach Selbständigkeit strebenden Herzögen regiert wurden. Die wichtigsten Stämme waren Franken, Sachsen, Bayern und Schwaben. Außerdem gab es in den östlichen Reichsteilen noch größere slawische Ansiedlungen. Ferner bildeten auch die kirchlichen Besitzungen einen wichtigen Machtfaktor im Reich.

[1] Schulze-Dörrlamm 2002, 109 ff.

Die Zugehörigkeit zu unterschiedlichen Stämmen und starke regionale Bindungen führten zur Herausbildung von kleinräumigen Traditionen auf vielen Gebieten, z. B. bei der bevorzugten Tracht oder dem Hausbau. Auch die Sprache wies teilweise erhebliche Unterschiede auf. Schon die einzelnen Stammessprachen hatten zahlreiche Dialekte und es darf bezweifelt werden, ob sich z. B. Bayern und Sachsen in ihren jeweiligen Dialekten überhaupt miteinander verständigen konnten[2].

Die wenigen Schrift- und Bildquellen dieser Zeit liefern nur spärliche Informationen zum alltäglichen Leben der Menschen. Zumeist geben sie Einblicke ins höfische oder monastische Leben, die darüber hinaus oft noch stark idealisiert sind *(Abb. 1)*. Daher kommt der Archäologie eine besondere Bedeutung bei der Rekonstruktion des Alltagslebens zu. Dabei muss natürlich berücksichtigt werden, dass nur ein sehr kleiner Teil des damaligen Lebensraumes bisher erforscht wurde. Außerdem sind große Teile des einstmals vorhandenen Sachgutes durch zeitgenössische Umarbeitungen, spätere Störungen oder natürliche Verfallsprozesse für immer verloren. Dennoch ermöglichen die zunehmenden Ausgrabungen auf vielen Gebieten eine gute Rekonstruktion des Alltagslebens der Menschen des 9. und 10. Jahrhunderts. Dieses wurde von Stammeszugehörigkeit, sozialem Status, regionalen Traditionen sowie von unterschiedlichen Lebens- und Umweltbedingungen stark geprägt. Gleichzeitig gab es aber auch übergeordnete Entwicklungen, die sich in praktisch allen Teilen des Ostfrankenreiches in ähnlicher Weise auswirkten. In der folgenden kurzen Übersicht können natürlich nur einzelne Aspekte herausgegriffen werden, wobei überwiegend auf den fränkischen Kulturraum Bezug genommen werden soll.

Natur und Lebensbedingungen

Weite Teile des Ostfrankenreiches waren im 9. und 10. Jahrhundert noch von dichtem, undurchdringlichem Wald, vorwiegend Buchen- und Buchenmischwald, sowie einigen Mooren und Sümpfen bedeckt. Es gab noch zahlreiche Wildtiere, nicht nur Rot- und Damwild, Wildschweine, Biber und Hasen, sondern auch Luchse, Wölfe, Auerochsen und Bären.

In der Zeit vom 7. bis 9. Jahrhundert fand eine erste Rodungsphase statt, die einem verstärkten Landesausbau und infolgedessen einer ab der Mitte des 9. Jahrhunderts stetig wachsenden Bevölkerung voranging. Die Bevölkerungsdichte in den einzelnen Landesteilen war sehr unterschiedlich. Bevölkerungsschätzungen beruhen auf der Anzahl der Siedlungen und Bestattungen einer Region, die uns allerdings nur unzureichend bekannt sind. Daher weisen solche Schätzungen zwangsläufig große Schwankungen auf. Im Raum zwischen Yser und dem Hügelland des Boulonais lebten im Frühmittelalter schätzungsweise 34 Einwohner pro Quadratkilometer, wäh-

[2] Riché 2009, 24.

44

rend im „Gebiet zwischen Elbe-Saale und Böhmer Wald im Osten und einer Linie etwa von Amsterdam bis Basel" um 800 wohl nur durchschnittlich vier bis fünf Personen pro Quadratkilometer angenommen werden, was einer Bevölkerung von 1,2 bis 1,5 Millionen Menschen entspricht. Mitte des 12. Jahrhunderts hatte sich diese Zahl verdreifacht, auf 15 Menschen pro Quadratkilometer (3,5 Millionen)[3].

Bei der Besiedlung des Landes folgten die Menschen den Vorgaben der Natur. Ausgehend von Siedlungsinseln in den bereits dichter bewohnten Gebieten entlang der großen Flüsse wie Rhein, Main und Donau sowie den fruchtbaren Lößflächen wurden allmählich auch die Waldgebiete aufgesiedelt. Klöster, Herrschaften und Dörfer wurden gegründet. Teilweise entstanden auch Siedlungsinseln inmitten der Wälder, die ebenfalls zur Erschließung des Landes beitrugen. Siedlungszentren bildeten sich erst allmählich. Ihre Entstehung hing zumeist vom Ertrag der Böden, Rohstoffvorkommen oder den Verkehrsbedingungen ab (s. Beitrag Hensch). Städte wie Frankfurt, Salzburg oder Eisenach tragen dies noch heute in ihrem Namen.

Aufgrund der spärlichen Schriftquellen lassen sich für das 10. Jahrhundert keine gesicherten Aussagen bezüglich der klimatischen Verhältnisse machen. Doch einzelne Aussagen, in Verbindung mit der recht gut bezeugten klimatischen Entwicklung ab dem 11. Jahrhundert, sprechen dafür, dass das Klima eher kontinental gewesen sein dürfte, d. h. kalte und strenge Winter sowie heiße, überwiegend trockene Sommer[4].

Im 9. und 10. Jahrhundert waren die Menschen sehr viel abhängiger von ihrer Umwelt als heute. Schlechte Witterung, etwa Trockenheit, Hagel oder Dauerregen, konnte rasch zu Ernteausfällen und damit zu Hungersnöten führen. Die Möglichkeiten, Natur zu gestalten, waren noch gering. So war z. B. der Lauf der Flüsse noch weitgehend ungeregelt, weshalb es durch Regen und Schneeschmelze zu starken Hochwassern kommen konnte und die Schiffbarkeit zusätzlich eingeschränkt wurde. Seit der Mitte des 9. Jahrhunderts berichten die Quellen von zahlreichen regionalen Überschwemmungen. Den *Annales fuldenses* zufolge fiel z. B. von Mai bis Juli 886 offenbar dauerhafter Starkregen, der die Flüsse gefährlich ansteigen ließ und die Feldfrüchte verdarb. Dreizehn Jahre zuvor hatten Heuschrecken, von Ost nach West ziehend, alle Feldfrüchte vertilgt. Nur ein Jahr später hatten, so die Annalen, Hunger und „Pest" als Folge eines sehr langen und strengen Winters mit viel Schnee dafür gesorgt, dass fast ein Drittel der Menschen in Gallien und Germanien starb. Vieh und Menschen erfroren damals in einer Kälte, die den Main und sogar den Rhein zufrieren ließ. Hagel und sintflutartiger Regen, der sogar Häuser mit sich riss und viele Menschen ertränkte, führte 889 erneut zu einem gefährlichen Mangel an Getreide. Da überregionaler Handel nur begrenzt be-

1 Darstellung Ludwigs des Frommen, Fulda, 2. Viertel des 9. Jahrhunderts. (Codex Vaticanus Reginensis latinus 124, fol. 4^v)

[3] Rösener 1985, 23, 42 ff.; Strott 2006, 262; Riché 2009, 67; Henning 1994a, 21.

[4] Glaser 2008, 56 ff.

trieben wurde, ließen sich derartige Ernteausfälle nicht durch Zu-
käufe abmildern.

Der Mensch

Wichtige Angaben zum mittelalterlichen Menschen liefert uns die
Anthropologie. Allerdings sind bisher nur wenige frühmittelalterliche Gräberfelder komplett nach modernen Gesichtspunkten untersucht worden, so dass unser Wissen natürlich lückenhaft ist[5]. Die
Säuglings- und Kleinkindsterblichkeit war mit bis zu einem Drittel
der Geburten sehr hoch, was zu einer sehr geringen Lebenserwar-
tung von lediglich 21 bis 25 Jahren führte, gemessen ab der Geburt.
Von den erwachsenen Individuen starben die meisten noch vor Erreichen des 40. Lebensjahres. Dennoch konnten einzelne Individuen
durchaus deutlich über 60 Jahre alt werden. Karl der Große starb
beispielsweise im Alter von 72 Jahren.

Die Durchschnittsgröße der Männer betrug im Frühmittelalter
1,70 bis 1,75 m, wobei vereinzelt auch Körpergrößen von über 1,80
m erreicht wurden. Frauen waren durchschnittlich 10 cm kleiner als
Männer. Damit wurden die Menschen größer als im hohen und späten Mittelalter, was auf den höheren proteinhaltigen Fleischanteil
bei der Ernährung zurückgeführt wird[6].

Die erhaltenen Knochen weisen zumeist deutliche Verschleißspu-
ren auf, was auf eine hohe körperliche Belastung hindeutet. Dies gilt
gleichermaßen für Männer und Frauen, wobei teilweise unterschiedliche Skelettpartien betroffen waren. Die Art des körperlichen
Verschleißes lässt generell auf unterschiedliche Aktivitäten schließen. So lassen sich z. B. deutliche Unterschiede bei der Knochen-
abnutzung zwischen der ländlichen Bevölkerung von Unterigling
und derjenigen des protostädtischen, vom Metallhandwerk geprägten Kehlheim nachweisen.

Auch die soziale Stellung hatte erhebliche Auswirkungen auf die
Menschen. Aufgrund der besseren Versorgung und der geringeren
körperlichen Belastung wurden Angehörige der Oberschicht durchschnittlich größer und älter als die übrige Bevölkerung und ihr Ske-
lett weist geringere Verschleißerscheinungen auf.

Kleidung

Von der Kleidung der Menschen im frühen Mittelalter hat sich fast
ausschließlich der Schmuck und die Trachtbestandteile aus anor-
ganischem Material erhalten, so dass man für eine Rekonstruktion
verstärkt auf schriftliche und bildliche Quellen zurückgreifen muss.

Schon in fränkischer Zeit gab es soziale und regionale, v. a. stam-
mesgebundene Unterschiede in der Mode. Männer trugen lange lei-
nene Hosen, die mit Binden umwunden wurden, dazu einen kurzen,

[5] Strott 2006.

[6] Wurm 1996, 104 f.

tunikaartigen Rock, Bundschuhe, die aus einem Stück Leder bestanden und oberhalb des Knöchels zusammengebunden wurden sowie einen Mantel, der auf der Schulter mit einer Fibel befestigt wurde. Im 10./11. Jahrhundert wurde der Männerrock länger und unter der Tunika wurde ein etwas längeres Unterkleid getragen. Auch der Mantel wurde länger. Zur kurzen Tunika trug man nun eng anliegende, zuweilen lederne Beinlinge. Die Frauentracht dagegen bestand unverändert aus zwei übereinander getragenen Tuniken und einem Mantel[7].

Durch den Wegfall der Grabbeigaben sind deutlich weniger Trachtbestandteile überliefert, zusammenhängende Ensembles fehlen nun sogar ganz. Generell ist davon auszugehen, dass die Mehrzahl der Bevölkerung aufgrund ihres hohen Wertes nur über wenige und eher einfache metallene Trachtbestandteile verfügte. Noch recht häufig sind eiserne Schnallen von Gürteln, Riemen oder Taschen *(Abb. 2, 4.5)*. Manche Riemen laufen in Endbeschlägen aus, die in einigen Fällen auffällige Tauschierungen besitzen *(Abb. 2, 3)*. Generell werden Ausrüstungsgegenstände der sozialen Oberschicht häufig durch eine aufwendigere Gestaltung besonders hervorgehoben. Dazu gehören z. B. ein Steigbügel und ein Sporn von der „Kesterburg" auf dem Christenberg bei Münchhausen, die ebenfalls Tauschierungen aufweisen (s. Beitrag Thiedmann).

Schmuckstücke sind im 9./10. Jahrhundert recht selten. Schmucknadeln, Perlen, Anhänger, Ohr- *(Abb. 4, 4)* oder Fingerringe kommen vereinzelt vor. Verhältnismäßig häufig werden dagegen kleine Fibeln unterschiedlicher Form gefunden, wobei runde Fibeln am häufigsten sind[8]. Sie wurden zumeist aus Bronze gefertigt und teilweise durch Emaileinlagen verziert. Es herrschen religiöse Motive vor, besonders Kreuzdarstellungen *(Abb. 4, 1.5)*, aber auch stilisierte Heilige *(Abb. 4, 2.6)* oder das Lamm Gottes *(Abb. 4, 8)*. Daneben gibt es Tierdarstellungen oder geometrische Motive *(Abb. 4, 3.7.9.10)*.

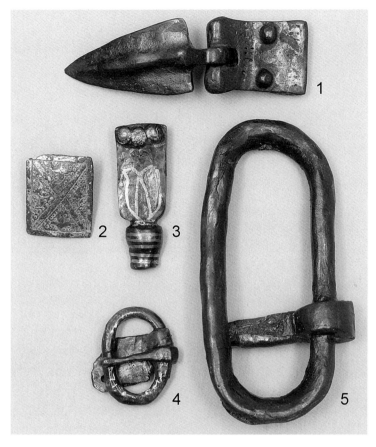

2 Ostbevern-Schirl: 1 Riemenzunge; 2 Deckel eines Aquamanile; 3 tauschiertes Zierstück; 4–5 Schnallen. (LWL – Archäologie für Westfalen, Münster; Foto Z. Jez)

Bildung

Bildung war keineswegs Allgemeingut, sondern nur wenigen vorbehalten. Karl der Große hatte zahlreiche Gelehrte an seinen Hof geholt und förderte auf diese Weise die Bildung zumindest der Geistlichkeit[9]. Es entstand eine Hofbibliothek mit Werken der Kirchenväter und antiker Autoren sowie eine Hofschule, die sich um die

[7] Varna 2002, 1198–1199.

[8] z. B. Spiong 2000 mit weiterführender Literatur.

[9] Fleckenstein 2002, 187–189. – Zu Schrift und Schriftlichkeit s. Trost 1991; zum klösterlichen Schulwesen s. Ochsenbein 1999.

3 Fulda „Langebrückenstraße": Schwertgurtbeschlag.
(Foto Z. Jez)

Reinigung der lateinischen Sprache, die als Schriftsprache diente, bemühte und eine neue Schrift einführte, die sog. karolingische Minuskel, eine sehr leserliche Schrift ohne Ligaturen und Abkürzungen.

Dennoch blieb Lesen und Schreiben einer kleinen Schicht, vornehmlich in den Klöstern, vorbehalten. Das lag nicht zuletzt am teuren Beschreibstoff, dem Pergament. Zur Herstellung eines Buches benötigte man die Häute von einer ganzen Herde von Schafen und Ziegen. Die große Kostbarkeit von Büchern spiegelt sich auch in der oft aufwendigen Gestaltung ihrer Einbände, einschließlich der Verschlüsse wider (*Abb. 5*; s. a. Beitrag Obst). Weniger Wichtiges konnte auf einer Wachstafel notiert werden: mit einem Griffel ritzte man die Buchstaben ins Wachs, mit seiner flachen Seite ließ sich dasselbe wieder glätten *(Abb. 6)*.

Pergament blieb nur wichtigen Texten vorbehalten, darunter religiösen Werken sowie Rechts- und Verwaltungstexten. Gebiets- und Sachinventare wurden ebenso angelegt wie sog. Totenbücher, nach denen Mönche für das Seelenheil Verstorbener beteten *(Abb. 7)*. In deutlich geringerem Umfang wurden wissenschaftliche Abhandlungen, etwa zu Landwirtschaft oder Heilkunde, verfasst (s. Beitrag Thiedmann, Abb. 8). Auch historische Ereignisse wurden festgehalten, z. B. in Herrscherbiographien. Eine der bekanntesten, die Vita Karls des Großen, schrieb der aus einer ostfränkischen Adelsfamilie stammende Einhard, der im Kloster Fulda erzogen worden war.

Medizin

Medizinische Versorgung gab es lediglich an den Höfen und in den Klöstern, wo man Heilpflanzen in Gärten kultivierte, in Einzelfällen sogar exotische Pflanzen, wie etwa das Ephedrin enthaltende Meerträubel (s. Beitrag Hensch)[10]. Es gab durchaus einige medizinische Handschriften, in denen teilweise aus der Antike überliefertes Wissen festgehalten war *(Abb. 8)*. Die darin enthaltenen Rezepte für Salben, Bäder und Tinkturen muten heute teilweise abenteuerlich an und waren gewiss nicht immer wirksam. Auch chirurgische Eingriffe wurden vorgenommen und es sind sogar frühmittelalterliche Traktate zu Empfängnisverhütung und Schwangerschaftsabbruch überliefert.

Der medizinische Wissensstand scheint im Frankenreich aber deutlich hinter demjenigen in Byzanz oder dem arabischen Raum zurückgestanden zu haben. Auch verließ man sich bei der Heilung von Kranken oder Verwundeten nicht nur auf die Wirksamkeit der Rezepte, sondern unterstützte diese durch Gebete und Zauberformeln.

Zwar gab es seit der Synode von 816 eine Verpflichtung der Mönche, armen Kranken zu helfen und schon das Kloster St. Gallen hat-

[10] Laudage u. a. 2006, 191 ff.

te ein eigenes Ärztehaus, doch dürfte die Mehrheit der Menschen im Ostfrankenreich, die Landbevölkerung, bei Krankheit und Verwundung auf die Hilfe der Familie oder örtlicher Heilkundiger angewiesen geblieben sein.

Die medizinische Versorgung war den großen Herausforderungen, die neue Krankheiten seit dem 9. Jahrhundert darstellten, nicht gewachsen. Im Winter 877 hielt vermutlich die erste Grippewelle in Europa Einzug, in den *Annales fuldenses* als „italisches Fieber" bezeichnet. Weitere Wellen 889 und 927 forderten erneut viele Opfer. Auch infektiöse bakterielle Darmerkrankungen, etwa die Ruhr, waren im Frühmittel-

4 *Fibelauswahl von den Wüstungen Dedinghausen und Wietkamp östlich von Bad Lippspringe. (J. Lütkemeyer; Foto Z. Jez)*

alter häufig: hohes Fieber, Erbrechen und blutiger Durchfall waren Symptome, denen man nichts entgegenzusetzen hatte. Selbst Karl der Kahle (877) und vielleicht Otto der Große (973) wurden Opfer solcher Durchfallerkrankungen[11]. Eine weitere Herausforderung stellte das sog. „Antoniusfeuer" dar, in dem man eine neue Seuche vermutete, die ganze Landstriche überfiel. Tatsächlich handelte es sich um eine Vergiftungserscheinung, verursacht von einem Pilz, der den immer häufiger angebauten Roggen befiel und sich unglücklicherweise gerade bei schlechten Erntebedingungen vermehrte, so dass die vermeintliche Seuche gern nach Hungersnöten auftrat. Das Gift schädigte Muskeln und Nerven und führte im schlimmsten Fall zum Abfallen der Gliedmaße. Das „Antoniusfeuer" verbarg sich wohl auch hinter der in den *Annales fuldenses* für das Jahr 874 genannten „Pestilenz", die auch schon 856 zahlreiche Opfer gefordert hatte. Im 10. Jahrhundert trat es erneut heftig auf, v. a. in Frankreich, immer einhergehend mit Hungersnöten[12].

Glauben und Aberglauben

Die Christianisierung der Bevölkerung war ein lang andauernder Prozess[13]. Zwangstaufen, etwa bei der Sachsenmission Karls des Großen, sprechen für sich. Wenngleich mittelalterliche Autoren das Wirken von Missionaren gerne als Wendepunkte hinstellen, blieb das Volk tatsächlich noch lange in seinem alten Glauben an viele Götter verwurzelt *(Abb. 9, B)*. Wo man sich Vorteile vom neuen, christlichen Gott erhoffte, übernahm man die geforderten Sitten. Das bedeutete freilich nicht, dass heidnische Tempel unbedingt sofort zerstört wurden. Auch Opfer an die alten Götter wurden oftmals sicherheitshalber weiterhin dargebracht. Dem wirkte die Kirche ent-

[11] Jankrift 2003, 138 ff.

[12] Ebd. 115 ff.

[13] Neiske 2007, 85 ff.

5 Fritzlar-Ungedanken „Büraberg":
Buchschließe.
(Museumslandschaft Hessen Kassel,
Slg. Vor- u. Frühgeschichte)

gegen, indem sie wichtige heidnische Kultplätze oder Festtage mit eigenen Bauten und Feiertagen belegte. Im Aberglauben lebten rituelle Handlungen fort, etwa das „Totbeten" von Lebenden. So wird die Beliebtheit von Heiligenviten wohl nicht zuletzt darauf zurückzuführen sein, dass man in den Wundern Elemente alten Glaubens wiederfand. Dennoch bezeugen Kreuzanhänger, Kreuz- und Heiligenfibeln sowie Fibeln mit Darstellungen des Gotteslammes eine weit verbreitete Volksfrömmigkeit *(Abb. 4; 9, A; 10).*

Auch die Grabsitten änderten sich nur allmählich *(Abb. 11; s. a. Beitrag Wamers)*[14]. Obgleich z. B. im alamannischen Raum schon 782 Verbote gegen altsächsische Bestattungsarten erlassen wurden, lebten die Bräuche fort, etwa dem Toten Speisebeigaben mitzugeben oder das Grab zu überhügeln. Nicht einmal die Todesstrafe konnte verhindern, dass es nach wie vor zu Feuerbestattungen kam. Noch für das 11. Jahrhundert bezeugt der aus Ostfranken stammende Adam von Bremen, dass Grabhügel und -beigaben durchaus keine Seltenheit waren. Dort, wo sich das Christentum etabliert hatte, konnten die bislang an das Grab gebundenen materiellen Aufwendungen in Almosen, Armenspeisungen und Klostergründungen investiert werden. Für das Seelenheil der Verstorbenen wurden Totenmessen abgehalten und sog. Gebetsverbrüderungen sollten in den Klöstern eine Verpflichtung zur Fürbitte sicherstellen[15].

Trotz aller Schwierigkeiten bildete die Reichskirche einen wichtigen Machtfaktor im politischen Gefüge des Ostfrankenreiches. Die weltliche Einflussnahme auf die Kirche war daher groß. Die wichtigen Kirchenämter wurden durch den König vergeben, der sich so seinen Einfluss auf die Kirche sicherte. Viele Adlige errichteten auf ihrem Grund eigene Kirchen und setzten dort selbst die Priester ein (s. Beitrag Thiedmann, „Krutzen").

Besiedlung

Über 90 Prozent der Menschen lebten im Frühmittelalter auf Einzelhöfen oder in kleinen weilerartigen Ansiedlungen, die selten aus mehr als fünf bis zehn gleichzeitig bewohnten Gehöften bestanden (s. Beiträge Neubauer, Thiedmann).

Siedlungszentren entstanden erst allmählich. Sie bildeten sich vor allem an Schnittpunkten wichtiger Verkehrswege, in der Nähe von Rohstoffvorkommen (s. Beitrag Sicherl) oder im Umfeld geistlicher oder weltlicher Herrschaftssitze (s. Beiträge Hensch, Kind, Obst, Spiong, Wamers). Allerdings waren die Zentren des Frühmittelalters noch sehr klein. Köln beispielsweise, die größte Stadt des Ostfrankenreiches, hatte zur Zeit König Konrads I. wohl keine 10.000 Einwohner (s. Beitrag Höltken/Trier).

Die Eingriffe des Menschen in Natur und Umwelt variierten regional sehr stark. Aber selbst in den dichter besiedelten Land-

[14] Zu dem Grabstein von Baunatal-Großenritte s. Sippel 2001.

[15] Wollasch 1989, 147 ff.

schaften, entlang der größeren Flüsse oder der fruchtbaren Lößgebiete, waren lediglich Teile der Wälder gerodet und Sümpfe trockengelegt worden. In anderen Teilen des Reiches war die Natur hingegen noch fast unberührt. Es gab weite, fast undurchdringliche Wälder, Moore und Sümpfe, in denen wilde Tiere lebten und die Gesetzlosen als Refugium dienten[16]. Es war zwar gefährlich sie zu betreten, dennoch führten Wege und Pfade hindurch, die die einzelnen Siedlungsgebiete miteinander verbanden.

Die Erschließung des Landes ging oft von den Altsiedellandschaften aus, die sich allmählich auszudehnen begannen. Dabei führten die Neugewinnung landwirtschaftlicher Flächen, der Holzeinschlag und selbst die Eichel- und Bucheckernmast der Schweine zur Umgestaltung der Landschaft zunächst im näheren, später auch im weiteren Umfeld der Siedlungen. Es wurden aber auch weltliche oder geistliche Zentren in zuvor unbesiedelten oder nur dünn besiedelten Gebieten gegründet, um als Keimzellen einer Aufsiedlung zu dienen. So ging z. B. von der Gründung des Klosters Fulda im Jahre 744 der entscheidende Impuls für die Besiedlung Osthessens aus (s. Beitrag Kind).

Die Bauweise der Gehöfte wies regionale Unterschiede auf. Vor allem in den sächsischen Gebieten herrschten große Wohn-Stall-Häuser vor, während in den südlich anschließenden Räumen das Wohngebäude zunehmend von den Stallungen getrennt wurde, obwohl auch hier in germanischer Tradition stehende Wohn-Stall-Häuser errichtet wurden (s. Beitrag Thiedmann)[17]. Zusätzlich gab es mehrere Nebengebäude, darunter Vorratsspeicher, Scheunen, Backhäuser und Werkstätten[18].

Die Gebäude bestanden aus einem Holzpfostengerüst mit Wänden aus lehmverschmiertem Flechtwerk. Die meisten hatten ein Firstdach, das mit Reet, Stroh oder Holzschindeln gedeckt war. Die einfache Bauweise der ein- oder zweiräumigen Bauernhäuser machte einen Neubau spätestens alle 50 Jahre, wenn die in den Boden eingegrabenen tragenden Holzpfosten verfault waren, notwendig und führte dazu, dass Siedlungen häufig kleinräumig verlagert werden mussten[19].

Da Kamine und Schornsteine noch nicht bekannt waren, konnte der Rauch, der beim Heizen, Räuchern und Kochen entstand, nur durch eine Dachöffnung entweichen. Entsprechend verrußt war der Raum, in dem sich eine solche offene Feuerstelle befand. Zur Beleuchtung dienten fast ausschließlich Herdstelle und Kienspäne, auf Kerzenhaltern befestigte Wachskerzen weisen auf ein gehobenes soziales Milieu hin (s. Beitrag Neubauer). An kalten Tagen dürfte es im Haus nur wenig wärmer gewesen sein als draußen, d. h. zuweilen unter dem Gefrierpunkt. Über die Möblierung ist nur wenig bekannt, doch war sie allem Anschein nach spärlich und einfach: Tische, Bänke und Schemel waren bekannt. Zum Aufbewahren von Gerätschaften und Kleidung wurden Regale, Pflöcke und Truhen ver-

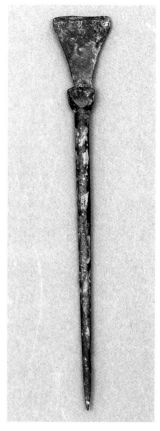

6 Fulda, Domplatz, Schreibgriffel aus Bronze. (Foto Z. Jez)

[16] Riché 2009, 296 f.

[17] Grünewald 2005, 33; Gensen 1986, 120.

[18] Gensen 1986, 120.

[19] Ebd. 114 ff.; Rösener 1985, 22.

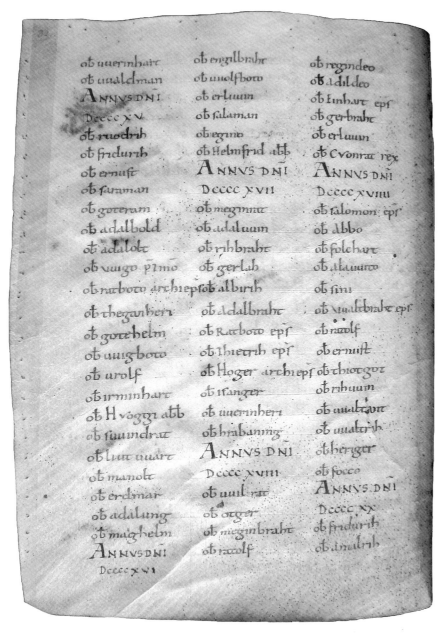

7 *Fuldaer Totenannalen mit Nennung*
König Konrads I.
(Hochschul- und Landesbibliothek Fulda,
Handschriften B1)

wendet. Letztere waren sogar teilweise verschließbar, was auf einen gewissen Privatbesitz schließen lässt *(Abb. 12)*. Neben Bettgestellen dienten auch Bänke oder Brettergerüste zum Schlafen, mit Strohsäcken gepolstert. Doch manch einer war so arm, dass er lediglich auf einer Strohschütte bei der Feuerstelle schlief.

Einen besonderen Gebäudetyp bildeten die Grubenhäuser, eingeschossige Gebäude, die teilweise in den Boden eingegraben wurden und deren Dächer etwa bis fast auf Bodenhöhe hinabreichten *(Abb. 13)*. Diese Bauweise trug zu einem Temperaturausgleich im Sommer und Winter bei. Oft wurden sie als Werkstätten genutzt, wie Überreste von Webstühlen oder Schmiedegeräten in diesen Gebäuden zeigen *(Abb. 14–17)*.

Von der einfachen Bauweise der oben beschriebenen Wohn- und Wirtschaftsgebäude unterschieden sich die großen kirchlichen und herrschaftlichen Bauten stark. Bei Pfalzen, Klöstern und sonstigen Kirchen- und Herrschaftssitzen handelte es sich zumeist um ausgedehnte Komplexe mit mehreren, funktional differenzierten Gebäudeteilen. Sie wurden zumindest teilweise aus Stein errichtet und waren deutlich höher als die Bauten des einfachen Volkes, da sie schon äußerlich die Macht und den Herrschaftsanspruch ihrer Bauherren dokumentieren sollten. Für den Bau dieser Gebäude mussten spezialisierte Handwerker, wie Steinmetze, Kalkbrenner, Maler oder Glaser angeworben werden. Oft wurden diese mit Schmuck oder Zierrat versehen, der aus großen Entfernungen herbeigeschafft werden musste und ebenfalls die Bedeutung der Bauherren betonte (s. Beitrag Spiong).

Die Bedeutung dieser Bauwerke liegt aber nicht nur in ihrer Größe und aufwendigen Bauweise. Sie waren auch wichtige administrative, handwerkliche und kulturelle Mittelpunkte von Siedlungskammern, die sie durch Austausch, aber auch durch Funktionsübertragungen, insbesondere im handwerklichen Bereich, in ihrer Entwicklung förderten (s. Beitrag Hensch).

Landwirtschaft und Ernährung

Die landwirtschaftliche Produktion des Mittelalters war stark von den natürlichen Gegebenheiten abhängig. Der Wald bot (Laub-) Streu und Futter für die Tiere sowie Nahrung (Obst, Beeren, Kräuter, Pilze, Honig), Bau- und Brennholz für die Menschen. Auf fruchtbaren Böden war der Anteil des Getreideanbaus höher als auf schlechten Böden, während es sich mit der Viehhaltung umgekehrt verhielt. Eine erste Rodungsphase vom 7. bis 9. Jahrhundert schuf den Platz für einen verstärkten Landesausbau, der mit einer wachsenden Bevölkerung im 10. bis 13. Jahrhundert einherging[20]. Zwischen dem 9. und 11. Jahrhundert begann sich die Grundherrschaft auszubreiten, wodurch die noch immer zahlreichen freien Bauern zunehmend in die Abhängigkeit von Grundherren gerieten.

Obwohl die ersten Hinweise auf Dreifelderwirtschaft schon ins 8. Jahrhundert datieren, löste sie erst allmählich die Feldgraswirtschaft flächendeckend ab (s. a. Beitrag Thiedmann)[21]. Neben Dinkel und Hafer setzte sich im Verlauf des 8./9. Jahrhunderts zunehmend Roggen als Getreide durch, weshalb die Versorgung der Bevölkerung mit Kohlenhydraten deutlich verbessert werden konnte. Die Anspruchslosigkeit von Dinkel und die große Winterfestigkeit von Roggen verschaffte diesen Getreidearten Vorteile gegenüber dem anspruchsvolleren Weizen. Da sich Roggen wie Weizen zum Backen eignet, konnte nun auch das einfache Volk zunehmend Brot essen anstelle eines mit Wasser oder Milch aufgekochten Getreidebreies. Im 9. Jahrhundert dürfte die Ertragsquote von Getreide allerdings wahrscheinlich maximal beim Dreifachen der Aussaat gelegen haben[22].

Die Felder lagen noch in unmittelbarer Nähe zum Gehöft, wobei die Viehwirtschaft zunächst noch eine größere Rolle spielte als der Ackerbau. Erst mit der Zunahme der Dreifelderwirtschaft und technischer Verbesserungen in der Landwirtschaft wurde eine intensivere Bewirtschaftung des Landes möglich, wodurch mehr Brotgetreide angebaut werden konnte, um die stark anwachsende Bevölkerung zu ernähren. Zwar spielte teures Eisen beim landwirtschaftlichen Arbeitsgerät noch eine untergeordnete Rolle, doch begannen sich mit Hufeisen, modernem Zuggeschirr, Sensen, Ackerwagen und später Beetflug zunehmend technische Neuerungen durchzusetzen. Auch Wassermühlen, wie diejenige in Fulda „Langebrückenstraße", mit denen größere Kornmengen verarbeitet werden konnten, breiten sich nun wieder verstärkt aus (s. Beiträge Kind, Thiedmann).

An Nutzvieh wurden v. a. Rinder, Schweine, Schafe, Ziegen und Hühner gehalten, deren prozentualer Anteil am Viehbestand regio-

8 Darstellung der abführenden Wirkung des Thapsia-Krautes. („Dioscorides, Materia Medica IV, 157. München, Bayerische Staatsbibliothek, Hs. 337, fol. 125"; hier nach Laudage u. a. 2006, 193)

[20] Rösener 1985, 23 ff., 42 ff.; s. a. Grupe 1996.

[21] Rösener 2002a; Ders. 2002b; Behre 1996.

[22] Rösener 1985, 139 ff.; Henning 1994a, 95 f.; Riché 2009, 164.

10 *Kreuzanhänger von den Wüstungen Dedinghausen (links) und Wietheim (rechts). (J. Lütkemeyer; Foto Z. Jez)*

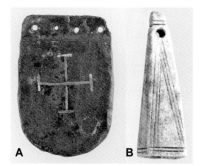

9 *A Fritzlar-Ungedanken „Büraberg": Schildförmige Riemenzunge mit tauschiertem Krukenkreuz; B Fritzlar-Geismar: Donaranhänger. (Museumslandschaft Hessen Kassel, Slg. Vor- u. Frühgeschichte)*

23 Rösener 1985, 128 ff.; Henning 1994a, 96 ff.

nal stark schwankte. Die Tiere waren deutlich kleiner als heutige Rassen, dafür aber robuster. Während Rinder, Schafe und Ziegen zur Weide offene Flächen bevorzugten, wurden besonders die Schweine zur Eichel- und Bucheckernmast auch in den Wald getrieben. Wegen der Futterknappheit konnte man nur wenig Vieh den Winter über aufstallen, daher wurde der größte Teil im Spätherbst geschlachtet. Die Ausbeute geschlachteter Tiere war sehr effizient, da man auch Innereien, Füße, Maul und Augen aß. Knochenmark wurde aufgrund seiner Nahrhaftigkeit ebenfalls sehr geschätzt. In einer Zeit, in der Metall noch teuer war, war darüber hinaus alles weitere verwertbare Material eines Tieres durchaus wertvoll: Knochen und Horn ließen sich z. B. zu Kämmen, Nadeln und Ahlen verarbeiten, Därme und Sehnen zum Binden verwenden (s. Kapitel Handwerk). Jagd und Fischfang spielten dagegen für die Ernährung allenfalls eine ergänzende Rolle, wie die geringe Zahl von Wildtierknochen in archäologisch untersuchten Abfallgruben frühmittelalterlicher Siedlungen zeigt. Schwer nachweisbar, aber durch Buchillustrationen bereits für das Frühmittelalter belegt, ist die Bienenzucht zur Honiggewinnung, die sicherlich einen lukrativen Nebenerwerb darstellte und wohl durch das Honigsammeln von Wildbienen ergänzt wurde (s. Beitrag Hensch).

Der Garten war mit einem Zaun oder Weidengeflecht zum Schutz vor Weide- und Wildtieren versehen. Hier, in unmittelbarer Nähe zum Wohnhaus, konnte man Pflanzen anbauen, die besonderer Pflege bedurften: Hülsenfrüchte (Erbsen, Ackerbohnen, Linsen), Wurzel- und Knollengewächse (Rüben), Kraut- und Lauchpflanzen (Kohl), aber auch Hirse, Flachs und Hanf. Die Felder in Hofnähe konnten besser gedüngt und bewirtschaftet werden, während die Außenfelder zeitweise brachlagen. Der wenige Dünger wurde vornehmlich für Gärten und Weinland verwendet. Die Vielfalt an Gemüse, die uns im *Capitulare de villis* (Landgüterverordnung Karls des Großen) oder im idealen Garten des St. Galler Klosterplans begegnet, dürfte jedoch bestenfalls in klösterlichen oder Krongütern angebaut worden sein. Obst blieb eine seltene Kost für das gemeine Volk, da die Kunst des Veredelns durch Pfropfen noch nicht erfunden war. Wiesenwirtschaft, d. h. die Verbesserung und Ertragserhöhung der Heuernte durch Düngung und Bewässerung sowie durch Ausrottung von Giftpflanzen, wurde zwar vereinzelt schon betrieben, jedoch erst im hohen Mittelalter stärker entwickelt[23].

11 Baunatal-Großenritte: Grabstein aus der Zeit um 700. (Museumslandschaft Hessen Kassel, Slg. Vor- u. Frühgeschichte)

Im Frühmittelalter, als die Gewässer noch nicht die späteren Verschmutzungen aufwiesen, konnte frisches Wasser noch unbedenklich getrunken werden. Daneben waren Molke, Bier, Apfelmost und Wein beliebte Getränke.

Die Vorratshaltung war stark eingeschränkt. Zwar konnte Fleisch z. B. durch Trocknen, Räuchern oder Pökeln haltbar gemacht werden, dennoch waren diese Konservierungsmethoden zeitlich beschränkt und im Falle des Pökelns auch teuer[24]. Entsprechend anfällig blieb die mittelalterliche Versorgung bei Unwettern, Überschwemmungen oder Schädlingsbefall. Viehseuchen, wie die in den *Annales fuldenses* für 887 in Franken bezeugte „Pest" unter Rindern und Schafen und die für 878 im Rheinland bezeugte Rinderpest sowie Ernteausfälle infolge schlechten Wetters oder einer Heuschreckenplage, führten regelmäßig zu Hungersnöten, so etwa in Bayern in den Jahren 895 und 897.

Handwerk

Im frühen Mittelalter hat es zahlreiche Handwerksberufe gegeben. Diese sind uns zum Teil aus Schriftquellen, zum Teil durch archäologische Funde bekannt. Dabei ist zu berücksichtigen, dass sich einige Handwerke gut erkennen lassen, während andere kaum Spuren hinterlassen haben. So sind beispielsweise Ofenanlagen, wie sie z. B. von Metallurgen oder Töpfern benötigt werden, gut nachzu-

12 Ostbevern-Schirl: Schlüssel. (LWL – Archäologie für Westfalen, Münster; Foto Z. Jez)

[24] Das Kloster Fulda besaß mehrere Salzsiedereien, davon ist diejenige bei Großenlüder im 9. Jahrhundert urkundlich belegt (Gieß 2008, 40 ff.).

13 Rekonstruktion eines Grubenhauses im Vonderau Museum Fulda. (Foto Z. Jez)

weisen. Auch das Textilhandwerk lässt sich anhand von Spinnwirteln und Webgewichten in vielen Siedlungen belegen *(Abb. 14; 15; 16, 8)*, während vor allem die Bearbeitung organischen Materials, etwa durch Drechsler, Geweih- und Knochenschnitzer oder Gerber, wesentlich weniger Spuren hinterlässt, so dass diese Handwerke archäologisch deutlich seltener erkannt werden können.

Da sich Umfang und Qualität der verschiedenen Produktionsstätten stark voneinander unterscheiden, wurden verschiedene Kriterien für eine Differenzierung herausgestellt[25]. So bezeichnet der Begriff Hauswerk eine Produktion von geringem Umfang und zumeist minderwertiger Qualität für den Eigenbedarf. Das Subsistenzhandwerk deckt den Bedarf einer kleinen Gemeinschaft, wie es beispielsweise für den Dorfschmied gilt. Davon unterscheidet sich das eigentliche Handwerk bzw. das spezialisierte Handwerk. Dieses bildete die alleinige Lebensgrundlage des jeweiligen Handwerkers. Dieser musste daher Produkte in vergleichsweise hoher Zahl und Qualität herstellen, um mit dem Verkauf bzw. Handel seiner Waren seinen Lebensunterhalt zu bestreiten. Allerdings ist es nicht immer einfach, manchmal sogar unmöglich, anhand des archäologischen Befundes eine Einteilung in den oben genannten Kategorien durchzuführen. Oft geht man dabei vom Umfang des Fundmaterials aus. So belegen die zahlreichen Tiegelfragmente aus Dortmund spezialisiertes Metallhandwerk, das zu einer überregionalen Buntmetallversorgung beitrug (s. Beitrag Sicherl). Auch das Gebiet um Sulzbach erlangte nicht zuletzt durch seine umfangreichen Montantätigkeiten überregionale Bedeutung, auf deren Basis sich eine Waffenproduktion entwickelte, zu der u. a. auch die Herstellung von Kettenhemden gehörte (s. Beitrag Hensch). Auf spezialisiertes Handwerk deuten auch die Überreste einer Feinschmiede aus Ostbevern-Schirl hin[26]. Von dort liegt ein reiches Werkzeugspektrum vor, darunter Hämmer *(Abb. 16, 1; 17)*, Amboss *(Abb. 16, 5)*, Zange *(Abb. 16, 2)* und sogar Teile eines Zirkels *(Abb. 16, 1)*. Außerdem wurden noch ein Bleimodel einer Gürtelschnalle gefunden*(Abb. 16, 4)*, das vielleicht zur Herstellung von Gussformen verwendet wurde, sowie Eisenspäne *(Abb. 16, 3)*, die bei der Metallbearbeitung anfielen. Besonders auffällig sind aber einige aufwendig gestaltete Metallobjekte, die auf eine herausgehobene Stellung der in Ostbevern-Schirl lebenden Bevölkerung hinweisen *(Abb. 2, 2.3)*.

Viele Handwerksberufe haben bereits eine lange Tradition in Mitteleuropa, die schon in vorchristliche Zeit zurückreicht. Dabei haben sich viele Gerätschaften kaum verändert. Andere Handwerke,

[25] Theune 2008, 15 ff.

[26] Finke 2000, 23 ff.; Pieper 2005.

*14 Webgewichte von Fulda „Langebrückenstraße"
(A) und Ostbevern-Schirl (B).
(LWL – Archäologie für Westfalen, Münster, Fotos Z. Jez)*

*15 Fritzlar-Ungedanken „Büraberg": Spinnwirtel und
Spindelstäbe.
(Museumslandschaft Hessen Kassel, Slg. Vor- u. Frühge-
schichte)*

wie dasjenige der Glasherstellung, war den germanischen Völkern
jedoch unbekannt. Diese gingen auf römische Traditionen zurück,
die sich offensichtlich in einigen ehemals römischen Zentren wie
Köln oder Trier erhalten konnten (s. Beitrag Höltken/Trier).

Eine besondere Rolle spielten die Klöster gerade im Frühmittelalter als Ausgangspunkt des Landesausbaus (s. Beitrag Kind). Sie
waren nicht nur religiöse Zentren, sondern besaßen, wie für Bildung
und Medizin, auch für Handwerk und Landwirtschaft eine wichtige
Funktion. Der Klosterplan von St. Gallen weist eigene Gebäude-
komplexe für handwerkliche Betriebe aus. Letztere verlagerten sich
erst allmählich in die im Umfeld der Klöster entstehenden Zivil-
siedlungen[27].

Vergleichbare Entwicklungen sind auch bei Pfalzen und Burgen
zu beobachten (s. Beitrag Hensch, Obst, Spiong, Wamers). Wie die
Klöster beherbergten sie zunächst verschiedene Handwerksbetrie-
be und wurden damit zur Keimzelle technischer und landwirtschaftlicher Innovationen[28]. Insbesondere die Kontrolle metallurgi-
scher Betriebe spielte keine unwesentliche Rolle bei der Sicherung
der Herrschaft.

Außerdem waren bei den Zentren auch spezialisierte Handwerker, darunter Glasmacher oder Goldschmiede, ansässig, die oft für
die dort durchgeführten Bauvorhaben und Anschaffungen tätig
wurden und teilweise für einen weit verstreuten Kundenkreis arbeiteten.

[27] Untermann 2008, 32.

[28] Herdick/Kühtreiber 2008.

Transport und Verkehr

Das Reisen im Frühmittelalter war anstrengend, langwierig und gefährlich. Wenn möglich, wurden Wasserwege genutzt. Dafür mussten Treidelpfade angelegt werden, um die Boote flussaufwärts ziehen zu können. Die Flussschiffe hatten nur geringen Tiefgang, so dass eine Wassertiefe von 0,5 m zum Befahren ausreichte. Bei Kalkar-Niedermörmter wurde ein ca. 14 m langes Plattenschiff aus dem 9. Jahrhundert gefunden, das mindestens 4,5 t Nutzlast tragen konnte[29]. Die Bedeutung der Schifffahrt wird besonders deutlich in den Bemühungen Karls des Großen, die Schwäbische Rezat mit der Altmühl durch einen Kanal, die sog. *Fossa Carolina*, zu verbinden (s. Beitrag Hensch).

Oftmals musste jedoch der Landweg genommen werden, wobei natürliche Höhenwege benutzt wurden.

16 Ostbevern-Schirl: 1 Zirkel; 2 Zange; 3 Eisenfeilspäne; 4 Schnallenmodel aus Blei; 5 Steckamboss; 6 Hammer; 7 Messer; 8 Spinnwirtel aus Ton; 9 Nägel. (LWL – Archäologie für Westfalen, Münster; Foto Z. Jez)

Dabei handelte es sich jedoch nicht um ausgebaute Wege, sondern zumeist lediglich um Pfade, die bei Schneeschmelzen und starken Regenfällen schlammig werden konnten. Im Lauf der Zeit vertieften sich diese Wege, so dass sie z. T. noch heute als sog. „Hohlwege" im Gelände zu erkennen sind. Flüsse mussten an Furten überquert werden, da nur wenige Brücken bestanden, deren Überquerung auch zumeist mit einer Abgabe belegt war (s. Beitrag Hensch).

Reisende waren nicht nur den Unwägbarkeiten der Natur ausgesetzt, sondern mussten auch mit wilden Tieren oder Überfällen rechnen[30]. Wichtige Reisende erhielten daher Empfehlungsschreiben, die die örtliche Bevölkerung zu ihrer Versorgung und Schutz verpflichteten.

Trotz dieser schwierigen Bedingungen waren erstaunlich viele Menschen im Ostfrankenreich unterwegs. Dazu gehörten der Kaiser und sein Hofstaat, Adlige, Krieger, Geistliche, Pilger, Gesandte, Handwerker und Händler. Auf diesen Wegen wurden teilweise überraschend große Strecken zurückgelegt. Pilger erreichten die heiligen Stätten in Rom und Palästina und an den Hof Karls des Großen gelangte sogar ein Elefant als Geschenk des Kalifen von Bagdad. Auch weniger extravagante Geschenke werden für ihre Besitzer einen hohen Stellenwert gehabt haben, so ist z. B. in der Reichsabtei Fulda ein Fayencegefäß aus dem islamischen Kulturkreis gefunden worden *(Abb. 18)*[31]. Sogar aus der bisher nur wenig bekannten Wüstung Wietheim bei Bad

[29] v. Freeden 2002a, 338 Abb. 592.

[30] Schwarz 2008, 104 ff.

[31] Ludowici 1994.

Lippspringe stammt eine zu einer Fibel umgearbeitete byzantinische Münze *(Abb. 19)*. Alltagsgüter hingegen wurden jedoch zumeist nur in einem Umkreis von bis zu 20 km um ihren Produktionsort transportiert.

Heerwesen

Im Ostfrankenreich waren alle Freien zur Heeresfolge verpflichtet, wobei sie je nach Umfang ihrer Besitzungen unterschiedlich große, aber genau festgelegte Kontingente zu stellen hatten[32]. So musste das Kloster Fulda insgesamt 60 Panzerreiter zum Kriegsdienst bereithalten. Neben diesen Aufgeboten standen dem König kaum weitere militärische Mittel zur Verfügung. Ein stehendes Heer, mit dem im Bedarfsfall rasch auf Bedrohungen reagiert werden konnte, gab es praktisch nicht.

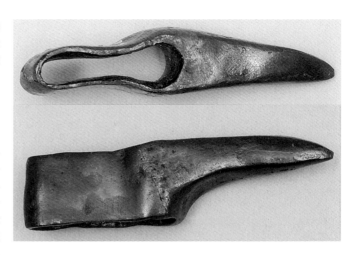

17 Ostbevern-Schirl: Feinhammer aus Eisen. (LWL – Archäologie für Westfalen, Münster; Foto Z. Jez)

Die Feldzüge fanden zumeist in den Sommermonaten statt, so dass der König im Mai oder Juni das Heer zusammenrief, wobei er je nach Bedarf auch nur eine Auswahl unter den zur Heeresfolge Verpflichteten treffen konnte. Zwar wurden teilweise umfangreiche Festlegungen bezüglich Ausrüstung, Verpflegung usw. getroffen, dennoch unterschied sich die Ausrüstung der einzelnen Teilnehmer deutlich voneinander, keinesfalls ist von einer Uniformität auszugehen, wie sie von modernen Armeen bekannt ist. Bei der Bewaffnung spielten auch Vorlieben einzelner Stämme eine wesentliche Rolle. So bevorzugten die Franken das Langschwert (Spatha) und die Wurfaxt (Franziska), während die Sachsen gerne mit dem nach ihnen benanntem einseitigen, kurzen Hiebschwert (Sax) kämpften.

Nur selten kam es zu großen offenen Feldschlachten. Die Eroberung befestigter Plätze bereitete im Frühmittelalter große Schwierigkeiten, da die Belagerungstechniken noch unterentwickelt waren. Oft mussten die Belagerungen wegen Versorgungsschwierigkeiten der Belagerer nach einiger Zeit abgebrochen werden. So belagerte Konrad I. im Jahre 915 die schwäbische Befestigung auf dem Hohentwiel vergeblich[33].

Konrad I. musste während seiner Regierungszeit zahlreiche Kriegszüge führen. Zu Beginn seiner Regentschaft wandte er sich im Kampf um die Herrschaft über Lothringen erfolglos gegen das Westfrankenreich. Der Verlust Lothringens schwächte nicht nur seine Machtbasis, sondern verminderte auch seine Autorität im Ostfrankenreich erheblich. Der Versuch, den königlichen Machtanspruch im Ostfrankenreich wieder herzustellen, führte ihn in Konflikte mit Bayern, Sachsen und Schwaben, die er trotz einiger Erfolge nicht endgültig für sich entscheiden konnte. Den Ungarneinfällen, die zu seiner Zeit vor allem die südlichen Teile des Ostfrankenreiches betrafen, konnte oder wollte er sich hingegen nicht stellen.

18 Fulda sw „Dom": Polychrom bemalte islamische Lüsterfayence. (DomMuseum Fulda)

[32] z. B. Riché 2009, 95 ff.

[33] Vögler 2005, 45 ff.

19 Wüstung Dedinghausen: Zu einer Fibel umgearbeitete byzantinische Münze. (J. Lütkemeyer; Foto Z. Jez)

Fazit

Der Alltag der Mehrheit der Menschen war im 9./10. Jahrhundert geprägt vom Kampf ums Dasein. Der größte Teil der Arbeitskraft wurde für die Befriedigungen der Grundbedürfnisse nach Nahrung und Unterkunft benötigt. Dementsprechend waren die meisten Menschen als Bauern und Handwerker tätig, wobei der größte Teil der handwerklichen Produktion für den Eigenbedarf oder das engere Umfeld angefertigt wurde. Selbst die bescheidenen Besitztümer waren stets bedroht durch Naturkatastrophen, Seuchen oder feindliche Übergriffe. Eine soziale Absicherung fanden die Menschen allenfalls in ihrer Familie und der Almosenbereitschaft ihrer Mitmenschen.

Dies ist die Grundlage, auf der die Macht der Herrschenden und somit auch diejenige von Konrad I. beruhte. Vor diesem Hintergrund ist es erstaunlich, dass ein steter Ausbau der Zentren gelang, wozu auch die Ausstattung mit immer neuen, bedeutenden Bauten gehörte. Außerdem musste der König auf dieser Basis eine funktionierende Verwaltung sowie ein schlagkräftiges Heer unterhalten, um den inneren und äußeren Frieden sowie eine gewisse Rechtssicherheit zu garantieren. Diese Punkte beschreiben gleichzeitig zwei der wesentlichen Gegenleistungen, die die Untertanen von ihrem König erwarteten. Aufgrund verschiedener Widrigkeiten konnte Konrad I. diese in ihn gesetzten Erwartungen jedoch nicht erfüllen, was schließlich mit zum Übergang der Königsherrschaft an das sächsische Herrscherhaus beitrug.

vom leben auf dem lande
die landschaft und die menschen
in hessen zu könig konrads zeit

von Andreas Thiedmann

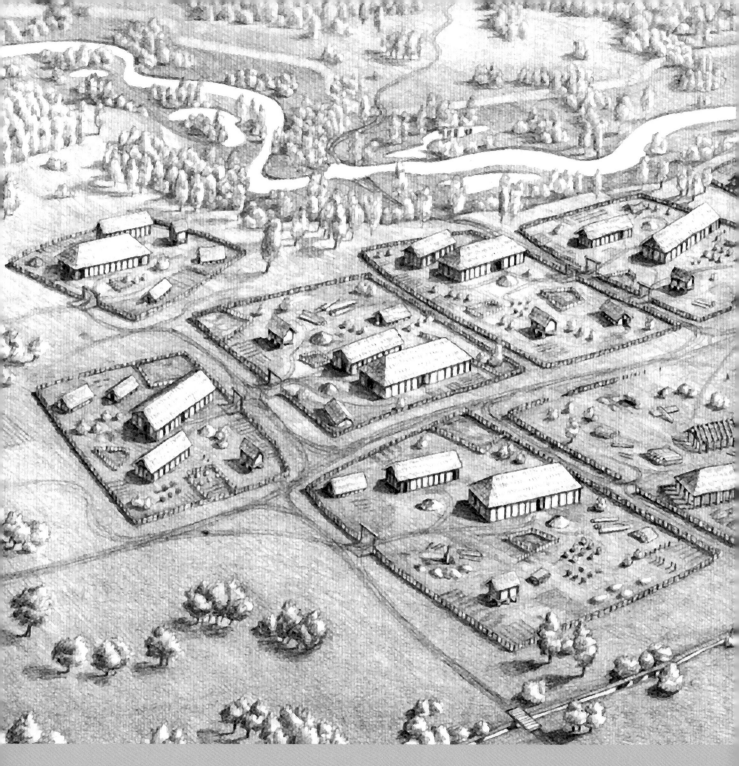

Ein Straßendorf des frühen Mittelalters: Ähnlich wie bei der Siedlung „Mittelhofen" bei Lauchheim, Ostalbkreis, können wir uns auch die Lage am Bachlauf und die innere Dorfstruktur von gaesmare bei Fritzlar vorstellen (nach I. Stork)

vom leben auf dem lande
die landschaft und die menschen
in hessen zu könig konrads zeit

I. Natur- und Kulturlandschaft bis in spätkarolingische Zeit

Der Raum, der hier im Blickfeld unserer Betrachtungen stehen soll, wird geographisch als Nordhessen, aus naturräumlicher Sicht als Hessisches Bergland bezeichnet. Eingerahmt vom Rothaargebirge im Westen, Rhön und Thüringer Wald im Osten, Vogelsberg im Süden und Reinhardswald/Kaufunger Wald im Norden wird diese Region durchzogen von den sich vereinenden Flusssystemen der Eder, Schwalm und Fulda: Sie umfasst damit auch die Niederhessische Senke als Verlängerung des oberrheinischen Grabenbruchs[1]. Bei näherem Hinsehen handelt es sich dabei aber keineswegs nur um bergiges Land und es ist bei weitem nicht so unwirtlich wie die Bezeichnung suggerieren mag. Allerdings beinhaltet dieser Raum eine ungeheure Vielfalt unterschiedlicher Klein- und Kleinsträume, Berg- und Senkenlandschaften in verwirrend buntem Wechsel. Hessen weist von allen Bundesländern wohl das abwechslungsreichste Landschaftsrelief auf. Größere Beckenlandschaften wie die niederhessische Senke mit dem Fritzlar-Waberner Becken und der Kasseler Fuldatalweitung sowie die osthessische Senke an Fulda und Haune lösen sich ab mit den Höhenzügen von Kellerwald, Habichtswald, Söhre, Meißner, Knüll und Vogelsberg. Boten hier einerseits geschützte Niederungslagen und fruchtbare Böden seit jeher dem Menschen günstige Siedlungs- und Wirtschaftsbedingungen, so forderten andererseits die raueren bis unwirtlichen Bergregionen den Siedlern große Anpassungs- und bisweilen auch Leidensbereitschaft ab.

Mit der Heterogenität der Landschaft korrespondieren die klimatischen Verhältnisse: Gunst- und Ungunstfaktoren vermischen sich und führen im Vergleich mit Südhessen unter dem Strich zu einer Benachteiligung Nordhessens. Wichtiger als die Klimaverhältnisse scheinen demnach für die Besiedlung jedoch die großflächigen Lößbedeckungen der nordhessischen Beckenlandschaften gewesen zu sein. Die Bodengüten sind hier überwiegend hoch und ermöglichen einen entwickelten und intensiven Ackerbau[2].

Insgesamt lässt sich feststellen, dass die Vielfalt der Landschaft eine ebenso große Unterschiedlichkeit der Lebensbedingungen wie schließlich auch der Menschen hervorbrachte. Naturgemäß fällt es

[1] Zur allgemeinen Einführung Pletsch 1986; zur nordhessischen Landschaft im Besonderen vgl. Pletsch 2002.

[2] Pletsch 2002, 27 ff.

der Forschung, obwohl viele Disziplinen daran arbeiten, bis heute entsprechend schwer, ein einigermaßen tiefenscharfes Bild der menschlichen Besiedlung in diesem Raum durch die Jahrtausende zu entwerfen. Wir wollen dennoch versuchen, für die uns interessierende, kurze Zeitspanne des 9. und 10. Jahrhunderts einige Leitlinien herauszuarbeiten.

Die niederhessische Senke gehört als uralter Verkehrskorridor zu den am längsten besiedelten Altsiedellandschaften Deutschlands. Die archäologischen Siedlungsnachweise für alle Perioden sind hier inzwischen zahllos und insgesamt kaum mehr überschaubar. Hinzu tritt für die jüngeren Abschnitte etwa seit der Merowingerzeit die historische Überlieferung mit der Nennung von Landschaftsbezeichnungen (z. B. der Buchonia, einem wohl ziemlich großen Wald- oder Wildnisgebiet am Oberlauf der Fulda bzw. auch im Vogelsberg), von Verwaltungsbezirken (z. B. der Gaue oder Grafschaften) sowie zahlreichen Ortsnamen, deren Lokalisierung in der Landschaft freilich nicht immer gelingen will.

Gegenüber Niederhessen stellen die osthessische Senke und angrenzende Bergregionen im frühen Mittelalter einen etwas jüngeren Ausgriffsraum dar. Hier dürfte nach einer im Wesentlichen nur im Fuldaer Becken spärlich fassbaren germanischen Besiedlung der Römischen Kaiserzeit die Völkerwanderungszeit schlichtweg „ausgefallen" sein. Erst ab spätmerowingischer Zeit rückt diese östliche Buchonia wieder ins Blickfeld des Frankenreiches.

In den Altsiedellandschaften, besonders in dem seit der frühen Römischen Kaiserzeit chattischen Kernland am Unterlauf von Eder, Schwalm und Fulda, dessen Bewohner im frühen Mittelalter nunmehr als „Hessi" ins Licht der Geschichte traten, wurde wohl im Wesentlichen bruchlos die Besiedlung seit der Antike fortgetragen. Von hier aus erfolgten dann in karolingischer Zeit (8./9. Jahrhundert) die Ausgriffe in angrenzende, jedoch bislang weitgehend unerschlossene Bergregionen. Wie dieser Landesausbau vor sich ging, wer die tragenden Personen waren, damit hat sich die historische Forschung immer wieder beschäftigt. Kürzlich etwa hat M. Hardt erneut zwei prägnante Beispiele aus Hessen angeführt. In einem Fall führen uns zwei Urkunden Karls des Großen die Siedlungsgründung und Urbarmachung von Wald ausgehend von dem Dorf Wolfsanger (heute Stadt Kassel) sowie die Festigung der dabei neu gewonnenen Besitzverhältnisse vor Augen. Zum anderen verweist der Autor dabei auch noch einmal auf die Umstände der Klostergründung in Fulda durch Sturmi, die ja angeblich *in solitudine* – also in Einsamkeit – der buchonischen Wälder, tatsächlich aber wohl in einer von Menschen durchstreiften, irgendwie erschlossenen Landschaft namens *eihloha*, also wohl am Rande einer Siedlungskammer, allenfalls im Übergangsbereich zum Wald, vollzogen wurde[3].

[3] Hardt 2001, bes. 10 ff. – Allgemeiner zur Wald- und Landschaftsgeschichte vgl. Küster 1995 und Ders. 1998.

Die Beckenlandschaften wiesen im Allgemeinen ein deutlich lebhafter ausgeprägtes Geländerelief auf als heute. Besonders in breiten Talböden waren die mäandrierenden Flussläufe vielfach verzweigt, breit aufgefächert, dazwischen lagen Kiesbänke und Gehölzinseln. Engere Talgründe waren tiefer eingeschnitten und die Bäche von Steilufern gesäumt, hier wie dort fanden sich mitunter Stillwasserbereiche in abgeschnittenen Flussschleifen. Vielfältige Auenvegetation begleitete in mehr oder minder breitem Saum die ungebändigten Gewässer. Insgesamt wurden die Talauen geprägt durch dynamische Reliefenergien: Alljährliche Laufveränderungen der Flüsse durch Hochwässer waren üblich und griffen bisweilen auch dramatisch in das Siedlungsgeschehen ein.

Die frühgeschichtlichen Siedlungen folgten meist noch einem althergebrachten Muster. Sie suchten weiterhin die unmittelbare Nähe eines Fließgewässers und lagen zunächst in oder am Rande der Aue auf der Niederterrasse oder am sanft ansteigenden Hang. Fruchtbares Ackerland in erreichbarer Nähe war ebenso Standortbedingung wie ausreichend Weideland und Wasser für das Vieh, beides begann i. d. R. am Dorfrand.

Wo das Kulturland endet, beginnt der Wald. Das ist auch heute nicht anders, nur haben sich die Flächenverhältnisse inzwischen wohl in etwa umgekehrt. Im waldreichen Bundesland Hessen steht heute der bewaldeten Fläche knapp das Doppelte an Kulturland gegenüber. Im frühen Mittelalter war man gerade dabei, dafür die Grundlagen zu schaffen. Bis dahin war der Wald groß und urwüchsig, seit der Völkerwanderungszeit auch wieder auf dem Vormarsch in die bereits kultivierten Landschaften hinein, wie Pollendiagramme zeigen. Er beherbergte wilde Tiere – Bären, Wölfe, Wisente, Auerochsen, Luchse und viele andere – und er war von nur wenigen Wegen durchzogen. Natürlich nutzte der Mensch den Wald in vielfältiger Weise: es wurde Bau- und Werkholz geschlagen, Brennholz gesammelt, Haustiere zur Waldweide hineingetrieben, Laub als Heuersatz und Einstreu geerntet etc. – so lichteten sich die Waldsäume immer tiefer in den Wald hinein. Mit jeder neuen Rodung wiederholte sich das Spiel von neuem: Kulturland wurde ausgedehnt, der Wald wich zurück. Das gleiche gilt für die Auen mit ihren Auwäldern, Gehölzsäumen und Röhrichtbeständen, auch diese wurden genutzt, aufgelichtet, Ufer befestigt, Wasserkraft für Mühlen gebändigt und natürlich Fische gefangen. Im Umkreis der Siedlungen griff der Mensch zu allen Zeiten, die natürlichen Ressourcen nutzend und infolgedessen die Landschaft verändernd, in dieselbe ein.

Zwar kann dieses Bild Allgemeingültigkeit beanspruchen, dennoch lohnt auch immer wieder der Blick ins Detail, also in den Kleinraum der jeweiligen Siedlung.

II. Ländliche Siedlungen

Größe – Strukturen – Bauformen

Aus Sicht der Archäologie ist unser Wissen über die frühmittelalterlichen Dörfer und ihr Innenleben, also ihre Raumstrukturen, ihre Größe, Anzahl der Gehöfte oder Betriebseinheiten, Art und Größe der Gebäude, sowie deren innere Aufteilung bzw. Gestaltung einschließlich der Wohnkultur(?), über handwerkliche und wirtschaftliche Strukturen etc. immer noch sehr begrenzt. Denn aus der ziemlich großen Zahl der bekannten frühgeschichtlichen Siedlungsstellen im Mittelgebirgsraum sind auch in Hessen nur sehr wenige archäologisch näher erkundet oder gar großflächig ausgegraben worden. Folglich ist die Materialbasis unseres Wissens über die frühmittelalterlichen Ansiedlungen immer noch recht schmal[4].

Als Beispiele sollen hier zwei große Siedlungen aus Nordhessen und eine Hofsiedlung aus Südhessen herangezogen werden, die vor Jahren vergleichsweise intensiver archäologisch untersucht werden konnten. Leider sind bis heute derart großflächige Untersuchungen Ausnahmeerscheinungen geblieben. Es handelt sich um die historisch überlieferten und seit dem Hohen bzw. Späten Mittelalter wüst liegenden Siedlungsstellen *gaesmare* und Holzheim, vor den Toren Fritzlars gelegen, sowie um die Wüstung Krutzen im Kalbacher Feld nördlich von Frankfurt[5]. An allen drei Plätzen wurden in teils langjährigen Grabungen große und vor allem zusammenhängende Teile der Siedlungen untersucht und dabei reichhaltige Ergebnisse erzielt, womit diese Fundplätze zu den bislang am umfänglichsten erforschten frühmittelalterlichen Siedlungen in Hessen wurden.

Auch zählen die beiden nordhessischen Siedlungsplätze hinsichtlich ihrer ursprünglichen flächenhaften Ausdehnung immer noch zu den größten, die wir kennen. In *loco gaesmare* haben wir aufgrund der beobachteten Verteilung der oberflächig aufgesammelten Funde und der in den Grabungen erfassten Strukturen mit einer ehemaligen Siedlungsfläche von sieben bis acht Hektar zu rechnen, von der immerhin mehr als zwei Hektar – also ein Viertel der Gesamtfläche – untersucht werden konnte. Dieses für frühgeschichtliche Siedlungen nach bisheriger Kenntnis ungewöhnlich große Areal scheint in der Hauptphase während der Karolingerzeit wohl zur Gänze und dicht besetzt gewesen zu sein. Für die Wüstung Holzheim rechnet der Ausgräber mit einer größten Ausdehnung von sogar 11 Hektar, allerdings erst für die Spätphase im 13./14. Jahrhundert kurz vor der Auflassung. Die dortigen archäologischen Grabungsflächen von insgesamt 1,25 Hektar hätten somit bestenfalls ein Achtel des spätmittelalterlichen Dorfes aufgedeckt, und sie sind zudem deutlich kleinteiliger und wenig zusammenhängend. In der Kalbacher Siedlung Krutzen wurde dagegen die gesamte Siedlungsfläche von 0,5 Hektar vollständig ausgegraben. Dabei handelt es sich aber auch um eine Hofsiedlung mit Eigenkirche von ver-

[4] Den Forschungsstand fasst zusammen Wand 2002, 11 ff. – Grundlegend immer noch Janssen 1988; s. a. Jankuhn u. a. 1977.

[5] Zu Geismar s. früher Gensen 1984a, neuerdings Thiedmann 2002 mit der älteren Literatur und Ders. 2005; demnächst Ders., im Druck. – Zu Holzheim zuletzt Wand 2002; zum Fritzlar-Waberner-Becken insgesamt vgl. kurz gefasst Hanauska/Henning/Sonnemann 2005 und neuerdings Sonnemann 2010. – Zu Krutzen: Dohrn-Ihmig 1996.

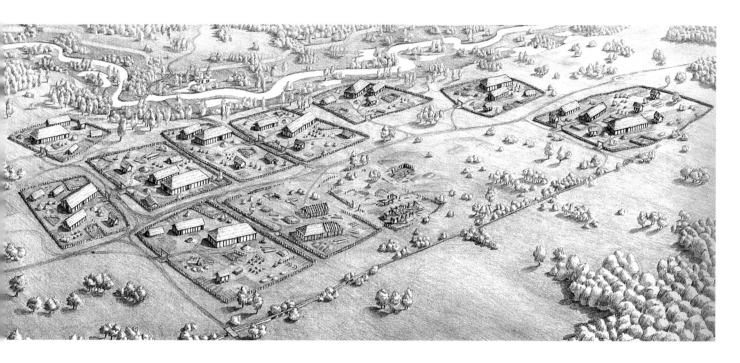

gleichsweise kurzer Lebensdauer. Dafür eröffnen sich hier Einblicke in die Siedungsabläufe und Baustrukturen einer frühmittelalterlichen herrschaftlich geprägten Hofstelle, wie wir es sonst nirgends aus Hessen kennen.

Die schon seit der jüngeren Eisenzeit im Wesentlichen offenbar kontinuierlich bestehende Siedlung *gaesmare* erlebte, wie schon angedeutet, in der Karolingerzeit ihre Blütephase. Spätestens seit dem frühen 8. Jahrhundert erweiterte und verdichtete sich die Bebauung beiderseits einer das Dorf der Länge nach durchziehenden Straße. Anhand der datierbaren Baubefunde – vorwiegend Grubenhäuser – geben sich rechtwinklig zur Verkehrsachse angeordnete, recht schmale aber teils sehr lange Streifenparzellen zu erkennen. Es handelt sich also um eine Siedlungsform, die gemeinhin als Straßendorf bezeichnet wird *(Abb. 1)*. Wir erkennen hier wohl einen planmäßigen oder gelenkten Siedlungsausbau, der ein seit der jüngeren Römischen Kaiserzeit bestehendes Gehöft in zentraler Lage an der Furt durch den Elbebach respektiert und fördernd in den Prozess einbindet. In diesem Anwesen gibt sich eine Konzentration handwerklicher Tätigkeiten in Form von Schmiedehütten und Webstuben zu erkennen, deren Entwicklung im 9. Jahrhundert in einem *genicium*, einer meist unter herrschaftlicher Regie betriebenen „Großwebstube" mit mehreren gleichzeitig betriebenen Webstühlen gipfelt. Auslöser bzw. Impulsgeber für diese prosperierende Entwicklung der Siedlung ist wohl in dem Umstand zu suchen, dass die fränkische Reichsgewalt unmittelbar gegenüber, jenseits der Eder auf dem Büraberg, ihren Herrschafts- und Verwaltungsmittel-

1 Ein Straßendorf des frühen Mittelalters: Ähnlich wie bei der Siedlung „Mittelhofen" bei Lauchheim, Ostalbkreis, können wir uns auch die Lage am Bachlauf und die innere Dorfstruktur von gaesmare *bei Fritzlar vorstellen (nach I. Stork)*

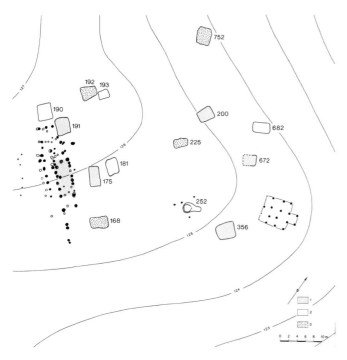

*2a Grabungsplan der Hofsiedlung „Krutzen"
bei Frankfurt*

punkt für Nordhessen – einschließlich der kurzzeitigen Errichtung des Bistumssitzes Büraburg(!) durch Winfried/Bonifatius – eingerichtet hatte. Dieser angelsächsische Mönch hatte eben im Jahr 721 in einem Akt missionarischen Eifers und zweifellos unter militärischer Bedeckung der fränkischen Besatzung der Büraburg die ominöse Donareiche – ein altes heidnisches Heiligtum – in unserem *gaesmare* (womit auch die Gemarkung gemeint sein kann) gefällt. Unser Dorf hatte also schon einen gewissen Ruf und herausragende Bedeutung im Chattenland, was vielleicht die besondere Aufmerksamkeit der Franken erklären könnte. Die inneren Siedlungsstrukturen scheinen jedoch bis zum Auftreten Bonifatius' nicht eben ungewöhnlich gewesen zu sein. Nach dieser karolingischen Blütephase, die bis in die Zeit um 900 andauerte, änderte sich dann in frühottonischer Zeit, im Verlauf der ersten Hälfte des 10. Jahrhunderts, das Dorfgefüge grundlegend: die Streifenparzellen wurden zugunsten einer ungeordnet erscheinenden lockeren Streuung der Höfe in der Art eines Haufendorfes aufgegeben. Offenbar wurden die straffen Organisationsstrukturen, die Herrschafts- und Besitzverhältnisse der karolingischen Zeit völlig verändert.

Ganz ähnliche Verhältnisse will der Ausgräber auch in Holzheim festgestellt haben: auch hier sei bereits seit dem ausgehenden 7. Jahrhundert und v. a. dann im 8. Jahrhundert erstmals eine „geplante Siedlungsanlage als straßendorfähnliches Reihendorf" zu erkennen, die im 9. und 10. Jahrhundert eine Ausweitung erfahren habe. Erst in salischer Zeit hätte Holzheim die gleiche Auflösung der Reihenstrukturen zugunsten einer wie auch immer gearteten Konzentration bzw. Ausrichtung der Hofstellen (also auch wie ein Haufendorf) um bzw. auf die sich entwickelnde ministeriale Grundherrschaft im Dorf erlebt.[6] Abgesehen von der fraglichen Kontinuität des „Reihendorfes" hier bis in ottonische, dort bis in salische Zeit, würden wir also eine ganz identische Entwicklung dieser zweiten, ebenfalls im unmittelbaren Einzugsbereich der Büraburg gelegenen Siedlung feststellen. Allerdings erhielt Letztere mit der Bezeichnung „Holzheim" auch noch einen neuen, typisch fränkischen Ortsnamen; den alten chattischen kennen wir leider nicht!

Die Hofstelle Krutzen dagegen entwickelte sich nie zu einer größeren Dorfgemeinschaft. Hier hatte offenbar seit dem späten 8. Jahrhundert ein Gehöft bestanden, dessen Gründung mit der urkundlich überlieferten Schenkung einer „hube" – also einer Bauernstelle – an das junge Kloster Fulda zum ehrenden Gedenken an die Rast von Bonifatius' Leichenzug an eben dieser Stelle in Verbindung zu bringen ist[7]. Es bestand während seiner ganzen Nutzungszeit bis ins 11.

[6] Wand 2002, 61 ff., zusammenfassend 149; nachvollziehbar sind diese Erkenntnisse anhand des publizierten Materials allerdings schwerlich.

Jahrhundert aus einem großen Hauptgebäude in Pfostenbauweise und zahlreichen eingetieften Grubenhäusern unterschiedlicher Konstruktionsweisen und Nutzungen *(Abb. 2).* Zugleich entwickelte sich daneben eine Eigenkirche mit Begräbnisplatz von einem quadratischen Holzbau zu einer größeren, steinernen Kirche, die bis ins 15. Jahrhundert genutzt wurde. Die locker im Hanggelände auf einem markanten Sporn verteilte Bebauung erstreckte sich über ein Areal von rund 80 x 60 m Ausdehnung. Die karolingerzeitliche Gründung einer Hofstelle mit Eigenkirche des Grundherrn fand hier auf offenem Feld in der Nähe einer Quelle auf wohl schon lange kultiviertem Land statt, war also keine Rodungssiedlung. Der Hof erlebte im späten 9. oder frühen 10. Jahrhundert eine bauliche Entwicklung mit Erweiterung des einfachen Rechteckhauses (8 x 3,5 m) zu einem „schiffsförmigen" Langhaus (28 x 6 m); mit ausbiegenden Längswänden) und Ablösung einzelner Grubenhäuser – freilich ohne insgesamt räumlich zu expandieren. In salischer Zeit wurde der Hof schließlich aufgegeben und bald durch die neu angelegte Grabeneinfriedung der aufblühenden Kirchstelle überlagert. Seine Funktionen, primär die Landbewirtschaftung, wurden nach Ausweis der Überlieferung aber wohl bis zum Ende der Kirche vor Ort weitergeführt, ohne dass man die zugehörigen Bauten archäologisch sicher fassen könnte.

Bei näherem Hinsehen führen uns diese, wie auch einige weitere Beispiele archäologisch untersuchter frühmittelalterlicher Siedlungen die Lebensbedingungen der Bewohner vor Augen. Die Gehöfte bestanden in der Regel aus mehreren Gebäuden unterschiedlicher Größe, Bauweise und Nutzung. Die größeren, ebenerdigen Wohnhäuser lassen sich im Mittelgebirgsraum bisher nur ausnahmsweise einmal derart deutlich wie in Kalbach-Krutzen fassen, sonst bleiben wie in Geismar oder Holzheim die Grundrisse im dichten Gewirr der vielfach sich überlagernden Gruben- und Pfostenbefunde verborgen oder sind anders als die tiefer eingegrabenen Grubenhäuser bereits durch den Pflug oder die Erosion weitgehend abgetragen. Dieser Kalbacher Einzelbefund gibt uns aber eine gute Vorstellung davon, dass diese Großbauten in unserem Raum offenbar noch in der Tradition der germanischen Wohnstallhäuser standen und dass diese Bauweise zumindest in ländlichen Siedlungen noch bis in ottonische Zeit lebendig blieb[8].

Daneben gehörten wie ehedem auch die eingetieften Grubenhäuser zum regulären Baubestand eines Gehöftes. Diese lagen unweit des Hauptgebäudes und dienten überwiegend der Ausübung hand-

*2b Die Hofsiedlung „Krutzen"
bei Frankfurt in zeichnerischer
Rekonstruktion
(nach M. Dohrn-Ihmig)*

[7] Dohrn–Ihmig 1996, 2 f., 66 ff.

[8] Zur Entwicklung des Hausbaus vgl. Reichmann 1999, 278 ff. – Die in Holzheim (Wand 2002, bes. 90 f.) angeblich ergrabenen ebenerdigen Häuser sind anhand der veröffentlichten Grabungspläne nicht ohne weiteres nachzuvollziehen und erscheinen im Einzelfall eher rein hypothetisch.

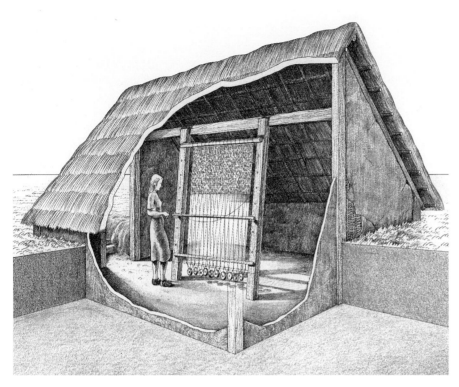

werklicher Produktionstätigkeiten, sei es als Webstuben oder für anderweitiges Kleinhandwerk wie Geweih- und Knochenschnitzerei, Buntmetallverarbeitung, als Schmiede, vielleicht auch gelegentlich als Stall für Kleinvieh oder zur Vorratshaltung *(Abb. 3)*. Hier und da mag es weitere ebenerdige Bauten wie Speicher, Schuppen, Ställe oder Scheunen und auch Zäune gegeben haben, deren archäologischer Nachweis aus o. g. Gründen bislang selten gelang, was mangels Funden auch für eine verlässliche Datierung gilt. Gemeinsam war den Gebäuden in einem frühmittelalterlichen Dorf aber die Pfostenbauweise in Holz, Lehm und anderen organischen Materialien, bei der senkrecht in den Boden eingegrabene Pfosten das Aufgehende trugen und zusammen mit den lehmverputzten Flechtwerkwänden im

3 Rekonstruktionsvorschlag eines frühgeschichtlichen Grubenhauses als Webstube: der angelehnte Gewichtswebstuhl war noch bis ins späte Mittelalter weit verbreitet (nach I. Stork)

Wesentlichen die statische Stabilität gaben. Die Bauausführung konnte mit ein wenig handwerklichem Geschick immer noch von den Siedlern selbst geleistet werden und bedurfte nicht zwingend eines professionellen Zimmermanns, dessen Spezialkenntnisse über kraftschlüssige Holzverbindungen erst im Ständerbau richtig „zum Tragen" kommen. Diese komplexere Bautechnik entwickelte sich aber offenbar allmählich seit der späten Karolingerzeit, wie gelegentlich schon in das 9. und 10. Jahrhundert zu datierende Hinweise für die Anwendung der Schwellbalkentechnik, dann oft noch in Verbindung mit Pfostenbauweisen, zeigen können. Als Beispiele sind hier etwa Steinfundamente eines schiffsförmigen(!) Langhauses und zweier „Keller" im befestigten Hof „Hünenkeller" bei Korbach-Lengefeld anzuführen oder mehrere nur wenig in den Boden eingetiefte, kleinere Steinfundamenthäuser in der Siedlung bei Geismar, die wohl noch in der Tradition der Grubenhäuser zu sehen sind[9].

Handwerk

Seit jeher betätigt sich der Mensch handwerklich, das ist die Grundlage jeder materiellen Kultur! Vor dem Hintergrund unserer eigenen neueren Kulturentwicklung haben wir es uns nur angewöhnt, unter „Handwerk" eine wie auch immer geartete professionelle Betätigung zu verstehen. Die Frage ist in unserem Zusammenhang also eigentlich, inwieweit wir in den archäologischen Spuren einer frühgeschichtlichen Siedlung Hinweise auf oder Zeugnis-

[9] Gensen 1984b; Thiedmann 2000.

se für eine wenigstens spezialisierte Ausübung eines „Handwerks" finden können. Daraus ergibt sich dann die Frage, wie weit fortgeschritten die Arbeitsteilung in der betrachteten Siedlung war. Dazu können auch unsere genannten hessischen Siedlungen einige Hinweise geben.

Betrachten wir zunächst die Baubefunde, so haben wir regelmäßig die Grubenhäuser ja schon als Orte handwerklicher Betätigungen benannt. Als recht häufiger Befund können etwa schmale Gräbchen in den Fußböden vieler Hütten beobachtet werden, die in ihrer Verfüllung gelegentlich Webgewichte enthalten und damit den Standort eines Webstuhls anzeigen. Grund für dessen Aufstellung über einer solchen Grube war weniger die Versenkung der Webgewichte als vielmehr die Erhöhung der aufsteigenden Feuchtigkeit, die bei der Leinweberei gebraucht wurde, um die Fäden geschmeidiger zu machen. Derartige kleine Webhütten, meist mit einem einzigen Webstuhl, gehörten, wie oben schon angedeutet, regelhaft zum Inventar eines bäuerlichen Gehöfts auch in der Karolingerzeit. Gelegentlich jedoch treffen wir wie in unserer Siedlung *gaesmare* aus diesem Rahmen fallende Befunde an: Hier wurde ein nur mäßig eingetiefter Pfostenbau mit auffallend großen Abmessungen von 9 x 5 m Seitenlänge aufgedeckt, in dessen Innenraum sowohl eine Herdstelle wie auch drei, teils den ganzen Innenraum längs durchlaufende Gräbchen angetroffen wurden *(Abb. 4)*. Hier konnten also mehrere Webstühle gleichzeitig betrieben werden. Damit hätten wir ein aus den Schriftquellen bekanntes *genicium*, also eine meist unter herrschaftlicher Regie betriebene Tuchmacherei, vor uns[10]. Ähnliche Gebäude und Einrichtungen kennen wir etwa aus der ottonischen Pfalz Tilleda, also einem königlichen Herrschaftsmittelpunkt. Sie werden zweifellos ehemals häufiger gewesen sein, in einer ländlichen Siedlung sind solche Einrichtungen aber eher ungewöhnlich. In *gaesmare* aber fügt sich dieses in spätkarolingische Zeit zu datierende Gebäude ins Bild, denn hier im Zentrum des Dorfes an einer alten Furt durch den Elbebach konzentrieren sich in dieser nur teilweise ausgegrabenen Hofanlage, deren Baubestand sich bis ins 3. Jahrhundert zurückverfolgen lässt, die Nachweise für Werkstätten in ganz auffallender Weise. Neben mehreren Webstuben gehörten eine kaiserzeitliche Bronzegießerwerkstatt und mehrere Schmiedehütten zum Bestand. Hier wurde offenbar über den Eigenbedarf, auch den des Dorfes, hinaus gearbeitet und vermutlich ein erheblicher Mehrwert geschaffen. Dies war natürlich kein bäuerliches Handwerk mehr, sondern kann nur damit erklärt werden, dass hier d e r führende Hof des Ortes angesiedelt war, dessen prosperierende Entwicklung bis zu seinem Ende im beginnenden 10. Jahrhundert zu verfolgen ist und dessen Herr zuletzt vielleicht einen grundherrlichen Rang innehatte (s. u.).

Daneben gab es in unserem „Alt-Geismar" (in Abgrenzung zum heutigen Dorf Geismar) noch weitere handwerkliche Einrichtungen.

4 *Das große Webhaus in der Siedlung* gaesmare *war nur gering in den Boden eingetieft: Im Grabungsfoto sind in drei Reihen die neun kräftigen Postenspuren des aufgehenden Baukörpers zu erkennen, dazwischen zeichnen sich die langen Webgruben unter dem Laufniveau ab. Im Vordergrund liegt die gemauerte Herdstelle* (Foto LfDH)

[10] Thiedmann 2001.

Etwa sind anhand ihrer charakteristischen Ausheizherde und Funde wie Schlacken, Hammerschlag und Eisenresten auch mehrere Schmiedehütten nachweisbar, in denen Roheisen zu Geräten verarbeitet wurde. In anderen Grubenhäusern weisen spezifische Kleinfunde wie Rohlinge und bearbeitete Werkstücke und sogar Halbfertigprodukte aus Geweih und Knochen auf Kammherstellung, Beinschnitzerei und Seilerei hin *(Abb. 5)*. Diese Handwerke können jedoch durchaus auf „hauswerklichem" Niveau ausgeführt worden sein, man kann in dieser Zeit noch keinesfalls mit einem dörflichen „Kleingewerbe" rechnen.

In den meisten nordhessischen Siedlungen lebte auch die Tradition der hauswerklichen Töpferei für den Eigenbedarf bis in karolingische Zeit fort, wie die von freier, ganz offensichtlich nicht immer geübter Hand geformte und in offenem Gruben- oder Feldbrand meist uneinheitlich gebrannte Keramik zeigt. Sogar in ottonischer Zeit erlebte diese Tradition dann aber in sächsischer Formensprache eine gewisse Renaissance und gibt damit die Anwesenheit sächsischer Siedler und/oder Herren(?) zu erkennen. Der größere Anteil der in den karolingerzeitlichen Siedlungen verwendeten Keramikwaren aber wurde sowohl auf der Töpferscheibe gedreht, als auch in festen Öfen gebrannt, setzte also auch professionelles Handwerk im Sinne von Spezialistentum voraus. Im nordhessischen Zimmersrode im Schwalm-Eder-Kreis wurde eine solche Töpferei des 9. Jahrhunderts ausgegraben, deren Produkte vermutlich kaum über die engere Region hinaus verhandelt worden waren[11].

Ein handwerklicher Bereich entzieht sich dem archäologischen Nachweis in aller Regel jedoch völlig: die Holzverarbeitung. Holz aber war, und blieb es auch noch bis zum Anbruch der „Plastikzeit", der wichtigste Werkstoff überhaupt, weil es leicht und überall verfügbar sowie einfach zu bearbeiten war. Die meisten Gegenstände des alltäglichen Lebens wurden aus Holz gemacht; überwiegend konnten die Familienangehörigen diese selbst herstellen, manches bedurfte jedoch der Künste und Werkzeuge eines Stellmachers oder Drechslers. Deren archäologisch freilich kaum nachweisbare Werkstätten sollten dann eher schon unsere Vorstellungen von spezialisiertem oder gar professionellem Handwerk erfüllen können.

Landwirtschaft: Tierzucht und Ackerbau

Die Lebensgrundlage, also das tägliche Brot der meisten ländlichen Ansiedlungen, war aber natürlich die Landwirtschaft. Darüber geben die schriftlichen Quellen hinlänglich Auskunft, ergänzt werden sie durch archäologische Funde und deren naturwissenschaftliche Analysen tierischer oder pflanzlicher Reste, die bei Ausgrabungen geborgen wurden[12].

Als Nutztiere finden sich im Knochenmaterial der frühmittelalterlichen Siedlungen natürlich schon dieselben Arten – Pferde, Rin-

[11] Zuletzt Hanauska 2005; Hanauska/Henning/Sonnemann 2005.

[12] Allgemein z. B. Ennen/Janssen 1979; Willerding 1993; konkreter zur Archäobotanik Willerding 2002.

der, Schweine, Ziegen und Schafe – wie wir sie heute noch zumindest in der bäuerlichen Landwirtschaft (im Gegensatz zur agrarindustriellen Massentierhaltung) kennen[13]. Jedoch waren diese Tiere durchweg kleiner im Wuchs, robuster und v. a. das Schwein zeigte noch einen deutlich anderen Körperbau. Die Nutzungen waren jedoch weitgehend schon dieselben: Pferde und Rinder lieferten neben ihrer Arbeitskraft v. a. Fleisch, Kühe natürlich auch Milch, jedoch scheint die Ziege bis in die jüngste Zeit der Hauptmilchlieferant gewesen zu sein. Die kleinen Wiederkäuer Schaf und Ziege waren aber auch als Fleischlieferanten interessant und die Schafwolle ist seit Menschengedenken der wichtigste Textilgrundstoff. Ergänzt wird das Spektrum der Nutztiere durch Gänse, Hühner und Enten. Dazu kommen als Haustiere Hunde und Katzen, die als Wächter und Schädlingsbekämpfer auf dem Hof nicht fehlen durften.

Bemerkenswert sind Untersuchungsbefunde aus unserem Holzheim bei Fritzlar, wo sich eine unterschiedliche Verteilung der Wiederkäuer in den drei Ortsbereichen Dorf, Herrenhof und Niederungsburg abzeichnet[14]: offenbar stand auf der Niederungsburg Rinder- und Schweinezucht (oder zumindest der Verzehr) im Vordergrund, der Herrenhof betrieb vorrangig Schaf- und Ziegenhaltung, während die Dorfbewohner von allem nur das Nötigste hatten. Geschlachtet wurden alle Tiere, im Dorf aber vornehmlich die jüngeren. Besonders jedoch fällt auf, dass die Rinder vom Herrenhof und der Burg durchweg größer waren als die im Dorf. Diese Ergebnisse gelten freilich für die mittelalterliche Siedlung Holzheim chronologisch insgesamt, wir wissen also nicht, ob sich derartige Verhältnisse auch schon für die Zeit Konrads finden ließen.

Allgemein aber kann gesagt werden, dass in ländlichen Siedlungen des frühen Mittelalters sämtliche Nutztierrassen vertreten waren, sie noch etwas kleiner im Wuchs, dabei aber robuster waren als unsere heutigen und dass ihre jeweilige Anzahl variierte und der Tierbestand zweifellos von Standortfaktoren und offenbar auch dem sozialen Gefüge der Siedlung bestimmt wurde. Ebenso war aus naheliegenden Gründen der Verzehr von Fisch standortabhängig. Erst seit dem hohen Mittelalter entwickelten sich, von den Klöstern ausgehend, künstliche Anlage und Betrieb von Fischteichen in großer Zahl.

In der Regel finden sich auch immer Wildtierknochen in sehr geringer Zahl unter den Funden, die dann als Nachweis für jagdliche Betätigungen interpretiert werden. Wildtiere spielten offenbar nirgends eine bedeutende Rolle für die Fleischversorgung der Dorfbewohner. Die Jagd war schon früh ein Privileg der Herren geworden, dementsprechend finden wir regelmäßig höhere Anteile von Wildtierknochen in den Herrensitzen und Burgen.

Der Ackerbau des Mittelalters war geprägt durch den Anbau von Getreidearten: Roggen, Saat-Weizen, Gerste und Saat-Hafer waren

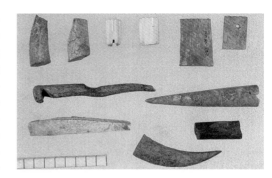

5 Geismar bei Fritzlar. Rohlinge und Fertigprodukte aus Knochen und Geweih fanden sich im Fundgut der Siedlung: Kammplatten (oben links), Messergriffhülsen (oben mittig), bearbeitete Teile von Geweihsprossen (oben rechts, unten links) und zwei Seilerhörnchen (Mitte) (Foto A. Thiedmann)

[13] Zum Überblick s. Benecke 1994.

[14] Donat 2002.

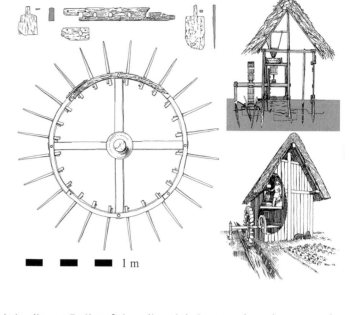

1 m

6 Der althergebrachte Hakenpflug wurde seit spätmerowingischer Zeit allmählich verbessert, dennoch war das Pflügen bis zur Erfindung des Streichbrettes kaum mehr als ein Aufreißen und Lockern des Bodens (Foto mit freundlicher Genehmigung Sagnlandet Lejre, DK)

7 Schaufelradblätter und andere Holzteile, wie hier aus Dasing bei Augsburg, bezeugen die Existenz einer oder mehrerer kleiner Wassermühlen im Umfeld des Klosters Fulda im 9./10. Jahrhundert (nach T. Kind)

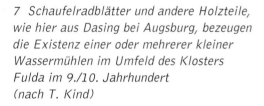

[15] Zum Überblick vgl. Henning 1996 und Herrmann 1993 darin bes. die Beiträge von K.-E. Behre, Die Ernährung im Mittelalter, 74 ff.; J. M. v. Winter, Kochen und Essen im Mittelalter, 88 ff.; U. Willerding, Landwirtschaftliche Produktionsstrukturen im Mittelalter, 244 ff.

meist auch in dieser Reihenfolge die wichtigsten, dazu kamen gelegentlich Dinkel und Hirse, während die alten Arten Emmer und Einkorn weiter auf dem Rückzug waren[15]. Als weitere Nutzpflanzen fanden im Feldbau oder in der Gartenkultur die Leguminosen Ackerbohne, Erbse und Linse Verwendung, Lein und Hanf sowie Leindotter und Mohn als Faser- und/oder Ölpflanzen. Wie bei den Nutztieren ist auch bei den Getreiden eine geringere Größe im Vergleich zu heutigen Sorten festzustellen. Daneben weist auch die große Formenvielfalt einzelner Kulturpflanzenarten zwischen und sogar innerhalb der Fundkomplexe auf das Vorhandensein eines im Gegensatz zu heute breiten und uneinheitlichen genetischen Spektrums hin. Gezielte Züchtung existierte offenbar nicht, wohl aber eine Vielfalt von Sorten, die an die unterschiedlichen Standorte angepasst waren. Die Erträge waren vergleichsweise gering, im Allgemeinen konnte man mit dem Dreifachen der Aussaat rechnen. Allerdings verbesserte sich seit dem 9. Jahrhundert die Betriebsweise und das technische Gerät. Zum einen setzte sich die fränkische Dreifelderwirtschaft – Brache, Winterfrucht, Sommerfrucht – weitgehend durch und im Zuge dessen kommt es zur „Vergetreidung" im frühmittelalterlichen Feldbau. Zum anderen ermöglichten etwa die Weiterentwicklung des Hakenpfluges, die Erfindung des genagelten Hufeisens und die mit dem Aufkommen des Kummets verbesserte Anschirrung des Pferdes eine Erhöhung der Arbeitsleistung und der Einsatz vieler Hände insgesamt eine Steigerung der Produktivität *(Abb. 6)*. Dies sind vielleicht nicht die unwichtigsten Zutaten, die zum Erfolg des karolingischen Landesausbaus seit dem 8. Jahrhundert beitrugen. Die Verarbeitung des Getreides erfolgte dann in zahlreichen Wassermühlen, deren archäologischer Nachweis in neuerer Zeit immer häufiger gelingt – wie etwa auch in Fulda, wo

Bestandteile eines oder mehrerer Mühlräder zwar schon um 1900 von Joseph Vonderau bei seinen Grabungen an der Langebrückenstraße gefunden wurden, aber erst kürzlich im Zuge der Neubearbeitung des Fundmaterials durch Thomas Kind richtig interpretiert werden konnten *(Abb. 7)*[16].

Das Spektrum der im Gartenbau kultivierten Nutzpflanzen ist so groß, dass sie an dieser Stelle nicht erschöpfend zu nennen sind; allein der Hinweis auf die Nennung von über 70 Kräuter- und Gemüsearten im *capitulare de villis*, der Verordnung Karls des Großen für die königlichen Güter, soll an dieser Stelle genügen. Natürlich wurden davon nur vergleichsweise wenige in den ländlichen Siedlungen angebaut und zweifellos ist auch hier mit großen, standortgebundenen Unterschieden zu rechnen.

Die Sammlung von Wildpflanzen zu Nahrungs-, Heil- und sonstigen Zwecken dürfte bei den Dorfbewohnern allgemein auf der Tagesordnung gestanden haben. In der Feldflur standen hier und dort halbwilde Obstbäume, vornehmlich Äpfel und Birnen; die durch intensive Holznutzung und Waldweide aufgelichteten Waldränder boten zahlreichen Fruchtpflanzen wie Himbeere und Brombeere gute Wuchsbedingungen, gleiches gilt für die Haselnuss, dem wohl seit jeher wichtigsten „wilden" Fettlieferanten. Auch Honig wurde vornehmlich noch im Wald gewonnen. Die Aufzählung ließe sich beliebig fortsetzen.

Es bleibt festzuhalten, dass die ländliche Bevölkerung auf die intensive Nutzung von Feld, Flur und Wald zur Subsistenzsicherung angewiesen war. Zugleich prägte und gestaltete sie auf diese Weise die Landschaft und das in dem Maße zunehmend, wie die Bevölkerung wuchs *(Abb. 8)*. Gerade in karolingischer Zeit können wir einen verstärkten Landesausbau beobachten, Rodungen wurden in den Wald getrieben, das Kulturland ausgeweitet. Derart stabile Verhältnisse korrespondieren mit insgesamt zunächst noch recht stabilen politischen und sozialen Verhältnissen in unserem Raum, schon das fortgeschrittene 9., vornehmlich aber das 10. Jahrhundert bringt hier dann offenbar tiefgreifende Veränderungen.

III. Soziale und politische Wirklichkeit

Grundherrschaft

Doch zunächst ist einmal zu klären, wie diese vergleichsweise stabilen Verhältnisse der Karolingerzeit auf dem flachen Land denn überhaupt ausgesehen haben: Wem gehörte das Land und der Boden, der von so vielen Händen bearbeitet wurde und dessen

8 Zeitgenössische Darstellung landwirtschaftlicher Arbeiten im Jahreslauf im Kalendarium Salzburg, Anfang 9. Jahrhundert (nach J. Henning)

[16] Kind 2008, bes. 376 ff.

75

Erträge so viele Münder stopfen mussten? Wie war die Bewirtschaftung organisiert, wie waren die Siedlungen strukturiert? Wer waren die Herren und wo saßen sie? Bei jeder Frage, die jeweils leicht mit einem eigenen Beitrag zu behandeln wäre, bewegen wir uns im Wesentlichen auf historischem Terrain, die Archäologie kann aber auch hierzu ein wenig beitragen[17].

Seit der Merowingerzeit entwickelte sich die „ältere Grundherrschaft" aus doppelter Wurzel: zum einen den spätrömischen Patrozinien mit ihren landgebundenen Kolonen, die von den Franken v. a. in Gallien übernommen wurden und zum anderen den germanischen großbäuerlichen Traditionen der persönlichen Herrschaft über Haus, Hof und Land, wozu i. d. R. auch Unfreie verschiedener Rangabstufungen zählten. Unter dem Einfluss der römischen Großgrundbesitzverhältnisse vornehmlich in Gallien wurden diese personenbezogenen Abhängigkeitsverhältnisse von den führenden Familien – den *potentes* – zur Herrschaft über Land und Leute weiterentwickelt. In der Karolingerzeit entstand die „Grundherrschaft" also nicht völlig neu, sondern es ist eine Entwicklung aus z. T. bereits seit längerem bestehenden Grundbesitz- und Landbewirtschaftungsformen zu erkennen, die jedoch ausgeweitet wurden, d. h. der Besitz wurde räumlich vergrößert und die Zahl der Abhängigen vermehrt. Die sukzessive Schwerpunktverlagerung von der germanischen Weidewirtschaft hin zum Getreidebau brachte die Intensivierung der Arbeit auf den Gütern, verlangte also nach mehr Arbeitskräften. Die Rationalisierung der Bewirtschaftung großer Güter führte zur sog. Villikationsverfassung als klassischem Modell der fränkischen Grundherrschaft: Zum vom *villicus* verwalteten Herrenhof gehörte unmittelbar das *Salland*, das vom Herrn oder seinem Verwalter im Eigenbau mit den Unfreien bestellt wurde, daran gliederten sich (nicht unbedingt räumlich) die zugeordneten, selbstständigen Bauerstellen der mehr oder weniger freien *mansi* an, die aus ihrem Betrieb auf Herrenland den eigenen Unterhalt und die Abgaben für den Grundherrn erwirtschaften mussten. Schließlich folgten nur lose angegliederte Grundstücke und anderes, außerhalb dieser Verwaltungsstrukturen vergabtes Land. Große Grundherrschaften bestanden in der Regel aus einer Vielzahl solcher Höfe mit personellem und dinglichem Zubehör. Die Gesamtheit der in einer Grundherrschaft tätigen Personen wurde als *familia* bezeichnet. Der Grundbesitz konnte weit verstreut sein, ganz besonders galt dies für die Villikationen der karolingischen Klöster, allen voran Fulda und Lorsch. Das System „Grundherrschaft" funktionierte auf allen gesellschaftlichen Ebenen und Bereichen des Staates, auf der des niederen Adels genauso wie auf königlicher oder geistlicher Ebene der Klöster und Bistümer.

Befragen wir unsere archäologischen Zeugnisse der Dörfer dahingehend, ob dort Spuren dieser geschilderten Strukturen zu er-

[17] Einen guten Überblick bieten wiederum Ennen/Janssen 1979, bes. 133ff. und Schwind 1977.

kennen sind, so wird man im konkreten Einzelfall immer sehr vorsichtig sein müssen, eine etwa vorhandene
schriftliche Überlieferung mit dem Bodenbefund in
Deckung zu bringen. Am archäologischen Befund in
Geismar z. B. können wir feststellen, dass sich in zentraler Dorflage ein in den Baubefunden herausgehobe-
nes Gehöft seit dem späten 3. Jahrhundert kontinuierlich bis ins frühe 10. Jahrhundert entwickelt hatte und
dann in ottonischer Zeit mit den übrigen Strukturen
des Dorfes zusammenbrach. War das der traditions-
reiche Hof der lokal führenden Familie, eines Freibau-
ern, der dann im Laufe der jüngeren Entwicklung vielleicht zu einem kleinen oder gar größeren Grundher-
ren aufstieg, oder haben wir hier gar zuletzt einen königlichen Vil-
likationsbetrieb im Einzugsbereich der Büraburg vor uns? Alles ist
denkbar, aber mit jeder Festlegung wären die archäologischen Quellen, die nicht mehr als Indizien liefern können, überfordert.

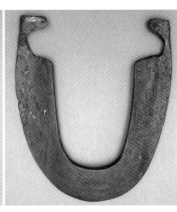

9 Auswahl von Handwerksgeräten von der
„Kesterburg" auf dem Christenberg bei
Münchhausen. Eisen
(Foto Z. Jez)

In der Wüstung Holzheim scheinen die Dinge klarer zu liegen, verfügen wir dort doch über eine auch recht frühe und umfängliche
schriftliche Überlieferung und zeichnen sich dort auch ein umheg-
ter Herrenhof, eine Burgstätte und ein Kirchhofareal im Grabungs-
befund ab. Dennoch steht auch hier die Verknüpfung von Historie
und Archäologie auf tönernen Füßen, zumal der Ausgräber den aus
königlicher Urkunde von 782 zu postulierenden Königshof noch
nicht gefunden zu haben meint[18]. Überhaupt sind die untersuchten
Flächen und Areale viel zu klein, insgesamt zu lückenhaft, das Bild
zu fragmentarisch, um eine verlässliche Vorstellung von Gestalt und
Struktur des ganzen Dorfes Holzheim zu gewinnen.

Im Verlauf der karolingischen Zeit erkennen wir im Allgemeinen,
unseren heutigen Verhältnissen nicht unähnlich, fortschreitende
Konzentrationsprozesse: Immer mehr Land wurde in immer weniger Händen konzentriert, freie Bauern verarmten und begaben sich
freiwillig oder zwangsweise in Abhängigkeit, die Urkundensamm-
lungen der großen Klöster sprechen hier eine beredte Sprache. In
der späten Karolingerzeit schließlich dominierte die Grundherrschaft und es gab nur noch in geringem Umfang nicht grundherrlich
gebundene Bauern. Auf dem „flachen" Land bestand die Einwoh-
nerschaft der meisten Dörfer mehrheitlich aus Unfreien, nämlich
sowohl unfreiem Gesinde der Herrenhöfe wie unfreien Bauern mit
eigener Wirtschaft (Hufe), die selbst wieder über unfreie servi ver-
fügten. Daneben gab es in verschiedenen Abstufungen Halb- und
Minderfreie wie natürlich auch noch einige gänzlich freie Bauern.
Die Sitze zumindest des niederen Adels scheinen sich zu dieser Zeit
noch im Dorf zwischen den übrigen Höfen befunden zu haben. Erste Separierungstendenzen führender Adelsfamilien mit der Anlage
von befestigten Anlagen auf Bergeshöhen sind allerdings seit der
späten Karolingerzeit hier und da – wie etwa unter dem Marburger

[18] Wand 2002, 527 ff.

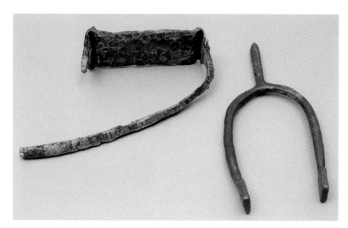

10 Steigbügel und Sporn von der „Kesterburg" auf dem Christenberg bei Münchhausen. Eisen, tauschiert (Foto Z. Jez)

Schloss oder auf der Burg Weißenstein bei Marburg-Wehrda – zu fassen[19]. Die großen Burgen der Karolingerzeit wie die Kesterburg auf dem Christenberg bei Münchhausen *(Abb. 9–11)* oder die Büraburg bei Fritzlar gehören freilich nicht dazu, denn sie befanden sich wohl noch in königlicher Hand, wenn sie im 9. Jahrhundert überhaupt noch genutzt wurden. Daran bestehen im Falle der Kesterburg neuerdings gewisse Zweifel[20]. Dann jedoch an der Wende zum 10. Jahrhundert erlebte diese Großburg eine Renaissance: Ihre Mauern wurden grundlegend erneuert und die Anlage insgesamt repräsentativ und fortifikatorisch ausgebaut. Als Initiatoren kommen hier eigentlich nur die aus dem mittleren Lahngebiet um Weilburg stammenden Konradiner in Frage, die seit geraumer Zeit das Grafenamt im Lahngau innehatten und den angrenzenden Hessengau zu ihrem Herrschaftskomplex zählen konnten[21]. Möglicherweise haben sie aufgrund ihrer Königsnähe schon früh Zugriff auf diese wichtige Etappenstation Richtung Nordhessen erlangen können, spätestens aber mit dem Königtum Konrads I. konnten sie die Kesterburg wieder zu einem repräsentativen Herrschaftsmittelpunkt machen.

Im Allgemeinen wird hinsichtlich der Sozialstrukturen besonders für die Merowingerzeit, aber auch noch in karolingischer Epoche, wenngleich deutlich abgeschwächt, von einer sog. offenen Ranggesellschaft gesprochen. Übersetzt heißt das, es handelte sich um eine zwar horizontal strukturierte, geschichtete Gesellschaft, innerhalb derer aber die soziale Mobilität, die Durchlässigkeit in beide Richtungen recht groß war. Sozialer Aufstieg war, meist durch besondere Verdienste, jederzeit möglich, ebenso aber auch der Fall. Ausweitung des Besitzes, besonders an Land und Leuten, versprach dabei relativ große Absicherung vor dem Abstieg, ganz abgesehen von größerer Einflussnahme und politischem Gewicht. In der Karolingerzeit war nicht nur das Grundherrschaftssystem eingeführt worden, sondern auch mit der Grafschaftsverfassung dem Gemeinwesen eine straffere Organisationsform gegeben worden, die auch die sozialen Strukturen verfestigte und die o. g. Durchlässigkeit stark einschränkte. Ähnlich wie schon 200 Jahre zuvor, zur Zeit der späten Merowingerkönige, ist auch die zweite Hälfte des 9. Jahrhunderts gekennzeichnet durch zunehmende Schwächung der Königsmacht einerseits sowie Aufstieg und Machtgewinn der führenden Adelsfamilien im Reich andererseits. Adlige, grundbesitzende Herren wie auch Königtum und geistliche Grundherrschaften konkurrierten in diesem Rahmen permanent miteinander um die Ausweitung ihres Besitzes, ihrer Einflusssphäre und Macht.

Dies ist kurz zusammengefasst der Hintergrund, der Nährboden für die zahlreichen Fehden, die nicht nur, aber insbesondere die führenden Familien des Reiches – darunter etwa die fränkischen

[19] Meiborg 2007; Dies. 2005.

[20] Thiedmann 2005, 167 zufolge hat die Kesterburg nach 800 eine vermutlich längere Verfallsphase zumindest der Wehrmauern erlebt; zu den Burgen im hessisch-westfälisch-sächsischen Grenzgebiet s. Best/Gensen/Hömberg 1999.

[21] Zur Geschichte der Konradiner s. zuletzt Goetz 2006, dort unser Thema betreffend bes die Beiträge von I. Heidrich, Das Adelsgeschlecht der Konradiner vor und während der Regierungszeit Konrads I., ebd. 59–75; B. Kasten, Der Kampf um die wirtschaftlichen Ressourcen zur Zeit König Konrads I., ebd. 151–168 und W. Störmer, Die konradinisch-babenbergische Fehde um 900. Ursachen, Anlass, Folgen, ebd. 169–184.

Konradiner, Babenberger und sächsischen Liudolfinger (die späteren Ottonen) – um nur die für unseren hessischen Raum wichtigsten zu nennen – miteinander ausfochten. Diese Fehden wurden mit großer Brutalität und Härte geführt und sie trafen natürlich die zivile Bevölkerung am stärksten: geplünderte und niedergebrannte Dörfer, zerstörte Felder und Ernten des jeweiligen Gegners sollten diesem größtmöglichen Schaden zufügen, ihn an seinen ökonomischen Grundlagen treffen.

Doch damit nicht genug. Zu diesen in ihren räumlichen Auswirkungen wohl eher begrenzten Fehdezügen trat spätestens seit dem Jahr 907 eine äußere Bedrohung hinzu, wie man sie bis dahin nur im Westen des Reiches in ähnlicher Form durch die Wikinger kannte: Die Plünderungszüge der ungarischen Reiterscharen! In jährlich wiederkehrenden und weit ausgreifenden Beutezügen überzogen sie das Land mit Zerstörung, Raub und Mord, verbreiteten Angst und Schrecken. Kein Dorf, kein Kloster auch kaum eine Burg war vor ihnen sicher, und schlimmer noch: Kein Grundherr, kein Graf, nicht einmal der König war in der Lage, Land und Leute zu schützen oder zu verteidigen. Die Ungarn auf ihren schnellen Pferden waren entweder schon längst verschwunden, weitergezogen, bis die schwerfälligen fränkischen Aufgebote aus Fußkämpfern und wenigen Reitern vor Ort waren, oder diese waren der ungewohnten Kampfesweise aus schnellem Vorstoß, intensivem Pfeilhagel und ebenso schnellem Rückzug heillos unterlegen. In dieser Situation blieb den Bewohnern der Dörfer als einziger Ausweg, sich und ihre notwendigste Habe in den Wäldern zu verbergen und nach dem Sturm ihr Dorf wieder aufzubauen. Doch wohl die meisten Opfer wurden überrascht, der Blutzoll war hoch und die Ungarn zogen mit reicher Beute – und das war ihr einziges Ziel – davon. Die Schriftquellen dieser Zeit drücken mit aller Deutlichkeit die Hilflosigkeit und auch Traumatisierung der Betroffenen im Zuge dieser Ereignisse aus, die wechselweise als Geißel, als Heimsuchung oder göttliches Strafgericht empfunden wurden. Wie machtlos man war, zeigt allein die Tatsache, dass es über die Jahre nur ganz vereinzelt militärische Erfolge gab und es erst Otto der Große nach mehr als einem halben Jahrhundert im Jahr 955 auf dem Lechfeld gelang, die Ungarn so vernichtend zu schlagen, dass sie fortan dem Reich fernblieben.

Doch auch in dieser verzweifelten Situation wollten die Großen des Reiches nicht von ihren Fehden lassen, kämpften und rangen weiter um Vormachtstellungen. Indessen lässt sich bislang kaum verlässlich abschätzen, wie nachhaltig sich diese Fehden und die Ungarnzüge auf die Besiedlungsstrukturen auf dem „flachen Lande" auswirkten. Die historische Überlieferung zeichnet streckenweise ein düsteres Bild, den archäologischen Befunden gelingt es bislang eher nicht, dieses Bild auf dinglicher Ebene zu bestätigen: So kennen wir etwa keine großflächigen Brand- oder Zerstörungshorizonte in unseren Siedlungen. Allerdings ist es grundsätzlich immer

11 Glocke von der „Kesterburg" auf dem Christenberg bei Münchhausen. Bronze (Foto Z. Jez)

schwierig, derart punktuelle kriegerische Ereignisse im Gegensatz zu langfristigeren Strukturentwicklungen, erst recht wenn die Siedlungen danach weiterbestanden, archäologisch zu fassen. Immerhin liegen uns aber einige wenige dingliche Zeugnisse der Ungarnzüge in Westeuropa vor, die die Schriftquellen dem Grunde nach bestätigen und hier und da sogar ergänzen können[22]. Vielleicht spiegelt sich in dieser Spärlichkeit insgesamt auch die Flüchtigkeit jener Ereignisse.

Diese kurze Skizze der historischen Situation soll an dieser Stelle auch eine Vorstellung davon vermitteln, in welcher Lage Konrad der Jüngere, Sohn Konrads des Älteren, sich befand, als er 911 die Königswürde übernahm: Im Grunde blühende Landschaften mit einer wachsenden Bevölkerung in zahllosen Dörfern und Weilern, beherrscht von einem zerstrittenen und sich bekriegenden Adel, bedroht von jährlich wiederkehrenden, unbezwingbaren Feinden. Keine ganz leichte Aufgabe für einen jungen König!

Fazit

Zusammenfassend bleibt festzuhalten, dass die kleinteilige und abwechslungsreiche Gliederung der hessischen Naturlandschaften eine ebensolche Vielfalt der Besiedlung und Landnutzung hervorbrachte. Im frühen Mittelalter hatte bis zur Zeit Konrads insbesondere Nord- und Osthessen eine Ausweitung der Siedlungsräume, innere Konsolidierung und Festigung der Strukturen erlebt, was sich auch im archäologischen Befund ausgegrabener Siedlungen wie *gaesmare* oder Holzheim nachvollziehen ließ. Wir können von Dörfern mit geregelter Binnenstruktur – z. B. Straßendörfern – ausgehen, denen gefestigte Besitzverhältnisse zu Grunde lagen. Die Menschen lebten in und von der Landwirtschaft, der Getreidebau war zumindest auf den besseren Böden die dominierende Wirtschaftsform, daneben wurden zahlreiche weitere Kulturpflanzen angebaut, die allesamt eine breite Fächerung an standortangepassten Sorten erkennen lassen. Außerdem sehen wir in lokal unterschiedlicher Ausprägung die Haltung und Zucht der heute noch üblichen Nutztierrassen, deren Erscheinungsbild sich freilich noch deutlich unterschied. Handwerkliche Tätigkeiten lassen sich regelmäßig in den archäologisch untersuchten Siedlungen nachweisen, wobei in den meisten Fällen einfaches bäuerliches Hauswerk vorliegen dürfte, vereinzelt jedoch auch spezialisierte Werkstätten wie Tuchmachereien oder Schmieden erkennbar werden. Die historisch überlieferten Verfassungsstrukturen der „Grundherrschaft" bzw. des „Villikationssystems" glauben wir wenigstens dem Grunde nach auch in unseren Beispielen frühmittelalterlicher Dörfer in Hessen erkennen zu können, ohne jedoch im Einzelnen konkrete Verhältnisse vor Ort benennen zu können. Diese Besitzstrukturen an Land und Leuten sind zum einen Ausdruck der im Verlauf des 9. Jahrhunderts sich

[22] Vgl. Schulze–Dörrlamm 2002.

zunehmend festigenden Sozial- und Machtverhältnisse wie auch zum anderen Grundlage für die in ungezügelten Fehden der führenden Familien des Reiches eskalierenden politischen Zustände kurz vor und während der Regierungszeit Konrads I. Die verheerenden Streifzüge der Ungarn dürften in dieser Situation das Ihre zur weiteren Destabilisierung der Lage beigetragen haben.

das kloster fulda im 9.–10. jahrhundert in archäologischer sicht
siedlungsstruktur und alltagskultur

von Thomas Kind

das kloster fulda im 9.–10. jahrhundert in archäologischer sicht siedlungsstruktur und alltagskultur

Während der Rahmen der grundsätzlichen historischen Entwicklungen des Klosters Fulda anhand der Schriftquellen gut bekannt ist und auch seit langem in der Mediävistik analysiert wird, so erlauben die Ergebnisse aus Ausgrabungen Einblicke in Lebensbereiche, die in den schriftlichen Nachrichten und Dokumenten kaum bzw. gar nicht reflektiert werden. Das Alltagsleben und das tägliche Umfeld erschien den frühmittelalterlichen Zeitgenossen in den meisten Fällen so selbstverständlich und allgemein bekannt, dass sie keine Veranlassung für eine schriftliche Fixierung sahen, zumal die Verschriftlichung der Gesellschaft und Ökonomie noch lange nicht das heute übliche Niveau erreicht hatte. Die wenigen Chroniken bieten für die einzelnen Jahre selten mehr als einige wenige Zeilen mit grundsätzlichen Angaben zur großen Politik; die Urkunden bezeugen ganz überwiegend Besitzwechsel zwischen Grundherrschaften.

Archäologische Grabungen erfassen andere, vielfach konkretere und detailliertere Bereiche des Lebens. Es ist jedoch zu beachten, dass die einzelnen Grabungen ohnehin nur sehr kleine Ausschnitte bieten können, die zu einem Gesamtbild verallgemeinert werden müssen. Ihre Aussagen zu Fulda lassen sich hierarchisch nach dem Maßstab der getroffenen Feststellungen gliedern: Im großen Rahmen wird in der Siedlungsstruktur deutlich, welche Bereiche überhaupt besiedelt waren, mit welchen Gebäuden, wo sich prägende Elemente wie etwa die Klosterkirche befanden und wie die einzelnen Siedlungsteile zusammenarbeiteten. Im kleinen kann vor allem anhand von Funden aus Mülldeponierungen auf so divergierende Elemente des täglichen Lebens geschlossen werden wie die im Haushalt verwendeten Gefäße, die gewerblichen Tätigkeiten vor Ort oder auch Bestandteile der Bekleidung. Folgendes ist aber zu berücksichtigen: Schon aus rein praktischen Erwägungen ist es unmöglich, das frühmittelalterliche Fulda komplett oder auch nur zu einem größeren Teil auszugraben. Außerdem erfolgten erhebliche Zerstörungen durch jüngere Bebauungen und andere Erdbewegungen. Somit steht vieles, was für die Siedlungsagglomeration des frühmittelalterlichen Klosters wichtig war, für eine Analyse nicht zur Verfügung, von anderem gibt es nur noch oberflächliche Kurzberichte. Zahlreiches ist sicherlich unbeobachtet und undokumentiert zerstört worden, manches mag noch im Boden liegen. Das hier ent-

Fulda, Ostatrium, Fundamente der Königskapelle, 10. Jhd.
Aufnahme der Domgrabung durch J. Vonderau von 1913
(Vonderau Museum Fulda)

worfene Bild stellt also nur einen vorläufigen Stand dar, der im wesentlichen auf den Grabungen im Dombereich und in besonderem Maße auf denen in der Langebrückenstraße beruht; es ist zu hoffen, dass künftige Untersuchungen zu Ergänzungen und Konkretisierungen führen werden.

Grundsätzlich ist, schon aufgrund der geographischen Gegebenheiten, für die Zeit Konrads I. mit einem ähnlichen Bild wie heute zu rechnen: einem Zentrum im Bereich der heutigen Altstadt Fulda und einer Vielzahl von Dörfern im Bereich des umliegenden Fuldaer Beckens, eigentlich eher eine Talweitung der Fulda, sowie entlang der Ausfallstraßen in Richtung Grabfeld, Mittelmain, Wetterau und Hersfeld (*Abb. 1*). Diese Landschaft wurde wahrscheinlich erst nach der Gründung des Klosters im Jahre 744 in größerem Umfang aufgesiedelt. Die Existenz kleinerer verstreut liegender Weiler, Köhlereien und ähnlicher Formen extensiver Nutzung ist natürlich keineswegs ausgeschlossen[1]. Keine dieser Siedlungen ist untersucht worden. Zu einem gewissen Anteil sind diese Siedlungen des Frühmittelalters jedoch im Bereich der modernen Dörfer zu vermuten. In Baden-Württemberg konnte allerdings anhand einer repräsentativen Anzahl untersuchter Ortslagen nachgewiesen werden, dass diese wohlfeile und vor gar nicht langer Zeit verabsolutierte Erklärung für das Fehlen untersuchter mittelalterlicher Siedlungen in einem erheblichen Anteil von Orten unzutreffend ist[2]. Anhand der Ergebnisse von Ausgrabungen in verschiedenen Regionen ist außerdem anzunehmen, dass für die Lage dieser Dörfer, mitunter sicher auch nur Einzelgehöfte, überwiegend eine ausreichende Wasserversorgung und ein Mosaik verschieden agrarisch nutzbarer Naturräume im unmittelbaren Umfeld entscheidend waren. Sowohl die bodenkundlichen (sogar ein Anteil Lößlehmböden ist zu nennen!) als auch die klimatischen Bedingungen sind im Fuldaer Becken durchaus als günstig zu bezeichnen, wenn sie auch nicht so optimal waren wie in den durch Ortsnamen auf „-heim" gekennzeichneten benachbarten Altsiedelgebieten in der Wetterau, am Main, an der Diemel und im Thüringer Becken. Die wirtschaftliche Grundeinheit dieser Siedlungen war das Gehöft, bestehend aus einem großen Hauptgebäude in Pfostenbauweise, Nebengebäuden in verschiedenen Bauweisen und Speichern sowie einer Einfassung durch einen Zaun. Inwiefern hier im Binnenland die Hauptgebäude als Kombination von Wohnbereich und Stallteil unter einem Dach (Wohn-Stall-Häuser) funktionierten, wie dieses in den deutlich besser untersuchten Küstenzonen der Nordsee vielfach nachgewiesen werden konnte und auch noch für Westfalen und Baden-Württemberg vermutet wird, ist unklar[3]. Diese Grundstruktur läßt sich im nachfolgenden dann germanischen Bereich mindestens seit der Eisenzeit nachweisen. Wirtschaftlich waren diese Dörfer weitgehend autark: Zu der Haupttätigkeit in der Landwirtschaft (Feld- und Gartenbau) kam die Selbstversorgung mit den notwendigen Geräten, Behältnis-

[1] Zur Entstehung dieser Siedlungsagglomeration und der Begründung dieser These, die von dem seit rund einem Jahrhundert tradierten Geschichtsbild deutlich abweicht, das wesentlich auf den Publikationen von Vonderau und Hahn basierte, siehe Kind 2008; Ders. 2009. Zwei der Altstraßen sind namentlich bekannt: Die Antsanvia (8. Jhd.) vom Rhein-Main-Gebiet in die Thüringisch-sächsische Bucht passierte Fulda etwas westlich der heutigen Stadt, im Süden lief der Ortesweg (8. Jhd.) zwischen der Wetterau und dem Grabfeld vorbei. Hinzukommt noch östlich der Ortslage der Weg zwischen dem mittleren Maingebiet und dem Leinetal.

[2] Bücker u. a. 1997, 311–313.

[3] Hier soll und kann keineswegs versucht werden, der noch ausstehenden Synthese für den früh- und hochmittelalterlichen Hausbau West- und Mitteleuropas vorzugreifen. Im Binnenland besteht die Schwierigkeit häufig schon in der Rekonstruktion einzelner Hausgrundrisse, also im Erkennen zusammengehörender Pfosten in einem Gewirr solcher Befunde aus verschiedenen, sich überlagernden Siedlungsphasen. In einigen Fällen wurde jedoch auch im Süden, so in Lauchheim (Ostalbkreis), eine Kombination von Stallteil im Westen und Wohnbereich im Osten ein und desselben Gebäudes beobachtet (Stork 1997, 301–305 Abb. 322–325; Bücker u. a. 1997, 314–319; Theuws 1997, 754 ff., Abb. 615; 618–630; Geisler 1997, 769–773; Reichmann 1999, 278 f., Abb. 1; Ruhmann 1999, 284 ff., Abb. 2; 5; 6; Dies. 2003, 9–39, 155–164 Abb. 5–9; 11; 14; 80 Taf. 1–4; Grothe/König 1999, 378 f.; Grünewald 2005, 31–39 Abb. 2–4; 6; 8.).

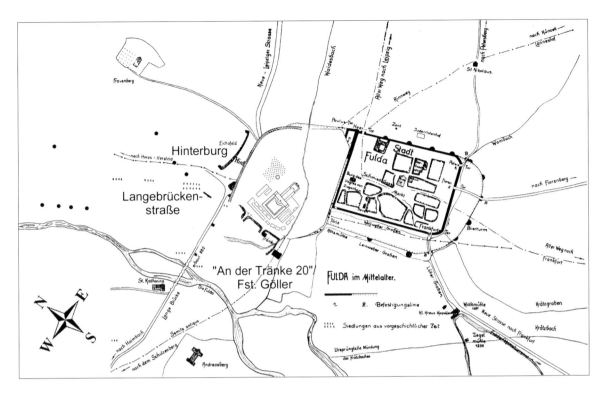

1 Siedlungsbild des frühmittelalterlichen Fuldas (nach Vonderau 1931, mit Aktualisierungen und Markierungen durch Verf.)

sen und der Kleidung. Die für letztere notwendige Spinnerei und Weberei ist im archäologischen Befund besonders gut durch die zahlreichen Spinnwirtel und eingetiefte Webhütten (Grubenhäuser) dokumentiert und fand danach wahrscheinlich auf jedem Hof statt. Ob es in dieser Zeit bereits professionelle Handwerker in den Dörfern gab, also Personen, die kaum oder gar nicht mehr landwirtschaftlich tätig waren, ist strittig[4]. Für den Schmied ist dieses wegen des praktisch permanenten Reparaturbedarfs an unverzichtbaren Arbeitsgeräten mindestens im Sinne einer überwiegend spezialisierten Tätigkeit wahrscheinlich, für den Töpfer ist es, sofern Tonvorkommen seine Tätigkeit überhaupt ermöglichten, immerhin anzunehmen. Inwieweit es bereits im frühen Mittelalter einen Nahhandel mit handwerklichen Erzeugnissen (etwa aus dem Zentrum Fulda heraus) gab, ist unbekannt. In die Gegenrichtung flossen in jedem Fall die Naturalabgaben für den Grundherrn, hier das Kloster Fulda. Professionelle Dorfgasthäuser (Dorfkrüge im Haupterwerb) erscheinen dagegen erst im Verlauf des hohen Mittelalters. Wo die Möglichkeit durch einen entsprechenden Wasserlauf gegeben war, gab es eine Wassermühle. Da die Dörfer wegen der Hochwassergefahr die unmittelbare Nähe der Bäche mieden, lag diese oft etwas abseits, zumal eine Mühle oft mehreren Dörfern diente. Der Mühlenbann, also das Monopol des Grundherrn (etwa des Klosters Fulda) auf den Betrieb einer solch einträglichen Maschine, entwickelte sich wahrscheinlich aber erst im Laufe oder sogar erst am Ende des frühen Mittelalters[5].

[4] Bücker u. a. 1997, 318; Grünewald 2005, 32, 35.

[5] Henning 1994b, 9.

Schon die *Vita Sturmi* erwähnt Slawen im Bereich Fuldas[6]. Auch nach den Ortsnamen ist mit einem slawischen Bevölkerungsanteil zu rechnen, obwohl Fulda deutlich westlich der Grenze einer flächendeckenden slawischen Besiedlung liegt, die im mittleren Thüringer Becken (zwischen den Flüssen Ilm und Gera) zu verorten ist[7]. Seit wann jedoch Slawen ansässig waren, ist nicht geklärt, da die *Vita Sturmi* zwar die große Zahl der in der Fulda badenden Slawen und ihre heidnische Religion erwähnt, jedoch nichts zu ihren Wohnsitzen sagt. Die Erwähnung der Handelsstraße von Thüringen nach Mainz in diesem Zusammenhang könnte auch auf eine durchziehende Gruppe hindeuten. Ebenso ist unbestimmt, ob sich die Slawen freiwillig aus eigener Macht hier Land nahmen (vielleicht vor der Gründung Fuldas 744, vielleicht danach mit dessen Einverständnis) oder zwangsweise durch das fränkische oder deutsche Reich als Kriegsbeute oder im Zuge einer Strafdeportation nach einem Aufstand in einem anderen Reichsteil hierher umgesiedelt wurden. Auch wenn sicherlich von Anfang an ein Assimilationsdruck bestand, so ist besonders im frühen Mittelalter durchaus mit eigenständigen Siedlungen zu rechnen, die sich strukturell von dem beschriebenen Bild deutlich unterscheiden und daher auch archäologisch nachgewiesen werden könnten. Genuin slawischen Siedlungen fehlt nämlich die Gehöftstruktur. Sofern überhaupt eine Gliederung erkennbar ist, so werden die Bereiche für Wohnen, Speichern, Backen usw. gemeinschaftlich für die gesamte Siedlung räumlich aufgeteilt. Eingetiefte Gebäude (Grubenhäuser) erscheinen im Gegensatz zum germanischen Westen nicht nur als Nebengebäude, sondern, ergänzt um eine Heizeinrichtung, auch als Wohngebäude[8]. Es ist jedoch zu beachten, dass ethnische Identität keineswegs zwingend an solche Wirtschaftsstrukturen oder auch bestimmte Elemente wie Keramikformen gebunden ist und somit im konkreten Fall eine slawische Identität durchaus eine Anpassung an fränkische Strukturen und Alltagsgut überstehen kann.

Von dem umliegenden Land mit seinen Dörfern unterschied sich das Zentrum Fulda schon allein durch seine Größe, aber auch durch die Befestigung, die hierarchische und funktionale Differenzierung des Innenraums und die Nachweise für die Anwesenheit von einer sozialen Oberschicht[9]. Sowohl räumlich als auch funktional wurde das Siedlungszentrum vom Kloster und speziell durch dessen Kirche dominiert (*Abb. 1–2*). Die beiden Kirchen des Klosters, nämlich die damalige Hauptkirche, heute auch Ratgarbasilika genannt, und die Kirche auf dem Friedhof des Klosters, die Michaelskirche, sind die einzigen Gebäude aus dem Fulda der Zeit Konrads I., deren Lage sicher bekannt ist und von denen wenigstens noch einige Teile erhalten sind. Die Hauptkirche war eine doppelapsidale Basilika mit Querschiff, deren Hauptaltar über dem Grab des Bonifatius im Westen errichtet worden war. Diese große Kirche wurde nach den Schriftquellen von etwa 791 bis 825 unter der maßgeblichen Leitung des Abtes Ratgar errichtet. Archäologisch konnte die Planierungsschicht, die im Zuge

[6] *Vita Sturmi* cap. 7 (S. 26).

[7] Timpel 1995, 36–38, 103 f. mit Anm. 126 Abb. 4.

[8] Dazu immer noch grundlegend: Donat 1980.

[9] In dieser Hinsicht entspricht auch ein Kloster des Frühmittelalters dem von der Geographie viel allgemeiner definierten Bild eines Zentralortes.

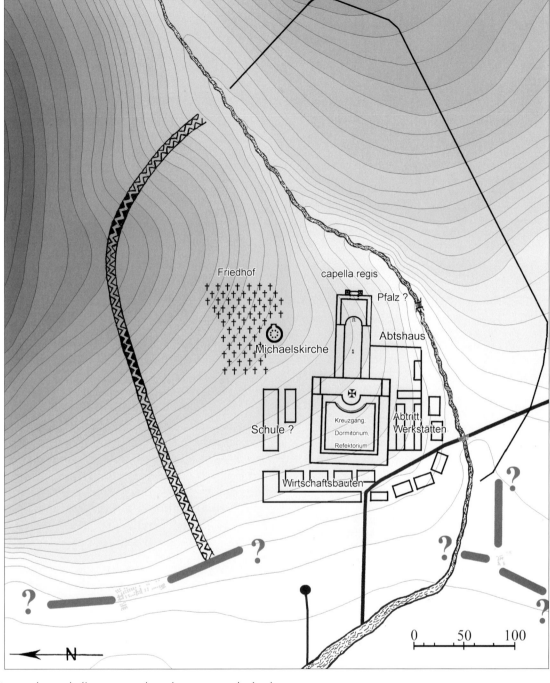

2 Plan des Klosters Fulda im späten 9. Jahrhundert unter Einbeziehung möglicher Wegeführungen. Der Kanal wurde eingezeichnet, obwohl er zu dieser Zeit vielleicht nicht mehr bestand. (Entwurf Verf. auf Grundlage u. a. von Hahn 1985; Vonderau 1919; Ders. 1924)

Friedhof

capella regis

Pfalz ?

Abtshaus

Michaelskirche

Kreuzgang,
Dormitorium,
Refektorium

Abtritt,
Werkstätten

Schule ?

Wirtschaftsbauten

0   50   100

N

dieses Baus erstellt wurde und die zuvor abgerissenen und einplanierten älteren Klostergebäude („Schrägbauten") bedeckte, an mehreren Stellen nachgewiesen werden. Die Rekonstruktion dieser Kirche bereitet in den Details erhebliche Schwierigkeiten, da sie 937, 1286 und 1398 durch Brände in erheblichen Teilen beschädigt wurde, ihre Ostteile 1120 einstürzten und sie schließlich zu Beginn des 18. Jahrhunderts für den Neubau weitgehend abgerissen wurde[10]. Noch weiter im Westen setzte an diese Kirche eine dreiflügelige Anlage an, die zusammen mit dem Querarm der Kirche den Kreuzgang umschloß. In diesem Bereich sind zentrale Gebäude der Klausur wie der Schlafsaal und der Speiseraum der Mönche zu vermu-

[10] Dieser Problemkreis stellt jedoch ein eigenes kunstgeschichtliches Thema dar und ist entsprechend vielfach diskutiert worden: siehe Krause 2002 (monographisch, umfassend mit älterer Literatur), kritisch rezensiert durch Untermann 2006; sowie Staab 2001, 520–523 und Platz 2009, 70–83 Abb. 3–15.

[11] Hussong 1986, 290–292; Staab 2001, 523–571 mit Liste aller 45 Königsaufenthalte im Kloster 782–1252. Ab 782 war jeder König mindestens einmal in Fulda.

[12] Staab 2001, 524–525. Erstmals im 11. und regelmäßiger erst im 12. Jahrhundert lassen sich Aufenthalte des Herrschers mit Gemahlin in Fulda nachweisen. Aber noch der Brand von 1398 wurde als göttliche Strafe für eine partielle Aufhebung des Betretungsverbots für Frauen in die Stiftskirche im Jahr davor angesehen.

[13] Nach dem Fortsetzer der Chronik des Regino von Prüm: *sepultus est in Fulda monasterio iuxta altare sanctae crucis* (Richter 1905, 32). Äbte der Karolingerzeit wurden wiederholt in der Kirche ihres Konvents bestattet bevor später die Beisetzung im Kapitel üblich wurde. Die Idee einer traditionellen Abtsgrablege in der Krypta der Michaelskirche wurde offenbar bald nach deren Erbauer Eigil verworfen, vgl. Ellger 1989, 110–116, 144–161.

[14] Vgl. dazu Kind 2008, 390–393; Ders. 2009, 51 Abb. 6 (beide mit Belegen).

[15] Ludowici 1993, 31 Abb. 1; 3, A–B; Dies. mehrere unpubl. Grabungsberichte, erhalten im Vonderau Museum; Müller 1995, 87–88 Anm. 61; Krause 2002, 39, 165, 262–265 Nr. DD/3/176.182.196.230.237. Die Leitung datiert dendrochronologisch um/nach 845, ältere Hölzer wurden sekundär verbaut. Aus derselben Schicht stammt ein Denar Ludwigs des Frommen (814–840).

[16] Richter/Schönfelder 1912, 371–377; Ellger 1989, 95, 100 f.; Hussong 1995, 119; Vonderau 1924, 37 f., 41–57.

[17] Die Analyse wurde von Dr. Torsten Westphal, Universität Frankfurt/Main (Labor-Nr. Ffm 2220–2365), durchgeführt. In seinem Gutachten unterstrich er die Möglichkeit des Übersehens von Splintgrenzen durch die starke Einfärbung des Holzes infolge des Konservierungsmittels, so dass zu dem letzten Ring hier keine Spanne für den Splint bis zum Fällen des Baumes eingerechnet wurde.

ten. Im Osten war der Kirche ein Atrium („Paradies") vorgelagert, das ebenfalls von Gebäuden umgeben war. Bemerkenswert ist die Lokalisierung einer *capella regis* bzw. *curia regia* im 10. Jahrhundert und der *arces Romani imperii* im frühen 11. Jahrhundert in diesem Bereich, die somit eine Vorstellung gibt, wo der König bzw. Kaiser untergebracht war, wenn er sich zu Gast im Kloster aufhielt und dort Herrscherakte (Schenkungen, Gericht) ausübte[11]. Schon aus Platzmangel mußte sicherlich ein Teil des Gefolges außerhalb untergebracht werden, zumal bis 1397 im Kloster (und offenbar nicht nur für die eigentliche Klausur, wo dieses selbstverständlich war) ein absolutes Betretungsverbot für Frauen galt[12]. Es darf aber als Ausdruck einer besonderen Wertschätzung und einer besonderen Beziehung vermerkt werden, dass 919 König Konrad I. († 23.12. 918) in der Klosterkirche nahe dem Kreuzaltar bestattet wurde, eine Ehre, die sonst Heiligen und Äbten vorbehalten blieb und für Laien kirchenrechtlich mehr als bedenklich war[13].

Im Bereich der Michaelskirche ist der Mönchsfriedhof zu lokalisieren. Dort ist, analog zur Darstellung auf dem St. Galler Klosterplan (um 830), auch der Baumgarten des Klosters zu vermuten, der unter den botanischen Resten in der Langebrückenstraße durch die Nachweise von Pfirsichsteinen belegt werden konnte. Diese Kultur darf als Besonderheit gelten, die sich vermutlich nicht in den zeitgleichen Bauerngärten fand[14]. Südlich der Ratgarbasilika sind repräsentative Bauten für den Abt zu vermuten. Bei Grabungen 1991–92 konnte hier unter hochmittelalterlichen Mauerzügen ein west-ost-ausgerichteter, in Holz ausgebauter mutmaßlicher Abwasserkanal aus dem Frühmittelalter nachgewiesen werden. Dendrochronologisch abgesichert ist die Errichtung dieser Konstruktion frühestens in der Mitte des 9. Jahrhunderts[15]. Eine Besonderheit sind die dabei sekundär verwendeten Hölzer, die nach den erhaltenen Nuten und Zapflöcher zuvor in Holzkonstruktionen z. B. Gebäuden unklarer Bestimmung und Lokalisierung verbaut gewesen sein müssen. Eine Übersicht über die Bestandteile des Klosters, die ansonsten archäologisch bisher nicht lokalisiert oder näher definiert werden können, ergibt sich aus dem *Sacramentarium Fuldense* aus dem dritten Viertel des 10. Jahrhunderts, das die Stationen einer Prozession, an denen Orationes zu halten sind, durch die Abtei beschreibt[16]: 1. Am Eingang der Klausur und darin (*In introitu claustri et in domo*), 2. Am Empfangsraum (*In keminata*), 3. An der Schreibstube (*In scriptorio*), 4. Am Schulhaus (*In domo scolae*), 5. Im Kapitelsaal (*In capitolio*), 6. Am Schlafgemach (*In dormitorio*), 7. Am Speiseraum (*In refectorio*), 8. An der Küche (*In coquina*), 9. An der Fleischkammer (*In lardario*), 10. An der Speisekammer (*In cellario*), 11. An der Kellerei (*In potionario*), 12. An der Bäckerei (*In pistrino*), 13. An dem Getreidespeicher (*In granario*), 14. An der Kleiderkammer (*Ubi vestimenta conservantur*), 15. Am Krankenhaus der Brüder (*In domo fratrum infirmorum*), 16. An der Pforte und dem Gasthaus (*Ad portam et hospitale*), 17. In der Abtskapelle (*In capella abbatis*), 18. In der Kreuzkirche für die Greise (*In aecclesia senum ad sanctam crucem*), 19. In der Südkapelle im Schlafhaus der Brüder (*In dormitorio fratrum in capella australi*), 20. In der Westkapelle (*In capella occidentali*), 21. In der rundgebauten Kirche (*In aecclesia rotunda*), 22. In der Königskapelle (*In capella regis*), 23. In der Kirche für die Gäste (*In ecclesia hospitum*), 24. In der Kirche für die Armen (*In aecclesia egenorum*), 25. Am Eingang zur Kirche (*In introitu aecclesiae*), 26. Auf dem Chore (*In choro*). Offensichtlich wird der Zwittercharakter des Klosters als religiöse Einrichtung und als Wirtschaftsbetrieb. Zu diesem zweiten Funktionsbereich sind auch die Wassermühlen und die Verkehrswege zu zählen. Es muss als außerordentlicher Glücksfall gewertet werden, dass diese beiden Elemente in Fulda unmittelbar belegt sind. In der Langebrückenstraße wurden insgesamt 38 paddelförmige Schaufelbretter verschiedener Größen (meist in Fragmenten) sowie drei einseitig abgenutzte Stifte und ein kegelstumpfförmiges Futter mit durchgehender Bohrung gefunden (*Abb. 3, 1–14*). Alle diese Funde aus Buchenholz sind als Überreste von einer oder mehreren Mühlen zu bestimmen. Dabei erlaubt die Form und Vielfalt der Hölzer den Nachweis des Konstruktionsprinzips der Mühle: Die Schaufeln saßen auf einem vertikalen Rad, das durch das strömende Wasser im Mühlgerinne angetrieben wurde. Dieses Rad war auf einer horizontalen Welle befestigt, an deren anderem Ende das Kammrad saß: ein Rad auf dessen Felge eine dichte Folge von Stiften (Kammen oder Nocken) eingesetzt waren. Diese griffen wiederum in ein horizontal rotierendes Stockrad auf einer senkrechten Welle ein, so dass durch dieses Getriebe die Drehbewegung um 90° umgelenkt wurde. Am oberen Ende dieser senkrechten Welle saß eine eiserne Welle, die durch eine zentrale Öffnung im unteren Mühlstein diesen passierte und über das Mühleisen den oberen Mühlstein (Läuferstein) antrieb. Um Unwuchten an dieser Welle zu vermeiden saß in der genannten Öffnung des Unterlegersteins ein hölzernes Drehlager. Die genannten Schaufeln konnten mit Hilfe der Dendrochronologie in das 8. und 9. Jahrhundert datiert werden. Die drei jüngsten Proben können frühestens 875 bzw. 876 n. Chr. gefällt worden sein. Damit dürfte wenigstens eine dieser Mühlen noch in der Zeit Konrads bestanden haben[17]. Aufgrund der hohen Anzahl zu versorgender Menschen im Kloster Fulda und den unmittelbar benachbarten, zugehörenden Siedlungen ist die Existenz mindestens einer, vermutlich aber mehrerer Mühlen ohnehin zwingend anzunehmen. Wo sich diese Mühle(n) befand(en), kann leider nicht sicher bestimmt werden. Da aber in der Langebrückenstraße nicht ein einziges Fragment eines Mühl-

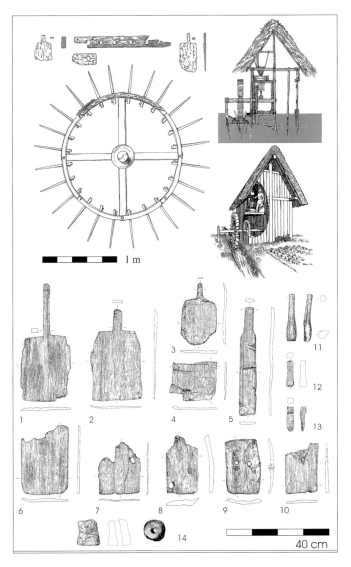

3 Hölzerne Mühlenfragmente von Fulda „Langebrückenstraße". Rekonstruktion eines Mühlrads und einer Mühle von Dasing bei Augsburg (Entwurf Verf. nach Czysz 1994; v. Freeden 2002a; Dies. 2002b. Zeichnungen von A. Ehrlich; Bildmontage Verf.)

5 Die Verteilung der dendrochronologisch datierten irischen Wassermühlen in einer Aufteilung auf Vierteljahrhunderte. Beide Mühlenformen sind in einer summarischen Darstellung erfaßt (Verf.)

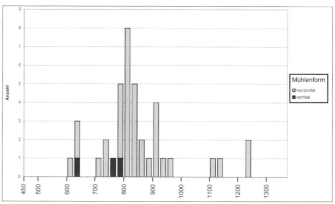

[18] Hägermann 1991, 371–373; Kasten 1986, 129–130; Elmshäuser u. a. 1993, 887–888; Lohrmann 1997, 226 mit Fußnote 21 (gegen Hägermann 1991): Für Corbie liegen die Statuten des Abtes Adalhard (822) vor, die einen umfassenden Einblick in die Klosterökonomie erlauben. Dort werden 12 *provendarii ad molinum* genannt, die sich zwar um den Betrieb und Unterhalt der Mühlen (inklusive der Beschaffung der Mahlsteine meist aus dem Fernhandel!) zu kümmern hatten und den Zehnten abgeben mußten, aber ansonsten von allen Frondiensten befreit waren. Die Personengruppe der *provendarii* war in sozialer Hinsicht sehr heterogen. Für Corbie, aber auch im Breve des Klosters Bobbio (834/6) und in irischen Quellen werden freie Mühlenbauleute bezeugt: Henning 1994b, 9; Damminger 2000, 224.

[19] Siehe dazu ausführlich Kind 2008, 396–399 Abb. 17–18; Ders. 2009, 51–52 Abb. 9; grundlegend: Vonderau 1944, 33–35 Abb. 24–25; Hägermann 1991, 375–377; Elmshäuser 1992, 11–13, 23–24 Anm. 97–107, 109, 111, 115.

[20] McErlean/Crothers 2007, 187–189 Abb. 7, 6 A–F. Bei Wassermühlen mit horizontalem Rad konnte auf ein Getriebe verzichtet werden, da hier direkt eine senkrechte Welle angetrieben wurde. Der übrige Aufbau und der Antrieb des oberen Mühlsteins entsprachen dem oben beschriebenen für Mühlen mit vertikalem Wasserrad. Vonderau 1899, 8, 20 Taf. IV, 12 spricht den Fund noch als Keulenkopf, angeblich mit Rest des Stiels, an; jedoch widersprechen die rotationssymmetrischen Abnutzungsspuren dieser Interpretation. Die übrigen Details des Stücks schließen außerdem eine Ansprache als Drechselkopf aus.

[21] Böhme 1999, 27–42 Abb. 7–10; Czysz 1994, 126 Abb. 89, 2; v. Freeden 2002b, 331; Böhme 2002, 287–289; zu den Einzelnachweisen siehe auch Kind 2008, 376–383 Abb. 6–8.

steines gefunden wurde, kann dieser Platz jedenfalls ausgeschlossen werden. Auch der soziale und rechtliche Status des bzw. der Müller ist nicht sicher zu bestimmen; analog zu den recht gut überlieferten und untersuchten Verhältnisse für das Kloster Corbie (Picardie) können hier *provendarii ad molinum* vermutet werden, Abhängige des Klosters, die zwar persönlich unfrei sein konnten, aufgrund ihrer Spezialkenntnisse im Mahlen aber weitgehend selbständig arbeiteten und weniger Dienste und Abgaben zu leisten hatten als andere Abhängige[18]. Ebenso ist unsicher, ob der schon kurz nach der Klostergründung, nämlich zwischen 765 und 779, angelegte Kanal, dessen Wasser mutmaßlich unter anderem die Klostermühle(n) antrieb[19], in der späten Karolingerzeit und der Zeit Konrads I. noch existierte oder bereits durch andere hydrologische Bauten ersetzt worden war. Die Schaufelbretter können anhand der etwa zeitgleichen Parallelen aus den Mühlenbefunden aus Dasing bei Augsburg, Greding in der Fränkischen Alb, Erftstadt im Rheinland und Audun-le-Tiche (Dép. Moselle), die alle im 9. Jahrhundert bestanden und z.T. bereits im 7./8. Jahrhundert begannen, sicher bestimmt werden. Das Drehlager (*Abb. 3, 14*) besitzt hingegen lediglich eine einzige Parallele aus Nendrum auf Mahee Island im Strangford Lough in Nordirland, einem frühmittelalterlichen Kloster. Es gehört zur zweiten Phase der dortigen Mühle mit horizontalem Rad und kann daher dendrochronologisch abgesichert in die Zeit von 789 gesetzt werden[20].

Insgesamt sind aus Mitteleuropa lediglich acht Komplexe von frühmittelalterlichen Mühlen mit Erhaltung von Holzteilen bekannt[21]. Da aber aufgrund der Schriftquellen mit einer nahezu flächendeckenden Verbreitung der Wassermühle im fränkischen Reich und daher mit vielen Tausenden Standorten zu rechnen ist[22], liefert dieser Gegensatz ein wichtiges und anschauliches methodisches Beispiel zur mitunter sehr geringen Repräsentanz archäologischer Funde im Vergleich zum ehemals in der lebendigen Vergangenheit vorhandenen. Eine ausschließliche, sozusagen wörtliche Interpretation des archäologischen Verbreitungsbildes frühmittelalterlicher Wassermühlen (*Abb. 4*) täuscht eine West-Ost-Ausbreitung dieser

Technologie vor, die es so nicht gegeben hat: Die enorme Fundhäufung in Irland, wo mindestens 38 Mühlen aus dem 7.–10. Jahrhundert nachgewiesen werden konnten[23] (zur chronologisch ungleichmäßigen Verteilung siehe *Abb. 5*), erklärt sich durch die sehr lange Tradition von Mooruntersuchungen und die dort klimatisch bedingten sehr günstigen Erhaltungsbedingungen für Holz in Kombination mit der geringen Industrialisierung, wodurch sich stabile hohe Grundwasserstände und geringe Flächendebastierungen ergaben. Hinzu kommt ein Maximum der Bevölkerung in der Zeit vor den Wikingereinfällen und ein Niedergang in den folgenden Jahrhunderten, die somit der Vernässung und Vermoorung ehemaliger Mühlenstandorte genügend Zeit gaben. Für das heutige Frankreich sind alle diese Faktoren im Gegenteil deutlich negativer wirksam: Entsprechend sind dort nur wenige Fundplätze zu nennen. England, Schottland, der Ostteil des Frankenreichs und Dänemark stehen zwischen diesen beiden Extremen. Anhand der Schriftquellen ist jedoch völlig klar, dass die letztlich antike Technologie Wassermühle in allen Nachfolgegebieten des Römischen Reichs die Wirren der Völkerwanderungszeit überlebt hat und von dort aus um 600 auch Irland und wohl erst im 8. Jahrhundert Gebiete außerhalb des ehemaligen Römischen Reichs wie Fulda und Jütland erreicht hat. Hingegen scheint das Fehlen von Wassermühlen im slawischen Siedlungsbereich echt zu sein. Für Fulda sind in einem Chartulare (um 830) lediglich sieben Mühlen für den gesamten Grundbesitz von über 10.000 Hufen bezeugt, davon 3 bei Mainz; ein Bild, das mit dem Überlieferungszufall und den oft nur summarischen Beschreibungen in den Besitzurkunden erklärt werden kann[24].

Ebenso sind erstaunlicherweise mehrere Elemente der Verkehrsführungen für Fulda bekannt, von denen leider nur eines archäologisch bezeugt ist. Für das Abbiat des Sigihart (870–891), genauer

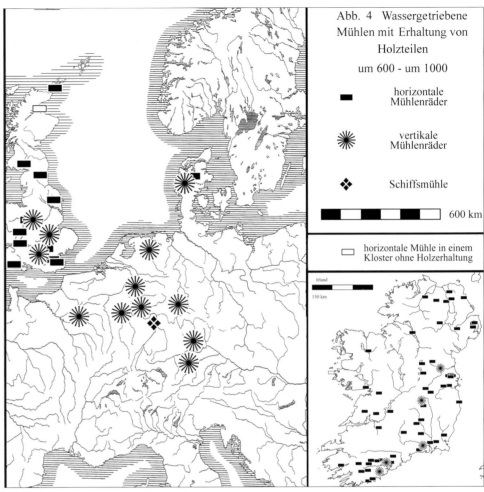

Abb. 4 Wassergetriebene Mühlen mit Erhaltung von Holzteilen

um 600 - um 1000

horizontale Mühlenräder

vertikale Mühlenräder

Schiffsmühle

600 km

horizontale Mühle in einem Kloster ohne Holzerhaltung

Irland
150 km

4 *Verbreitung frühmittelalterlicher Wassermühlen (um 600 – um 1000) in West- und Mitteleuropa (Entwurf Verf.)*

[22] Böhme 1999, 27–42 Abb. 7–10; Ders. 2002, 287–288; Hägermann 1991, 346–347, 351–365; Lohrmann 1997, 224–225; Ders. 2002, 282–286; siehe zu dieser Diskussion auch Kind 2008, 378–383 Abb. 6–8; Ders. 2009, 51–52 Abb. 7.

[23] McErlean/Crothers 2007, 9–12 Tab. 1, 1; Lucas 2006, 78–84; Brady 2006, 39–55 Abb. 2–3 Tab. 1.

[24] Lohrmann 2002, 285–286; Hägermann 1991, 365.

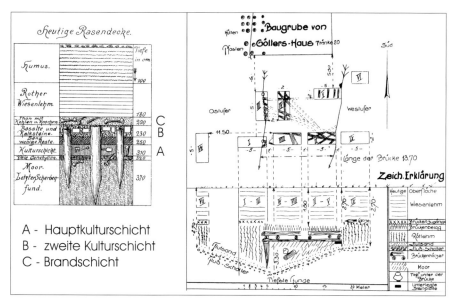

A - Hauptkulturschicht
B - zweite Kulturschicht
C - Brandschicht

6 *Gegenüberstellung der Befunde von Wege-
bauten im frühmittelalterlichen Fulda (nach
Vonderau 1899 [li.] und Ders. 1931 [re.])*

das Jahr 882 oder kurz danach ist der Bau einer steinernen Brücke, die vermutlich ältere hölzerne Bauten ersetzte, belegt[25]. Diese ist grundsätzlich im Bereich der heutigen Langen Brücke zu vermuten. Ob im Untergrund noch Reste erhalten sind oder diese durch die Errichtung des modernen Baus unbeobachtet vollständig vernichtet wurden, ist unbekannt. Bei diesem Bau von angeblich 120 Ruten Länge (*Gesta abbatum: fecit pontem lapideum longum CXX calamos mensurae*) handelt es sich zweifellos um einen bewußten Prestigebau: den ersten bekannten und erfolgreichen Neubau einer steinernen Brücke nördlich der Alpen seit dem Ende des Römischen Reichs. Weitere steinerne Brücken in Mitteleuropa wurden erst im Hochmittelalter errichtet, so z. B. in Regensburg, Bamberg und Dresden, teilweise sogar dann noch durch fremde, italienische Bauleute[26].

Im Bereich zwischen dem Kloster und der Brücke wurden an zwei Stellen (Langebrückenstraße und An der Tränke 20) Pfahlkonstruktionen durch J. Vonderau beobachtet, die er als Pfahlbau und Brücke interpretierte (*Abb. 6*). Es konnte inzwischen gezeigt werden, dass diese Interpretationen nicht aufrechtzuerhalten sind[27]. Die Gemeinsamkeiten beider Befunde sind auffällig: In auffallende Torfsenken bzw. -rinnen wurden in regelmäßigen Reihen Pfähle hineingetrieben und an ihren oberen Enden durch eine bzw. mehrere Lagen waagerechter Balken verklammert. Die Zwischenräume der Pfähle wurden mit andernorts abgetragener Erde und Müll aufgefüllt, wodurch auch zahlreiche Funde in den Boden gelangt sind und erhalten blieben. In der Langebrückenstraße wurde diese Konstruktion noch zusätzlich durch massive Steinpackungen nach oben abgeschlossen, wobei Steine bis zu 500 kg Verwendung fanden und diese Schicht so verfestigt wurde, dass sie bei der Ausgrabung 1898–99 mit Hilfe von Stemmeisen aufgebrochen werden mußte[28]. Da auf diesen Unterbauten offensichtlich nie Gebäude errichtet worden sind und der einzig erkennbare Zweck in dem Zusetzen der mutmaßlich noch feuchten und weichen Torfbereiche bestand, können diese Konstruktionen dem Wegebau zugerechnet werden. Anhand der Funde aus den Aufschüttungen unter der Steinpackung muß der Bau im späten 9. oder im frühen 10. Jahrhundert ausgeführt worden sein, nach den dendrochronologischen Daten nach 876[29]. Ob hier eine (oder mehrere) durchgehende Straße(n) bestand(en) oder ein solcher Aufwand nur an besonders problematischen Stellen betrieben wurde, kann nicht entschieden werden. Der

[25] Vonderau 1924, 43 f.; Ders. 1931, 56 f.; *Gesta abbatum* 213; Giese 1982, 430; Hussong 1995, 113 Anm. 213; Richter 1905, 24.

[26] Die Längenangabe von 120 Ruten kann nicht stimmen, sofern diese ausschließlich den Brückenbau meint und nicht etwa auch zugehörende Straßen umfaßt. Eine Rute hatte je nach Region und Zeit 12–15 Fuß (im angelsächsischen heute noch: 1 rod = 16,5 feet = 5,03 m) und entspricht damit etwa 2,5–5,9 m. Die Lesung CXX in der Handschrift ist aber laut Publikation der *Gesta abbatum* unsicher und somit nicht belastbar. Vielleicht liegt ein Lesefehler für XXX = 30 vor? Eine andere Möglichkeit schlägt Staab 2001, 513 vor: die Übersetzung mit 120 Ellen (rund 53 m). Maschke 1983, 724 ff., bes. 726–727; zu den übrigen Nachweisen siehe Kind 2009, 62 mit Anm. 47.

[27] Vonderau 1899, 4–18 Plan I; Ders. 1931, 54–55 Abb. 19; dazu Kind 2008, 395 Abb. 16; Ders. 2009, 61–63 Abb. 8.

[28] Vonderau 1899, 7.

[29] Zur Übersicht aller Datierungskriterien: Kind 2008, 374–394 Abb. 15.

*7 Fulda „Langebrückenstraße".
Fundauswahl (li.); Umzeichnungen
von Schwertgurtgarnituren (re.).
(Zeichnungen A. Ehrlich; Bildmontage Verf. [li.]; Verf. nach Menghin
1973; Wamers 2005 [re])*

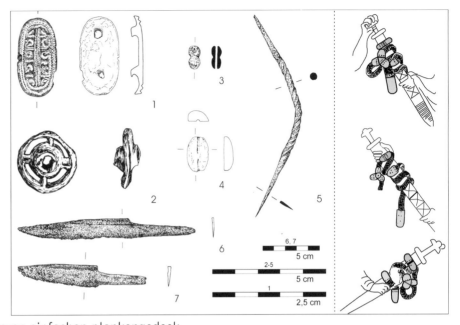

somit gelungene Nachweis einer
solchen Baumaßnahme darf aber in
jedem Fall als etwas ungewöhnlich
seltenes gewertet werden, da es die
archäologisch kaum nachweisbare,
aber sicher allgemein vorauszuset-
zende Pflege von oft benutzten Wegen weit übertraf. Ähnlich aufwen-
dige Konstruktionen konnten in
Prag auf der Kleinseite unterhalb
der Burg (dem Hradschin) ausge-
graben werden. Nach und neben älteren einfachen plankengedeck-
ten Wegen und Straßen fand sich eine ehemals plankenbedeckte
Konstruktion aus Holzkammern, für deren Schutz extra die Befestigung der Stadt in den Rand eines Sumpfes hinein erweitert wurde. Es handelt sich bei 23 m Breite und mindestens 40 m Länge keineswegs um einen einfachen Weg oder die Abdeckung einer kleinen
Feuchtfläche. Nach dendrochronologischen Daten wurde diese vermutlich um 900 gebaute Konstruktion im 10. Jahrhundert mehrfach ausgebessert. Diese große öffentliche Fläche wird als Straße
oder Gruppierungsraum für z. B. Handelskarawanen interpretiert,
was entsprechend auch für Fulda zu diskutieren ist[30]. Andere Stra-
ßenkonstruktionen, die letztlich nur aus Aufschüttungen mit unter-
schiedlichem Steinanteil bestehen, sind auch von anderen zentralen
Plätzen dieser Zeit bekannt, so aus dem frühstädtischen Zentrum
Thetford (Norfolk, 10. – Mitte 11. Jahrhundert)[31]. Daneben sind z.
B. aus Dänemark noch Moorwege und einfache Straßendämme von
z.T. erheblichen Längen zu nennen, die im Innern mit unbearbeite-
ten Stämmen, Zweigen und Reisig gefestigt waren. Diese Wegesysteme reichen mitunter bis in die Eisenzeit zurück. Wo es wegen der
Flüsse nötig und sinnvoll war, wurden diese in der Staatsbildungs-
phase im späten 10. Jahrhundert durch Brückenbauten ergänzt[32].
Erwähnenswert ist noch die Ähnlichkeit der Situation in Fulda und
Prag: Die befestigte Fläche liegt im Randbereich der Siedlung, teilweise auf vormals feuchtem Boden, und zwar zwischen der Siedlung und der Brücke über den Fluß[33]. Es ist schwer zu beurteilen,
ob derartige Bemühungen stärker aus dem Wunsch nach Prestige
heraus oder mehr durch die ökonomische Notwendigkeit bzw. das
Bestreben nach Wirtschaftsförderung zu erklären sind. Für Fulda
als frühstädtisches Zentrum spielte in jedem Fall der Handel, trotz
des „offiziell vorherrschenden" Charakters als religiöses Zentrum,

[30] Es ist nicht eindeutig geklärt, wie
oft der Bau ausgebessert wurde und
entsprechend ist die Verteilung der
dendrochronologischen Daten und somit die absolute Datierung der Phasen
unklar. Čiháková/Dragoun/Podliska
2000, 129–136 Abb. 3–4; vgl. auch
Kind 2009, 63 mit Anm. 49.

[31] Rogerson/Dallas 1984, 2–5, 14, 25,
197–198 Abb. 4; 21; 48. Erschlossen
wurde eine Kreuzung von mindestens
zwei Straßen, wobei die NW-SO-ori-
entierte klar dominiert. Eine ähnliche
Struktur wird in Balhorn bei Paderborn erschlossen, wenn auch die nachgewiesene Straße erst in das 12./13.
Jahrhundert gesetzt werden kann. Die
frühmittelalterlichen Nutzungsphasen
sind nicht erhalten, aber die entsprechenden Flächen wurden bereits in
dieser Zeit von jeder Bebauung freige-
halten (Eggenstein 2008a, 119 Abb.
4).

[32] Hoff 2006, 325–338; Hansen/Niel-
sen 1979, 82 ff., 115–117 Abb. 1–22.

[33] In Prag ist die älteste, vermutlich
hölzerne Brücke über die Moldau
durch die Wenzels- und die Christians-
legende am Ende des 10. Jahrhunderts bezeugt. Sie lag vermutlich wie
ihr Nachfolger, die steinerne Judith-
brücke des 12. Jahrhunderts, im Bereich der heutigen Karlsbrücke. Dragoun 1989, 113–131 Abb. 1; 6; 7.

*8 Fulda "Langebrückenstraße":
Glättknochen.
(Foto Z. Jez)*

eine wichtige Rolle, auch wenn er archäologisch weniger gut faßbar ist als man eigentlich erwarten würde. Die Schriftquellen nennen bereits für das 9. Jahrhundert den Handel mit Salz aus eigenen Quellen bei Bad Nauheim und Bad Salzschlirf sowie die Existenz von Klosterhändlern. Ebenfalls in dieser Zeit wurde aber z. B. der Kleidungsbedarf aus der Eigenproduktion der Güter (allerdings mit Hilfe der Nebenklöster) gedeckt[34]. Die Allzweckgefäße dieser Zeit waren aus Holz und aus Keramik. Glücklicherweise bietet der Fundkomplex aus der Langebrückenstraße eine statistisch auswertbare Menge an Keramikscherben: Weit über 90% machen einen relativ primitiven Eindruck mit ihrer handgeformten oder nur langsam nachgedrehten Machart ohne ausgeprägte, auffällige Merkmale. Nur ganz vereinzelt erscheinen Verzierungen in Form von Kammstrichwellen. Sehr ähnliche Waren sind aus Westthüringen, Unterfranken und Nordhessen bekannt; es handelt sich um die wohl auch im Fuldaer Becken einheimische Keramik. Fremd sind hier dagegen einzelne Belege für karolingerzeitliche, oberrheinische Drehscheibenware, die Fulda vermutlich über das Untermaingebiet oder aus Unterfranken erreichte. Echte Badorfer Ware mit Rollrädchendekor ist überhaupt nicht vorhanden, einzelne derart verzierte Scherben sind Nachahmungen in deutlich gröberer Machart unbekannter Provenienz. In der Zusammensetzung sehr ähnlich sind Fundkomplexe aus dem Mittelmaingebiet um Karlstadt[35]. Hinsichtlich des Verhältnisses zwischen fremder Keramik und solcher aus dem Nahbereich ist Fulda keineswegs ein Einzelfall, sondern entspricht durchaus der Zusammensetzung der zeitgleichen Fundkomplexe aus den Klöstern Lorsch und Corvey[36]. Das Fehlen von Reliefbandamphoren, die sonst in Handelszentren und Zentralorten regelhaft erscheinen, ist schwerer zu erklären, da sie z. B. im nahen Hersfeld gut belegt sind[37]. Möglicherweise liegt dies aber an dem starken Fragmentierungsgrad der Scherben aus der Langebrückenstraße; es dürfte praktisch unmöglich sein, aus einer derart massiven und dickwandigen Ware wie den Reliefbandamphoren bestimmbare Scherben solch geringer Größe (meist weniger als 5 cm Durchmesser) zu erzeugen.

Ein weiteres zentralörtliches Merkmal der Klosterstadt Fulda ist das Vorhandensein einer Befestigung. Der hier interessierenden Zeit der späten Karolinger- und der Ottonenzeit ist wahrscheinlich der äußere der beiden von Vonderau beobachteten Gräben zuzuordnen, während der innere und mutmaßlich ältere Graben in dieser Zeit vermutlich bereits zugeschüttet und überbaut war. Leider kann dieser Sohlgraben von 6 m Breite und 2,50 m Tiefe, der den Kernbereich der Siedlungsagglomeration mit Kirche und Klausur nach Norden und Osten schützte (*Abb. 2*), mangels Funden nicht enger

[34] Staab 2001, 513 f.

[35] Ausführlich zur Keramik siehe Kind 2008, 383–387 Abb. 9–12. Zu Vergleichskomplexen siehe z. B. Fuchsstadt: Pescheck 1971, 232–233, 237, 239 Abb. 16, 5–6; 21, 7.

[36] Stephan 1994, 214–215; Stephan 2000, 349; Sanke 2004, 143–149, 152–160, 181, 234 Abb. 21.

[37] Der Fundkomplex aus Hersfeld ist noch unpubliziert, befindet sich derzeit aber in Bearbeitung (durch Florian Barbe – mit frdl. Dank für den Hinweis).

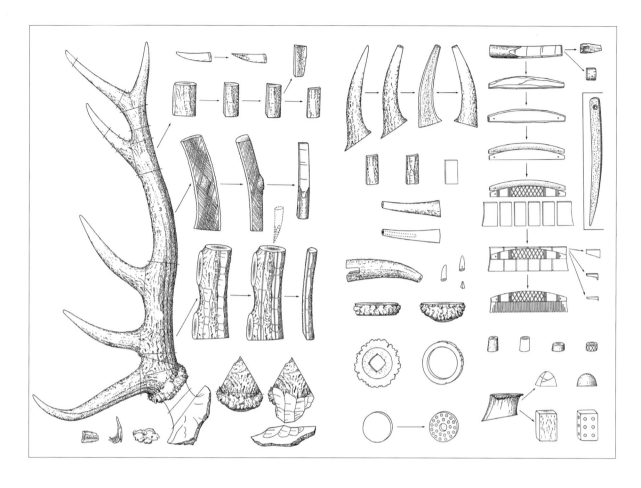

eingegrenzt werden. Gräben dieser Form wurden im 10. Jahrhundert die vorherrschende Form in Mitteleuropa, blieben es jedoch auch für den Rest des Mittelalters. Somit kann nicht entschieden werden, ob dieser Graben im Zuge der für das Abbiat des Helmfrid (915–916) bezeugten Befestigungsarbeiten wegen der drohenden Ungarngefahr angelegt wurde oder nicht. Möglicherweise wurde auch nur der auf der Innenseite des Grabens zwingend anzunehmende Wall und/oder die Mauer dort ersetzt oder erneuert[38]. Ob und wenn ja wo eine entsprechende Befestigung im Westen und Süden bestand, ist unklar.

Dasselbe muß leider zur Lage und Ausdehnung von Siedlungsstrukturen gesagt werden. Nach Erfahrungen der historischen Geographie kann jedoch anhand des heutigen Stadtbilds vermutet werden, dass sich – ausgehend vom Zentrum des Klosters mit Hauptkirche und Klausur – die Siedlungen der Laien, Abhängigen und Diener nach Norden (im Bereich Hinterburg) und Süden (heutige Altstadt), also längs des Fuldatals zwischen dem Fluß im Westen und den Rhönausläufern im Osten, ausdehnten (*Abb. 1*). Dabei darf man sich die Trennung zwischen Klosterklausur und Dienstsiedlungen

9 Schematische Übersicht zur frühmittelalterlichen Herstellung von Kämmen (nach Ulbricht 1978).

[38] *Gesta abbatum* 213: *murum monasterium ambientem, intermissum et interruptum, totum in circuitu peregit;* Vonderau 1924, 41–59 Pläne V–VI; Brachmann 1993, 63, 79, 87, 126, 226 Abb. 29 Kat.-Nr. 257; Giese 1982, 430; Richter 1905, 24. Zu dem auf Veranlassung von König Heinrich I. durchgeführten Bauprogramm (Burgenbauordnung von 926) siehe immer noch Erdmann 1943.

10 Fulda „Langebrückenstraße": Abfall- und Halbfertig-produkte der Knochen- und Geweihverarbeitung (Foto Z. Jez)

nicht sonderlich scharf vorstellen. Einem durchreisen-den Diplomaten und Händler jüdischer Herkunft er-schien die gesamte Agglomeration als Einheit, die vom Kloster bestimmt wurde[39]. Die Differenzierung zwischen dem Kloster und seinen Dienstsiedlungen einerseits und der kommunalen Stadt südlich davon in der heutigen Altstadt andererseits vollzog sich erst ab dem 11. Jahr-hundert und erreichte wohl erst im 12. Jahrhundert ei-ne klare rechtliche Trennung (Stadtmauer vermutlich unter Abt Markwart I. (1150–1165), Nennungen als urbs und civitas, Gerichtsbarkeit, Selbstverwaltung). Ein mittelalterliches Stadtrecht ist nicht überliefert. Vorstufen sind faßbar durch das 1019 erteilte Privileg Heinrichs II. für Markt, Zoll und Münze, die Nennung einer 1103 nach einem Brand des Marktes wiederer-richtete, also bereits vorher bestehende Markt- und Pfarrkirche St. Blasius und die durch Konrad II. bestä-tigte Verkehrsfreiheit für die Kaufmannsgenossen-schaft. Auch die im 11. Jahrhundert auffällig häufig in Polen und Rußland belegten fuldischen Münzen spiegeln indirekt die ökono-mische Prosperität dieser Siedlung wider[40].

Mangels entsprechender Ausgrabungen kann nur anhand von Ver-gleichsbefunden z. B. aus Karlburg und Münster vermutet werden, dass es nur bedingt klar abgegrenzte Siedlungsbereiche für Hand-werker, Dienstmannen (Militär) usw. gab. Die Siedlungsbefunde se-hen grundsätzlich so aus wie auf den Dörfern: ebenerdige Pfosten-bauten und Grubenhäuser. Auch eine klare Differenzierung zwischen den Siedlungsstrukturen innerhalb und außerhalb der Befestigung gab es nicht bzw. ist für uns nicht mehr erkennbar[41]. Verschiedene Quellen der Karolingerzeit, darunter besonders die Statuten des Ab-tes Adalhard von Corbie 822 zeigen recht anschaulich, wie häufig und eng die Zusammenarbeit von Mönchen und weltlichen Arbeits-kräften war[42]. Sogar in dem spezifischen Arbeitsfeld der Mönche, im Skriptorium, sind für Fulda im späten 10. Jahrhundert weltliche Arbeitskräfte bzw. Künstler bezeugt[43]. Genannt werden für Corbie Schuster, Walker, verschiedene Grob- und Feinschmiede, Perga-menter, Schild- und Schwertmacher, Schleifer, Gießer, Zimmerleute, Maurer und außerhalb des eigentlichen Klosters Gärtner, Betreuer von Fischteichen und Viehherden sowie Müller. Dem entspricht der Regelkommentar des Hildemar von Corbie (um 850) und die Dar-stellung auf dem St. Galler Klosterplan (um 830), die eine um-

---

[39] Engels 1991, 419–422; Staab 2001, 523: Reisebericht des Ibrāhīm ibn Ya'qūb, ein Händler aus Tortosa (Katalonien), der als Gesandter des Kalifen von Cordoba um 960/961 im Ottonenreich weilte.

[40] Staab 2001, 513, 518.

[41] Grothe/König 1999, 378 f.; Ellger 1999, 389 f., Abb. 3; Ettel u. a. 1998, 152–167 Abb. 5–6; Kroker 2005, 232–238; Thier 2005b, 243–247.

[42] Für Corbie sind 41 von 81 Laien als im Klosterbereich tätig erwähnt, überwiegend Handwerker. Sie bilden einen Teil der sehr heterogenen Perso-nengruppe der *provendarii*. Kasten 1986, 110–137, bes. 124.

[43] In den Fuldaer Totenannalen steht zu 983 ein *pictor laius* und zu 995 ein *artifex laicus*. Kahsnitz 2001, 229; von Euw 1991, 16.

11 Fulda „Langebrückenstraße": Reste der Glasverarbeitung, darunter Überreste von Glashäfen, wie die Tiegel für die Glasschmelze bezeichnet werden (o.)
(Foto Z. Jez)

fangreiche Handwerksproduktion bestätigen und offenbar kein Problem in der unmittelbaren Nähe der Klausur zu den verschiedenen Werkstätten (Küfer und Stellmacher, Fein- und Grobschmied, Sattler und Schuhmacher, Walker, Gerber, Dreher, Schildmacher, Schwertfeger und Messerschleifer), der Küche, dem Brauhaus und dem Backhaus[44] sahen, obwohl bei einigen wie in der Schleiferei, den Schmieden und auch der Mühle mit einer erheblichen Lärmentwicklung zu rechnen war. Über die unmittelbare Selbstversorgung des Konvents, wie sie in Kapitel 66 der Benediktinerregel im Sinne einer weitgehenden Autonomie des Klosters und der Abgrenzung der Mönche von der Welt ausdrücklich verlangt und erlaubt wird, gingen diese Produktionsstätten offensichtlich deutlich hinaus und spielten in der Klosterökonomie eine bedeutende Rolle. Urkundliche Zeugnisse für Fulda belegen jedoch ebenfalls indirekt durch ihre Nennungen als Geschenke und Wechselgeld bei Tauschgeschäften die Produktion von Waffen (Schwerter, Lanze, Schild) und Ausrüstung, aber auch von Ohrgehängen und von wollenen und linnenen Gewändern seit den Äbten Ratgar und Hraban[45]. Besonders die Produktion von Waffen mag in einem Kloster überraschen, kann jedoch mit der Verpflichtung zum *servitium regis* erklärt werden. Als Preis für den königlichen Schutz und umfangreiche Schenkungen war das Kloster u. a. verpflichtet, dem König für seine Unternehmungen einsatzfähige Truppenkontingente, also mit Bewaffnung, Ausrüstung und Proviant, zu stellen. Bereits der Aufenthalt des Sturmi auf der Eresburg 779 (*Vita Sturmi* cap. 25) ist in diesem Zusammenhang zu sehen. Die Teilnahme an Feldzügen ist dann u. a. für 828 und 840 bezeugt; das *Indiculus loricatorum* nennt für den Italienzug 981 60 Panzerreiter aus Fulda, für die außerdem ein Vielfaches an Troß anzunehmen ist[46]. Ein Teil der dafür eingesetzten Dienstleute lebte im friedlichen Alltag sicherlich in den Dörfern; auch die notwendige Pferdehaltung ist dort zu vermuten. In denselben Bereich gehört die Nutzung der Reichsklöster als Verwahrstellen für hochrangige Gefangene durch das Königtum[47], was wie auch die in der Kirche und dem übrigen Kloster verwahrten Wertgegenstände eine gewisse Bewachung unabdingbar machte. Die archäologischen Funde aus Fulda bestätigen und ergänzen dieses Bild ganz bemerkenswert, obwohl fast nur Funde einer Fundstelle zur Verfügung stehen[48]. Aus dem Bereich der Bewaffnung und Ausrüstung sind der bronzene Beschlag einer Schwertgurtgarnitur aus der Mitte des 9. Jahrhunderts[49] (*Abb. 7, 1*) und ein nicht erhaltener gestielter Ösenbeschlag des 9.–10. Jahrhunderts zu nennen[50]. Hinzu

[44] Schwind 1984a, 108, 112–113, 119–122; Kasten 1986, 110–137; Henning 1994b, 10; Reinhardt 1952, 13–15; Capelle 1999, 425–427; Riché 2009, 174; Picker 2008, 17 f.

[45] Hussong 1986, 283; Schwind 1984a, 113–115; Angenendt 1990, 413–414; Hägermann 1991, 432, 435; Zettler 1997, 488 f.

[46] Hussong 1986, 276–283; Staab 2001, 601–604; Schwind 1984a, 102–103, 113–115; Hägermann 1991, 432, 435; Hodges/Gibson/Mitchell 1997, 233, 237, 280, 282 Abb. 3.

[47] Staab 2001, 571 f., 578–584, 606.

[48] Auf die Funde aus der Langebrückenstraße wurde bereits mehrfach eingegangen: Kind 2008, 372–396 Abb. 2–15; Ders. 2009, 47–62 Abb. 1–7.

[49] Werner 1969, 498, 501–502 Taf. 26, b; Lennartsson 1999, 452, 458, 466, 473, 482, 556, 561 Kat.-Nr. 21 Karte 4 Taf. 5, 3 Abb. 81 (datiert in die Stufe STG III, d.h. 800/810–840/50); Kind 2008, 372, 375 Abb. 3, 1.

[50] Vonderau 1931, 48 Taf. II, 14.

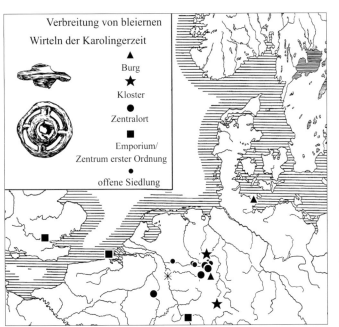

Verbreitung von bleiernen
Wirteln der Karolingerzeit

▲ Burg

★ Kloster

● Zentralort

■ Emporium/
Zentrum erster Ordnung

• offene Siedlung

*12 Die Verbreitung der bleiernen Wirteln
des 9.-10. Jahrhunderts
(Entwurf Verf.)*

kommt ein ebenfalls verlorenes Fragment eines Reitersporns, das nur allgemein der Merowinger- und Karolingerzeit zugeordnet werden kann[51]. Möglicherweise gehören auch zwei Riemenzungen der zweiten Hälfte des 8. bzw. des 9. Jahrhunderts zu Waffengurten oder Zaumzeugen; sie könne jedoch auch von aufwendigen Gürteln stammen[52]. Aus dem Bereich der Sattlerei oder auch des Schusters stammt eine Ahle *(Abb. 14, unten),* deren typische Abwinkelung auf das Durchstechen von dickem Leder hindeutet *(Abb. 7,5).* Chronologisch ist dieses Stück nicht näher festzulegen, da derartige Ahlen zu den ausgesprochenen Seltenheiten in archäologischen Fundkomplexen zu zählen sind. Weitere Handwerke, die durch Funde nachgewiesen sind, seien hier nur kurz benannt: Sechs Glättknochen, die aus Radien und Metapodien von Pferd und Rind hergestellt wurden, bezeugen die Bearbeitung von Tierhäuten *(Abb. 8)*; in einem Kloster ist man natürlich versucht, an die Herstellung von Pergament zu denken[53]. Mengenmäßig dominieren in der Fundmenge stark die Überreste von Geweih, die alle Arbeitsschritte von kompletten Geweihstangen über gesägte Teile und gespaltene Segmente bis hin zu fertigen Kämmen zeigen *(Abb. 9; 10)*. Offensichtlich spielte die Kammproduktion eine erhebliche Rolle; dabei spiegelt die Verwendung des Zirkels bei der Herstellung einiger Zierformen ein hohes technologisches Niveau wider. Eine Besonderheit, die sich nur in Zentralorten der höchsten Kategorie wie eben Reichsklöstern nachweisen läßt, ist die Glasverarbeitung *(Abb. 11)*. Produziert wurden sowohl Flachgläser (Fensterscheiben) als auch Hohlgläser (Trinkgefäße, Lampen?) in den Farben grün, rot und blau. Neben Soda-Kalk-Gläsern lassen sich auch das in der Karolingerzeit in West- und Mitteleuropa (neu)erfundene Holzascheglas und Versuche mit Mischgläsern belegen. In dieser Zusammensetzung stehen diese Gläser denen anderer karolingerzeitlicher Komplexe und besonders denen aus dem Kloster Lorsch nahe[54]. Allerdings ist nicht eindeutig zu entscheiden, ob die zugehörige Werkstatt nur temporär, etwa während der Ausstattung der Kirchenfenster, oder dauerhaft bestand; ein Problem, das ohne weitere Ausgrabungen letztlich für keines der genannten Handwerke geklärt ist. Schlacken bezeugen außerdem eine nicht quantifizierbare Eisenverarbeitung. Eine während der Herstellung gesprungene und daher unvollendete Perle aus Bergkristall *(Abb. 7, 4)* belegt die Produktion derartiger Schmuckstücke. Eine weitere Besonderheit ist ein bleierner Wirtel *(Abb. 7, 2; 13, oben)*, für den Parallelen bisher überwiegend aus zentralen Plätzen der

[51] Ebd. 49 Taf. II, 19, vgl. auch oben Anm. 29.

[52] Ebd. 48 Taf. II, 11–12. Zur Datierung dieser Funde siehe Kind 2008, 374.

[53] I.A.C. 15, 17, 18, 19, 50, 52. Vonderau 1899, 8, 18 Taf. III, 15.17.18. Die Abnutzungsspuren erlauben eine klare Unterscheidung zu den Schlittknochen, die aus denselben Knochen hergestellt wurden und als Schlittschuhuntersätze genutzt wurden. Vgl. Barthel 1969, 206, 209–216; Becker 1991, 19 f., 23; Kavánová 1995, 122–161, 259–276 Abb. I–XII, Taf. 1–12; Süß 1978, 160–161 Taf. 60, 18–20.

[54] Kind/Wedepohl/Kronz 2004, 77–87 Tab 1–3, Abb. 5–6 (mit Vergleichsfunden und Parallelen); Lorsch: Sanke/Wedepohl/Kronz 2003.

13 Bleiwirtel aus Fulda „Langebrückenstraße" (o.) und aus der Wüstung Wietheim östlich von Bad Lippspringe (u.) (Foto Z. Jez)

Karolingerzeit genannt werden können (*Abb. 12; 13*). Soweit diese Funde datierbar sind, stammen sie aus Komplexen des mittleren und späten 9. Jahrhunderts. Die Funktion ist nicht eindeutig geklärt. Es handelt sich offenbar um Schwunggewichte rotierender Werkzeuge, wobei hier an Spinnwirtel zum Spinnen von Fäden aber auch an Bohrspindeln, etwa für die Herstellung und Verzierung von Kämmen, gedacht werden darf[55]. In den Bereich der Alltäglichkeit gehören Objekte und Geräte, die vermutlich ebenfalls vor Ort hergestellt wurden: ein Webbrettchen zur Bortenweberei (mit den Borten wurden Gewandsäume verziert), drei Knebel (*Abb. 10, unten Mitte*), die dem Verschließen von Kleidung wie heute die Knöpfe dienten, ein Spielstein zum Zeitvertreib, ein Ohrlöffelchen zur persönlichen Hygiene, zwei Messer mit geknicktem Rücken (*Abb. 7, 6–7; 14, oben*) und eine Fleischgabel (*Abb. 14, Mitte*) aus dem Küchenbereich[56]. All diese Objekte können hinsichtlich des sozialen Niveaus ihrer Benutzer oder auch der Zugehörigkeit zum Kloster oder zur Dienstsiedlung nicht enger bestimmt werden. Für die zuletzt zu besprechenden Fundstücke aus dem Domplatzbereich gilt dieses nicht. An der Domdechanei wurde ein Tellerfragment ergraben, das nachweislich aus dem Ägypten des ausgehenden 9. und frühen 10. Jahrhunderts stammt. Es handelt sich um Scherben einer frühen polychrom bemalten Lüsterfayence, die mit abstrakten Mustern, darunter Rosetten und Ährengirlanden, in gelb, braun und grün bemalt ist und den namengebenden metallisch schimmernden Glanz aufweist. Die Bezeichnung als tulunidisch nach einer ägyptischen Herrscherdynastie ist allenfalls chronologisch zu verstehen, eine Herstellung im Bereich Mesopotamien ist angesichts des geringen Forschungsstandes dort keineswegs ausgeschlossen. Die nachahmende Produktion solcher Keramik im Mittelmeerraum, etwa in Spanien oder Süditalien, setzt erst später ein und kommt daher als Quelle des Fuldaer Fundes nicht in Betracht[57]. Für die Wertung des Fuldaer Fundes ist somit zu betonen, dass derartige Stücke aus dem Fernhandel oder dem Bereich Diplomaten- oder Herrschergeschenk stammen müssen, eventuell auch über mehrere Zwischenschritte und in Fulda mit intendierter biblischer Konnotation. Unklar ist jedoch, ob dieser außergewöhnliche Teller zur Tafel oder auch nur zur Repräsentanz des Abtes, was nach dem Fundplatz wahrscheinlicher er

[55] Eggenstein 2008b, 45–51 Abb. 1–3; 7; Wamers 1994, 47 Kat. Nr. 140–141, Abb. 26, 140.141; Capelle 1976, 40 Kat. Nr. 491 Taf. 36, 491; Wemhoff 1993, Katalog-bd. S. 69, Taf. 35, 3.

[56] Kind 2009, 61 Abb. 2, 6–7; 3, 8–11.13. Zu den Knebeln vgl. die spätmerowingerzeitliche Parallele in Neuses a.d. Regnitz, Lkr. Forchheim, Grab 2: Haberstroh 1998, 247–249, 268 Abb. 10, 39–40 Taf. 10, 3.

[57] Ludowici 1994, 612 f., Abb. 1–2; Dies. 1995, 189–193; Zu den tulunidischen Lüsterfayancen: Schnyder 1963; zur Fayence allgemein: Heidenreich 2007 (nur mit kurzer Erwähnung des Fuldaer Fundes als „mesopotamisch" und Beleg für einen gut organisierten Handel bis in die entferntesten Gebiete des Reichs; S. 144 mit Anm. 459); zum ansonsten erst ab dem 11. Jahrhundert einsetzenden Import in Ligurien siehe Berti 1998, 183–190 Tab. 1–2; zum Anstieg der Importe nach Europa ab dem 12. Jahrhundert siehe den Tagungsband La céramique médiévale en méditerranée occidentale Xe–XVe siècles, Valbonne 11–14 septembre 1978, Colloques internationaux du Centre national de la recherche scientifique no. 584 (Paris 1980).

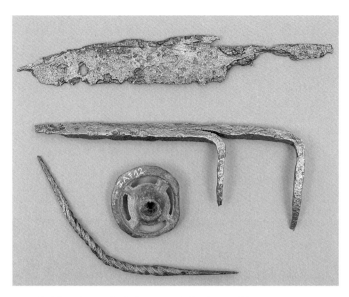

*14 Fulda „Langebrückenstraße". Auswahl
von Geräten aus Eisen und Blei.
(Foto Z. Jez)*

[58] Vonderau 1946, 23 f., Abb. 14, 1;
Müller 1999, 39, 43.

[59] Vonderau 1925, 45 Taf. XVI, 2;
Krüger 2002, 20–30, bes. 27 f., 159
Kat. Nr. 170, Taf. 1–3, Karte 1; Żak
1956, 377–381 Abb. 1; 6; 11; 12; 13;
Rempel 1940, 314 Abb. 5.

scheint, oder zur königlichen Pfalz gehörte. Zwei Schreibgriffel mit spatelförmigem Ende belegen die Schriftlichkeit im Kloster oder dessen Verwaltung[58]. Diese Form ist unspezifisch und chronologisch nicht enger als früh- bis hochmittelalterlich festzulegen. Parallelen sind in großer Zahl bekannt, u. a. aus den Klöstern Hersfeld, Whitby, Lorsch, sowie aus Paderborn, Vreden Gnesen, Budeč und einem Grab in Henfstädt[59].

Im Ergebnis kann somit festgestellt werden, dass sich trotz des geringen Umfangs archäologischer Untersuchungen im Stadtbereich von Fulda der frühstädtische Charakter der Klosterstadt des 9.–10. Jahrhunderts in mehreren Aspekten nachweisen läßt. In dieser Zeit wurde der klare Gegensatz zwischen der klösterlichen Sehnsucht nach Abgeschiedenheit und dem städtischen Leben eines militärisch-politischen und ökonomischen Zentrums im Interesse weiterer königlicher Förderung und Gunst offensichtlich ausgehalten. In diesem Gegensatz ist sicherlich auch eine Wurzel für die kirchlichen Reformbewegungen zu sehen, die seit dem ausgehenden 10. Jahrhundert nahezu regelmäßig immer wieder im katholischen Christentum auftauchten, aufstiegen und durch die jeweils nächste verdrängt wurden. Forderungen nach der Wiederherstellung eines wahren weltabgewandten Glaubens nach mittelalterlichem Vorbild greifen somit nachweislich historisch zu kurz.

die frankfurter pfalz im 9. und 10. jahrhundert

von Egon Wamers

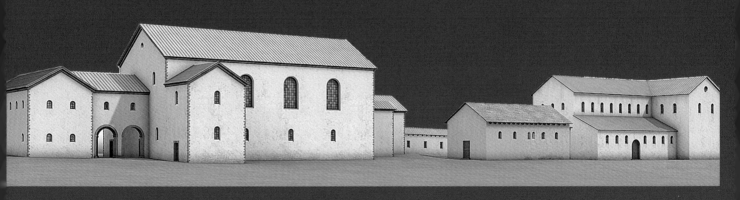

Blick von Osten in die karolingische Aula regia
des Archäologischen Gartens Frankfurt.

die frankfurter pfalz im 9. und 10. jahrhundert

In den wenigen Jahren seiner Herrschaft als König des Ostfrankenreichs von 911 bis 918 war Frankfurt die bevorzugte Pfalz von Konrad I. Neben seinem Stammsitz in Weilburg hielt er sich nur hier jeweils für längere Zeit auf. Das lag sicher nicht nur daran, dass das Rhein-Lahn-Main-Gebiet die Kernlandschaft seines Geschlechts war, sondern vor allem daran, dass Frankfurt seit dem Neubau der Pfalz unter Ludwig dem Frommen 822 und der Pfalzbasilika unter Ludwig dem Deutschen 855 zu einem Hauptsitz des karolingischen Ostreiches geworden war. Seine lange Tradition als bis in römische Zeit zurückreichende Verkehrsdrehscheibe und Militärstützpunkt unmittelbar östlich des Rheins waren Grund für diese Wahl.

1 Blick von Westen in die karolingische Aula regia *des Archäologischen Gartens Frankfurt. Im Hintergrund der Dom. In Bildmitte rechts Reste der römischen Badeanlage von ca. 70 n. Chr.*

Der Archäologische Garten

Heute lassen sich die Reste der Kaiserpfalz im Herzen Frankfurts besichtigen: unmittelbar westlich des Doms im Archäologischen Garten mit Fundamenten aus römischer, karolingischer und spätmittelalterlicher Zeit *(Abb. 1)*.

Bis zur Zerstörung Frankfurts 1944 war von diesen Zeugen der frühesten Geschichte der Stadt nichts bekannt. Erst die Ausgrabungen des Archäologischen Museums seit den frühen fünfziger Jahren haben das hohe Alter der Besiedlung des sogenannten Domhügels erwiesen. Vor wenigen Jahren konnte Magnus Wintergerst nach einer sorgfältigen Analyse aller Grabungsbefunde wesentliche neue Erkenntnisse zur nachrömischen Baugeschichte des Domhügels gewinnen. Seine günstige Lage als hochwasserfreie Erhebung am Unterlauf des Mains, unmittelbar an einer wichtigen Furt, erlaubte die Kontrolle des Nord-Süd-Land- und des Ost-West-Wasserverkehrs. Noch auf dem Belagerungsplan von Konrad Faber von 1552 ist zu sehen, wie man auf dem Pferderücken den Main durch queren konnte *(Abb. 2)*.

Beherrschend im Archäologischen Garten sind die Grundmauern eines großen rechteckigen Gebäudes, das der Ausgräber Otto

2 Frankfurt am Main. Vogelschauplan von Konrad Faber, 1552, Ausschnitt mit Furtbereich.

Stamm als *Aula regia*, als Königshalle der Pfalz identifizierte, die laut Reichsannalen 822 von Kaiser Ludwig dem Frommen in Frankfurt errichtet worden war.

Römer - Alamannen - Franken

Doch die ältesten Mauerreste im Archäologischen Garten gehören zu Badeanlagen zweier römischer Militärstützpunkte des 1. und 2. Jahrhunderts n.Chr. Die etwa 100 Mann starken römischen Einheiten sicherten das Vorland der Provinzhauptstadt Mainz und die Mainquerung an einer wichtigen Straße zwischen den römischen Zentralorten im heutigen Heddernheim (NIDA) nach Dieburg (MED...). Nach dem Fall des Limes um 260 n.Chr., der römischen Grenze nach Osten, nahmen Alamannen, Burgunder und andere Germanen den Platz in Besitz, bis sie ihrerseits um 500 n.Chr. den Franken unter ihrem machthungrigen Herrschergeschlecht der Merowinger weichen mussten. Das Mittelrhein- und Untermaingebiet nahm bei der fränkischen Expansion nach Osten eine strategische Schlüsselstellung ein und wurde zu einer der Kernlandschaften des Fränkischen Reiches; der militär- und verkehrstopographisch wichtige Platz um den heutigen Domhügel herum diente den Franken als Brückenkopf. Die neuen Herren auf der von Wasserläufen umflossenen Anhöhe an der wichtigen Furt nannten den Platz jetzt demonstrativ: ''Franconofurd'' - ''Furt der Franken''. Große Ländereien im Untermaingebiet gingen in den Besitz des fränkischen Königs über und wurden, wie auch anderswo, in *fisci* genannte Verwaltungsbezirke gegliedert *(Abb. 3)*.

Fiskus und Königshof

Ein *fiscus* umfasste mehrere *villae*, die jeweils einem Haupthof, dem Königshof, unterstanden - in unserem Fall *Franconofurd*. Jede *villa* wiederum umfasste mehrere Fronhöfe (*hubae,* Hufen), die freie und unfreie Bauern als Hintersassen bewirtschafteten und von deren Ertrag sie Abgaben zu leisten hatten, wozu auch noch Hand- und Spann-Dienste kamen. Aus den Urkunden des 8. bis 9. Jahrhunderts wird ersichtlich, dass es im Rhein-Main-Gebiet - ähnlich wie in anderen Regionen des Reiches - große, zusammenhängende Komplexe von Königsgut, also Reichsgut gab. Den Fiscus Frankfurt hat man auf 50 bis 60 Hufen geschätzt.

Dieses System der Grundherrschaft, Basis der fränkischen Machtausübung seit merowingischer Zeit, bedeutete die fast absolute Verfügung über Grund und Boden und über alles, was sich darauf befand und dazugehörte: Bodenschätze, Wasser, Gebäude, Pflanzen, Wild, Vieh und Menschen. Durch land- und forstwirtschaftliche Selbstnutzung sowie durch Verlehnung und Vergabe des Landes schuf sich das Königtum die wirtschaftliche und personelle Basis der Herrschaftsausübung.

Welche Funktionen hatten die Königshöfe? Laut *Capitulare de villis*, einer von Karl dem Großen in den Jahren um 800 erlassenen Verordnung über die Organisation und Verwaltung der Krongüter für das gesamte Reichsgebiet, war das *servitium regis*, der Königsdienst, die Hauptaufgabe der Königshöfe und Pfalzen einschließlich der dazugehörigen Wirtschaftshöfe. Das bedeutete im Wesentlichen die Unterbringung und Versorgung des umherreisenden Königshofes ohne feste Residenz, mitsamt Gefolge, Hofstaat, größerer Leibwache sowie Begleitung/Gästen (wozu mehrere hundert Personen gehören konnten), sowie die Erwirtschaftung von materiellen Erträgen, sei es landwirtschaftlicher, geldlicher (Zehnt) oder anderer materieller Art.

Die Königshöfe und Pfalzen wurden von einem durch den König bestimmten Beamten aus hohem Adel und weiteren ihm unterstellten niedrigeren Beamten verwaltet. Der oberste Verwalter der Königshöfe wurde *iudex* („Richter") genannt, aber auch *exactor* oder *actor*, also „Vollstrecker" oder „Manager", von Historikern üblicherweise mit "Amtmann" übersetzt. Diesem Amtmann waren Unterbeamte zugeordnet wie etwa Meier, Vögte, Kellermeister, Zolleinnehmer, Forstverwalter, Gestütsverwalter, Falkner, um nur die wichtigsten zu nennen. Die *iudices* wiederum waren direkt dem König untergeordnet, beziehungsweise der Königin, der ausdrücklich die unmittelbare Oberaufsicht über die Güterverwaltung zukam.

Die Auflistung der verschiedenen Wirtschaftsbereiche, die die Königsgüter betreiben sollten, umfassten den Anbau zahlreicher landwirtschaftlicher Erzeignisse: alle damals üblichen Getreide-, Obst- und Gemüsesorten, Hülsenfrüchte, Heilpflanzen. Hinzu kam die Zucht und das Halten von Rindern, Pferden, Schafen, Ziegen, Schweinen, Geflügel und Fischen sowie Jagdhunden und Jagdvögeln. Auch der Mühlenbau, die Produktion von Bier, Wein, Fruchtwein und vieles mehr wurden betrieben. Vorgeschrieben war auch die Präsenz zahlreicher Handwerker auf den Krongütern: Grob- und Goldschmied, Schuster, Drechsler, Stell- und Schildmacher sowie Brauer, Bäcker, Seifensieder und Netzmacher. Die *iudices* hatten die Gesamtaufsicht und Verantwortung über diese zum Teil weitverstreuten landwirtschaftlichen Güter, die in einem Fiscus zusammengeschlossen waren, auch über das Wohlergehen und die ausreichende Versorgung der freien und unfreien Hintersassen und Landarbeiter – die *familia* des Königs. Sie waren verantwortlich für den Verbrauch vor Ort, die Verwertung für die Saat, die Versorgung des Heeres, die Versorgung des reisenden Königshofes sowie für Aufbewahrung oder Verkauf der Überschüsse. Die überschüssigen Erträge mussten in Naturalien oder in Silber an den Königsschatz ausgeliefert werden. Über alles mussten sie Rechenschaft ablegen.

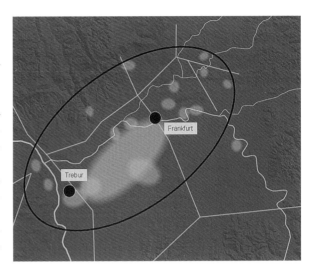

3 Fiskalbezirk Frankfurt-Trebur. Die hellen Flecken markieren das im 8./9. Jahrhundert schriftlich belegten Königsgut.

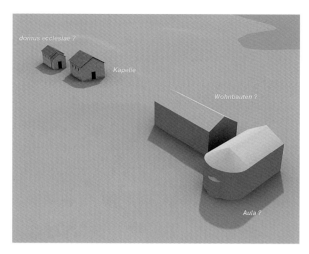

4 3D-Rekonstruktion der ergrabenen Steinbauten des 7. Jahrhunderts auf dem Frankfurter Domhügel.
(Archäologisches Museum Frankfurt – Architectura Virtualis Darmstadt)

5 Plan der Pfalzgebäude im 9. Jh.
(nach Wintergerst)

Der Königshof *Frankonofurd*

Wenn der König mit seinem Gefolge, Hofstaat und Beamten sowie militärischer Begleitung für einige Tage oder gar Wochen und Monate, wie etwa Konrad, hier Station machte, musste der Fiskalhof Unterkunft und Verpflegung gewährleisten. Es mussten also für den König und seine Begleitung hinreichend Platz in Gebäuden und gegebenenfalls Zelten zur Verfügung stehen sowie weitere Einrichtungen für die weltlichen und geistlichen Aufgaben. Neben den damals üblichen Holz- und Fachwerkbauten wird es auf dem Domhügel auch gemauerte Gebäude gegeben haben.

Aus den Grabungen sind lehmgebundene Trockenmauer-Fundamente des 6.-7. Jahrhunderts bekannt, die wohl zu den Repräsentationsgebäuden des merowingischen Königshofes gehörten *(Abb. 4)*. Über ihre Architektur lässt sich kaum etwas sagen; immerhin waren es wohl keine kleinen Baukörper, und sie waren an der selben Stelle wie die späteren Nachfolgebauten der Karolingerpfalz errichtet worden. Geistliche aus Oberitalien, die 794 an der berühmten Synode teilnahmen, berichten, dass sie in der Aula der Pfalz stattgefunden habe und dass Karl von einer erhöht stehenden *sella regia*, einem Thron, den Vorsitz geführt habe.

Unverzichtbar für einen Königshof war auch eine Kirche. Sie kann vermutlich mit den Resten eines kleinen Apsidenbaus unter dem heutigen Dom identifiziert werden. Diese auf etwa 12 m Länge rekonstruierte Kirche war in der ersten Hälfte des 7. Jahrhunderts errichtet worden. Maximal 60-80 Besucher hätten darin Platz gefunden, was insbesondere bei hohen Anlässen, etwa während des Reichstages und der Synode, die Karl der Große 794 in Frankfurt abhielt, zu Engpässen geführt haben wird. Denn noch bis zur Mitte des 9. Jahrhunderts war dies die einzige Kirche auf dem Domhügel. Wenige Meter weiter östlich wurden bei den jüngsten Domgrabun-

gen 1991-93 Fundamente eines zeitgleichen Rechteckbaus von et-wa 10 x 5 m Größe mit kleiner Vor-halle im Westen freigelegt. Ein öst-licher Raum mit Fußbodenheizung war abgeteilt. Vermutlich handelte es sich hierbei um eine sogenannten *domus ecclesiae*, ein in Gallien üb-liches beheizbares Wohngebäude für den örtlichen Geistlichen und für gelegentliche Besucher.

6 *3D-Rekonstruktion der Kaiserpfalz Frankfurt, ab 822/855. (Archäologisches Museum Frankfurt – Architectura Virtualis Darmstadt)*

Ende des 7. Jahrhunderts erhielt der Rechteckbau eine neue Be-stimmung: In die Nordwestecke des unbeheizten Raumes wurde ei-ne große Grabkammer eingetieft, in der ein 4 bis 5 Jahre altes Mäd-chen mit sehr reichen Beigaben bestattet wurde: Gold- und Silber-schmuck, kostbaren Trinkgefäßen, Kosmetikdose, Elfenbein-Amu-lett und üppigen Speisebeigaben. Damit gehörte das Mädchen zum obersten fränkischen Adel - vermutlich aus der Familie des Fiskal-verwalters. Ein übergelegtes Leichentuch oder Totenhemd mit auf-gesticktem Goldkreuz unterstreicht den für die damalige Zeit zu er-wartenden christlichen Glauben des Mädchens. Ungewöhnlich ist aber die Bestattung eines weiteren kleinen Kindes zur Rechten des Mädchens, das mit einem Bärenfell versehen und verbrannt worden war - eine altgermanische Sitte aus dem niedersächsisch-friesischen oder skandinavischen Raum. Hier offenbaren sich überregionale Kontakte der fränkischen Adelsfamilie auf dem Domhügel.

Umstritten ist, wie der Rechteckbau jetzt genutzt wurde. Ver-mutlich diente er als Memoria, als Gedächtnisstätte, an der die An-gehörigen für das herausragende Mädchen beten und Votivgaben darbringen konnten. In den nächsten Jahrzehnten wurden im Um-feld dieses Memorialbaus weitere Bestattungen angelegt, jetzt aber, der Zeit folgend, ohne Beigaben.

Die karolingische Pfalz

Hatte Karl der Große 794 seine berühmte Synode noch in den al-ten Gebäuden des Königshofes abgehalten, erteilte sein Sohn Lud-wig der Fromme bald nach seinem Herrschaftsantritt, vermutlich 815, den Auftrag zum Neubau der Repräsentationsbauten. Ende 822 und im Frühjahr 823 berief er Reichsversammlungen in Frank-furt ein, "wo deswegen auch seinen Anweisungen zufolge neue Bau-ten aufgeführt worden waren", wie es in den 'Reichsannalen' heißt. Von diesen um 822 errichteten Pfalzgebäuden sind heute im Ar-chäologischen Garten *(Abb. 1)* noch Mauerreste erhalten, in deren Zentrum ein 26,50 m langer und 12,60 m breiter Rechteckbau stand - ganz offenkundig die *Aula regia*, die Königshalle *(Abb. 5)*.

Die Wände dieser Königshalle waren überwiegend aus Sandstein- und Basaltquadern mit betonhartem Mörtel gemauert, verputzt und

109

gekälkt *(Abb. 6)*. Die erhaltene Nordostecke belegt eine unverputzte Eckquaderung. Bei Repräsentationsbauten war im 9. Jahrhundert eine Dachdeckung mit Bleiplatten üblich. Aus einer Reihe von mittigen Pfeilern, von denen einer noch erhalten ist, kann auf ein zweischiffiges Erdgeschoss geschlossen werden. Es diente wohl Wohn- und Aufbewahrungszwecken und anderen Funktionen. Nördlich und südlich sind im Westen zwei quadratische Annexe angebaut. Wie eine spätere Urkunde berichtet, konnte man über eine Portikus, eine Eingangshalle, in den eigentlichen Palast hinaufsteigen. Diese kann man vielleicht mit einem Anbau im Westen identifizieren, der in der Rekonstruktion *(Abb. 6)* ähnlich wie die Lorscher "Torhalle" gestaltet wurde, allerdings ohne den dort aufwändigen Fassadenschmuck.

Wenn eintreffende Gesandte und Repräsentanten über die Eingangshalle hinaufgestiegen waren und in die Königshalle vorgelassen wurden, standen sie dem erhöhten Thron am hinteren Ende gegenüber, auf dem der König residierte *(Abb. 7)*. Hinter ihm zu beinen Seiten standen Leibwächter, weltliche und geistliche Berater. In unmittelbarer Nähe hielten sich Schreiber und Notare auf, die Anordnungen und Erlasse notierten sowie Urkunden und Gesetze bereithielten.

Wenngleich bemalter Putz der Karolingerzeit aus Frankfurt nicht erhalten ist, muss zumindest bei der Königshalle mit einer Wandbemalung gerechnet werden, die von nahezu allen bewahrten Repräsentations- und Kirchenbauten der Zeit bekannt sind. Denkbar für das Frankfurter Palatium wäre ein eher schlichter geometrischer Wanddekor, wie er etwa für die Lorscher Torhalle belegt ist. Auch mit Wandteppichen muss man rechnen.

Licht erhielt die Königshalle über große bleiverglaste Rundbogenfenster. Aus dem Vergleich mit zeitgenössischen Miniaturen wie etwa dem Stuttgarter Bilderpsalter von 820/830 werden die Innenräume von Hängelampen und Standleuchtern, die mit Öl beschickt wurden, beleuchtet worden sein. Archäologische Befunde über die Beheizung der Frankfurter Pfalzgebäude gibt es nicht; neben großen Kaminen für die Haupträume kann man zusätzlich mit Kohlebecken für Nebenräume rechnen. Ein Abort ist für Frankfurt ebenfalls nicht nachgewiesen; im Aachener Granusturm lag er neben Königshalle und Portikus, für Frankfurt könnte man ihn im Eingangsgebäude westlich der Königshalle vermuten.

Bei besonderen Versammlungen musste die Halle bis zu mehrere hundert Menschen fassen. Auf dem Reichstag 822/23 etwa, bei dem die Angelegenheiten des Ostreiches geregelt werden sollten, waren neben dem Kaiser die *Capella*, also die Regierung des Reiches, anwesend, seine schon erwachsenen Söhne, sieben Bischöfe, ein Archidiakon, drei Äbte, Erzkapläne, Kanzler, Diakone, sieben Grafen, Vasallen, Große des Ostreiches, Könige und Gesandte aller Ostslawen, der Awaren sowie Gesandtschaften des dänischen Königshauses und anderer "Barbaren". Hinzu kamen nicht nur die Schreiber und Gehilfen des Kaisers, seine Leibwache, Minister und Ratgeber, sondern auch die Schreiber, Juristen und Ratgeber der Gäste. Während es für die hohen Herren gemäß ihrem Rang Sitzplätze auf Wandbänken an den Längswänden mit weichen, bunten Kissen gab, wie sie etwa für die Pfalz Ingelheim nachgewiesen sind, werden Bedienstete und Gehilfen gestanden haben.

Mess- und andere kirchliche Feiern, wie etwa die Priesterweihe von Drogo, Ludwigs Stiefbruder am 12. Juni 823 oder die Taufe seines Sohnes Karls des Kahlen bald darauf, wurden immer noch in der kleinen Merowingerkirche abgehalten. Wegen des größeren Platzbedarfs hat man das Gebäude in karolingischer Zeit vielleicht verlängert. Auf diese altehrwürdige Gründungskapelle nahm man noch in den folgenden Jahrhunderten Rücksicht.

Ludwig der Fromme hatte indes Pläne für das gesamte Hügel-Areal entwickelt. Zusammen mit der *Aula regia* wurde etwa 3 m vor ihrer Ostwand ein Gebäude errichtet, das vermutlich - wie in anderen Pfalzen und in Klöstern - die Funktion einer Torhalle hatte, welche ein Atrium erschließen sollte. Diese Torhalle ist nach Norden versetzt, die Merowingerkapelle respektierend. Baumaßnahmen sind auch weiter östlich durchgeführt worden, denn im Südarm des heutigen Domes konnte eine Mauer freigelegt werden, die durch einen Münzschatz in die 20er Jahre des 9. Jahrhunderts datiert ist. Ein eventuell geplanter Kirchenneubau wurde jedoch nicht realisiert. Überhaupt scheinen die weitreichenden Bauplanungen Ludwigs durch die Unruhen und Nachfolgestreitigkeiten im Reich unterbrochen worden zu sein, die nicht zuletzt eine Folge der Geburt Karls des Kahlen aus seiner zweiten Ehe mit Judith in Frankfurt waren.

7 3D-Innen-Rekonstruktion der Aula regia,
ab 822.
(Archäologisches Museum Frankfurt
– Architectura Virtualis Darmstadt)

Die Salvator-Basilika

Zum Bau einer repräsentativen Pfalzkirche kam es erst unter Ludwig dem Deutschen, der nach der Reichsteilung unter Ludwig dem Frommen das Ostreich östlich des Rheines erhielt. Er baute Regensburg und Frankfurt zu seinen Haupt-Pfalzen aus und in beiden ließ er Mitte des 9. Jahrhunderts neue Kirchen von "bewundernswerter Arbeit" errichten, wie es Notker der Stammler aus St. Gallen schrieb. 855 weihte sie Hrabanus Maurus, der Bischof von Mainz, in Anwesenheit von Ludwig dem Deutschen ein.

Bei mehreren Gelegenheiten im 19. und 20. Jahrhundert wurden Fundamente dieser Kirche ergraben. Die Kirche lag östlich der Merowingerkapelle in Ost-West-Richtung, allerdings leicht zur Achse der Königshalle geknickt. Es handelte sich um eine dreischiffige Kirche vom Basilikatypus mit durchgeschobenem Querhaus und einer zentralen Ostapsis. Das Hauptschiff war innen 17 m lang, das Querschiff 22 m; ihre Breite betrug 7,20 m. Die 4 m breiten Seitenschiffe waren durch Pfeilerreihen vom Hauptschiff getrennt. Ein Mauerfragment an der Nordostecke des Querhauses könnte der Rest einer Ringkrypta sein, wie sie von der Ratger-Basilika in Fulda oder von einem Kölner Dom-Vorgängerbau bekannt sind.

Die neue Basilika wurde durch einen überdachten Gang mit der Königshalle verbunden - der Herrscher konnte so repräsentativ von den Residenzräumen zur Kirche gelangen. Der Haupteingang der Kirche lag somit im nördlichen Seitenschiff; Eingänge im südlichen Seitenschiff oder zentral in der Westfassade wären von der Merowingerkapelle behindert worden. Einen Zugang für die Gemeinde gab es vermutlich im Süden des Seitenschiffs und einen weiteren im Norden des Querschiffs - letzterer für die Mitglieder des der Kirche angeschlossenen Kanonikerstiftes, das vermutlich in Gebäuden nördlich der Kirche gelegen war.

Bemerkenswert ist, dass die neue Kirche für eine der beiden Hauptpfalzen Ludwigs des Deutschen exakt mit der Mittellinie über dem ehrwürdigen Grab des adligen Merowingermädchens ausgerichtet wurde. Offensichtlich wurde es auch noch 150 Jahre nach seinem Tod hoch geschätzt und verehrt. Wahrscheinlich lässt sich daraus auch auf eine dynastische Beziehung zwischen dem Mädchen und der ostfränkischen Königsfamilie schließen. Es liegt nahe, dass die Stelle des Grabes in der Basilika besonders markiert war: entweder durch eine Grabplatte mit Inschrift oder durch einen Aufbau, vielleicht gar durch einen Altar.

8 3D-Rekonstruktion des Innenraums der Salvator-Basilika, ab 855. (Archäologisches Museum Frankfurt – Architectura Virtualis Darmstadt)

Die Weihe der neuen Kirche am 1. September 855 durch den Mainzer Diözesanbischof Hrabanus Maurus zu Ehren des Christus Salvator, der Muttergottes Maria, der Apostel und aller Heiligen ist eine für die damalige Zeit typische Patrozinienfolge *(Abb. 8)*. Vermutlich war der Hauptaltar in der Vierung dem Christus Salvator geweiht; er wurde durch eine Chorschranke vom Gemeinderaum abgetrennt. Ein weiterer Altar in der Apsis dürfte Maria geweiht gewesen sein, und für die zwölf Kanoniker des angeschlossenen Stiftes werden ausreichend Altäre für die tägliche Messpflicht in der Kirche eingerichtet worden sein; man muss also mit mindestens 12 oder mehr Altären rechnen, die im gesamten Kirchenraum verteilt gewesen waren.

Archäologische Spuren von der Gestaltung des Innenraums, der Dachkonstruktion oder -Bedeckung sind nicht erhalten. Der Fußboden wird mit Natursteinen gekachelt und die verputzten Wände werden mit Darstellungen aus der Heilsgeschichte bemalt gewesen sein, wie es von zahlreichen erhaltenen karolingischen Kirchen bekannt ist. Auch mit einem Stifterbild des Bauherrn Ludwig in einer Nische, wie es etwa das Alpenkirchlein St. Benedikt in Mals zeigt, kann man rechnen.

Während die erhaltenen archäologischen Reste verhältnismäßig gut über

9 3D-Rekonstruktion Salbator-Basilika um 1000; Blick von ONO. (Archäologisches Museum Frankfurt – Architectura Virtualis Darmstadt)

die repräsentativen Hauptgebäude der Frankfurter Pfalz, ihre Funktion und ihr Aussehen informieren, wissen wir über die zahlreichen anderen Gebäude und Einrichtungen des Pfalzbereichs kaum etwas. Unterkünfte, Wirtschafts- und Vorratsgebäude, Wege und Plätze machten den Domhügel erst zu einem präurbanen Zentrum. Im Norden der Königshalle wurden spärliche Reste von Steinfundamenten, vermutlich für Fachwerkbauten, freigelegt; weiter im Westen gab es einfache Grubenhäuser: kleine in den Boden eingetiefte Pfostenbauten mit Flechtwänden und Strohdach. Sie dienten der Vorratshaltung und für handwerkliche Zwecke wie Textil- und Metallverarbeitung. Unten am Fluss wird es Landungsstege für Fähr- und Fischerboote sowie Bootsschuppen und Lager für Fischer und Händler gegeben haben. In alle Himmelsrichtungen führten Wege vom Domhügel. Nicht nur wenn der König hier weilte, wird Frankfurt ein lebendiger Ort gewesen sein.

Die Pfalz Frankfurt in ottonischer Zeit

Auch unter der Dynastie der sächsischen Ottonen im 10. und frühen 11. Jahrhundert blieb Frankfurt eine häufig aufgesuchte Pfalz. Zum einen war sie die bevorzugte "Weihnachtspfalz" der Könige und Kaiser, zum anderen entwickelte sich hier auch eine Tradition als Ort für spektakuläre Versöhnungen bei Machtstreitigkeiten. Of-

10 Pforte in der ottonischen Pfalzumfassungsmauer. Aufnahme 1906. (Foto Historisches Museum Frankfurt)

Weiterführende Literatur

Backhaus 1984; Hampel 1994; Hinkmar von Reims 1980; Metz 1972; Lexikon des Mittelalters, s.v. 'Capitulare de villis', 'Curtis', 'Fiscus'; Orth 1986; Rau 1968; Reallexikon Germ. Altertumskunde, s.v. 'capitulare de villis', 'curtis', 'Königshof', 'Pfalz und Pfalzen'; Schalles-Fischer 1969; Stamm 1955; Wamers 2001; Ders. 2008; Wies 1992; Wintergerst 2007.

fensichtlich gab es Planungen der Ottonen zur Etablierung eines festeren Königssitzes.

In diese Zeit, wohl erst im letzten Drittel des 10. Jahrhunderts oder um 1000, gehören einige archäologisch beobachtete Baumaßnahmen. Während die *Aula regia* offenkundig unangetastet blieb, abgesehen von einem Erweiterungsbau an der Westseite, den Otto II. 979 seinem Kanzler Hildebold, Bischof von Worms, genehmigte, kam es zu größeren Umbauten an der Salvatorkirche *(Abb. 9)*.

Die alte Apsis wurde von einem Prespyteriumsjoch mit gestelzter halbrunder Apsis ersetzt. Einen vergleichbaren Chor besitzt etwa die um 960 errichtete Stiftskirche von Gernrode. Im Westen wurden massive Anbauten vorgenommen, die den Charakter eines Westwerks mit Empore annehmen. Dabei wurde auch das Grab der Merowingerprinzessin durch ein Pfeilerfundament überbaut - offensichtlich hatte es für die neue Dynastie keine Bedeutung mehr. Außen wurden in der Mitte der Westwand zwei Türme angesetzt, über die man auf die Empore gelangen konnte und die wohl auch als Glockentürme fungierten. Die Positionierung zeigt an, dass auch für den Anbau kein zentraler Westeingang geschaffen wurde und man weiterhin den Haupteingang in das nördliche Seitenschiff über den Verbindungsgang beibehalten wollte. Wie lange das ehrwürdige Merowingerkirchlein noch fortbestand, ist offen.

Bei der Anlage der Braubachstraße 1906 wurde am Nordrand des Domhügels mehrfach eine 1,50 bis 2 m starke Mauer angetroffen, einmal sogar eine 1,10 m schmale Pforte *(Abb. 10)*. Nach Bautechnik und Befunden dürfte sie um 1000 gebaut worden sein. Vermutlich zog sie sich etwa halbkreisförmig um den Domhügel herum. Eine 3 m starke repräsentative Mauer mit großen Quadern bildete den südlichen Abschluss zum Mainufer hin und dürfte in die gleiche Zeit zu datieren sein. Dazu passt die Bezeichnung Frankfurts in einer Urkunde Ottos III. von 994 als *castellum nostrum*, also als "unsere Festung". Schon 941 wird sie *urbs regalis* ("königliche Stadt") genannt. Die Bebauung um Pfalz und Kirche lässt bereits städtische Strukturen erkennen. Straßen und der Bereich südlich und westlich des Palas erhielten eine Kiesdecke.

Die karolingisch-ottonische Pfalzanlage entwickelte sich in der Folgezeit zur Keimzelle der mittelalterlichen Stadt. Gegen Ende des 11. Jahrhunderts verlor Frankfurt seine Bedeutung als Pfalzort; die Palastbauten verfielen. Unter den Staufern wurde um 1200 am Mainufer ein neuer königlicher Palast errichtet: der Saalhof. Im 13. und 14. Jahrhundert erfolgte der Umbau der Salvatorkirche zum gotischen Gotteshaus, jetzt mit Bartholomäus als Hauptpatron. Der Dom wurde zum Mittelpunkt der mittelalterlichen Stadt, so wie sie uns erstmals im Faberplan von 1552 bildlich überliefert ist *(Abb. 2)*.

ein grubenhaus mit außergewöhnlichen funden aus der zeit der konradiner von fernwald-albach

von Dieter Neubauer

1 Fernwald-Albach, deutlich zeichnet sich der Umriß des Grubenhauses und seine Pfostengruben im Planum ab (D. Łukaszewska, LfDH)

ein grubenhaus mit außergewöhnlichen funden aus der zeit der konradiner von fernwald-albach

Aufstieg und Niedergang der Konradiner sind unmittelbar mit ihrer Herrschaft über den Lahngau verbunden, welche spätestens ab dem frühen 9. Jahrhundert historisch zu belegen ist. In dem Raum zwischen Neuwieder Becken und Vogelsberg sind neben Weilburg, an der Grenze zwischen Nieder- und Oberlahngau gelegen, durch die eklektische schriftliche Überlieferung weder weitere konradinische Herrschaftsmittelpunkte noch das Siedlungsbild gegen Ende des Frühmittelalters gesichert zu rekonstruieren. Um sich ein Bild von der Anlage karolingerzeitlicher Höfe zu machen, war auch die archäologische Forschung lange Zeit auf Analogien aus benachbarten Räumen angewiesen. Hier sind vornehmlich die Grabungen in der Wüstung Holzheim bei Fritzlar zu nennen, wo mit Dorf, Herrenhof und Kirche der Mittelpunkt einer Siedlungskammer erforscht werden konnte[1].

Aus dem Gebiet des ehemaligen Lahngaues tragen in erster Linie Forschungen an befestigten Siedlungen wie „Höfe" bei Dreihausen oder dem Schiffenberg bei Gießen zu unserer Kenntnis bei. Der derzeitige Stand der archäologischen Siedlungsforschung wird einerseits durch die spätere Überbauung weiter bestehender, andererseits durch die Zerstörung wüst gefallener Orte infolge intensiver landwirtschaftlicher Nutzung limitiert. Da der Steinbau sich erst mit der Jahrtausendwende bei der Errichtung profaner wie auch ländlichsakraler Bauwerke durchzusetzen beginnt, sind die Spuren der karolingisch-ottonischen Holzbauten häufig nur dann noch nachzuweisen, wenn wie etwa im Falle der „Höfe" bei Dreihausen das Gelände nachfolgend aus der landwirtschaftlichen Nutzung genommen wurde. Folglich mangelt es der archäologischen Forschung – zusätzlich erschwert durch die Aufgabe der Beigabensitte in den Gräbern im Verlauf des 7. Jahrhunderts – für eine feinchronologische Datierung an geschlossenen und mit datierbaren Fundobjekten versehenen Siedlungsstellen. Eine zeitliche Einordnung anhand der ausgegrabenen Keramik liefert daher im mittelhessischen Raum zumeist nur relativ allgemein gehaltene Ansatzpunkte, was in Datierungen wie etwa „spätkarolingisch/ottonisch" zum Ausdruck kommt. Umso größere Bedeutung wohnt daher durch naturwissenschaftliche Methoden exakt datierten Fundkomplexen bei. Im Zuge der konsequenten archäologischen Begleitung des Baues einer 130 km langen Pipelinetrasse zwischen Lauterbach und Limburg gelang

[1] Wand 2002a.

117

mit der Entdeckung einer bislang weder historisch noch archäologisch bekannten Siedlungsstelle bei Fernwald-Albach 2007 ein solcher Nachweis aus der Zeit der konradinischen Herrschaft im Lahngau.

Schnell war klar, dass es sich hierbei um keine der bekannten Wüstungen handeln konnte: Während Nieder-Albach südlich des heutigen Albach und Konradsrode südlich von Steinbach lokalisiert wurden, lagen Gebenhausen nördlich von Burkhardsfelden und Kernberg nordwest-

2 Lage der Fundstelle auf dem Dachsbergkopf nördlich von Albach (Aufnahme D. Neubauer, LfDH)

lich von Oppenrod[2]. In dem Gebiet zwischen den genannten vier Orten – und damit der Fundstelle am nächsten gelegen – war einzig die Wüstung Meilbach bekannt, die aber anhand eindeutiger Fundamentspuren der abgegangenen Ortskirche im Heiligenwald, etwa vier Kilometer ostsüdöstlich entfernt, nachgewiesen ist.

Etwa zwei Kilometer nordöstlich von Albach erhebt sich mit dem Dachsberg, ein bis zu 20 m über sein Umland herausragender Geländerücken, der sich nach Westen unter den dichten Waldungen des Fernewaldes fortsetzt. Den Dachsbergkopf bildet eine nach Nordosten exponierte Kuppe, die durch einen flachen Geländesattel abgetrennt wird. Die hier vorgestellte Fundstelle lag im Hangbereich nur wenige Meter östlich des höchsten Punktes bei 262 m ü. NN (Abb. 2). Hier wurde nach dem Abschub des Mutterbodens unweit der Gemarkungsgrenze zu Reiskirchen-Burkhardsfelden im April 2007 eine annähernd runde sowie eine größere rechteckige Verfärbung im anstehenden Mineralboden beobachtet. Beide Befunde zeichneten sich mit ihrer humosen und dunkel-graubraunen Verfüllung deutlich gegen den sandig-grusigen bis tonigen Lehm ab, der hier als Verwitterungsboden auf dem basaltischen Untergrund des Vorderen Vogelsberges erscheint. Die mit einem Durchmesser von etwa 1,5 m annähernd runde Grube wies einen nahezu ebenen Boden auf. Ihre Verfüllung barg zwar kein Fundmaterial, doch kann sie als Vorratsgrube angesprochen werden, wie sie in entsprechend zylindrischer Form in unmittelbarer Nachbarschaft von Grubenhäusern bis ins hohe Mittelalter hinein angelegt wurden[3]. Etwa 2 m nördlich dieser Grube befand sich das erwähnte Grubenhaus als eine rechteckige Verfärbung von 3,5 x 4,8 m Ausdehnung. Der W–O ausgerichtete Befund ragte aufgrund seiner Lage im Hangbereich mit seiner Ostseite bis in den Pflughorizont, durch den wohl etwa 0,5 m seiner einstmaligen Längenausdehnung bereits zerstört worden waren. An den Schmalseiten im Osten und Westen zeigten sich im Planum je drei Pfostengruben von 0,4 bis 0,6 m Durchmesser, was auf eine Stärke der einstmals eingestellten Holzpfosten von et-

[2] Alle Angaben zu den aufgeführten Wüstungen nach: Historisches Ortslexikon. Landesgeschichtliches Informationssystem Hessen (LAGIS), hrsg. v. Hessisches Landesamt für Geschichtliche Landeskunde (www.lagis-hessen.de).

[3] Wand 1992, 169 ff., 184 m. Abb. 18.

118

wa 0,3 m schließen ließ (Abb. 1). Im untersten Grabungsplanum offenbarte sich zudem, dass die Pfostengruben deutlich außerhalb der Siedlungsgrube in den anstehenden Boden eingetieft worden waren. Von Pfostenmitte zu Pfostenmitte ergab sich eine Konstruktion von 3,0 x 5,0 m Grundfläche (Abb. 3). Die ebene Grubensohle zeigte im besser erhaltenen Westteil noch eine Eingrabungstiefe von 0,7 m. Darüber war im Profil in der lockeren Verfüllung aus dunkelgraubraunem Lehm mit Bruchsteinfragmenten, Tierknochen-, Holzkohle- und Brandlehmresten deutlich eine zweifache Schichtung abzulesen. Den trennenden Horizont markierte eine etwa 6 cm starke Schicht schwach verziegelten Lehms, die sich allerdings auf den zentralen Bereich der Grube beschränkte. In diese Lehmschicht eingetieft, zeigte sich eine siebte Pfostengrube in zentraler Lage des Grubenhauses. Ihre Verfüllung enthielt im Unterschied zu den Gruben der Außenpfosten zahlreiche Bruchsteine und Holzkohlereste. Hier war offensichtlich zu einem späteren Zeitpunkt während des Nutzungszeitraums ein Pfosten zur Stützung der instabil gewordenen Firstpfette eingezogen worden. Darüber hinaus belegen weder ein großflächiger Brandhorizont noch einschlägiges Fundmaterial ein gewaltsames Ende des Gebäudes.

Entsprechende Giebelpfostenhäuser mit sechs Pfosten prägten seit der Karolingerzeit bis zum Ende des hohen Mittelalters geradezu als „Standardtyp" das Bild der ländlichen Siedlungen[4]. Die zahlreichen Grubenhäuser der Dorfwüstung Holzheim bei Fritzlar (Schwalm-Eder-Kreis) zeigen jedoch mit Größen von zumeist 2,5 x 3,0 m eine geringere Grundfläche als die Albacher Konstruktion[5]. Mittelpfosten gab es dort nur bei ebenerdigen Speicherbauten. Von Grubenhäusern der gleichen Bauweise sind sie bislang nicht bekannt. Archäologisch lässt sich nachweisen, dass Grubenhäuser zur Vorratshaltung oder für unterschiedliche handwerkliche Zwecke genutzt wurden. An einer solchen Interpretation sind in Albach jedoch Zweifel angebracht: Sowohl die überdurchschnittliche Größe wie auch einige außergewöhnliche Funde aus der Verfüllung sprechen dagegen.

Die Zweiphasigkeit der Nutzung wurde jedoch erst im Zuge der Profilanlage offensichtlich, weshalb die Grubenverfüllung in künstlichen Schichten abgetragen wurde. Die Funde stammen wohl mehrheitlich aus der unteren Schicht. Bedauerlicherweise lässt sich dies auch für die geborgenen Holzkohlereste nicht exakter angeben, denn vier Proben ließen eine Altersbestimmung durch die Radiokarbonmessung zu[6]. Während ein kalibriertes Datum noch in das späte 9.

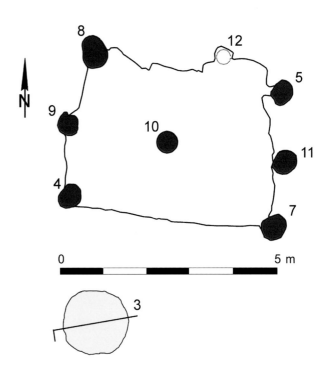

3 Plan des Grubenhauses
(D. Łukaszewska, D. Neubauer, LfDH)

---

[4] Wand 2002b, 47 ff., 73.

[5] Ebd. 73 ff. mit Abb. 23–25.

[6] Untersuchung durch das Research Laboratory for Archaeology and the History of Art der University of Oxford (Referenznummern OxA-20414, 20415, 20416 und 20529).

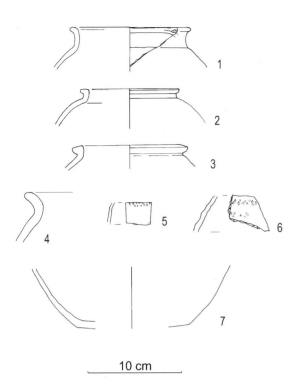

10 cm

4 Keramikauswahl aus dem
Grubenhaus
(O. Krause, LfDH)

5 Keramik aus dem Grubenhaus
(B. Steinbring, LfDH)

[7] OxA-20414: kalendarisches Alter nach Kalibrierung mittels OXCAL 778-969 (95,4%), nach Kalibrierung mittels CALPAL 873±57 AD.

[8] Kalendarisches Alter jeweils nach OXCAL / CALPAL kalibriert: OxA-20415: 886-1012 / 936±34 AD; OxA-20416: 894-1015 / 944±38 AD; OxA-20529: 895-1018 / 949±40 AD.

[9] Obwohl diese Keramik in der Literatur vereinzelt als „rote Drehscheibenware" separat aufgeführt wird, ist in ihr wohl eher nur eine Fazies der gelbtonigen Drehscheibenware zu erkennen, die absichtlich oder unbeabsichtigt unter größerer Sauerstoffzufuhr bzw. bei höherer Temperatur gebrannt wurde. Die vertretenen Gefäßformen sind zumindest identisch. Vgl. etwa: Matthias/Schotten 2002, 166 (Warengruppe 3.1 und 3.2).

Jahrhundert verweist[7], lieferten die übrigen drei Holzkohlefragmente Daten für das 10. Jahrhundert[8].

Die äußeren Pfostengruben erbrachten kein Fundmaterial, lediglich aus der zentralen Pfostengrube konnten Wandfragmente der gelben Drehscheibenware und Tierknochen geborgen werden. Neben den Knochenresten stellen die annähernd 100 Keramikfragmente das Gros der Funde (Abb. 4).

Angesichts einer geringen Anzahl von Rand- und Bodenscherben ist lediglich eine Mindestzahl von fünf Gefäßen nachweisbar. Nach Brand und Magerung können hierbei drei Warenarten unterschieden werden. Mehr als zwei Drittel der Keramik gehören der gelbtonigen Drehscheibenware an. Als Magerungsbestandteile sind hier Quarzsand und Schamottpartikel in mittlerer bis grober Korngröße (0,4–1,0 mm) zu beobachten. Die Scherbenoberfläche ist von einer durchgängigen Brennhaut überzogen und beige- bis hell-gelbtonig. Wenige Scherben zeigen auch eine orange bis helle rötliche Färbung[9]. In Albach sind nach den Rand- wie Bodenformen ausschließlich hochschultrige, bauchige Töpfe vertreten (Abb. 5,1–3). An Bodenbildungen sind einzig linsenförmig gewölbte Böden (Abb. 5,7) nachzuweisen, wie sie in der älteren Drehscheibenware vom 9. bis zum 11. Jahrhundert allgemein verbreitet waren und vereinzelt auch noch bis ins 12. Jahrhundert produziert wurden. Einen eben-

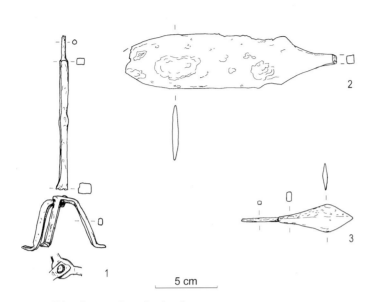

6 Metallfunde aus dem Grubenhaus:
1 Webschwert. 2 Kerzenleuchter. 3 Dornpfeilspitze
(D. Neubauer/B. Steinbring, LfDH)

5 cm

7 Eiserner Kerzenleuchter
mit drehbaren Fuß
(B. Steinbring, LfDH)

so weiten Datierungsspielraum bieten Rollstempelverzierungen in Rautenmuster (Abb. 5,6), die in Nordhessen eine übliche Verzierungsweise dieses Zeitabschnitts darstellten[10]. Die zu Bändern zusammengefassten Rollstempel bilden bevorzugt auf Luke stehende Rauten, wobei diese in den Außenluken am Rande der Bänder lediglich als Dreiecke ausgeprägt erscheinen.

Exakter lassen sich hingegen die vertretenen Randformen zeitlich einordnen. Zur chronologisch jüngsten Form zählt hierbei das Fragment eines Kragleistenrandes mit deutlich umgebogener und nach außen spitz auslaufender Randlippe über einer breiten, annähernd senkrecht stehenden Halszone (Abb. 5,1). Diese Randform war während der zweiten Hälfte des 10. und der ersten Hälfte des 11. Jahrhunderts die dominierende Form im Rheinland[11]. Auch in Südwestdeutschland erschienen dergestaltige Kragleistenränder mit zylindrischer Halszone vornehmlich im 11. Jahrhundert, wie etwa das um 1080 niedergelegte Münzschatzgefäß von Mechtersheim (Rhein-Pfalz-Kreis) belegt[12]. Sie blieben selbst noch für frühe Gefäße der älteren grautonigen Drehscheibenware charakteristisch, die ab dem 11. Jahrhundert die gelbtonige Ware abzulösen begann. In diesem Zeitraum zeigten auch andere Warenarten entsprechende Hals- und Randbildungen[13]. An der Bruchkante des vorliegenden

[10] Stephan 2000, 207 ff., 220 mit Abb. 7.

[11] Friedrich 1998 (Randtyp Ab).

[12] Lobbedey 1968, 102 Taf. 16,14.

[13] Ebd. Taf. 21, 12 (schnelllaufend nachgedrehte Ware aus der Mitte des 11. Jahrhunderts).

121

Randfragmentes ist zudem der Ansatz eines randständigen Henkels zu erkennen, vermutlich eines Bandhenkels, der in dieser Epoche allgemein gebräuchlich war[14].

Auch Kragleistenränder über einer senkrecht stehenden, jedoch kürzeren Halszone (Abb. 5,2) prägten während ottonischer wie salischer Zeit das Erscheinungsbild der gelben Drehscheibenware. Das Exemplar aus dem Albacher Grubenhaus zeigte hierbei eine außen wie oben flach abgestrichene Randlippe, die deutlich die Kanten hervortreten ließ. Entsprechende Randformen gelten in Nordhessen als Varianten des 10. und 11. Jahrhunderts, wobei die kantigen Ausprägungen, wie am vorliegenden Stück, eher an den Beginn dieses Zeitraumes datieren[15]. Noch ganz den Habitus der scharf umgeknickten Ränder mit verdickter und kantig abgestrichener Randlippe weist das dritte Keramikfragment (Abb. 5,3) auf. Seine kurze Halszone tritt optisch kaum in Erscheinung. Diese Variante der Randgestaltung zeigt noch deutlich das gedrungene, teils scharfkantige Gepräge der späten Karolingerzeit, weshalb scharf umgelegte Krempenränder allgemein noch in das 9. Jahrhundert bzw. in einen frühen Abschnitt des folgenden Jahrhunderts datiert werden[16]. Das vorliegende Randfragment illustriert mit seiner erst zögerlich ausgeprägten Halszone typologisch den Übergang vom Krempen- zum Kragleistenrand.

Aus der Verfüllung des Grubenhauses konnten weiterhin acht dünnwandige Keramikfragmente geborgen werden, die sich durch klingend harten Brand und stellenweise angesinterte Oberfläche auszeichnen. Während Letztere graue bis violettgraue und gelbolive Färbungen zeigen, ist der Bruch durchgehend dunkelgrau. An Magerungsbestandteilen sind einzig sehr kleine Quarzkörner vorhanden. Da vulkanische Einschlüsse fehlen, kann ein Import aus den bekannten Töpfereien des Mayener Raums ausgeschlossen werden. Steinzeugartige Waren treten in Hessen seit karolingischer Zeit bis ins hohe Mittelalter auf[17]. Bedauerlicherweise fehlen Randformen im Fundmaterial, doch eine mit Rollstempeldekor verzierte Wandscherbe (Abb. 5,5) liefert ein ähnliches Rautenmuster, wie es oben bereits an der gelbtonigen Drehscheibenware beschrieben werden konnte.

Die dritte im Fundmaterial vorhandene Warengruppe repräsentieren neun Keramikfragmente, die alle Charakteristika einer Fertigung auf der schnelllaufenden Drehscheibe missen lassen. Auch die grobe Quarzmagerung und der reduzierende Brand weisen auf handgefertigte Ware hin. Das einzige Randfragment (Abb. 5,4) zeigt einen kurzen, schräg gestellten und unverdickten Rand mit rundlich abgestrichener Lippe. Entsprechende Formen begegnen im Rheinland an Kugeltöpfen des späten 10. und vornehmlich der ersten Hälfte des 11. Jahrhunderts[18], doch werden handgefertigte Töpfe mit derartigen Rändern in Hessen bereits der zweiten Hälfte des 9. Jahrhunderts zugewiesen[19]. Nach derzeitigem Forschungsstand scheinen handgefertigte Waren nach 900 in Hessen nicht mehr verbreitet.

[14] Matthias/Schotten 2002, 201.

[15] Ebd. 202 ff. (Randformen R13a, R23d).

[16] Stamm 1962; Lobbedey 1968, 361 ff., 365; Gensen 1975, 361 ff., 365; Schunk-Larrabee 1990, 83 ff., 90 Abb. 4,1; Matthias/Schotten 2002, 202 ff.; Treude 2005, 1 ff., 23 f. Abb. 6,3–5

[17] Redknap 1999, 11 ff., 101 f.

[18] Friedrich 1998, 196 ff. („weiche Grauware" im Unterschied zur jüngeren „harten" und „blaugrauen Ware").

[19] Wintergerst 2002, 64 Taf. 1,3.

Auch wenn derzeit die zeitliche Einordnung der handgefertigten Ware nicht abschließend zu klären ist, bleibt doch festzuhalten, dass das keramische Spektrum aus der Verfüllung des Grubenhauses eine länger andauernde Besiedlung am Fundplatz vom 9. bis mindestens in das frühe 11. Jahrhundert illustriert[20]. Die vertretenen Warenarten entsprechen auch in ihrem prozentualen Anteil dem von ländlichen Siedlungen Nord- und Südhessens geläufigen Bild.

Über die soziale Stellung der Bewohner vermögen hingegen die vergesellschafteten Metallfunde mehr auszusagen. Ein 17 cm langes Eisenfragment zeigt eine 4,2 cm breite Klinge, die sich konvex zu einer im Querschnitt quadratischen Griffangel verjüngt (Abb. 6,1). Da an der vermeintlichen Klinge keine Schneiden ausgeprägt sind und auch der Querschnitt mit seiner flachen Wölbung hierfür untypisch wirkt, erscheint die nahe liegende Deutung als Lanzen- oder Speerspitze eher unwahrscheinlich. Zudem deutet sich zumindest an einer Klingenkante eine rundliche Einbuchtung an, die eventuell als Daumenrast angesehen werden kann. Gegen eine Ansprache als Messer sprechen jedoch wiederum die stumpfe Klingenform und die beidseitige Verjüngung zur Griffangel. Ein auch in der Größe vergleichbares Eisenobjekt vom Runden Berg bei Bad Urach (Lkr. Reutlingen) wird als „kleines, zum Weben von Bändern taugliches Webschwert" interpretiert[21]. Da gerade mittelalterliche Grubenhausbefunde regelmäßig den Nachweis des Webens als darin ausgeübtes Handwerk liefern, erscheint diese Deutung auch für das Albacher Exemplar möglich[22]. Die in den fensterlosen Grubenhäusern erforderliche künstliche Lichtquelle barg jedoch gerade beim Umgang mit Textilien ständige Brandgefahr.

Allerdings scheint fraglich, ob ein im Grubenhaus von Albach gefundener Kerzenleuchter (Abb. 6,2; 7) tatsächlich als Antwort auf diese Gefährdung gesehen werden darf. Das mit einer Gesamthöhe von 16,5 cm erhaltene Exemplar ist durchgängig aus Eisen geschmiedet und war zum Zeitpunkt seiner Auffindung in zwei Teile zerbrochen. Sein im Querschnitt vierkantiger Schaft zeigt mittig eine leichte Verdickung, den so genannten Nodus. Vom eigentlichen Dorn, der vom Schaft abgesetzt und rundlich ausgeschmiedet wurde, ist ein Teil der Spitze abgebrochen. Der Fuß selbst ist zweiteilig gearbeitet. Während zwei der im Querschnitt vierkantigen Beine aus einem Teil geschmiedet worden waren, war das dritte um einen eisernen Nietstift schwenkbar befestigt. Die Enden wurden für einen sicheren Stand abgewinkelt und abgeflacht. Vermutlich trug der Kerzenständer, der aufgrund der Schwenkkonstruktion als Reiseleuchter bezeichnet werden darf, ursprünglich eine am Absatz zwischen Dorn und Schaft aufliegende Tropfschale. Denkbar wäre, dass auch diese nicht fest verbunden, sondern abnehmbar konstruiert war.

Die zeitliche Einordnung des Albacher Leuchters gestaltet sich mangels geeigneter Vergleichsfunde indes schwierig. Als älteste er-

[20] Das im Vorbericht postulierte Vorhandensein rotbemalter Keramik Pingsdorfer Art ist zu korrigieren. Bei der vermeintlichen Rotbemalung handelt es sich um Oxidationsflecken. Zudem kann rotbemalte Keramik keinesfalls für eine ausschließliche Datierung des Befundes in das „beginnende 10. Jahrhundert" herangezogen werden: Christmann/Krause/Lukaszewska 2007, 113 ff.

[21] Christlein 1979, 12 Anm. 59 Taf. 11,20. – Diese Interpretation wird erhärtet durch nahebei gefundene Webgewichte, die an das Inventar einer Webhütte denken lassen: Koch 1994, 98.

[22] Auszuschließen ist hingegen die im Vorbericht gegebene Deutung als Schwertklinge: Christmann/Krause/Lukaszewkska 2007, 115.

haltene Kerzenleuchter des Mittelalters gelten die wohl im 10. Jahrhundert gefertigten Tassilo-Leuchter aus Kremsmünster (Bez. Kirchdorf a. d. Krems, Oberösterreich), die Hildesheimer Bernwardsleuchter der Zeit um 1000 sowie ein Exemplar der zweiten Hälfte des 11. Jahrhunderts aus der Pfarrkirche von Stetten (Stadt Karlstadt, Lkr. Main-Spessart) in Unterfranken[23]. Ihnen können in zeitlicher Folge aus 12. bis 15. Jahrhundert zahlreiche typologisch verwandte Leuchter an die Seite gestellt werden, die zumeist einem kirchlichen Umfeld entstammen. Sie sind jedoch allesamt aus Silber, Messing oder Bronze gegossen, lediglich der eingesetzte Dorn ist häufiger aus Eisen geschmiedet[24]. Zwar belegt bereits ein Elfenbeinrelief um 875 die paarweise Aufstellung neben dem Altar, doch setzte sich ihre Verwendung in der Liturgie erst mit einer kirchlichen Empfehlung des 11. Jahrhunderts durch[25]. Erst während des späten Mittelalters erweiterte sich ihre vormals auf das sakrale Umfeld begrenzte Verwendung auch auf den profanen Bereich[26], was durch Funde aus Burgen und Wüstungen belegt werden kann[27]. Dabei ist zu vermuten, dass auch in den Kirchen neben den noch heute erhaltenen Prachtstücken hölzerne oder eiserne Leuchter genutzt wurden, die aber nicht – wie ihre wertvolleren Gegenstücke – in kirchlichen Schatzkammern thesauriert wurden[28]. Eiserne Kerzenleuchter, zumeist gleichfalls dem Konstruktionsschema mit drei Beinen, Schaft mit Nodus, Tropfschale und Dorn verpflichtet, sind bislang ausschließlich aus profanen Zusammenhängen vornehmlich des späten Mittelalters bekannt[29]. Neben Burgen[30] spiegeln als Fundorte auch die Quartiere städtischer Kaufleute[31] ein gehobenes soziales Niveau. Noch im 16. Jahrhundert lassen sich Kerzenständer ausschließlich in wohlhabenden städtischen Haushalten antreffen[32]. Hingegen sind für das hohe Mittelalter Leuchternachweise bisher rar. Ältestes Fundstück bildet derzeit ein ins 11. Jahrhundert datierter eiserner Kerzenleuchter mit vier Beinen und profiliertem Schaft von der Burg Harpelstein bei Horath (Lkr. Bernkastel-Wittlich)[33]. Da Kerzenwachs im Mittelalter als teures Luxusgut gehandelt wurde, dienten Kienspäne, Fett- oder Talglampen als allgemein gebräuchliche Lichtquellen. Entsprechende Fackelhalter und Talglichte aus Metall und Ton bilden daher häufiges Fundgut in Ausgrabungen ländlicher Siedlungen, aber auch Burgen[34].

Den ältesten Nachweis einer Lichtquelle liefert mit einem eisernen Fackelhalter von Haus Meer bei Meerbusch (Rhein-Kreis Neuss) wiederum die Ausgrabung einer Burganlage des 10. Jahrhunderts[35]. Noch weitaus seltener sind Reiseleuchter mit klappbarer Fußkonstruktion. Die bekannten Exemplare sind durchweg aus Bronze gegossen und datieren bereits in das späte Mittelalter[36]. Der eiserne Reiseleuchter aus dem Albacher Grubenhaus kann folglich in mehrfacher Hinsicht als außergewöhnlich gelten: Nicht nur stellt er mit dem Exemplar vom Harpelstein einen der frühesten Nachweise eiserner Kerzenhalter, sondern bildet als Objekt aus einem ge-

[23] Volbach 1921, 55 (Bernwardsleuchter); Jantzen 1947, 155 Anm. 114 Abb. 155 (Bernwardsleuchter); Hoos 1987, 14 Abb. 3 (Tassilo-Leuchter) 73 (Stetten).

[24] Vreeken 1994, 85 ff. – Die räumlich dem Fundort am nächsten gelegenen Exemplare aus der Mitte des 12. Jahrhunderts sind im Domschatz von Fritzlar erhalten: Hoos 1987, 74 f.

[25] Volbach 1921.

[26] Flemming 1989, 393 f.

[27] Mende 1998, 143 ff; Krabath 2001, 52 ff. Taf. 1,6; 5,1–2; 32,4; 54,1–3; 55,1–4; 56,1.

[28] Reinle 1988, 108 f.

[29] Curle 1926, 183 ff. 186 Fig. 1,1.

[30] Hefner/Wolf 1850, 88 Taf. 6, CC; Friedrich u. a. 1993, 441 ff., 491 Abb. 29; Krauskopf 2005, 245 ff., 247 Abb. 3;5

[31] Schäfer 2005, 343 ff., 345 Abb. 1.; Först 2007, 68 ff., 69 Abb. 1.

[32] Felgenhauer-Schmiedt 1993, 128 f.

[33] Clemens/Gilles 1991, 337 ff., 338 Abb. 3.

[34] Gross 1999, 299 ff. Abb. 169; Schotten/Wand 2002, 245 ff., 289 Taf. 46,5; Volk 2006, 19 ff., 21; Först 2007, 68 Abb. 1

[35] Friedrich 2006, 41 ff., 45 Abb. 10b.

[36] Medieval Catalogue 1967, 182 Abb. 56,1; Krabath 2009, 447 Nr. VIII. 14.

0   3 cm

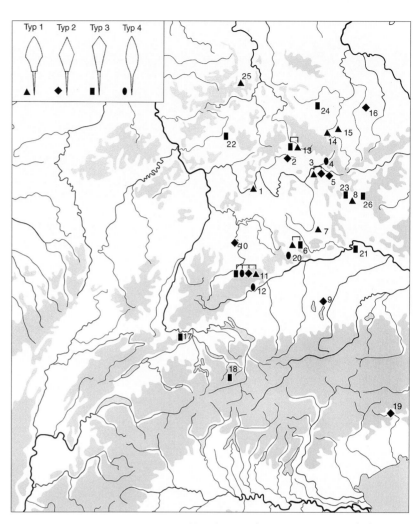

9 Kartierung der eisernen Dornpfeilspitzen
(D. Neubauer)

hobenen sozialen Milieu geradezu einen Fremdkörper im weiteren Material der Verfüllung.

Letzteres gilt nach älterer Forschungsmeinung auch für das dritte Metallobjekt der Grubenhausverfüllung. Die noch 9 cm lange eiserne Pfeilspitze besitzt einen im Querschnitt annähernd quadratischen Schaftdorn und ein Blatt mit rhombischem Umriss (Abb. 6,3; 8). Sie entspricht damit dem im süddeutschen Raum verbreiteten Typ Bietigheim[37]. Ausgehend von der hypothetischen Annahme, dass die einheimische Bevölkerung ausschließlich Pfeilspitzen mit Schafttülle verwendet hätte, werden Exemplare mit Schaftdorn auf nord- und westdeutschen Fundplätzen nur allzu häufig als Nachweise von Wikingereinfällen, bei Fundorten in Mittel- und Süddeutschland als Beleg für die historisch belegten Ungarneinfälle zwischen 899 und 955 gewertet[38]. Dabei bleibt unberücksichtigt, dass diese Schäftungsart zwischen dem 9. und 12. Jahrhundert nicht

[37] Neubauer 2007, 211.

[38] Schulze-Dörrlamm 2002, 109ff., 111ff. Abb. 1.

125

nur in Ungarn und Skandinavien gebräuchlich war, sondern auch bei allen westslawischen Völkerschaften[39]. Selbst in den spätkarolingischen Gräberfeldern der Friesen und Sachsen treten Dornpfeilspitzen als einheimische Beigabe auf[40]. Angesichts der zahlreichen militärischen Auseinandersetzungen mit Teilnahme von Truppenkontingenten aus dem Norden und Osten des ostfränkisch-deutschen Reiches verbietet sich eine alleinige Zuschreibung an ungarische Reiterkrieger[41]. Zwar vermag die Beigabenlosigkeit des einheimischen Grabbrauchs eine endemische Nutzung nicht zweifelsfrei zu belegen, doch das Vorkommen von mittlerweile 28 Fundorten in Mittel- und Süddeutschland (Abb. 9) sowie die ins Spätmittelalter weiterwirkende Tradition[42] legen eine Herstellung und Nutzung von Pfeilspitzen mit Schaftdorn auch durch die nichtslawische Bevölkerung nahe. Die mit geringerem Aufwand herzustellenden Projektilspitzen boten zudem eine verbesserte Flugstabilität. Jene aus datierbaren Befunden stammenden Exemplare markieren eine hauptsächliche Nutzungszeit vom 9. bis ins 11. Jahrhundert, wobei die Mehrzahl der Pfeileisen von Burgen geborgen werden konnte.

So zeigen auch im Falle der Fundstelle bei Albach neben der Geschossspitze der Kerzenleuchter sowie die steinzeugartige Keramik ein Qualitätsniveau der Sachkultur an, wie es weniger in einem bäuerlichen Umfeld als von einer Burgen- oder Kirchengrabung zu erwarten ist. Trotz mehrfacher Begehungen zu wechselnden Jahreszeiten sind jedoch bislang aus dem direkten Umfeld des Grubenhauses weder Bodenverfärbungen noch Funde bekannt geworden, die näheren Aufschluss über Größe und Charakter der Siedlungsstelle zu liefern vermögen. Wall- oder Grabenreste wurden im Trassenverlauf gleichfalls nicht beobachtet. Lediglich der flache Geländesattel, welcher den Dachsbergkopf gegenüber der Fortsetzung des Geländerückens nach Westen abgrenzt, könnte als ehemaliges, heute durch Erosion und Landwirtschaft verschliffenes Grabenwerk in Betracht kommen. Die Topografie der Siedlungsstelle ist allerdings für die Anlage einer Befestigung als durchaus günstig zu bewerten. Die nach Osten exponierte Erhebung ragt 15 m über einem natürlichen Geländesattel auf, der zwischen Fernwald und Heiligenwald die bequeme Querung der Wetterauer Schwelle ermöglicht. Während sich westlich des Fernwaldes die feuchte Niederung der Lahnaue anschließt, steigt das Gelände im Osten zu den bewaldeten Höhen des Vogelsbergs hin an. Es ist also nicht unwahrscheinlich, dass zu Füßen des Dachsbergkopfes ein Nord-Süd-Fernweg hier die naturräumliche Grenze zwischen Wetterau und Lahngau querte. Der exakte Verlauf von Fernwegen wie den „Langen Hessen" kann erst seit dem hohen Mittelalter durch Schriftquellen als weitgehend bekannt gelten, wobei die zahlreich in dieser Periode neu gegründeten Burgen und Städte jedoch ebenso wie die hochmittelalterliche Territorienbildung nachweislich die Verlagerung von Wegetrassen bedingten. Nächstes Beispiel hierfür im Raum der

[39] Neubauer 2007, 208 ff., bes. 212.

[40] Kleemann 2002, 119.

[41] Neubauer 2007, 212. – Selbst direkt auf dem Schlachtfeld des Lechfeldes von 955 gefundene Dornpfeilspitzen wären nicht eindeutig zuzuschreiben, da die Schlacht bekanntlich mit dem Kampf zwischen böhmisch-tschechischen Reichstruppen und den Ungarn begann. Bei den zahlreichen Aufständen in ottonischer Zeit ist immer wieder von slawischen, hier speziell böhmischen und polnischen Hilfskontingenten die Rede.

[42] Ebd. 213.

mittleren Lahn liefert etwa die um 1150 erbaute Wasserburg und nachfolgend gegründete Stadt Gießen, die in Konsequenz die aus Frankfurt nach Norden führende „Weinstraße" an sich zog. Die Rekonstruktion des frühmittelalterlichen Wegenetzes orientiert sich an den der Forschung bekannten Burgen, Klöstern und Königshöfen[43]. Peripher gelegene Großburgen wie Christenberg, Büraburg oder der in Sichtweite von Albach gelegene Schiffenberg verlieren indes gegen Ende des 9. Jahrhunderts ihre Bedeutung oder werden wie die konradinischen Anlagen in Limburg (910), Weilburg (912) und Wetzlar (897) durch Gründung von Kanonikerstiften in ihrer zentralörtlichen Funktion umgewidmet. An die Stelle der Großburgen treten einhergehend mit einer parallel zum Verfall der königlichen Zentralgewalt zunehmenden Missachtung des karolingischen Befestigungsregals gegen Ende des 9. Jahrhunderts nun vermehrt kleinere Burgen, als deren Erbauer Grafenadel und Ministerialität in Erscheinung treten[44]. Neben Burgen in Sporn oder Höhenlage begegnen hierbei auch befestigte Höfe, teilweise nur mit Holzpalisade und Graben umwehrt. Deren archäologischer Nachweis ist wie in Dreihausen oder Holzheim nur da möglich, wo weder landwirtschaftliche Nachnutzung noch geländebedingte Erosion im größeren Umfang nachfolgten. Angesichts der Erhaltungstiefen der Albacher Befunde in einem Gelände, in dem beide Faktoren wirksam waren, kann das ursprüngliche Vorhandensein entsprechender Befestigungen nicht ausgeschlossen werden, zumal der Bereich des Geländesattels im Westen archäologisch nicht untersucht werden konnte. Gleiches gilt für den Nachweis weiterer Gebäude. Schwellbalkenkonstruktionen oder gering eingetiefte Pfostenbauten entziehen sich angesichts der geschilderten Erhaltungsbedingungen wohl der Nachweisbarkeit. Im 10. Jahrhundert wurden entsprechende Wohngebäude bis hin zu Kirchenbauten weitgehend noch in Holz ausgeführt, erst um die Jahrtausendwende treten in diesem Umfeld vermehrt Steinbauten auf[45].

Die Anhöhe bei Albach mit dem nun bekannt gewordenen Grubenhaus trug ausweislich der qualitätvollen Funde vom späten 9. bis ins 10. Jahrhundert Bauten, die wohl ebenso wenig Teil einer Burg wie einer kirchlichen oder dörflichen Siedlung waren. Vielmehr dürfte ein Angehöriger des niederen Adels oder der sich emanzipierenden Ministerialität auf dem Dachsbergkopf einen sicherlich befestigten Herrenhof errichtet haben. Dessen Wüstwerdung unterband hier eine vergleichbare Siedlungsentwicklung wie im unmittelbar nördlich gelegenen Burkhardsfelden, das zwar erst 1150 erstmalig erwähnt wird, doch als Keimzelle einen Herrenhof in identischer Höhenlage besaß[46]. Zwischen den beiden Siedlungsstellen erscheint selbst eine Verlagerung und zeitliche Abfolge möglich.

Als Grund für die Wüstwerdung kann angesichts der Brandspuren eine gewaltsame Zerstörung zwar nicht ausgeschlossen werden – ein Überfall ungarischer Streifscharen, wie aus einer apodikti-

[43] Schwind 1984b, 34 ff., 39.

[44] Brachmann 1993, 93.

[45] Janssen 1979, 11ff.

[46] Lang/Schneider/Weißenberger 2008, 574.

schen Datierung der Dornpfeilspitze abgeleitet, erscheint hierfür indes angesichts der vertretenen Keramikformen nicht möglich. Auch für eine zwischenzeitliche Beschädigung des Grubenhauses, was durch die Brandspuren sowie die Ausbesserung durch Einziehung des Mittelpfostens belegt zu werden vermag, können durchaus plausiblere kriegerische Auseinandersetzungen angeführt werden. Neben denen des Jahres 939, die in der Schlacht von Andernach gipfelten, ist in diesem Zusammenhang wohl die Babenberger Fehde zu nennen, bei der feindliche Truppen bis in den Lahngau vordrangen. Das Ende des Albacher Grubenhaus jedoch spiegelt vielmehr schlaglichtartig die tiefgreifenden politischen wie sozialen Umwälzungen, die mit dem Zerfall der konradinischen Herrschaft und dem Kampf um deren Nachfolge im Lahngau einhergehen.

vom konkurrenten zum gefährten der frühmittelalterliche zentralort karlburg am main

von Ralf Obst

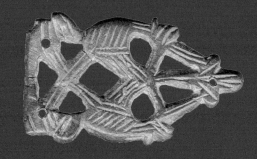

"Grainberg"
7./8. Jh.

Gainfurt
6./7.-15. Jh.

Villa Karlburg

Castellum Karlburg
7.?/8.-12. Jh. und
Karlsburg bis 1525

Karlstadt
ab 1200

Mühlbach
ab 6./7. Jh.

"Sändlein"
2./3.-10. Jh.

1 km

vom konkurrenten zum gefährten
der frühmittelalterliche zentralort
karlburg am main

2 Der Siedlungskomplex Karlburg. Grundlage: TK 1:25000, Blatt 6024 (Kartengrundlage: DTK25 © Bayerische Vermessungsverwaltung, 2011). (R. Obst)

1 Karlburg am Main. Grundlage: Orohydrographische Karte von Deutschland (© Bundesamt für Kartographie und Geodäsie, Frankfurt am Main). (R. Obst)

Karlburg am Main liegt 25 km nordwestlich von Würzburg in verkehrsgünstiger Lage im fruchtbaren mainfränkischen Altsiedelland[1] *(Abb. 1)*. Die Bedeutung des Ortes für die frühmittelalterliche Landesgeschichte war schon früh anhand der historischen Überlieferung erkannt worden[2], doch trat erst durch die in den letzten zwei Jahrzehnten neu entdeckten, in einzigartiger Fülle überlieferten archäologischen Quellen die zentralörtliche Funktion dieser frühstädtischen Siedlung mit überraschendem Facettenreichtum hervor[3].

I. Die historischen Quellen

Karlburg gehörte zur Erstausstattung des von Bonifatius 741/42 neben Erfurt und Büraburg gegründeten Bistums Würzburg[4], in dessen Gründungskontext von zwei Schenkungsakten berichtet wird[5]. In einer ersten Dotation übergab der karolingische Hausmeier Karlmann dem Bistum zur Gründung sein Marienkloster in der villa Karloburgo[6] und 751/53 übereignete König Pippin die Burg mit dem Königshof (*castellum Karloburg cum fisco regali*)[7] und allen dazugehörigen Einkünften an Bischof Burkard. In der *Passio sancti Kiliani maior*, der jüngeren Leidensgeschichte des um 689 in Würzburg ermordeten irischen Missionars Kilian aus dem 9. Jahrhundert, wird ebenfalls von einem Kloster in *Karliburg* berichtet, das Gertrud von Nivelles († 653/59), eine Tochter Pippins des Älteren, gegründet haben soll[8]. Die Vita Bischof Burkards erzählt, allerdings erst im 12. Jahrhundert, von Immina († um 750), der Tochter des letzten von den Merowingern in Würzburg eingesetzten thüringischen Herzogs Hedan II. Sie soll ihr Kloster zu Würzburg

[1] Zur Siedlungsarchäologie des Raumes Obst (im Druck); Zur frühmittelalterlichen Verkehrstopographie Ettel 2008d.

[2] Die historische Forschung beginnt schon Anfang des 19. Jhd. mit Jäger 1808, 390 ff.; wegweisend sind die Arbeiten von Schöffel 1948 und Daul 1961.

[3] Zu Karlburg ausführlich Ettel/Rödel 1992; Wamser 1992a; Ettel 2001; ders. 2008a–d; Obst 2008a–d; Ettel 2009 mit weiterer Literatur.

[4] Jüngere Literatur zur Bistumsgründung bei Erichsen 1989; Lenssen/Wamser 1992; Schmale/Störmer 1997, 120 ff.; Störmer 1997b, 235 ff.; Ders. 2004d, 21 ff.

[5] Vgl. Schöffel 1948; Ettel/Rödel 1992; Rödel 2001; Obst 2008a.

[6] MB 28, Nr. 11. = Störmer 1999, Quelle 23a (Bestätigungsurkunden der ersten (verlorenen) Urkunde von Ludwig dem Frommen 822); es existieren noch weitere Bestätigungsurkunden.

[7] MG SS 15/1, 55.

[8] Emmerich 1896, c. 19; Vgl. Erichsen 1989.

an das neu geschaffene Bistum übergeben und dafür von Burkard das Kloster in Karlburg zur lebenslangen Nutzung erhalten haben[9].

Wie bei den meisten im frühen Mittelalter erwähnten Orten Mainfrankens ist auch für Karlburg eine Überlieferungslücke bis in das 12. Jahrhundert festzustellen. Erst 1133 wird der Ort über die Ministerialen *de Karlburg* des Hochstifts Würzburg wieder urkundlich fassbar[10]. Im Jahre 1243 musste die Rienecker Gräfin Adelheid dem Bistum unter Hermann von Lobdeburg eine Wiedergutmachung von 100 Mark Silber zahlen, da sie nach Streitigkeiten mit dem Bischof Karlburg hatte verwüsten lassen[11]. In den dann reichlicher fließenden spätmittelalterlichen und neuzeitlichen Schriftquellen ist von der früheren Bedeutung dieses Ortes kaum mehr etwas zu spüren.

II. Die archäologischen Quellen

Die Burgen

Etwa 2000 Meter südlich des Ortes Karlburg liegt auf einem Sporn („Schlossberg") über dem Maintal die Ruine der spätmittelalterlichen „Karlsburg" *(Abb. 2)*, die mit oder nach der um 1200 erfolgten Gründung der gegenüber im Tal liegenden Stadt Karlstadt erbaut wurde. Hinter der steinernen Burg befinden sich Reste einer früh- bis hochmittelalterlichen Abschnittsbefestigung von maximal etwa 200 x 170 m Ausdehnung. Der Wall- und Grabenbereich wurde zwischen 1971 und 1975 archäologisch untersucht und zudem konnte 1994 ein weiteres, sich 1991 im Luftbild abzeichnendes Wall-/Grabensystem innerhalb der bekannten Befestigung punktuell erforscht werden[12]. 2008 wurden geomagnetische Prospektionen vom Bayerischen Landesamt für Denkmalpflege und vom Lehrstuhl für Vor- und Frühgeschichtliche Archäologie der Universität Würzburg durchgeführt und erbrachten weitere Erkenntnisse[13].

Die Befestigung hat mehrere Ausbauphasen, wobei die älteste, 1994 untersuchte Anlage von maximal etwa 125 x 130 m Ausdehnung mit dem historischen *castellum Karlburg* aus der Mitte des 8. Jahrhunderts identisch und wohl schon im 7. Jahrhundert errichtet worden sein dürfte. Die Ausbauten in ottonischer und in salisch/staufischer Zeit vergrößerten die Burg nochmals deutlich, bis sie im 13. Jahrhundert geschleift und in einem wesentlich verkleinerten Areal die (heute noch als Ruine erhaltene) „Karlsburg" errichtet wurde.

Etwa 2000 m nördlich von Karlburg liegt auf der gegenüberliegenden Flussseite wieder auf einem Sporn („Grainberg") über dem Maintal eine weitere Abschnittsbefestigung *(Abb. 2)*. Die maximal rund 250 x 150 m messende Anlage ist durch ein (frühmittelalterliches) gestaffeltes Wall-/Grabensystem gesichert, das über weite Strecken sehr gut erhalten ist. Fachgerechte archäo-

[9] MG SS 15/1, 54 ff. = Störmer 1999, Quelle 24.

[10] Vgl. Reimann 1963 81 f.

[11] Jäger 1808, Nr. XLII.

[12] Vgl. Ettel 2001, 36 ff., 41 ff.; Ders. 2008b.

[13] Fassbinder u. a. 2008.

logische Untersuchungen fanden bislang nicht statt; ein Gürtel-beschlag und eine Scheibenfibel belegen eine Nutzung im 7. bzw. 7./8. Jahrhundert.

Die Talsiedlung

1989 wurde südlich und 1991 auch nördlich des Karlburger Al-torts im Ackerland aufgelassenes Siedlungsareal des 7. bis 13. Jahr-hunderts entdeckt *(Abb. 2)*. Durch planmäßige Begehungen, Luft-bilder, Baustellenbeobachtungen und zahlreiche Grabungen kann mittlerweile von einer Länge der mittelalterlichen Talsiedlung Karl-burg von mindestens 1 km (ggf. 1,6 km), einer Breite von etwa 200 m und somit einer Mindestfläche von rund 20 ha ausgegangen wer-den[14].

Die seit 1990 ausgegrabenen Ausschnitte zeigen auf insgesamt knapp 1 ha Fläche Spuren ebenerdiger Pfostenbauten sowie Area-le mit Grubenhäusern u. a. für handwerklich-gewerbliche Tätigkei-ten. Das Zentrum im Bereich des heutigen Altorts war einst von ei-nem Graben umgeben, der sich im Höhenschichtlinienplan sowie in Parzellenbezeichnungen noch zu erkennen gibt und rund 6 ha Fläche umwehrte. 1994 wurde in dessen Verlauf in einer kurzfristig zu-gänglichen Baugrube ein mindestens zweiperiodiger Spitzgraben er-kannt. 1993/94 wurden unmittelbar westlich der („Urpfarrei"-) Kirche (Johannes d. Täufer) Reste einer bis dato unbekannten Burg ergraben, die in Zusammenhang mit den o. g. Würzburger *ministe-rialis de Karlburg* zu sehen ist. Zudem konnten im Ortskern einige kleinere Flächen im Zuge von Baumaßnahmen dokumentiert oder zumindest beobachtet werden.

Eine archäologische Begleitung des Baus der neuen Pfarrkirche 1960/61 wurde leider versäumt; auch sollen Mitte der 1980er Jah-re zwei Steinplattengräber in direkter Nachbarschaft aufgedeckt worden sein. In der heutigen Kirche finden sich ein frühmittelalter-licher Sarkophagdeckel[15] *(Abb. 3)* und ein Teil einer hochmittelal-terlichen Chorschranke[16]. Letztere wurde beim Abriss der alten Kir-che 1960 entdeckt. Auf dem Urkataster aus den 1830er Jahren ist eine rund 400 m lange Schiffslände am Main zu erkennen, die ein-gedenk der vielfältig belegten Fernbeziehungen möglicherweise schon in der Karolingerzeit angelegt wurde[17]; archäologische Un-tersuchungen fanden hier bislang nicht statt.

III. Siedlungsdynamik und Siedler

Dank der Grabungen auf der Höhenburg und zahlreicher Lese-und Grabungsfunde aus der Talsiedlung, ferner aufgrund der paläo-zoologischen, paläobotanischen und geomorphologischen Analysen sowie im Zusammenspiel mit den historischen Überlieferungen gibt sich Karlburg als frühmittelalterlicher Zentralort zu erkennen[18] und

3 Karlburg. Sarkophagdeckel aus Buntsand-stein. Länge: 191 cm. 8.–10. Jahrhundert, evtl. spätmittelalterliche Nachbearbeitungen. (Foto: A. v. Erffa)

[14] Anm. 3; jüngste Forschungen bei Ettel/Kerth/Obst 2011.

[15] R. Obst, Kat. Nr. 68. In: Börste u. a. 2008.

[16] R. Obst, Kat. Nr. 221. In: Ebd.

[17] Vgl. Ettel 2008d.

[18] Vgl. Ettel 2008a. – Zu den Charak-teristika eines Zentralortes Steuer 2007.

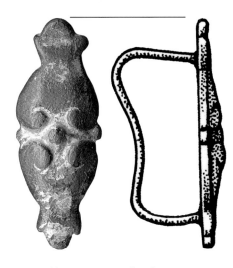

*5 Karlburg. Anhänger aus ver-
goldeter Bronze. Länge: 2,2 cm.
2. Hälfte 9.–10. Jahrhundert.
(Foto: C. Gerling/R. Obst)*

*4 Karlburg. Riemendurchzug
einer Sporengarnitur aus vergoldeter Bronze. Länge: 3,2 cm.
2. Hälfte 9.–10. Jahrhundert.
(Foto: C. Gerling/R. Obst; Zeichnung: BLfD)*

*6 Karlburg. Buchbeschlag im Winche-
ster-Stil aus Bronze. Länge: 4,6 cm.
10. Jahrhundert.
(Foto: C. Gerling/R. Obst)*

es sind siedlungsarchäologisch und landesgeschichtlich weitrei-
chende Aussagen möglich.

Einzelne Funde weisen eine Besiedlung im Karlburger Talkessel in
der jüngeren römischen Kaiserzeit und in der Völkerwanderungszeit
nach[19]. Während Belege der älteren Merowingerzeit auf den Altort
und seinen südlichen Nahbereich beschränkt sind, ist in jüngermero-
wingischer Zeit eine geradezu explosionsartige Ausbreitung des Sied-
lungsareals auf die gesamte, heute bekannte Länge zu vermerken.
Dennoch bleiben die zuerst besiedelten Areale hinsichtlich der Qualität und Zusammensetzung der materiellen Hinterlassenschaften
herausgehoben. Die entsprechenden Funde zeichnen sich zunächst
durch einen hohen Anteil rheinfränkisch geprägter Objekte aus, was
auch in den (in Karlburg übrigens noch nicht gefundenen) Reihen-
gräbern der Umgebung zu beobachten ist[20]. In früh- bis hochkaro-
lingischer Zeit stand Karlburg dann in voller Blüte, was auch mit
dem auf engste mit dem Ort verflochtenen, sozial herausgehobenen
Personenkreis (Karolinger, Immina, Bonifatius, Burkard) in Zusammenhang zu sehen ist. Mit diesen Eliten einerseits, und ihren Abhängigen andererseits, begegnen auch die gestalterischen Kräfte des
Siedlungs- und Landesausbaus. Im Fundgut spiegelt sich dies einerseits in einer Reihe teils sehr qualitätvoller Stücke wider, seien es
Beschläge des Waffen- und Reitzeugs, edle Trachtbestandteile oder
zahlreich importierte Keramik bzw. Luxusgeschirr, Gläser oder auch
Teile von liturgischem Gerät[21]. Andererseits liegen Hinweise auf
sozial weniger privilegierte Schichten vor, wie schlichte Trachtbestandteile, handgemachte Keramik, landwirtschaftliche Geräte,

[19] R. Obst, Kat. Nr. 2 ff. In: Börste u.
a. 2008.

[20] Vgl. Koch 1967; Pescheck 1983.

[21] Vgl. Wamser 1992a, 321 ff.; ders.
1999; Ettel 2008c; Obst 2008c.

[22] Vgl. Obst 2008d; Ettel 2008d; Et-
tel/Kerth/Obst 2011.

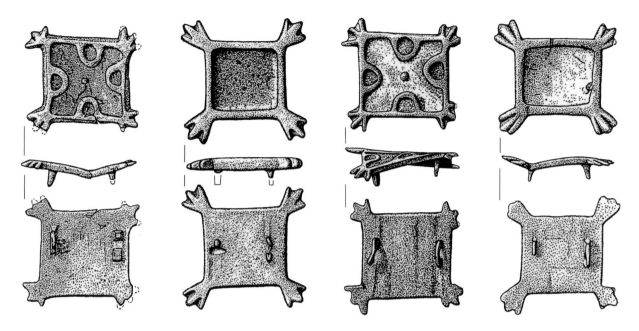

*8 Karlburg. Fibeln vom Typ „Karlburg" aus Bronze mit (ehemals) Emaileinlagen.
Breite (links oben): 2,4 cm. 2. Hälfte 9.–10. Jahrhundert. (Zeichnung: BLfD)*

mindere Qualität von Schlachtabfällen usw.[22]. Es existieren neben zahlreichen Fernhandelsbelegen auch Nachweise für die Herstellung sowohl üppigen Zierrats als auch schlichter Massenware[23].

Ab spätkarolingisch/ottonischer Zeit reichen nun deutlich weniger Funde qualitativ an die früh- und hochkarolingische Blüte heran *(Abb. 4, 5)*. Es sind damit auch nicht mehr so viele Belege für Fernbeziehungen *(Abb. 6)* oder spezialisiertes Handwerk *(Abb. 7)* zu erkennen. Schlichte Rechteckfibeln vom Typ „Karlburg" *(Abb. 8, 12)* wurden offenbar als Massenware auch für den Export (in Missionsgebiete?) gefertigt[24]. Der beginnende und sich verstärkende Bedeutungsverlust Karlburgs dürfte auch zu einem guten Teil in der Rolle der damals erheblich aufstrebenden (Bischofs-)Stadt Würzburg begründet sein, denn immer mehr zentralörtliche Funktionen wurden nun alleine von Würzburg erfüllt[25] *(Abb. 9)*. Dennoch überragte Karlburg noch bei weitem die ländlichen Siedlungen der Umgebung. Dies wird etwa durch den Ausbau der bischöflichen, linksmainischen Burg verdeutlicht, zunächst vielleicht im Angesicht der allgemeinen Bedrohungslage vom späten 9. Jahrhundert bis zur Mitte des 10. Jahrhunderts.

Die archäologischen Quellen zeigen ein Ende der Besiedlung in den außerhalb des heutigen Altorts gelegenen Flächen im 13. Jahrhundert an. Dies stimmt mit dem historisch überlieferten Datum der Zerstörung Karlburgs in der Rienecker-Fehde 1243 überein.

7 Karlburg. Halbfabrikat eines Fingerrings aus Glockenbronze. Durchmesser (innen): 1,2 cm. 10.–11. Jahrhundert. (Zeichnung: BLfD)

[23] Vgl. Obst 2008d.

[24] Vgl. Wamser 1992a, 327 ff.; ders. 1999, 224 ff.; Obst 2008d, 98 f.

[25] Vgl. Schich 1977; Wagner 2001; Greule u. a. 2007.

9 Karlburg. Würzburger Denar König Heinrichs I. (919-936) aus Silber. Einzig bekannte Prägung. Durchmesser 1,8 cm. (Zeichnung: BLfD)

[26] Dass die Verehrung Gertruds nicht auf eine persönliche Anwesenheit der Heiligen in Karlburg beruhte, sondern auf frühere Verbindungen zwischen einem damals schon bestehenden Königshof in Karlburg und dem Kloster Nivelles, erwog Wamser 1991, 23.

[27] Vgl. Schwind 1984a. – „Das Nonnenkloster Karlburg, offensichtlich von den arnulfingisch-karolingischen Hausmeiern gegründet und bei der Würzburger Bistumsgründung dem neuen Bistum übergeben, ist das erste Beispiel karolingischer Klosterpolitik". Störmer 1997b, 245; Ders. 1998, 90; Ähnlich schon Bosl 1969, 122 f. – In diesem Sinne auch Wendehorst 1980, 39; Prinz 1988, 242.

[28] Ausführlich hierzu Daul 1961, 46 ff.; Vgl. Riedenauer 1963, 7 f.; Ettel/Rödel 1992, 298; 300 f.; Ettel 2001, bes. 32 ff.; Rödel 2001, 288 ff. (mit differenzierter Sicht auf die Schenkungen); Obst 2008a.

[29] „Der fiscus regalis von 750 ist daher mit der nunmehr durch Grenzlinien begrenzten Königsmark gleichzusetzen". Daul 1961, 47. – Demgegenüber führte H. K. Schulze aus: „Noch ungeklärt ist die Frage nach der Struktur des ostfränkischen Königsgutes. Der Begriff ‚Königsmark' erweckt die Vorstellung von absoluter Geschlossenheit, doch hat es sich wohl nur in wenigen Fällen um größere geschlossene Komplexe gehandelt". Schulze 1973, 236.

[30] Vgl. Daul 1961, 46 ff.; Riedenauer 1963, 8.

[31] Ettel/Rödel 1992, 300 f.; Rödel 2001, 290 f.

IV. Der Siedlungskomplex im historisch-geografischen und archäologischen Umfeld

In der urkundlichen und hagiographischen Überlieferung taucht zuerst das Maria geweihte Kloster in der *villa Karloburg* auf und mit Gertrud und Immina auch Personen des Hochadels. Offen bleibt, ob Gertrud tatsächlich die Gründerin war, müsste ihr Aufenthalt doch rund ein halbes Jahrhundert vor der Ankunft des irischen Missionars Kilian gelegen haben[26]. Wie dem auch sei, das *monasterium* in Karlburg dürfte neben dem ersten Immina-Kloster in Würzburg zu den ältesten Zellen Mainfrankens gehören und hatte wohl eine Rolle auch bei der Gestaltung der Siedlungslandschaft[27]. Bislang ist es allerdings nicht gelungen, das Kloster archäologisch zu fassen.

Im Karlburger Königsgut, dem *fiscus regalis*, spiegelt sich ein schon in frühkarolingischer Zeit bestehender, vielfältig strukturierter Kleinraum wider[28]. In der historischen Forschung wurde versucht, eine klar umrissene Königsmark[29] anhand des Fehlens von Königs- und Adelsschenkungen im Vergleich zur Umgebung, spätmittelalterlicher Pfarreizugehörigkeiten der Karlburger Mutterkirche sowie neuzeitlicher Gemarkungsgrenzen und Flurnamen zu erschließen[30]: Neben Karlburg wurden Mühlbach, Laudenbach, Rohrbach, Stadelhofen, Gambach und *Gainfurt* (wüst) *(Abb. 10)* als Bestandteil des fiscus regalis angesehen und „eine Art Kleingau", herausgelöst aus dem linksmainisch gelegenen Waldsassengau und den rechtsmainisch gelegenen Pagi *Wern- und Aschfeld- bzw. Saalegau*, vermutet. Da diese Annahme auf recht späten Quellen bzw. Interpolation beruht, blieb sie nicht unwidersprochen[31].

Allerdings gibt es mittlerweile vermehrt archäologische Neufunde und werden die umgebenden Orte in diesem Kontext näher betrachtet fällt zudem auf, dass sich hier mitunter spezielle Aufgaben, auch im Namen, erkennen lassen. Im Ortsnamen Mühlbach findet sich ein klarer Beleg für Wassermühlen, die in Karlburg mangels eines Baches nicht vorhanden gewesen waren. Der frühmittelalterlich

*10 Die frühmittelalterliche Siedlungs-
landschaft um Karlburg mit den im
Text genannten Orten. Grundlage:
Orohydrographische Karte 1:200.000,
Blatt 6318 (© Bundesamt für Karto-
graphie und Geodäsie, Frankfurt am
Main).
(R. Obst)*

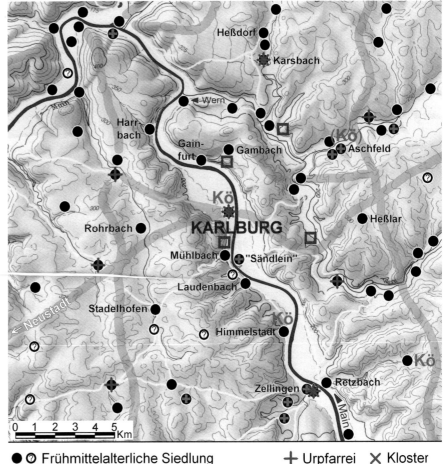

● ⊘ Frühmittelalterliche Siedlung   **✚ Urpfarrei ✕ Kloster**
✚ Frühmittelalterliche Wüstung   **Kö Königsgut (un)belegt**
☐ Frühmittelalterliche Burg   **▨ Fernwege (ungefähr)**

archäologisch belegte und in spätmittelalterlicher Zeit wüst gefallene
Ort *Gainfurt* lag am Fuße des
„Grainbergs"(!) mit seiner frühmit-
telalterlichen Burg und kann für die Instandhaltung des wichtigen,
bis in die Neuzeit genutzten Flussübergangs zuständig gewesen sein.
Die auf der fruchtbaren Hochfläche gelegenen Orte Gambach, Rohrbach und Stadelhofen könnten in erster Linie zur Erzeugung landwirtschaftlicher Produkte gedient haben. In Rohrbach sind dank intensiver Begehungen archäologische Belege des Frühmittelalters
vorhanden, die den Ort sehr eng an Karlburg binden (*Abb. 11, 12*).

Auch beim schon merowingerzeitlich belegten Ort Laudenbach
mündet ein mühlenwirtschaftlich nutzbarer Bach in den Main.
Ebenso könnte Harrbach, linksmainisch nördlich von Karlburg, dem
Königsgut angehört haben. Der Ort weist eine ähnliche Topografie
wie Mühlbach auf und ist archäologisch ab der Karolingerzeit belegt. Der südlich linksmainisch gelegene Ort Himmelstadt wird sicherlich mit einzubeziehen sein, lässt sich doch ehemaliges Karlburger Königsgut noch in der beginnenden Neuzeit in der Gemarkung nachweisen[32]. Zudem begegnet hier (*820: Himminestat*[33];
840: Imminestat[34]) der Name der Herzogstochter und Karlburger

[32] Vgl. Daul 1961, 72.

[33] CDF, Nr. 391.

[34] MB 28/1, Nr. 23. = Störmer 1999,
Quelle 56.

11 Rohrbach. Zierbeschlag im floralen Stil aus vergoldeter Bronze. Breite: 4,3 cm. Mitte – 2. Hälfte 9. Jahrhundert.
(Foto: C. Gerling/R. Obst; Zeichnung: R. Obst)

Äbtissin Immina (oder einer Ihrer Verwandten). Sicherlich war die 1985 entdeckte (leider namenlose) Wüstung am Karlstadter „Sändlein" Bestandteil des Königsguts. Hier begann wie in Karlburg die Besiedlung in der jüngeren Römischen Kaiserzeit, blühte in der Karolingerzeit und endete aber in spätkarolingisch/frühottonischer Zeit. Es wurden hier zahlreiche Belege von spezialisiertem Handwerk entdeckt, die weit über den Bedarf einer einfachen ländlichen Siedlung hinausgehen[35].

Die Betrachtung des weiteren Umlandes (Abb. 10) zeigt eine Siedlungsdynamik, die allenfalls in groben Zügen einheitlich wirkt. Dank historisch-geografischer Forschungen (schriftliche Überlieferung, Verfassungs- und Kirchengeschichte, Ortsnamen, Flurformen, Fernwege usw.) und archäologischer Quellen lässt sich diese Entwicklung hier gut durchleuchten[36]. Nur die Rolle des Zentralortes bzw. des fiscus regalis im Rahmen des frühmittelalterlichen Landesausbaues bleibt dabei mangels Quellen leider unklar, Karlburg wird aber zumindest auch als eine Art Katalysator auf sein Umfeld gewirkt haben. So zeigt die Zusammensetzung karolingerzeitlicher Keramik ländlicher Siedlungen z. B. im Werntal „karlburgisches" Gepräge, das sich in Wüstungen am südlichen Maindreieck so nicht findet[37]. Anzunehmen ist, dass die Orte (beim oder) im Königs- und späteren Bistumsgut frühmittelalterliche Gründungen sind, was bislang außer bei Gambach, Mühlbach und Stadelhofen auch archäologisch belegt ist. Die Landnahme auf völkerwanderungszeitlichen Wurzeln und der folgende Landausbau im Mittelmaingebiet werden durch zahlreiche merowingerzeitliche Siedlungen charakterisiert und die Kolonisation wurde in karolingischer Zeit massiv fortgeführt. Der Raum um Karlburg wies am Ende der Karolingerzeit eine höhere Siedlungsanzahl als heutzutage auf; erstaunlicherweise fielen aber dann bis in ottonische Zeit rund ein Zehntel der Niederlassungen wüst, darunter auch seit alters her besiedelte Orte bzw. Ortsteile[38]. Diese Erkenntnis ist ausschließlich einer intensiven archäologischen Durchdringung des Raumes, insbesondere durch gezielte Begehungen, zu verdanken; von der historischen Landesforschung wurden solche Verhältnisse zuvor nicht für möglich gehalten[39]. Die Ursachen dieser frühen Wüstungsphase liegen im Dunkeln, möglicherweise waren äußere Bedrohungen ausschlaggebend, vielleicht zeigen sich hier (zudem) frühe Konzentrations- bzw. Verdorfungsprozesse, die die mainfränkische Siedlungslandschaft schon am Übergang zum Hochmittelalter erfasst haben könnten[40]. Neugründungen in nennenswertem Umfang gab es dann erst wieder im späten Hochmittelalter und im Spätmittelalter, bevor dann wiederum fast ein Fünftel aller Siedlungen in der Wüstungsperiode des 14./15. Jahrhunderts abging[41].

[35] Vgl. Ettel/Hoppe/Watzlawik 1998; Mündl 2002; Obst 2008d, 100 f.

[36] Vgl. Obst 2008b; Ders. i.Dr., Kap. VI.2.2. ff.

[37] Vgl. Ettel 2008d, 105.

[38] Vgl. Obst 2002.

[39] Vgl. Rückert 1990, 120 ff., bes. 126 mit Anm. 4; Ders. 1994, 173.

[40] Vgl. Schreg 2009, 303 ff.

[41] Vgl. Rückert 1990; Obst 2002.

12 Rohrbach. Fibel vom Typ „Karlburg" aus Bronze mit (Resten von) Emaileinlagen. Breite: 2,2 cm. 2. Hälfte 9.–10. Jahrhundert. (Foto: C. Gerling/R. Obst)

V. Der Einfluss Fuldas in der Region

Bei den Be- und Entsiedlungsvorgängen waren auch stets verschiedenste grundherrschaftliche Einflüsse am Wirken. Zunächst die Merowinger mit dem von ihnen eingesetzten thüringischen Herzogsgeschlecht, den Hedenen, dann die Karolinger und schließlich das Bistum und Hochstift Würzburg. Und parallel dazu stets der letztlich mehr und mehr erstarkende Adel, der wiederum durch zahlreiche Schenkungen, insbesondere im späten 8. und frühen 9. Jahrhundert, das 744 durch Bonifatius gegründete Kloster Fulda in der Region mit reichlich Grundbesitz versah und stärkte[42]. Dies belastete dann zusehends das Verhältnis zwischen Würzburg und Fulda und zeigte sich auch im Streit um den Kirchenzehnt von auf dem Gebiet des Bistums liegenden Fuldaer Besitzungen, der 815 in Retzbach (11 km südlich von Karlburg) in einem Vertrag zwischen Abt Ratgar von Fulda und Bischof Wolfger von Würzburg beendet wurde[43].

In unmittelbarer Nähe Karlburgs sind v. a. in den östlich angrenzenden *Pagi Werngau* und *Aschfeld-* bzw. *Saalegau* zahlreiche Schenkungen an Fulda belegt[44], wobei sich der kleine *Aschfeldgau* selbst als ein weiterer (im Übrigen nun archäologisch sehr gut fassbarer) früher Königsgutbezirk zu erkennen gibt[45], der dann letztlich aus adeliger Hand mehr und mehr in fuldischen Besitz kam[46]. In der knapp 8 km von Karlburg entfernten villa Aschfeld ist zwischen 790 und 802 auch eine adelige Eigenkirche bezeugt, die an Fulda geschenkt wurde[47]. Als Patron der Pfarrkirche ist (seit dem Spätmittelalter) Bonifatius belegt. Im o. g., 7 km entfernt gelegenen Ort Himmelstadt (im *Waldsassengau*) wurden 820 Güter an Fulda übergeben und 20 Jahre später königliche Lehen von Ludwig dem Frommen an den Würzburger Bischof geschenkt[48].

Frühe Klöster[49] treten in unmittelbarer Nähe Karlburgs mit den jeweils gut 10 km entfernt gelegenen Kanonissenstiften in Karsbach (im *Aschfeldgau*) und in Zellingen (im *Waldsassengau*; im Übrigen genau gegenüber von Retzbach am Main) entgegen, die unter fuldischen Einfluss gerieten und wohl nicht über die Karolingerzeit hinaus bestanden[50]. Die Geschichte des lediglich 838 bei der Reliquienprozession des fuldischen Mönchs Rudolf im Zusammenhang mit einer damals wohl fuldischen Eigenkirche über-

[42] Vgl. Lübeck 1950; Stengel 1960a; Prinz 1988, 248 f.; Störmer 1990, 165 ff.; Weidinger 1991, bes. 128 ff.; Störmer 1997b, 240 ff.; Ders. 1998, 83, 86; Ders. 2004a, 19 ff.; Geuenich 2007; Hussong 2009.

[43] CDF, Nr. 323. = Störmer 1999, Quelle 52.

[44] Zur günstigen Überlieferungssituation aus dem *Saale-, Aschfeld- und Werngau* vgl. Stengel 1960b, 159 ff.

[45] In der landesgeschichtlichen Forschung wiederholt vermutet. Vgl. Weigel 1959a, 203 f.; Bosl 1969, 18 ff.; Riedenauer 1963, 9, 13; Friese 1979, 147; Obst 2008b, 74. – „Für die Deutung als Königsgutbezirk, die Bosl [...] vorschlägt, gibt es keinen Anhaltspunkt" meinte demgegenüber Schulze 1973, 228 mit Anm. 109.

[46] Zu den reichlichen Dotationen im späten 8. und frühen 9. Jahrhundert vgl. Riedenauer 1963, 9 f.; Bosl 1969, 18 f.; Weidinger 1991, passim, bes. 144, 198 f.

[47] FUB, Nr. 287.

[48] Siehe Anm. 33 und 34.

[49] Zur karolingerzeitlichen mainfränkischen Klosterlandschaft vgl. Lübeck 1950; Weigel 1953; Bosl 1969, 64 ff., 114 ff.; Friese 1979, 63 ff.; Wendehorst 1980; Prinz 1988, 231 ff.; Soder 1990, 121 ff.; Störmer 1990, 165 ff.; Büll 1993; Schmale/Störmer 1997, 117 f.; Störmer 1997b, 239 ff.; Ders. 1998; Ders. 2004a, 37 ff.

[50] Lübeck 1950, 33 ff.; 38 ff.

[51] CTF, 433. = MG SS 15/1, 328 ff.; bes. 337; Vgl. Lübeck 1950, 2 mit Anm. 5 u. 6; 33 ff.; Störmer 1990, 173; Büll 1993, 38 f.; Wehner 2003, 326.

[52] Fulda ist im Ort im Spätmittelalter präsent, wie 1366 der Verkauf des Ortes an Würzburg zeigt. Bestätigungsurkunde von 1484: StAWü, WU 77/335.

[53] Ausführlich hierzu Obst 2006.

[54] Vgl. Bosl 1969, 15; Schmale/Störmer 1997, 129 f.

[55] Vgl. Bosl 1969, 15 ff.; 18 f.; Schmale/Störmer 1997, 130, 224.

[56] Vgl. Schulze 1973, 227 f.; Schmale/Störmer 1997, 224

[57] Vgl. Lübeck 1950, 38 ff.; Bosl 1969, 15; Friese 1979, 94 f. mit Anm. 65; 147 mit Anm. 53; Störmer 1990, 172; Büll 1993, 34 f.; Störmer 1997b, 243; Ders. 1998, 85.

[58] Vgl. Lübeck 1950, 38 mit Anm. 135.

[59] CDF, Nr. 513; Vgl. Riedenauer 1963, 9; Bosl 1969, 84; Schulze 1973, 227, 239; Friese 1979, 64 f., 95 mit Anm. 97.

[60] Vgl. Obst 2008b, 74.

[61] Zu Kloster Neustadt vgl. Bosl 1969, 67; 123; Friese 1979, passim, bes. 139 ff.; Wendehorst 1980, 41; Störmer 1990, 161, 169, 173 f.; Wamser 1992b; Büll 1993, 24; Störmer 1997b, 242; Ders. 1998, 80, 83.

[62] Vgl. Daul 1961, 28. – Die Verehrung Gertruds ist in Karlburg ab dem 14. Jahrhundert nachweisbar. Als Patrozinium der Pfarrkirche wurden 1341 erstmals Johannes d. Täufer und Gertrud erwähnt, später nur noch Johannes. Vgl. Schöffel 1948, 21; Daul 1961, 52 ff.; Wehner 2003, 163. – Zum Gertrudenkult vgl. Prinz 1988, 185 ff., 502; Wamser 1991.

lieferten Nonnenklosters, *quod vocatur Cellinga*[51], bleibt historisch weitgehend im Dunkeln[52]. Dagegen verweisen karolingerzeitliche Funde *(Abb. 13)* aus Zellingen auf eine ähnlich hohe soziale Schicht wie in Karlburg[53]. Archäologische Hinweise auf die Zelle in Karsbach fehlen bislang, doch sind hier wiederum einige sozial herausgehobene Personen historisch fassbar. Nachdem sich der sächsische Hochadelige Hessi schon 775 Karl dem Großen unterwarf[54], waren die Hessonen auch im *Aschfeld-* bzw. *Saale-* und *Werngau* begütert[55] und sind als *Saalegau*-Grafen bis ins 10. Jahrhundert nachweisbar[56]. Hessis Tochter Gisla gründete für jede ihrer beiden Töchter ein Kloster: Für Bilihild eines in *Winithohus* (wüst bei Thale, nahe Quedlinburg) und für Hruodhilt ein zweites in *Caragoltesbah*, Karsbach[57]. Weiteres ist für die Zelle nicht bekannt, und so muss auch hier die Frage nach Standort und Ende des Klosters offen bleiben; lediglich das Todesjahr einer *canonica Hruodhilt* († 863) wurde in einem Fuldaer Nekrolog vermerkt[58]. Der Ort war jedoch 838 Stätte eines Gerichts unter einem Grafen Hessi[59] († 866), vermutlich ein Nachfahre des 804 als Mönch in Fulda gestorbenen, erstgenannten Hessi. Die Gertrud geweihte Mutterkirche in Karsbach zeigt wohl zudem eine Nähe zur Karlburg an. Im Karsbacher Nachbarort Heßdorf sowie in der 14 km entfernten Rodungssiedlung Heßlar haben Namen der Hessonen bis heute überdauert[60].

Von großer Bedeutung ist zudem noch das rund 17 km südwestlich von Karlburg gelegene Kloster Neustadt am Main[61], das um 768/69 von Megingoz, der den auch im *Wern-*, *Aschfeld-* und *Saalegau* begüterten Mattonen angehörte und zuvor Bischof von Würzburg (753–768?) war, mit Unterstützung Karls des Großen erbaut wurde. An diesem ursprünglich königlichen, aktiv an der Sachsenmission beteiligten und seit 993 würzburgischen Kloster zeigte sich nun kein fuldischer Einfluss, und Neustadt ist durch die Verehrung Gertruds bis heute tief mit Karlburg verbunden[62].

Zwei weitere frühe Klöster im Nahbereich Karlburgs sollen noch genannt werden, die wiederum Fulda angehörten: Zum einen die von Baugulf, der 779–802 Abt in Fulda war, erbaute Zelle *Baugulfsmünster*[63] (Wolfsmünster, 20 km nördlich von Karlburg) an der Saale, die aber wohl nicht lange über seinen Tod (815) hinaus bestand. Zum anderen das 25 km südlich gelegene Kloster Holzkirchen[64], das vermutlich nach 748 von Graf Throand gegründet wurde, der es 768 an Karl dem Großen übertrug, der es wiederum 775 an Fulda schenkte. Holzkirchen überlebte das große Klostersterben und existierte bis in die Neuzeit[65].

13 Zellingen. Schwertgurtbeschlag im Tassilo-Kelch-Stil aus vergoldeter Bronze. Länge: 2,2 cm. Mitte 8.–frühes 9. Jahrhundert. (Foto: C. Gerling/R. Obst)

VI. Die landesgeschichtliche Bedeutung

Karlburg und sein Umland zeigen sich als ein von verschiedensten landesgeschichtlich wirkenden Kräften intensiv durchdrungener Raum, der dank historisch-geografischer und v.a. reicher archäologischer Quellen zu den Hotspots frühmittelalterlicher Siedlungsarchäologie in Süddeutschland zählt. Was mit der umfassenden Zerstörung der Talsiedlung 1243 bitter für Karlburg war, ist heute ein seltener Glücksfall für die Archäologie. Etwa die Hälfte der einstigen Großsiedlung von mindestens 20 Hektar Fläche wurde nicht überbaut und daher sind die im Boden verbliebenen Überreste noch erhalten. Es können somit Erkenntnisse gewonnen werden, für die es in anderen frühen Zentralorten keine Basis (mehr) gibt. Nur wenige binnenländische Niederlassungen ähnlicher Struktur und Größenordnung sind im Vorfeld westfränkischer Klosteranlagen der Karolingerzeit und im Bereich einiger ottonisch-salischer Königshöfe bzw. Pfalzen bekannt[66]. Von großem Interesse sind so auch aktuelle archäologische Forschungen im Bereich der in karolingisch/ottonischer Zeit bedeutenden Pfalz Salz bei Bad Neustadt an der Saale, die bereits überraschende Zwischenergebnisse brachten[67]. Nicht unerwähnt bleiben soll an dieser Stelle auch die allerdings anders strukturierte Büraburg bei Fritzlar, wo ebenfalls umfangreichere archäologische Untersuchungen durchgeführt wurden[68].

Die Gestaltung der in ein prosperierendes und spezialisiertes Umfeld eingebetteten frühstädtischen Zentralsiedlung mit handwerklich genutzten Zonen, Kernareal mit Königshof, Marienkloster, Tauf- und „Urpfarrei"-Kirche und ggf. Schiffslände sowie die zwei Burgen auf der Anhöhe, und auch die Funde jüngermerowingisch/karolingischer Zeit, lassen eine planmäßige Gründung und den Ausbau unter Führung und Beteiligung fränkischer Kolonisten mit direkter Unterstützung durch die karolingischen Hausmeier bzw. Könige erschließen. Es spricht einiges dafür, dass die Karolinger (Karl Martell, Karlmann oder Karl der Große) Karlburg seinen Ortsnamen gaben[69]. Karlburg scheint als wichtiger Stützpunkt frühkarolingischer Macht, nahe dem von den Merowingern eingesetzten thüringischen Herzog in Würzburg, ausgebaut worden zu sein[70]. Mit der karolingischen Machtergreifung und letztlich der Bistumsgründung war Karlburg aber dann kein Konkurrent mehr, sondern ein blühendes zweites Standbein mit vielfältigen Aufgaben und hatte bedeutenden Anteil an der Entwicklung des Bistums. Ein bezeichnendes Schlaglicht auf diese Symbiose wirft der eingangs erwähnte Umzug der letzten Hedenin Immina in das Kloster Karlburg, wo sie letztlich auch beerdigt wurde[71].

[63] Vgl. Lübeck 1950, 10 ff.; Störmer 1990, 168; Büll 1993, 32 f.; Störmer 1997b, 241; Störmer 1998, 82 f.; Wehner 2003, 304 ff.

[64] Vgl. Lübeck 1950, 21 ff.; Friese 1979, bes. 91; Störmer 1990, 172 f.; Büll 1993, 20; Störmer 1997b, 242; Ders. 1998, 82, 84.

[65] Vgl. Lübeck 1950, 52; Friese 1979, 63 ff.; Wendehorst 1980, 44 ff.; Störmer 1990, 173; Ders. 1997b, 246; Ders. 1998, 93.

[66] Vgl. Ettel 2008a; Ders. 2009, 169.

[67] Jüngst Ettel/Werther 2011; mit weiterer Literatur.

[68] Jüngst Sonnemann 2010; mit weiterer Literatur.

[69] Vgl. Ettel/Rödel 1992; Rödel 2001; Flachenecker 2007, 255.

[70] Vgl. Flachenecker 2007, 254 ff.

[71] „Man wird sich das Abschieben Imminas aus Würzburg nach Karlburg als einen gezielten Akt seitens des ersten Bischofs Burkhard, aber auch seitens des Hausmeier vorstellen dürfen, die der letzten Hedenin das ehemals karolingische Eigenkloster gnädigerweise zur Verfügung stellten". Störmer 1999, 53. – Zum sog. „Immina-Tausch" vgl. Schöffel 1948, 27 ff.; Daul 1961, 25 ff.; Lindner 1972, 68 ff.; Friese 1979, 31, 42; Butzen 1987, 155 f., 170; Prinz 1988, 246; Soder 1990, 121 f.; Rödel 1992, 298 f.; Störmer 1997b, 239; Rödel 2001, 289 f.; Störmer 2004a, 37 f.; Flachenecker 2007, 250.

[72] Vgl. Merz/Leinweber 1992; Flachenecker 2008.

Der Einfluss des Klosters Fulda reichte dann ab dem späten 8. Jahrhundert im direkten Umfeld Karlburgs bis fast vor die Tore Würzburgs, konnte sich hier letztlich aber nur noch an einzelnen Punkten bis in das Spätmittelalter fortsetzen[72]. Die starke Präsenz Fuldas in der Karolingerzeit wird sicher nicht ohne Bedeutung und Folgen für den bischöflichen Zentralort Karlburg gewesen sein, auch wenn die historischen Quellen hierzu schweigen.

Die Gründung der Stadt Karlstadt um 1200 durch den Reichskanzler und Würzburger Bischof Konrad von Querfurt manifestierte die nachhaltige Verlagerung des Siedlungsschwerpunktes auf das rechtsmainische Ufer: Karlstadt trat nicht nur dem Namen nach das Erbe der älteren Siedlung an, sondern übernahm auch rechtliche, politische, militärische, wirtschaftliche und gesellschaftliche Aufgaben und blieb lange Zeit ein herausgehobener Ort im Stift und wiederum ein Bollwerk gegen die Expansionsbestrebungen benachbarter Mächte[73].

[73] Störmer 1973; Zapotetzky 1980.

herrschaft, wirtschaft und verkehr
zur struktur herrschaftlicher kernräume
zwischen regensburg und forchheim
in karolingischer und ottonischer zeit

von Mathias Hensch

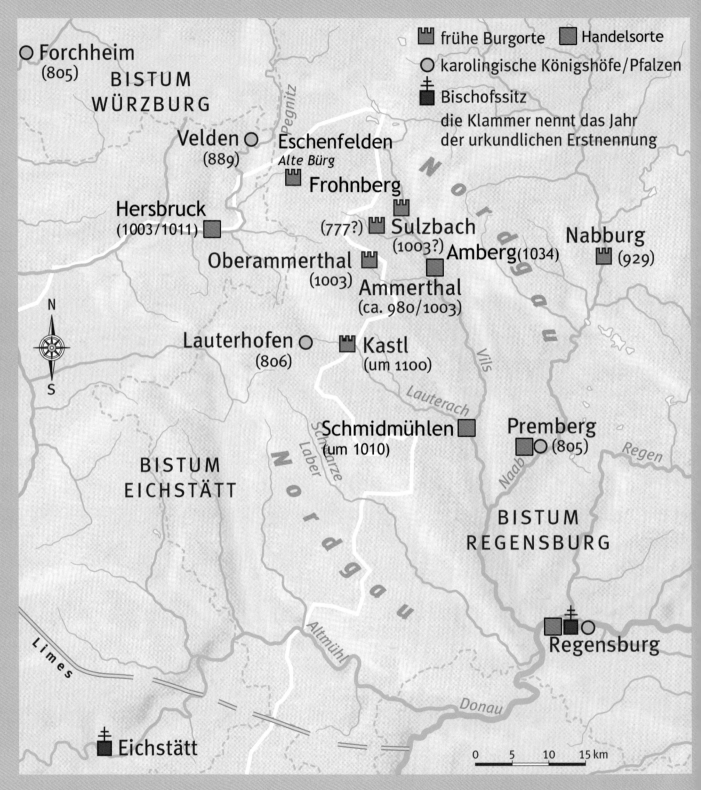

○ Forchheim
(805)

BISTUM
WÜRZBURG

frühe Burgorte   Handelsorte

○ karolingische Königshöfe/Pfalzen

‡ Bischofssitz

die Klammer nennt das Jahr
der urkundlichen Erstnennung

Velden ○   Eschenfelden
(889)   *Alte Bürg*

Frohnberg

Nordgau

Hersbruck
(1003/1011)

(777?)   Sulzbach

Oberammerthal
(1003)

(1003?)   Amberg (1034)

Nabburg (929)

Ammerthal
(ca. 980/1003)

N
S

Lauterhofen ○   Kastl
(806)   (um 1100)

Vils

Lauterach

BISTUM
EICHSTÄTT

Nordgau

Schwarze Laber

Schmidmühlen
(um 1010)

Premberg
○ (805)

Regen

Naab

BISTUM
REGENSBURG

Altmühl

‡ Regensburg

Limes

Donau

0   5   10   15 km

‡ Eichstätt

2   *Wichtige Plätze der karolingischen und ottonischen Zeit zwischen Regensburg und Forchheim.*
(Peter Palm, Berlin, nach Vorlage Mathias Hensch, Eschenfelden)

herrschaft, wirtschaft und verkehr
zur struktur herrschaftlicher kernräume
zwischen regensburg und forchheim
in karolingischer und ottonischer zeit

Der nordbayerische Raum stand in der späten Karolinger- und Ottonenzeit gleich mehrfach im Mittelpunkt politischer Verwerfungen. So waren es die im Radenz-, Sualafeld-, Volkfeld- und vor allem im Nordgau, dem Raum nördlich der Donau zwischen Altmühl und Naab amtenden Grafenfamilien, die sich aufgrund ihres engen Verhältnisses zum Königtum nicht nur durch Königsnähe, sondern auch durch machtvolle Opposition im Machtgefüge des Ostfränkischen Reichs aufzustellen suchten *(Abb. 1)*[1]. Auch die Familie Konrads I. war zu dessen Lebzeiten in eine große Adelsfehde verwickelt, die unmittelbare Folgen für die politische Landschaft im Grenzraum von Ostfranken zu Bayern hatte:

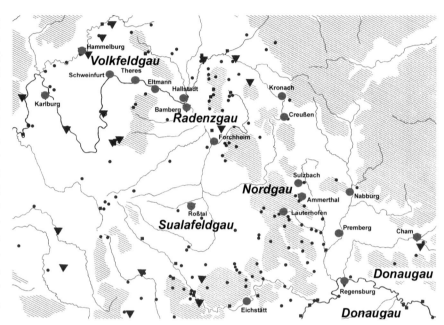

1 Politische Großräume und Plätze herrschaftlicher Präsenz in Nordbayern während der karolingischen und ottonischen Zeit. (Peter Ettel, Jena, Bearb. Mathias Hensch, Eschenfelden)

Der Machtkampf zwischen den mächtigen Familien der Konradiner und sogenannten älteren Babenberger um die Vorherrschaft in Franken zwischen 902 und 906 gilt als richtungsweisende Auseinandersetzung im spätkarolingischen, ostfränkischen Reich[2]. Sie führte zu einem politischen Flächenbrand von „solchem Ausmaß, dass die Grundfesten des ostfränkischen Reichs erschüttert wurden"[3]. Der Streit gipfelte in heftigen Kämpfen in den Jahren 902 bis 906 auf dem Gebiet des Bistums Würzburg und Intervention durch König Ludwig dem Kind zugunsten der Konradiner im Jahr 906. Exemplarisch beleuchtet dieses Ereignis nicht allein die politisch-militärischen Handlungsspielräume großer „Adelsclans" der ausgehenden Karolingerzeit im Spannungsfeld von Königtum und Großen, sondern lässt auch die Bedeutung von Zentralorten innerhalb der „Kernlandschaften" königlicher und adliger Herrschaft deutlich werden. Es sind in der Regel befestigte Burgorte, die entscheidende, strategische Bedeutung für die Verwaltung großer Herrschaftsräume besaßen – nicht allein für das Königtum, sondern bereits in spätkarolingischer Zeit auch für die einflussreichen Adelsfamilien. In der „Babenberger Fehde" nennt der zeitgenössische Gewährsmann Regino von Prüm in seiner Chronik Theres bei Haßfurt

[1] Vgl. hierzu Mitterauer 1963, 163 ff.; Brunner 1979, 141 ff.; Krah 1987, 197 ff., 217 ff., 321 ff.; Störmer 2004b, 85 ff.; Seibert 2002, 839 ff.; Ders. 2004, 65 ff.; Endres 2004, 117 ff.; Hensch 2004a, 153 ff., bes. 169 ff.; Deutinger 2006, 189 ff.

[2] Vgl. als jüngsten Überblick über die Ereignisse im Zuge dieser Auseinandersetzung Störmer 2006, 169 ff.

[3] Ebd., 169.

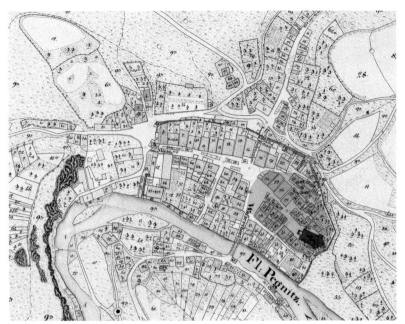

*3 Velden (Lkr. Nürnberger Land). Urauf-
nahme von Velden aus der ersten Hälfte des
19. Jahrhunderts; grau unterlegt ist der
vermutete zentrale Bereich des karolingischen Königshofs.
(Mathias Hensch, Eschenfelden)*

in Unterfranken und Bamberg als zentrale Burgorte der Babenberger. Diese Plätze waren strategisch von so großer Bedeutung, dass es hier gegen Ende der Auseinandersetzungen zu entscheidenden militärischen Handlungen kam, die mit großer Härte durchgeführt wurden.

Nun verschweigen uns die spärlich fließenden schriftlichen Mitteilungen aus dieser Zeit architektonisch-konzeptionelle, fortifikatorische und ökonomische Strukturen solcher wichtigen politischen „Schaltzentralen" ebenso wie deren siedlungsgenetische Einbindung in die zugehörigen Siedlungskammern. Und nicht allein das – nur ein geringer Teil ehemals wichtiger Burgzentren wird in den wenigen zeitgenössischen Nachrichten überhaupt erwähnt. Hier wird deutlich, welche große Rolle archäologischen und siedlungsgeschichtlichen Quellen zuteil wird, wenn es darum geht, die politisch-herrschaftliche Dimension von Herrschaftsräumen zu erhellen. An dieser Stelle sollen Entwicklungslinien der physischen Strukturierung von Herrschaft während der spätkarolingischen und ottonischen Zeit anhand des Raums zwischen den königlichen Zentralorten Forchheim und Regensburg skizziert werden.

Velden a. d. Pegnitz – Ein Königshof der Zeit Konrads I.

Im Grenzraum von Ostfranken zum älteren Herzogtum Bayern sind fränkische Königshöfe bereits zum Jahr 742 in Hallstadt bei Bamberg, vor 788 in Lauterhofen, spätestens um 800 in Forchheim, Schwabach, Ingolstadt und Premberg an der Naab sowie 867 in Weißenburg durch die schriftliche Überlieferung zu fassen *(Abb. 2)*[4]. Die Anlage dieser Königshöfe verdeutlicht die Klammerfunktion, die dieser Raum aufgrund seiner geostrategischen Lage in der Herrschaftskonzeption der Karolinger hatte. Die Verkehrsverbindungen zwischen den Zentralorten Forchheim und Regensburg spielten für die karolingischen Könige sicher schon bei ihren Expansionsbestrebungen während des 8. Jahrhunderts, aufgrund der veränderten politischen Situation dann zunehmend im 9. Jahrhundert eine bedeutende Rolle[5].

Über die architektonische Gestaltung und Ausstattung sowie die innere Struktur dieser herrschaftlichen Plätze wissen wir jedoch sehr wenig[6]. So haben beispielsweise jahrelange archäologische Maßnahmen in der Forchheimer Altstadt keine eindeutigen Befunde zum karolingischen Königshof bzw. der aus ihm erwachsenen spätkarolingisch-frühottonischen Pfalz erbracht[7]. Das Gleiche kann

[4] Zu Hallstadt Lauterhofen Dannheimer 1968; Hensch 2006a, 106 ff.; Ders. 2008, 163 ff.; Ders. 2010, 33 ff.; Ders. 2011a, 421 ff. – Zu Forchheim Sage 1996, 207 ff.; R. Ninnes 2004, 46 ff.; Weber 2007, 8 ff.

[5] Vgl. Schmid 1979, 13 ff.; Manske 2010, 43 ff.

[6] Vgl. Hensch 2006b, 278 ff. bes. 280.

[7] Vgl. Weigel 1959 b, 135 ff.; Sage 1996, 207 ff.; Ericsson 2004, 23 ff., bes. 24 f.

für die Lokalisierung der 806 erstmals erwähnten *villa Ingoldestat*, dem heutigen Ingolstadt gelten[8]. Einzig in Lauterhofen kennen wir mit der ehemaligen Kirche St. Martin einen wesentlichen Bestandteil einer königlichen *villa* auch im archäologischen Kontext.

Mit Velden an der Pegnitz tritt in Urkunden Arnulfs von Kärnten[9] und Konrads I.[10] dann 889 und 912 ein weiterer Königshof in das Licht der schriftlichen Überlieferung *(Abb. 2)*. *Feldun,* dessen Gründung mit einiger Wahrscheinlichkeit in die Regierungszeit Karls des Großen zurückgeht, lag an einer Flussschleife der Pegnitz, in einem engen Taleinschnitt in vergleichsweise siedlungsungünstiger Lage *(Abb. 3)*. Auffallend ist das als *bei den Feldern* zu übersetzende Toponym, das sich nur schwerlich mit der engen Tallage des mittelalterlichen Orts verbinden lässt und dafür spricht, dass der Königshof in Nachbarschaft zu einer bereits bestehenden und aufgesiedelten Rodungsinsel gegründet wurde[11]. Spätestens mit Etablierung des königlichen Fronhofs dürfte es zu einer nachhaltigen Strukturierung des Siedlungsraums gekommen sein, die unter anderem die Anlage funktional spezialisierter Höfe als Bestandteil königlicher Grundherrschaft zur Folge hatte. Exemplarisch lässt sich dies für die südwestlich benachbarte Siedlungskammer um den Königshof Lauterhofen und die mit ihm verbundenen zentralen Burgorte erschließen[12]. Dass Velden „abseits der Fernhandelswege gelegen"[13] sei, ist nicht richtig – der Ort war in karolingischer und ottonischer Zeit in ein wichtiges überregionales Wegenetz zwischen Ostfranken und Bayern und Böhmen eingebunden, was schon allein die von Kaiser Arnulf genutzte Route von Forchheim über Velden nach Regensburg belegt. Archäologische Ausgrabungen oder Funde, die konkrete Aussagen zur Entwicklung des Königshofs ermöglichen würden, fehlen in Velden bislang. Somit bereitet die genaue Lokalisierung des Königshofs Schwierigkeiten. Prinzipiell können wir nämlich mit verschiedenen Hofeinheiten und mit Verlegung oder Wüstfallen von Hofstellen rechnen[14], die ursprünglich Bestandteil der königlichen Infrastruktur waren. Ein zentraler Teil des Königshofes hat sich wahrscheinlich im Bereich der heutigen Pfarrkirche St. Maria befunden, denn diese geht, wie die Schenkung der *ecclesia ad Feldun* an den Eichstätter Bischof durch Konrad I. vom 9. März 912 nahe legt, auf die Königshofkirche zurück *(Abb. 4)*. Ein Blick auf die Uraufnahme des Orts um 1830 zeigt die auffallend periphere Lage der Kirche, sie liegt am Ostrand der spätmittelalterlichen Stadt am Fuß des nach Süden zur Pegnitz abfallenden Nordhangs *(Abb. 3)*. Während sich der westliche Teil durch eine gleichmäßige Parzellenstruktur auszeichnet, zeigen die Grundstücke im östlichen Bereich der Kernsiedlung, vor allem nordwestlich und westlich der Marienkirche eine kleinteiligere Anlage. Dies kann als Hinweis auf ältere, über lange Zeit gewachsene Bebauungs- und Nutzungsstrukturen im Umgriff der Kirche verstanden werden. Demnach hat sich zumindest der Fronhof der königlichen *curtis* wahrscheinlich im nordöstlichen Altstadtareal beiderseits der Straße *Schwalben-*

4 Velden (Lkr. Nürnberger Land). Blick auf die heutige Kirche St. Maria, die auf die von Konrad I. an das Bistum Eichstätt geschenkte Kirche des karolingischen Königshofs zurückgeht.
(© Landesamt für Vermessung und Geoinformation München)

[8] Vgl. Riedel 2000; Ders. 2008, 214 ff.; Haberstroh 2008, 233 ff.; Straub 2008, 116 ff.

[9] MGH D Karol. Germ. III, Nr. 146, 222 f.

[10] MGH D K I, Nr. 3, 3 f.

[11] Eine wissenschaftliche Auseinandersetzung mit der Siedlungsgenese des karolingischen Königshofs Velden fehlt bislang; vgl. an älterer Literatur Schwemmer 1951, 14 ff., bes. 19 f.; Ders. 1976, 7 ff.

[12] Vgl. Hensch 2010, 53 ff.

[13] Wach 2006, 553.

[14] Vgl. Schreg 2006, 211 ff.; Ders. 2009, 293 ff.

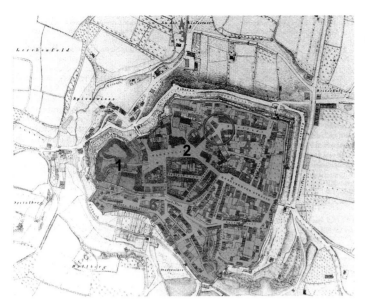

5 Sulzbach-Rosenberg (Landkreis Amberg-Sulzbach). Uraufnahme von Sulzbach mit Kennzeichnung des ehemaligen Kernburgareals (1), der ehemaligen Vorburg bzw. Burgsiedlung (2), frühmittelalterlichen Siedlungsbefunden nördlich der Burg (3), Stadterweiterungen des 14. Jahrhunderts mit der Neustadt (4), Bühlviertel (5) und Bachviertel (6); der Kreis markiert den Bereich des Befestigungssystems der ältesten Burgsiedlung.
(Stadt Sulzbach-Rosenberg, Bearb. Mathias Hensch, Eschenfelden)

[15] Zum Problem der Lokalisierung frühmittelterlicher Fronhöfe als Mittelpunkt grundherrschaftlicher Verbände vgl. Kropp, Meier 2010, 97 ff., bes. 106 ff.

[16] Hensch 2010, 58 mit Anm. 153.

[17] Lorenz 1998, 261 ff.; Ders. 1999, 151 ff.

[18] Vgl. Meineke, Forst. § 1/b, c. forestis. Reallex. Germ. Altertumsk. 9, 2, 346 ff. (Berlin 1994).

[19] MGH LL Cap. I, Nr. 32, 83 ff.

[20] [...] cum suis venatoribus atque piscatoribus infra forestum Feld[un commanens] aeternalitus in proprium concessimus [...]; MGH D K I., Nr. 3, 3 f.

berg befunden[15]. Daneben wird es aber weitere, funktional spezialisierte Hofstellen gegeben haben, die mit dem Fronhof die Einheit „Königshof" bildeten. Diese können durchaus außerhalb der spätmittelalterlichen Stadtanlage gelegen haben. So lassen sich beispielsweise Höfe der Fischer für den Königshof Premberg an der Naab im Flurnamen *Fischhofäcker (Abb. 26)* oder beim benachbarten Burgzentrum Sulzbach im Namen der Dorfwüstung *Vischern* („bei den Fischern") als Hinweis für grundherrliche Organisationsformen der karolingisch-ottonischen Zeit annehmen[16]. Diese Siedlungseinheiten lagen räumlich deutlich vom herrschaftlichen Zentralort getrennt. Wie aus der Urkunde von 912 hervorgeht, war der Königshof Velden Mittelpunkt einer königlichen *forestis*: Konrad I. sichert der Eichstätter Kirche nicht allein das Verfügungsrecht über „die Kirche in Velden mit allem Zubehör" zu, sondern darüber hinaus auch Nutzungsrechte am *forestum Feldun*. Die *forestes* des frühen und beginnenden hohen Mittelalters waren in der Regel rechtlich gekennzeichnete Nutzungsbezirke in Königshand[17]. Die rechtliche Grundlage für die Errichtung einer *forestis* bildete das königliche Verfügungsrecht über nicht bebautes Land, das so genannte *ius eremi*[18]. Die organisatorische Bindung der *forestes* an Königshöfe der Karolingerzeit lässt sich bei Velden durch die Urkunde Konrads I. direkt belegen. Die große Bedeutung der Königsforste scheint schon in merowingischen Urkunden des 7. Jahrhunderts auf, im *Capitulare de villis* Karls des Großen werden um das Jahr 800 die zu den Königsleuten gehörenden *forestarii* dann als wesentlicher Bestandteil königlicher Grundherrschaften explizit genannt[19]. Mit Jägern und Fischern erwähnt die Kanzlei Konrads I. für Velden ausdrücklich zwei wichtige Berufsgruppen innerhalb dieser königlichen *familia*[20]. Die wirtschaftlich-grundherrliche Grundlage betraf also nicht allein die Erträge aus der Waldnutzung, sondern schloss ebenso Jagd und Fischfang, sowie Rodung und Aufforstung ein. Diese unterstanden der Kontrolle des Königs und wurden durch den Königshof organisiert. Zur ökonomischen Grundlage einer *forestis* konnten in Gegenden wie der Frankenalb außerdem auch lukrative Spezialisierungen wie Bienenzucht und extensive Schaf- und Ziegenhaltung zur Gewinnung des teuren Pergaments gehören[21]. Wie wichtig solche Forstbezirke für die ökonomische Absicherung von Königsgut auch im nordöstlichen Bayern waren, zeigt, dass erst im Jahr 1009 König Heinrich II. im Zuge umfangreicher Schenkungen das Fiskalgut *Velda* mit weiteren Ortschaften der zugehörigen Siedlungskammer dem neu gegründeten Bistum Bamberg übereignete – der karolingische und ottonische Königshof ging zwar in geistliche Hände über, blieb aber eng an das Königtum gebunden[22].

Befestigte, zentrale Orte zwischen Regensburg und Forchheim

Ungleich besser als zu Königshöfen und Pfalzen, wenn auch nicht annähernd ausreichend, sind wir über wichtige Burgorte im Siedlungsraum zwischen den Pfalzen Regensburg und Forchheim informiert. Gleich mehrere befestigte Zentralorte des späten 8. bis 10. Jahrhunderts gruppieren sich in der heutigen mittleren Oberpfalz *(Abb. 2)*. Archäologische Forschungen der letzten zwei Jahrzehnte zu diesen Plätzen vermitteln ein Bild von der herrschaftlichen und wirtschaftlichen Dynamik der Siedlungskammer. Wie die Königshöfe waren auch die befestigten Zentralorte in grundherrschaftlich straff organisierte Strukturen und überregionale Verkehrssysteme eingebunden. Diese „infrastrukturellen Netzwerke" waren zwingend notwendig, um den ökonomischen, administrativen und militärischen Aufgaben und Anforderungen an solche präurbanen Mittelpunktsorte Rechnung tragen zu können.

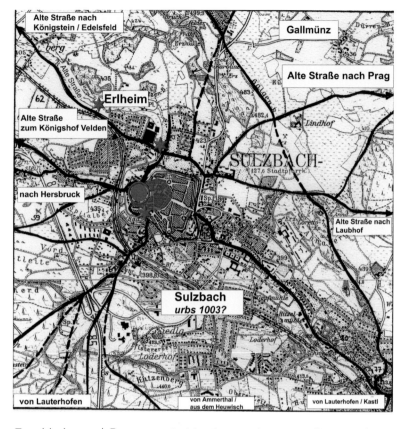

Auf halber Strecke zwischen den Pfalzorten Forchheim und Regensburg lag am Schnittpunkt wichtiger Fernwege und im Nahbereich der Königshöfe Lauterhofen und Velden das Burgzentrum Sulzbach, das von der karolingischen bis in die frühstaufische Zeit eng mit der Nordgauherrschaft verknüpft war[23]. *(Abb. 5)* Neben der günstigen Verkehrslage waren es wahrscheinlich auch die zu den wichtigsten Lagerstätten Mitteleuropas gehörenden Eisenerzvorkommen im Raum Sulzbach-Amberg-Auerbach, die das Interesse der Herrschaftsträger an dieser Region steigerten. Die 4,2 ha große Burgsiedlung von Sulzbach ist erstmals wahrscheinlich für das Jahr 1003 als *urbs* bezeugt. Der frühmittelalterliche Zentralort bestand aus verschiedenen Siedlungseinheiten, die einerseits fortifikatorisch günstig auf dem Bergrücken, andererseits wahrscheinlich in der Niederung lagen, wo durch Wasserreichtum und kolluviale Lehmablagerungen vergleichsweise günstige edaphische Siedlungsbedingungen gegeben waren *(Abb. 6)*. Die Keimzelle des Orts ist in der Bachniederung am Erl- oder Rosenbach, der bis in das späte Mittelalter auch *Sulzbach* hieß, zu lokalisieren. Südhanglage und Wasserreichtum bilden hier siedlungsgünstige Voraussetzungen im unmittelbaren Nahbereich zur Burg. Nördlich der Altstadt sind an der *Alten Straße* Siedlungsspuren des 8./9. Jahrhunderts bekannt, die weitere Wirtschaftseinheiten zur Versorgung der frühmittelalterlichen Burg vermuten lassen. Archäologische Ausgrabungen in nen-

6 Sulzbach-Rosenberg (Landkreis Amberg-Sulzbach). Altstraßennetz im Nahbereich des frühmittelalterlichen Herrschaftszentrums Sulzbach mit Kennzeichnung der Lage der frühmittelalterlichen Kernburg (Kreis), der Burgsiedlung und nachgewiesenen oder vermuteten frühmittelalterlichen Siedlungsarealen (Stern). (Grundlage TK 6435 Sulzbach-Rosenberg Nord/6436 TK 1:25000, Nr. 6536, Sulzbach-Rosenberg Süd, © Landesamt für Vermessung und Geoinformation Bayern, Nr. 4675/08, Bearbeitung: Rudi Röhrl, Bayer. Landesamt für Denkmalpflege, Regensburg, und Mathias Hensch, Eschenfelden)

[21] Hensch 2008a, 68.

[22] MGH D H II. Nr. 203, 237 f. – Hierzu Störmer 1996, 377 ff.

[23] Vgl. grundlegend Hensch 2005a; Ders. 2005b, 247 ff.; Ders. 2011b.

149

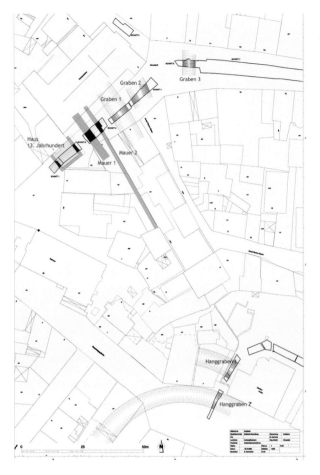

7 Sulzbach-Rosenberg (Landkreis Amberg-Sulzbach), Übersichtplan zu den Befunden der Befestigungsabschnitte des 8. bis 11. Jahrhunderts der Burgsiedlung Sulzbach im Bereich des westlichen Teils der Straße Neustadt und am Osthang nördlich der Rosenberger Straße; Stand März 2010. Nachweis: Erika Nachreiner, Regensburg, Mathias Hensch, Eschenfelden

nenswertem Umfang oder Baubeobachtungen aus der Bachniederung südlich der Burg liegen bislang nicht vor, so dass wir über die Genese der vermuteten frühesten Siedlungsareale am Südfuß des Altstadtberges (noch) nichts wissen. Die Burgsiedlung auf dem Bergrücken war zumindest im Osten bereits zur Karolingerzeit durch mehrere Abschnitts- und Hanggräben, sowie gemörtelte, zum Teil über 3 m breite Abschnittmauern massiv geschützt *(Abb. 7)*. Da das älteste Siedlungsareal auf dem Bergrücken seit mittelalterlicher Zeit bis heute kontinuierlich überbaut ist, sind frühe Siedlungsbefunde aus der ehemaligen Innenfläche bislang selten. Die archäologischen Aufschlüsse aus dem Bereich der Burgsiedlung beschränken sich bisher auf punktuelle Untersuchungen, die zudem sämtlich nur in peripheren Bereichen des ältesten Altstadtkerns vorgenommen werden konnten. Siedlungsgruben des 10. Jahrhunderts am Südostrand der Burgsiedlung zeigen immerhin an, dass große Teile der späteren Altstadt bereits früh in Nutzungsprozesse eingebunden waren[24]. Dagegen ist die etwa 1,3 ha große Kernburg auf dem westlichen Terrassensporn archäologisch relativ gut erforscht. Im Bereich des heutigen Sulzbacher Schlosses befanden sich innerhalb einer gemörtelten, durchschnittlich 2,2 m starken Steinbefestigung seit der späten Karolingerzeit herrschaftliche Wohn- und Repräsentationsgebäude, die zum Teil bereits in Stein errichtet waren *(Abb. 7)*. Die frühe Steinarchitektur bringt die hervorgehobene Rolle der Burg im Herrschaftsraum zum Ausdruck. Am Nordrand der Kernburg standen im späteren 9. und 10. Jahrhundert mehrere Gebäude, darunter ein rund 22 m langer und 8 m breiter, beheizbarer Saalbau und mindestens drei Wohnhäuser, die zum Teil mit Unterbodenheizungen ausgestattet waren *(Abb. 8)*. Im Zentrum der Kernburg

8 Sulzbach-Rosenberg (Landkreis Amberg-Sulzbach), Untersuchungen im Bereich der ehem. Kernburg der urbs Sulzbach. Archäologisch erfasste, zum Teil beheizbare Wohn- und Repräsentationsgebäude der karolingischen (1-3), ottonischen (4-6) und salisch-frühstaufischen Zeit (6, 7) im Bereich der nördlichen Kernburg (Ausschnitt). (Mathias Hensch, Eschenfelden)

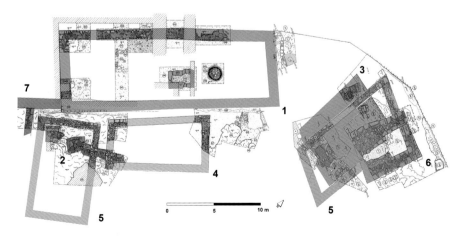

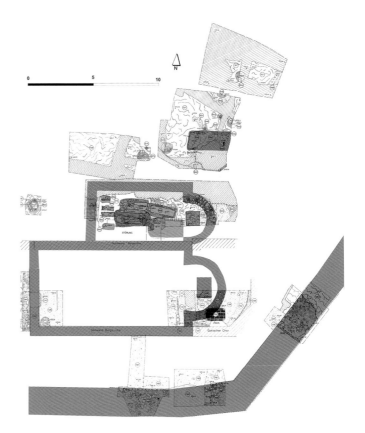

9 Sulzbach-Rosenberg (Landkreis Amberg-Sulzbach). Blick auf den Adelsfriedhof des 9. bis frühen 11. Jahrhunderts und die Reste einer Seitenkapelle aus dem 11. Jahrhundert über den älteren Gräbern innerhalb der Sulzbacher Kernburg.
(Mathias Hensch, Eschenfelden)

10 Sulzbach-Rosenberg (Landkreis Amberg-Sulzbach), Untersuchungen im Bereich der ehem. Kernburg. Karolingische Burgkirche mit nördlich anschließendem Adelsfriedhof des 9. bis frühen 11. Jahrhunderts und jüngerer Seitenkapelle(?) sowie nördlicher Torwange des frühmittelalterlichen Zangentores im zentralen Bereich der Kernburg - Ausschnitt.
(Mathias Hensch, Eschenfelden)

lag die Burgkirche, an die sich im Hochmittelalter eine kleinere Kapelle anschloss, die einen älteren Adelsfriedhof überbaute *(Abb. 9–11)*. Auf diesem ließen sich vom 9. Jahrhundert bis in die Zeit um 1000 einzelne Angehörige der Burgherrenfamilien bestatten. Die Verbindung von Handwerk und Herrschaft beleuchtet u. a. das in Sulzbach nachgewiesene Metallhandwerk. Am Westrand der Kernburg arbeitete in der Zeit um 900 eine Werkstatt, in der u. a. Kettenhemden gefertigt und unterschiedliche Metalle wie Bronze, Messing, Zink und Eisen verarbeitet wurden *(Abb. 12)*[25]. Der Einzelfund eines gusseisernen Barrens aus dem frühen 11. Jahrhundert belegt darüber hinaus die Anwesenheit von Handwerkern in Sulzbach, die innovative, metallurgische Prozesse zu beherrschen im Stande waren. Rohbernsteinfunde vom Rand der Burgsiedlung könnten auf Bernsteinschnitzerhandwerk hindeuten[26]. Auch andere Funde des 9. bis 11. Jahrhunderts zeugen von hohem Lebensstan-

[24] Hensch 2011c.

[25] Gassmann/Yalçin 2005, 261 ff.

[26] Vgl. Hensch 2011b.

151

11 Sulzbach-Rosenberg (Landkreis Amberg-Sulzbach). Rekonstruktionsvorschlag zum Aussehen des nördlichen Teils der Sulzbacher Kernburg in ottonischer Zeit.

dard auf der Burg. Die Griffplatte des Abzugbügels einer Armbrust des 10. Jahrhunderts gilt als ältester mittelalterlicher Nachweis dieser Waffe in Süddeutschland. Aus Sulzbach liegen unter anderem Reste von Fenstergläsern vor, die zu den frühesten mittelalterlichen Belegen von Fensterverglasung im deutschsprachigen Raum gehören dürften. Darunter befinden sich auch Bruchstücke mit Glasmalerei und ein Fragment des 9./frühen 10. Jahrhunderts, das Reste einer Inschrift aus Kapitales zeigt *(Abb. 13)*. Diese Fragmente zählen zu den ältesten Glasmalereifunden in Zentral-Mitteleuropa. Fensterverschlüsse aus Glas waren im Mittelalter, allemal zu dieser frühen Zeit, eine große Kostbarkeit und zeigen damit einen höchst anspruchsvollen Wohnkomfort an. Außergewöhnlich ist auch das reichhaltige osteologische Fundmaterial aus den Siedlungsschichten des 8. bis 12. Jahrhunderts von der Sulzbacher Burg. Es bietet eine erstaunliche Artenvielfalt[27]. Ein vergleichsweise hoher Anteil an Wildtieren, darunter Bär, Wisent und der sehr seltene Luchs, bezeugt dabei die Bedeutung der Jagd für die frühen Burgherren. Selbst Austern aus der Nordsee sowie Störe lassen sich im Fundmaterial nachweisen. Einen ausgefallenen Anhaltspunkt zur Konzeption der Burg liefern Pollenanalysen aus einer Kulturschicht des 9./10. Jahrhunderts. Die Probe erbrachte unter anderem die Pollen zweier Kulturpflanzen, die in Mitteleuropa nicht heimisch sind und über deren Kultivierung im europäischen Mittelalter nichts bekannt ist: Pollen der Flügelnuss Pterocarya, einer in Ostasien und dem Vorderen Orient beheimateten Walnussgattung, sowie des in Eurasien heimischen Meerträubelgewächses, einer Halbwüsten- bzw. Steppenpflanze[28]. Das im Meerträubel enthaltene Ephedrin wird in der chinesischen Medizin seit etwa 5000 Jahren als Heilmittel und Droge angewandt. Die Funde deuten an, dass es auf der karolingisch-ottonischen Burg Gärten gab, in denen Pflanzen zu Genuss- und Heilzwecken angebaut wurden. Ein solcher Befund kann mit der durch Karl den Großen um 800 im *Capitulare de villis* vorgeschriebenen Kultivierung exotischer Pflanzen verbunden werden. Neben den dort explizit genannten Nussbäumen, die zu Genusszwecken angepflanzt werden sollen, sind besonders die Erwähnungen von Heilpflanzen interessant. Die aufgeführte Myrrhe wirkt zum

[27] Pasda 2004.

[28] Reichardt 2005, 285 ff.

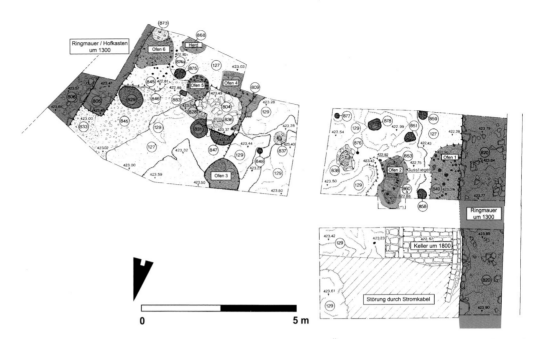

12 Sulzbach-Rosenberg (Landkreis Amberg-Sulzbach). Übersichtsplan zu den archäologischen Befunden einer Metallwerkstatt des 9./10. Jahrhunderts am Westrand der Sulzbacher Kernburg, in der u.a. Kettenhemden gefertigt wurden. (Mathias Hensch, Eschenfelden)

Beispiel wie Ephedrin bei Bronchitis und Husten lindernd. Das ungewöhnliche Vorkommen der Pollen in Schichten der frühen Burg Sulzbach beleuchtet den Aspekt „Herrschaft" von einer bislang kaum bekannten Seite.

Muss zwar die genealogische Herrschaftsgeschichte Sulzbachs vor dem 11. Jahrhundert nebulös bleiben, so ist mit einiger Sicherheit anzunehmen, dass Sulzbach ab der Mitte des 8. Jahrhunderts im Kontext mit den nahen Königshöfen Lauterhofen und Velden auf königlich-fränkische Initiative ausgebaut wurde. Ab dem zweiten Drittel des 9. Jahrhunderts scheint der Burgort dann bereits ein Hauptort der Nordgaugrafen gewesen zu sein, deren reichspolitische Bedeutung in den Quellen der späten Karolingerzeit deutlich hervortritt und deren Protagonisten auch namentlich bekannt sind. Ab etwa 936 war die Burg dann wahrscheinlich Sitz der Amtsgrafen aus der Familie der späteren Grafen „von Schweinfurt". Deren erster bekannter Vertreter Berthold († 980) war ein enger Vertrauter Kaiser Ottos I. Es spricht einiges dafür, dass Graf Berthold seine letzte Ruhestätte in einem der Sarkophage neben der Sulzbacher Burgkirche fand. Nach Übernahme des Orts durch die in der Salier- und frühen Stauferzeit reichsweit bedeutenden Familie der Grafen von Sulzbach kam es ab dem 11. Jahrhundert zu einem weiteren Ausbau des Orts, der nicht allein die Kernburg betraf, sondern auch eine Neubefestigung der Siedlung und den Neubau von Kirchen mit sich brachte.

13 Sulzbach-Rosenberg (Landkreis Amberg-Sulzbach). Bemaltes und beschriebenes Fragment eines Fensterglases aus dem spätkarolingischen Saalbau der Sulzbacher Kernburg. (Mathias Hensch, Eschenfelden)

14 Frohnberg (Landkreis Amberg-Sulz-
bach). Luftbild des Frohnbergs östlich von
Sulzbach mit Resten einer großen frühmit-
telalterlichen Befestigung von Osten.
(Klaus Leidorf, Bayer. Landesamt für
Denkmalpflege München)

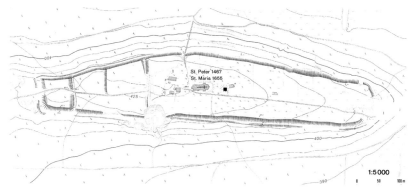

15 Frohnberg (Landkreis Amberg-Sulzbach). Topographischer Plan
des Frohnbergs östlich von Sulzbach mit Befestigungsresten der frühmittelalterlichen Burganlage.

Unmittelbar östlich von Sulzbach liegt der Frohnberg, der mit ca.
8 ha umwehrter Grundfläche zu den größten frühgeschichtlichen
Befestigungsanlagen der Oberpfalz gehört (Abb. 14)[29]. Der zur Vils-
niederung nach Osten vorspringende, tafelbergähnliche Höhen-
rücken erhebt sich bis zu 30 m über das Umland. In unmittelbarer
Nachbarschaft zum Zentralort Sulzbach flankierte die Befestigung
wichtige West-Ost-Routen von den ostfränkischen Gebieten nach
Böhmen und einen mutmaßlichen Übergang über die Vils. Die Alte
Straße, ein wichtiger Strang der Wegesysteme in Richtung Böhmen
– später auch als "Goldene Straße" bezeichnet, verlief unmittelbar
durch die Befestigung. Urkundliche Überlieferungen zu einer Burg
auf dem Frohnberg sind nicht bekannt. Doch schon der Name des
Berges mit dem Bestimmungswort ahd. frôno („herrschaftlich",
„dem Herrn gehörig", „dem König gehörig") steht mit einer herrschaftlichen Nutzung in Zusammenhang[30]. Im letzten Drittel des
13. Jahrhunderts wurde den Schriftquellen zufolge auf dem Berg
bereits Landwirtschaft betrieben, so dass zu dieser Zeit die Burganlage wahrscheinlich nicht mehr in Nutzung war. Aufgrund der ty-
pologischen Merkmale im Gelände lässt sich erschließen, dass die
Befestigung im Zeitraum vom 8. bis zum 10. Jahrhundert angelegt
wurde. Ihr heute weitgehend unbebauter Innenraum gliederte sich
nach den im Gelände erkennbaren Befestigungsresten ursprünglich
in drei unterschiedlich große Areale, die jeweils separate Befestigungselemente besaßen (Abb. 15). Der mittlere und der östliche Bereich nehmen mit knapp 6 ha den größten Teil der Hochfläche ein.
Hier stehen heute die Wallfahrtskirche St. Maria aus dem 18. Jahrhundert, an deren Standort eine 1467 genannte Peterskirche vermutet wird, sowie eine im 16./17. Jahrhundert entstandene kleine
Kapelle, an deren Standort ist durch Ausgrabungen ein Wohnturm
des 12. Jahrhunderts nachgewiesen, der mit dem hochmittelalterlichen Amtssitz der Sulzbacher Ministerialen de Hanninpah in Verbindung gebracht wird, die sich nach dem nahen Hahnbach nannten. Hier lässt sich eine Kontinuität herrschaftlicher Nutzung des

[29] Hierzu in Zukunft Hensch, in Vorber. – Als Überblick Schwarz 1978, 57
ff.

[30] Vgl. Hensch 2010, 56 f.

154

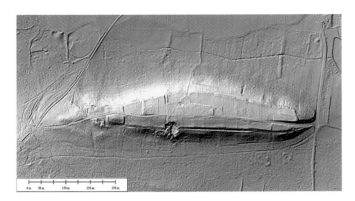

16 Frohnberg (Landkreis Amberg-Sulzbach). Luftgestützte Laserscan-Aufnahme (LIDAR) des Frohnbergs mit gut sichtbaren Strukturen der frühmittelalterlichen Befestigung.
(© Geodaten Landesamt für Vermessung und Geoinformation München; Bearbeiter: Hermann Kerscher, Bayer. Landesamt für Denkmalpflege München)

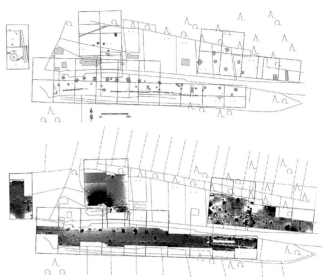

17 Frohnberg (Landkreis Amberg-Sulzbach). Geomagnetisches Messbild der Innenfläche der frühmittelalterlichen Befestigung auf dem Frohnberg (unten) und Interpretation der Strukturen (oben) mit zahlreichen Hinweisen auf intensive Nutzung und Bebauung, nach. J. Fassbinder.
(Jörg Fassbinder, Bayer. Landesamt für Denkmalpflege München)

Platzes bis in das Hochmittelalter belegen. Auf Laserscanbildern des Berges, sogenannten LIDAR-Aufnahmen[31], sind die erhaltenen Befestigungselemente auf dem Frohnberg gut zu erkennen, so ein über 600 m langer, von einem Wall begleiteter Hanggraben an der Südflanke, sowie zum Teil verschüttete Querwälle und Gräben auf der Hochfläche (Abb. 16). Obwohl umfangreichere archäologische Ausgrabungen auf dem Frohnberg bislang fehlen, geben geomagnetische Untersuchungen der Innenfläche wichtige Informationen zu dessen frühmittelalterlicher Nutzung[32]. Die Messbilder zeigen vielfältige archäologische Strukturen, die eine dichte, zum Teil auffallend regelhafte Bebauung und intensive Nutzung der Hochfläche andeuten (Abb. 17). Hierzu gehören auch bislang unbekannte Befestigungselemente wie die südliche Hangkante begleitende, über 300 m lange Palisade und ein weiterer Abschnittsgraben am Ostende der Hochfläche. Die genaue Einordnung und Interpretation der im Innenraum der Befestigung geophysikalisch erfassten archäologischen Strukturen ist schwierig. Die Bebauung könnte aus zahlreichen Gruben- und Pfostenhäusern, sowie vielleicht Kellern bestanden haben. Es gibt Anhaltspunkte dafür, dass die Befestigung auf dem Frohnberg während der karolingisch-ottonischen Zeit eine sehr spezifische, herrschaftsgebundene Funktion bei der Eisenverhüttung und Eisenverarbeitung gehabt haben könnte. Möglicherweise arbeiteten innerhalb der Befestigung Handwerker an der Herstellung herrschaftsnaher Produkte. Zu denken wäre auch hier an die Herstellung von Waffen[33], wie auf der benachbarten Burg in Sulzbach mit der Produktion von Kettenhemden nachzuweisen ist.

[31] Geodaten, Landesamt für Vermessung und Geoinformation München; Bearbeiter Hermann Kerscher, Bayerisches Landesamt für Denkmalpflege München. LIDAR ist eine Abkürzung für „Light Detection And Ranging". Bei einer LIDAR-Messung werden Laserpulse von einem Fluggerät ausgesendet und das von der Erdoberfläche zurückstreuende Laserlicht detektiert. Aus den reflektierten Signalen kann die Entfernung zur Oberfläche berechnet und zu einem dreidimensionalen Bild des Bodenreliefs verarbeitet werden. Hierdurch ist es möglich, auch geringste Bodenunebenheiten und Befestigungsreste auf der Oberfläche sichtbar zu machen, die ansonsten kaum zu erfassen wären.

[32] Durchgeführt von Jörg Fassbinder, Bayerisches Landesamt für Denkmalpflege, München, 2005 und 2008.

[33] Vgl. Hensch 2010, 65 f.

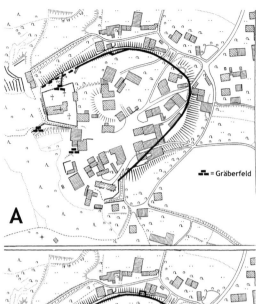

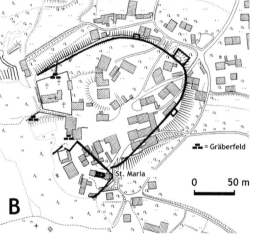

19 Ammerthal (Landkreis Amberg-Sulz-
bach). Lageplan der karolingischen Befesti-
gung (A) und der der ottonischen civitas
Amardela (B) im Kataster des modernen
Orts, nach P. Ettel.
(Peter Ettel, Jena, Bearb. Mathias Hensch,
Eschenfelden)

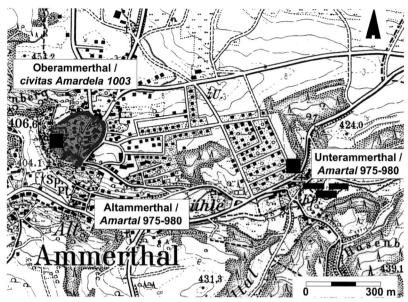

18 Ammerthal (Landkreis Amberg-Sulzbach). Historische Topographie
von Ammerthal mit karolingisch-ottonischer Burg, Siedlungsbereichen
und Bestattungsplätzen (schwarz); Ausschnitt aus TK 1:25000,
Nr. 6536, © Landesamt für Vermessung und Geoinformation Bayern,
Nr. 4675/08.

(Grundlage TK 6435 Sulzbach-Rosenberg Nord/6436 TK 1:25000, Nr.
6536, Sulzbach-Rosenberg Süd, © Landesamt für Vermessung und Geoinformation Bayern, Nr. 4675/08, Bearbeitung: Rudi Röhrl, Bayer. Landesamt für Denkmalpflege, Regensburg, und Mathias Hensch, Eschenfelden)

Nur etwa acht Kilometer südwestlich von Sulzbach liegt Oberammerthal, ein weiteres Burgzentrum des 9. und 10. Jahrhunderts
(Abb. 2). Die Burg wird in der chronikalen Überlieferung um
1013/1017 für das Jahr 1003 ein einziges Mal als civitas Amardela erwähnt. Ihre Gründung dürfte auf Initiative des Königtums
und seiner mächtigen Grafen um das Jahr 800, wahrscheinlich vom
unmittelbar benachbarten Zentralort Sulzbach aus erfolgt sein. Im
10. Jahrhundert befand sich auch die Burg Amardela in Besitz der
späteren Schweinfurter Grafen, wie sich aus einer Schenkung des
oben erwähnten Grafen Berthold in Amartal[34] um 980 und der Erwähnung zum Jahr 1003 eindeutig ergibt. Wie in Sulzbach gab es
auch in Ammerthal unterschiedliche Siedlungseinheiten des frühen
Mittelalters, die sich noch heute in den Ortsnamen Altammerthal
und Unterammerthal fassen lassen (Abb. 18). Aus Unterammerthal ist ein Gräberfeld des 8./9. Jahrhunderts bekannt. Die Burgsiedlung Amardela lag auf einem sich nach Westen gegen den Am-
merbach vorschiebenden Terrassensporn der mittleren Frankenalb[35]. Die gut 2,2 ha große Burg wurde zur Karolingerzeit mit
einer rund 3,20 m breiten, hufeisenförmigen Holz-Erde-Mauer mit
vorgeblendeter Trockenmauer befestigt (Abb. 19, A). Zu einem um-

[34] Widemann 1988, 210.

[35] Grundlegend zur Burg Ammerthal
Ettel 1999, 315 ff.; Ders. 2001, 154
ff.; Ders. 2007, 185 ff.

[36] Hensch 2004b, 158 ff.

fangreichen Ausbau kam es dann in der ersten Hälfte des 10. Jahrhunderts. Spätestens nun bestand die Burg aus einer herrschaftlichen Kern- und einer wahrscheinlich gewerblich-handwerklich genutzten Vorburg. Hier wurde u. a. Eisen im größeren Umfang verhüttet und weiterverarbeitet. Die Siedlung war zur Hochfläche hin von einer bis zu 1,9 m starken, gemörtelten Steinmauer umgeben, die zusätzlich mit mächtigen, turmartigen Bastionen gesichert wurde *(Abb. 19, B)*. Die ottonische Hauptburg besaß eine eigene, durchschnittlich 2 bis 3 m starke Befestigungsmauer, die sie von der Burgsiedlung trennte. Die gesamte Befestigung vermittelt einen Eindruck von der enormen Wehrhaftigkeit solcher Anlagen während des 10. Jahrhunderts *(Abb. 20)*. Über die Innenbebauung ist aufgrund der modernen Überbauung kaum etwas bekannt. Immerhin belegen Pfostenspuren und Feuerstellen eine Nutzung und Bebauung peripherer Areale unmittelbar an der Befestigungsmauer ab der Karolingerzeit. Von den Bauten der Kernburg ist in Oberammerthal lediglich die Burgkirche archäologisch erforscht. Doch auch hier gab es, analog zu den Befunden aus Sulzbach, sicher eine funktional differenzierte Bebauung mit herrschaftlichen Wohnungen und einem Saalbau.

Eine weitere wichtige frühmittelalterliche Burg des Siedlungsraums dürfte sich südwestlich von Ammerthal in Kastl befunden haben *(Abb. 2)*. Der schematische Ortsname überliefert uns die Burg unmittelbar. Sowohl das Toponym als auch die Topographie des Orts weist wie der siedlungsgeschichtliche Kontext auf karolingische Wurzeln[36]. Auf der frühmittelalterlichen Burg wurde um 1100 das älteste Benediktinerkloster des Nordgaus gegründet. Wie die Burg Sulzbach lag das *Castellum* im Bereich bedeutender Fernwege von Ostfranken nach Bayern und Böhmen auf einem lang gestreckten Terrassensporn, der sich nach Westen gegen das Lauterachtal vorschiebt *(Abb. 21)*. Die Burg wurde fortifikatorisch günstig am Eingang des Lauterachtals genau an der Stelle angelegt, an der der Fluss nach Süden umbiegt und sich das Tal nach Westen in Richtung des frühkarolingischen Königshofs Lauterhofen erweitert. Moderne archäologische Ausgrabungen fehlen in Kastl bislang, so dass die genaue Siedlungs- und Befestigungsentwicklung vorerst verdunkelt bleibt. Die dichte geographische Lage der drei Burgzentren Sulzbach, Ammerthal und Kastl zueinander verdeutlicht aber die Bedeutung der Region für die Herrschaftsträger des 8. bis 10. Jahrhunderts eindrucksvoll. Die Ursachen hierfür sind nicht allein in der militärischen, sondern vor allem in der ökonomischen und admini-

20 Ammerthal (Landkreis Amberg-Sulzbach). Rekonstruierter Blick auf die massive Befestigung der civitas Amardela von der Jurahochfläche im Nordosten, nach K. Schwarz/F. Leja. (Ferdinand Leja, Röthenbach a.d. Pegnitz)

21 Kastl (Landkreis Amberg-Sulzbach). Blick von Südwesten auf das ehemalige Areal der frühmittelalterlichen Burg und des hochmittelalterlichen Benediktinerklosters Kastl vom Lauterachtal aus. (http://de.wikipedia.org/wiki/Datei:Kloster-kastl-2.jpg)

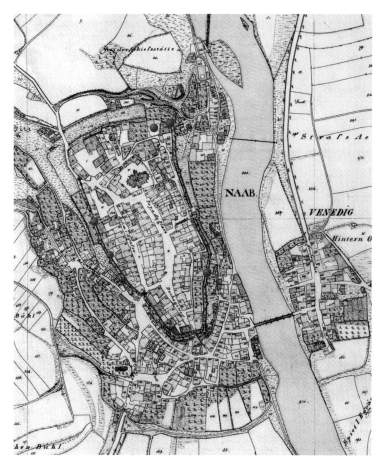

22 Nabburg (Landkreis Schwandorf). Uraufnahme von Nabburg aus dem frühen 19. Jahrhundert mit Kennzeichnung der Lage der 2004 bis 2011 archäologisch nachgewiesenen frühmittelalterlichen Befestigungsreste (Kugeln).

[37] MGH H D I Nr. 19, 54 f.

[38] MGH D H IV. Nr. 69, 89 f.

[39] Wie wichtig auch die Naab und die querenden Landverbindungen für das Fernwegenetz des Frühmittelalters waren, zeigt die Erwähnung des etwa 30 km naababwärts gelegenen Premberg im sogenannten Diedenhofener Kapitular Karls des Großen von 805. Auf diesen Ort ist im Folgenden noch zurückzukommen.

strativen Funktion dieser Orte und ihres Umlands zu suchen.

Dem „Burgengürtel" auf der mittleren Alb liegt mit Nabburg der wichtigste Zentralort des 8. bis 12. Jahrhunderts im Naabraum gegenüber *(Abb. 2)*. Im Juni 929 stellte König Heinrich I. in *Nabepurg* eine Urkunde zugunsten des Klosters Kempten aus[37]. Der erste ottonische Herrscher hielt sich offenbar im Verlauf eines in diesem Jahr durchgeführten Kriegszugs gegen Böhmen an der Naab auf. Schon die Ersterwähnung lässt die bedeutende Rolle des Orts im Herrschaftsgefüge auf dem Nordgau der spätkarolingischen und ottonischen Zeit erahnen. Die Tatsache, dass der König auf seinem Feldzug von oder nach Böhmen in Nabburg Station machte, führte zur Ansicht, dass sich der Burgort Anfang des 10. Jahrhunderts in Reichsbesitz befunden hat. Spätestens in der zweiten Hälfte des 10. Jahrhunderts scheint sich jedoch auch Nabburg in Verwaltung der Nordgaugrafen befunden zu haben, ohne dass sich sicher sagen ließe, ob es als königliches Lehen an jene kam. Wie die Erwähnung der *marcha Nabburg* in einem Königsdiplom Heinrichs IV. von 1061[38], sowie die Übernahme des Ortes durch die Diepoldinger Grafen um 1106 und die Sulzbacher Grafen ab 1146 war sie bis zum Ende des 12. Jahrhunderts von zentraler Bedeutung für die administrative Organisation des östlichen Nordgaus, ein wichtiger herrschaftlicher Bezugspunkt zu Regensburg und zugleich Brückenkopf nach Böhmen. Wie die Zentralorte auf der Alb verdankt auch die Nabburg ihre früh- und hochmittelalterliche Bedeutung zu einem großen Teil ihrer verkehrsgeographischen Lage. Am Westufer der Naab gelegen, flankierte sie einen wichtigen Übergang des Fernverkehrs über den Fluss. Die frühmittelalterlichen West-Ost-Verbindungen in der heutigen mittleren Oberpfalz verliefen von der Hersbrucker Bucht am Westrand der Alb über den Raum Amberg-Sulzbach weiter nach Nabburg und von dort aus weiter in Richtung Prag. Wie Sulzbach war Nabburg ein wichtiger Etappenort an einer der ältesten nachweisbaren Verbindungsstrecken zwischen den fränkischen und slawischen Gebieten. Diese West-Ost-Linie traf hier auf einen Nord-Süd-Handelsweg, wobei in Nabburg von der Straße auf das Schiff umgeladen werden konnte[39].

Die archäologische Erforschung dieses landesgeschichtlich wichtigen Platzes hat gerade erst begonnen. Seit 2004 kam es im Zuge von Baumaßnahmen fast jährlich zu kleineren archäologischen Maßnahmen in der Nabburger Altstadt *(Abb. 22)*, bei denen jedoch eine Vielzahl von Siedlungs- und Bebauungspuren des 8. bis 12. Jahrhunderts dokumentiert wurde[40]. Demzufolge hat sich auch in Nabburg die Siedlung auf dem Bergrücken kontinuierlich ab dem 8. Jahrhundert entwickelt. Die archäologischen Quellen zeigen, dass es dabei schon in karolingischer Zeit zu einer intensiven Nutzung des gesamten Bergrückens kam, die wahrscheinlich über rein landwirtschaftlich strukturierte Formen hinausging. So gibt es auch hier Hinweise auf Edelmetallverarbeitung und Bärenjagd während des 8./9. Jahrhunderts. Die erfassten frühmittelalterlichen Siedlungsbereiche wurden auch in ottonischer und salisch-frühstaufischer Zeit genutzt. Neben zwei frühmittelalterlichen

Begräbnisplätzen nördlich und westlich der Altstadt lassen sich um die Kirche St. Johannes der Täufer im Norden und am Unteren Markt im Süden der Altstadt aufeinanderfolgende Hofstellen dieser Zeitabschnitte erschließen. Hier bestand offenbar eine dichte Bebauung mit Holzgebäuden. In Nabburg fällt vor allem das quantitativ reichhaltige Fundmaterial der karolingischen und ottonischen Zeitabschnitte aus sehr unterschiedlichen Arealen der Altstadt und der am Westufer der Naab gelegenen Unterstadt auf. Schon allein dieses Kriterium spricht für einen heterogenen Siedlungskomplex aus zahlreichen Hof- und Wirtschafteinheiten, die ohne Weiteres schon früh spezialisierte Funktionen übernommen haben können, ohne dass sich diese aufgrund der momentanen Quellenlage näher beschreiben lassen.

23 Nabburg (Landkreis Schwandorf). Blick auf die Reste der frühmittelalterlichen Trockenmauer (rechts) und der vermutlich ottonischen Mörtelmauer (links) im Norden des Altstadtareals, Grabung August 2011. (Mathias Hensch, Eschenfelden)

Als „Gradmesser" für die Bedeutung des Zentralorts sind aber auch in Nabburg die frühen Befestigungen zu sehen. An bislang fünf unterschiedlichen Stellen im Umgriff der spätmittelalterlich-frühneuzeitlichen Stadtbefestigung ließen sich bei den Grabungen der letzten Jahre Befestigungsreste der karolingischen und ottonischen Zeit nachweisen. Diese wurden in unterschiedlichen Bauabschnitten offensichtlich über einen längeren Zeitraum zwischen dem späten 8. und dem mittleren 10. Jahrhundert errichtet. So konnte im Sommer 2011 im Norden der Burgsiedlung das Teilstück einer wohl dreiphasigen Befestigung untersucht werden. Diese bestand zunächst wohl aus einer Holzpalisade, dann aus einer Trockenmauer mit Hinterschüttung und schließlich aus einer gemörtelten Steinmauer *(Abb. 23)*. Die ältesten Phasen gehören hier offenbar in das 8./frühe 9. Jahrhundert, während die Mörtelmauer an dieser Stelle wahrscheinlich erst in das späte 9./10. Jahrhundert zu datieren ist. Am Westhang des Altstadtberges kamen Mauerabschnitte einer rund 2 m starken Mörtelmauer zum Vorschein, die hier über ihre stratigraphische Einbindung und 14C-Daten bereits in der Karolingerzeit entstanden sein könnte[41]. Beeindruckend ist, dass die frühen Befestigungsabschnitte sich im Norden, Südosten und Westen der

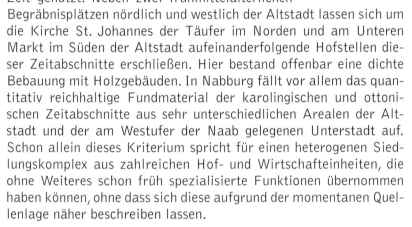

[40] Die Grabungen sollen in den nächsten Jahren ausgewertet und publiziert werden. Ein erster Überblick findet sich bei Hensch 2008b, 81 ff.; Ders. 2011d.

[41] Die geplante Auswertung der jüngsten Nabburger Grabungen wird womöglich präzisere Aussagen zur Chronologie der Befestigung zulassen.

24 Nabburg (Landkreis Schwandorf). Ideal-rekonstruktion der Nabepurg während des 10. Jahrhunderts nach den bislang bekann-ten archäologischen Aufschlüssen. Blick von Nordosten auf die Burgsiedlung am Westufer der Naab.
(Roger Mayrock, Kempten)

Altstadt nachweisen lassen und zum Teil über 300 m voneinander entfernt liegen *(Abb. 22)*. Somit könnte fast das gesamte heutige Altstadtareal schon vor der ersten Jahrtausendwen-de mit einer gemörtelten 2 m starken Steinmauer umgeben gewesen sein *(Abb. 24)*.

Wissen wir über die Entwicklung der vorgestellten politisch-admini-strativen Zentralorte durch die Er-gebnisse der Archäologie zumindest ansatzweise Bescheid, so gibt es im gleichen Siedlungsraum auch eine Reihe von vermeintlich frühmittelal-terlichen Burganlagen, über deren Funktion und Genese nichts bekannt ist. Diese „unbekannten Bur-gen", deren sichtbare Reste zum Teil ebenfalls von enormen An-strengungen ihrer Erbauer und einer differenzierten Logistik zeu-gen, zeigen, wie vielschichtig und komplex Herrschaftsstrukturie-rung innerhalb wichtiger Siedlungskammern und Verkehrsräumen vor sich gegangen ist.

Eine solche unerforschte, in ihren Ursprüngen dem 8. bis 10. Jahr-hundert n. Chr. zuzuweisende Anlage im Herrschaftsraum auf der mittleren Frankenalb lag möglicherweise am Wachtberg bei Eschen-felden[42]. Der Wachtberg liegt am Eingang zum Hirschbachtal, exakt zwischen den Zentralorten Velden und Sulzbach *(Abb. 2)*. Der Nah-bereich des Altorts Eschenfelden, in dem Anfang des 12. Jahrhun-derts ein Ministeriale der Sulzbacher Grafen bezeugt ist, wird von zum Teil sehr alten Fernwegen im Bereich der Routen von Forch-heim über Velden nach Regensburg durchquert[43]. Der östliche Teil des Berges trägt Spuren einer wahrscheinlich mittelalterlichen Burg, die im Volksmund *Alte Bürg* genannt wird *(Abb. 25)*[44]. Schriftliche Quellen zu dieser Anlage sind nicht bekannt. Der ca. 700 x 200 m große, etwa von Nordwesten nach Südosten verlau-fende Wachtberg bildet an seiner östlichen Flanke einen äußerst schmalen, etwa 300 m langen, gratartigen Kamm aus, der von ei-ner nördlichen Bergkuppe durch einen gut 100 m langen natürli-chen Einschnitt getrennt ist. Der schmale Bergkamm wird an bei-den Enden von künstlichen Hals- bzw. Abschnittsgräben durch-schnitten, die ebenso wie Mauerreste wohl mit einer hochmittelal-terlichen Nutzung in Verbindung zu bringen sein dürften. An der West-, und besonders der Ostseite des Berges ziehen sich jedoch ent-lang der unteren Hangflanken über mehrere hundert Meter künst-lich versteilte Böschungen, die nicht dem Verlauf der natürlichen Höhenlinien folgen, sondern diese zum Teil fast rechtwinklig schnei-den. Diese Geländemerkmale sind schwer zu deuten, da der Jura

[42] Vgl. die ausführliche Beschreibung bei Leja 2002, 247 ff.

[43] Manske 1999, 468 f.

[44] Leja 2002, 249 f.

auch natürliche Steinriegel und Felskanten aus-
bildet. Wenn es sich nicht um Relikte mittelalterlicher Ackerfluren handelt, könnte man an Reste einer Befestigung, etwa einer Trockenmauer
denken, wie sie im frühmittelalterlichen Befestigungsbau häufig nachgewiesen sind. Eine solche
Einschätzung kann durch Ausgrabungen verifi-
ziert oder modifiziert werden. Im Gegensatz zum
schmalen Bergkamm sind die unteren Hangab-
schnitte des Berges für eine intensive Nutzung
durchaus geeignet, ohne dass es bislang konkrete Anhaltspunkte für die genaue Art und Struktur einer solchen gäbe. Die mundartliche Na-
menform *Bürg* deutet jedenfalls auf eine Entstehung bereits in frühmittelalterlicher Zeit hin[45]
und könnte sich somit in Zusammenhang mit den
im unteren Teil des Berges befindlichen Geländeauffälligkeiten, also auf eine mögliche ältere Befestigung beziehen. Im Norden und
Süden wird der Wachtberg von sehr tief eingeschnittenen Hohlwegen flankiert, die zum oben genannten Wegesystem aus dem Sulzbacher Raum in Richtung der karolingischen Zentralorte Velden und
Forchheim gehören. Die Form dieser Hohlwege belegt zugleich die
Intensität des mittelalterlichen Verkehrs im Nahbereich der herrschaftlichen Plätze. Bei einem Blick auf das Vorkommen ober-
flächennaher Alberze in größerer Verfügbarkeit stellt sich der Ver-
dacht ein, dass auch die Etablierung der *Alten Bürg* mit dem Abbau
und Weiterverarbeitung von Eisenerzen in Verbindung stehen mag.
Trotz vieler Fragezeichen und Hypothesen könnte sich also auch am
Wachtberg bei Eschenfelden das starke grundherrliche Engagement
zur Strukturierung dieses Raums während des 8. bis 10. Jahrhunderts überliefern.

*25 Eschenfelden (Landkreis Amberg-Sulz-
bach). Luftgestützte Laserscan-Aufnahme
(LIDAR) des Wachtbergs mit der Alten
Bürg mit Geländemerkmalen an der Ost-
flanke des Berges, Hohlwegen und Altfluren
im Nahbereich des Altorts Eschenfelden.
(© Geodaten Landesamt für Vermessung
und Geoinformation München; Bearbeiter:
Hermann Kerscher, Bayer. Landesamt für
Denkmalpflege München)*

Aspekte zu Wirtschaft, Handel und Verkehr

Die heutige Oberpfalz war zu allen Zeiten Durchgangsraum für
Verkehrsströme auf dem Land und zu Wasser – sie ist es bis heute.
Die naturräumliche Lagesituation war ein kaum zu überschätzen-
der Vorteil bei der Ausbildung herrschaftlicher Strukturen während
der Karolinger- und Ottonenzeit. Besonders gut lässt sich dies an
der verkehrsgeographischen Einbindung von Nabburg und Sulzbach
zeigen, den beiden wohl bedeutendsten Burgorten des 8. bis 12.
Jahrhunderts nördlich von Regensburg. Sie liegen an Schnittstellen
der wichtigsten frühmittelalterlichen Verkehrssysteme aus dem
fränkischen Raum nach Regensburg sowie in die böhmisch-mähri-
schen Gebiete. Diese Verkehrswege spielten bereits in der Vorgeschichte eine wichtige Rolle – für Handels- und Verkehrsabläufe des
frühen und hohen Mittelalters waren sie von überragender Bedeutung[46]. So ermöglichten beispielsweise die Passverbindungen zwi-

[45] *bürg* lässt sich sprachgeschichtlich
nur auf den ahd. Dativ *burgi* zurück-
führen; frdl. Hinweise Dr. Wolfgang
Janka, München/Regensburg; vgl. George 2004, 31 mit Anm. 46.

[46] Vgl. Johanek 1987, 15 ff., bes. 17.

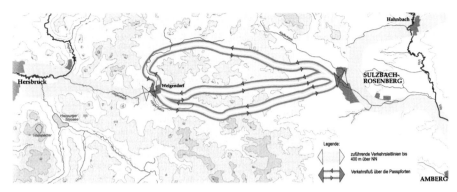

26 Verkehrsgeografische Situation der Orte Hersbruck und Sulzbach am Übergang über die mittlere Frankenalb mit dreifacher Verkehrspforte des früh- und hochmittelalterlichen Burgzentrums Sulzbach, nach D. J. Manske.
(Dietrich-Jürgen Manske, Sulzbach und sein Umland – Verkehrspfortensituation vom frühen Mittelalter bis heute. In: Sulzbach und das Land zwischen Naab und Vils (hrsg. von der Stadt Sulzbach-Rosenberg). Schriftenreihe des Stadtmuseums und Stadtarchivs Sulzbach-Rosenberg 19 (Sulzbach-Rosenberg 2003) 107, 4)

schen Hersbruck und Sulzbach eine geradlinige Durchquerung der Frankenalb von West nach Ost auf kurzem Weg ohne Überwindung großer Höhenunterschiede, da die flache Hersbrucker Bucht von Westen tief die Alb hinein ragt (Abb. 26)[47]. Am Ostausgang der Alb besaß das Burgzentrum Sulzbach eine dreifache Verkehrspforte, die einen extrem günstigen Zugang in die verkehrsgeographisch wichtige Cham-Further-Senke ermöglichte. Quer durch den Raum verläuft zudem die europäische Hauptwasserscheide. In Nordbayern stand der Raum um die europäische Hauptwasserscheide während des 8. Jahrhunderts offenbar verstärkt im Fokus fränkischer Expansionspolitik[48]. Wie wichtig dem Königtum die verkehrsmäßige Erschließung bzw. Überwindung der Wasserscheide war, zeigt die mit großem Aufwand erfolgte Verbindung zwischen Schwäbischer Rezat und Altmühl durch die berühmte Fossa Carolina Karls des Großen, die nach neuen Forschungen tatsächlich genutzt wurde[49]. Durch Rezat, Altmühl und Donau im Westen, Pegnitz, Regnitz und Obermain im Norden, sowie Lauterach, Vils, Naab und Donau im Süden verfügt der ostfränkisch-bayerische Grenzraum also auch über eine äußerst günstige hydrographische Anknüpfung an das alteuropäische Flusssystem.

Eine interessante Nachricht, die einen Einblick in frühe Verkehrs- und Wirtschaftsabläufe in der mittleren Oberpfalz gewährt, betrifft Schmidmühlen im südlichen Landkreis Amberg-Sulzbach (Abb. 2). Der Ort liegt am Zusammenfluss von Lauterach und Vils (Abb. 27). Hier kreuzten sich außerdem wichtige Landverkehrswege aus den Herrschaftsräumen um Regensburg, Premberg, Lauterhofen und Sulzbach. Wie etwa für den Burgort Nabburg war auch für Schmidmühlen die Möglichkeit von großer Bedeutung, Waren von der Straße auf das Schiff umzuladen und Handelsgut über die Vils und die Naab in die Donau zu transportieren. Die erste schriftliche Erwähnung Schmidmühlens in einer Schenkung an das Kloster St. Emmeram in Regensburg überliefert uns den „[...] Ort, der die Schmiedemühle (Smidimulni) genannt wird, an dem die Schiffe beladen werden, der auch die deutsche Ladestatt genannt wird, da er an dem Fluss liegt, der die Vils genannt wird"[50]. Wenngleich die Urkunde selbst erst aus der Zeit zwischen 1010 und 1020 stammt, dürfte hier ein seit Längerem bestehender Zustand schriftlich fixiert worden sein. Da es sich um eine Schenkung aus herzoglicher Hand handelt, können wir eine frühere Übertragung von Königsgut in und um Schmidmühlen in herzogliche Hände während des 10. Jahrhunderts annehmen. Offenbar wurden in Schmidmühlen also Schiffe beladen,

[47] Manske 1999, 465 ff.; Ders. 2005, 16 f.

[48] Vgl. Herrmann 2008, 729 ff.

[49] Vgl. Koch 2002, 54 ff.; Ders. 2008, 266 ff.

[50] Widemann 1988, Nr. 233, 290.

und zwar an einer „deutschen" Ladestatt, was nahe legt, dass an anderen Orten auch Schiffe mit Waren „nicht-deutscher" Handelsleute beladen wurden. Mit Blick auf den Verkehrsraum nördlich der Donau mag man an slawische Händler aus dem benachbarten Böhmen denken, die vielleicht den Wasserweg über die wenige Kilometer östlich, parallel zur Vils verlaufende Naab in die Donau wählten. Man gewinnt hier den Eindruck eines regen Handels- und Warenverkehrs, in dem nicht allein der Land-, sondern auch der Wasserweg intensiv genutzt wurde. Um welches Lade- und Handelsgut es dabei schon in ottonischer Zeit ging, verrät vielleicht die schriftliche Überlieferung aus dem Spätmittelalter: Am Beginn des 15. Jahrhunderts untersagte die Stadt Amberg dem Konkurrenten aus dem nördlich benachbarten Sulzbach den Transport von Eisen und Erz auf der Vils. Die Sulzbacher waren gezwungen, ihre Produkte auf dem Landweg ins 40 km südlich gelegene Schmidmühlen zu transportieren[51]. Von dieser Transportblockade war außerdem die ständige Gegenfracht des Eisenhandels, das wichtige Salz, betroffen. Eisen fand also seinen Weg als Handelsgut über Schmidmühlen in Richtung Regensburg. In der Gegenrichtung flussaufwärts wurde Salz aus dem Alpenraum nach Norden transportiert. In Zusammenhang mit Eisenhandel und Montanwesen ist auch der in der Urkunde von 1010 überlieferte Ortsname *Smidimulni* von Interesse, denn er kann schon für die ottonische Zeit die Nutzung von Wasserkraft für die Eisenverarbeitung belegen.

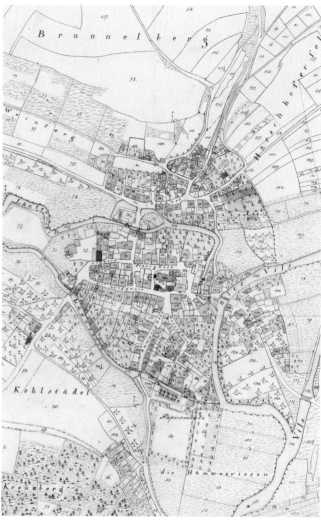

27 Schmidmühlen (Landkreis Amberg-Sulzbach). Uraufnahme von Schmidmühlen aus dem frühen 19. Jahrhundert am Zusammenfluss von Vils und Lauterach. (© Landesamt für Vermessung und Geoinformation München)

Wie umfassend die Handels- und Wirtschaftsabläufe in diesem wichtigen Grenzraum schon am Beginn des Hochmittelalters waren, scheint schlaglichtartig auch in der frühen schriftlichen Überlieferung für die Städte Amberg und Hersbruck auf. Auch für Amberg *(Abb. 2)* ist durch Grabfunde und den Ortsnamen mit Sekundärumlaut eine bis in das 8./9. Jahrhundert zurückreichende Siedlungskontinuität wahrscheinlich[52]. Der Ort wird jedoch erst 1034 in einer Urkunde Kaiser Konrads II. als *villa Ammenberch* erstmals erwähnt *(Abb. 28)*[53]. Der erste Salier überträgt dem Bamberger Bischof dabei sämtliche königlichen und herzoglichen Rechte, wobei die wichtigsten grundherrlichen Einnahmequellen nacheinander einzeln aufgeführt werden: Ein Marktzoll, ein Schiffszoll, die Wassernutzung und der Betrieb der Wassermühlen sowie die Fischerei und die Jagd. Wie für Schmidmühlen wurden hier also ältere königliche und herzogliche Regalien bei Übereignung in geistliche Hände in diplomatischer Form festgehalten. Auch hier tritt die Bedeutung der Binnenschifffahrt für den Warenverkehr und Markt-

[51] Dümmler 1973, 7 ff.; Götschmann 1999, 437 f.

[52] Vgl. Pöllath 2002, 10; H. Frank, Hist. Ortsnamenbuch Bayern Oberpf. 1, Amberg (München 1975) 13*, 3.

[53] MGH D K II. Nr. 207, 282.

[54] Vgl. Wanderwitz 1984, 35 ff. – Zum Montanwesen vgl. Hensch 2002/2003, 273 ff.

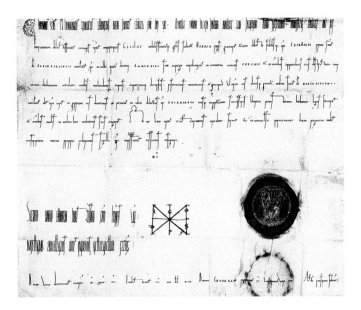

29 Hahnbach-Kümmersbuch (Landkreis Amberg-Sulzbach). Die Vils auf Höhe des Frohnbergs östlich von Sulzbach. (Mathias Hensch, Eschenfelden)

28 Urkunde Kaiser Konrads II. von 1034 für den Bamberger Bischof mit der Übertragung der villa Ammenberg, dem heutigen Amberg.
(K. Ambronn et al., Amberg 1034-1984. Aus tausend Jahren Stadtgeschichte, Amberg 1984, 36, Kat. Nr. 1)

wesen ebenso hervor wie die Nutzung der Wasserkraft, sehr wahrscheinlich im Zusammenhang mit dem Montanwesen[54]. Bemerkenswert ist die genauere Spezifizierung des Schiffszolls als *naulum*. Dieses bezeichnete nämlich in der Regel einen Zoll, der für die Durchfahrt von Schiffen erhoben wurde[55]. Demnach war die Vils bereits oberhalb von Amberg schiffbar und nicht erst, wie in der Regel zu lesen ist, ab Amberg[56]. Dieser Befund verbindet sich mit der oben genannten „Sperrung" der Vils in Amberg für den Transport Sulzbacher Eisens. Eine solche Beobachtung ist für die Beurteilung ökonomischer Grundvoraussetzungen des Zentralorts Sulzbach und der ihm benachbarten Befestigung auf dem Frohnberg von besonderer Relevanz, denn eine Ladestatt an der Vils auf Höhe Sulzbachs im Bereich des Frohnbergs würde die Überwindung der Wasserscheide auf kurzer Distanz ermöglichen *(Abb. 29)*. Ladestätten sind nämlich besonders auch dort anzunehmen, wo Flüsse begannen bzw. aufhörten schiffbar zu sein[57]. Die Grenze für die Schiffbarkeit lag dabei im frühen Mittelalter oftmals erstaunlich weit flussaufwärts[58].

Hersbruck am Westrand der mittleren Frankenalb *(Abb. 2)* wird für das Jahr 1003 in den Schriftquellen erstmalig fassbar[59]. Im Jahr 1011 schenkt König Heinrich II. Güterkomplexe u. a. in *Haderihesprucga* dem Bistum Bamberg[60]. Offenbar verbleibt jedoch ein Teil des Orts in Königsbesitz, denn 1057 „errichtet" König Heinrich IV. dort einen Markt mit Zoll und Münzrecht und schenkt Hersbruck mit allen Rechten dem Bamberger Bischof[61]. Das königliche Engagement verleiht grundherrlichen Schutz und setzt zugleich die Aussicht auf wirtschaftliche Prosperität am Ort voraus. Hersbruck liegt an einem wichtigen Übergang über die Pegnitz *(Abb. 30)* am

[55] Adam 1996, 53, 118 ff. – Vgl. Wanderwitz 1984, 35, 41 f. Anm. 2 naulum mit „Fährgerechtsame" übersetzt, was für die hydrographischen Verhältnisse an der Vils und in Amberg sicher nicht richtig ist.

[56] So Dümmler 1973; Fehn 1970, 58.

[57] Ellmers 1972, 232.

[58] Ebd.; Detlev Ellmers verweist u.a. darauf, dass selbst „Bäche von etwa 4 m Breite und 60 cm Wassertiefe schiffbar waren"; Ellmers a. a. O.

[59] MGH SS rer. Germ. N.S. 9, 258 f.

[60] MGH H II. nr. 234, 270 f.

[61] MGH D H IV. nr. 26, 31 f.

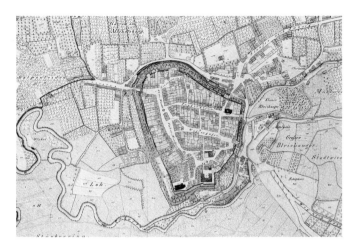

30 Hersbruck (Landkreis Nürnberger Land). Uraufnahme von Hersbruck an der Pegnitz, frühes 19. Jahrhundert. (© Landesamt für Vermessung und Geoinformation München)

Schnittpunkt bedeutender, alter Verkehrslinien und am Eingang zur kürzesten Landverbindung über die Frankenalb und bildete somit das westliche Gegenstück zum Zentralort Sulzbach am östlichen Ausgang des Höhengürtels *(Abb. 26)*. Ob die Pegnitz hier im frühen Mittelalter schiffbar war, ist umstritten, jedoch keineswegs a priori auszuschließen[62]. Der früh belegte patronymische Name des Ortes „zur Brücke des Haderich" nennt uns wohl den Namen des Brückenmeisters. Sowohl der Bau, als auch der Unterhalt von Brücken waren bereits ab karolingischer Zeit grundherrlich geregelt, das erhobene Brückengeld ein wichtiger Zoll[63]. Ab spätkarolingischer Zeit wurden die zum Brückenbau und zum Unterhalt verpflichteten Königsleute zu Besitzern bzw. Verwaltern der Brücken und damit nicht nur zu Zolleintreibern, sondern auch zu Zolleinnehmern, zu *ponterarii*[64]. Wie für Amberg ist es auch bei Hersbruck wahrscheinlich, dass es hier zum Zeitpunkt der Erstnennung als Königsgut 1011 seit Längerem bestehende ökonomische Strukturen gab, die durchaus bis in das späte 9. Jahrhundert zurückreichen könnten, ohne dass sich diese These bislang mit archäologischem Material stützen ließe.

Bei der Beschäftigung mit den mittelalterlichen Handels- und Verkehrsabläufen und ökonomischen Ressourcen in Nordostbayern stößt man schließlich mit dem sogenannten Diedenhofener Kapitular von 805 unweigerlich auf eine berühmte Schriftquelle der Karolingerzeit *(Abb. 31)*[65]. Karl der Große erlässt darin Bestimmungen, die den Handel mit Waffen – genannt werden Schwerter und Kettenhemden – zwischen dem Fränkischen Reich und den Slawen reglementieren sollten. Hierzu sollten Königsboten an Kontrollorten auf einer Linie zwischen Bardowick bei Lüneburg im Norden

31 Die Kontrollstellen des „Waffenembargos" zum Slawenhandel im Diedenhofener Kapitular von 805; Abschrift aus der ersten Hälfte des 9. Jahrhunderts. (Herzog August Bibliothek Wolfenbüttel Cod. Guelf. 50.2 Aug. 2°, 55^v)

[62] Dies gilt auch für die Lage des Königshofs in Velden; vgl. Anm. 11.

[63] Adam, 1996, 142 ff., bes. 150 f.

[64] Ebd. 146.

[65] MGH LL Cap. I, Nr. 44, 126 ff.; vgl. Hermann 1961, 15 ff.; Hübener 1989, 251 ff.; Losert 1993, 207 ff.; Schneidmüller 2004, 40 ff., bes. 42 ff.

[66] Vgl. Hübener 1989, 261 f. – Vgl. inzwischen vollständig widerlegte Forschungsmeinung bei Fehn 1970, 198
f., nach der „Premberg damals [d. h.
um 800] nahezu von allen Seiten von
unbesiedeltem Land umgeben war"
und dem Königshof „ein wirtschaftlich
erschlossenes Hinterland vollständig
fehlte".

[67] Vgl. Hager 1963, 107 f.

[68] Schenk 1969, 40; Šmahel 2002,
352.

[69] Vgl. Hahn 1980, 41 ff.; Ders. 2002,
132 ff.; Kluge 1991, 66, 228 Abb.
318.

[70] Hahn 1980, 67. – Und auch im nur
20 km südöstlich von Nabburg gelegenen Neunburg vorm Wald sowie im
frühmittelalterlichen Zentralort Cham
im Vorderen Bayerischen Wald wurden
in ottonischer Zeit herzogliche Münzen geschlagen; vgl. Neckermann
1966, 127 ff.; Hatz 1963, 131 ff. –
Vgl. auch Volkert 1995, 154 f.

und Lorch an der mittleren Donau im Süden Exekutive ausüben. Mit Hallstadt, Forchheim, Premberg an der Naab und Regensburg sind diese Kontrollorte in Nordostbayern besonders dicht gestaffelt (*Abb. 2*). Im Nahbereich der damit definierten geographischen Linie in der unmittelbaren Kontaktzone zur slawischen Besiedlung waren die hochwertigen Kreideerze als Rohstoff zur Herstellung von Waffen direkt verfügbar und von hoher Quantität. Das im Dieden-hofener Kapitular *breemberga* genannte Premberg liegt an einem alten Flussübergang auf halber Strecke zwischen Regensburg und Nabburg am Westufer der Naab (*Abb. 32*). Der karolingische Kö-nigshof ist archäologisch unbekannt, doch dürfte er im Bereich der Kirche St. Martin zu suchen sein. Premberg war ebenfalls an die Fernwegesysteme aus den zentralen Herrschaftsräumen um Forch-heim und Regensburg verkehrsgeographisch direkt angebunden[66]. Der Platz nahm sicher nicht allein in der Zeit um 800 eine wichti-ge Position im Handelsgeschehen an der Naab ein, sondern auch noch in ottonischer und salischer Zeit[67]. Neben dem Flussübergang bestand hier abermals die Möglichkeit, Waren vom Wasser auf die Straße und umgekehrt zu bringen. Auch Premberg war Teil einer durch königliche Exekutive strukturierten Siedlungskammer, deren herrschaftliche Bezugspunkte die Zentralorte Nabburg im Norden und Regensburg im Süden waren. Seine Nennung im karolingischen Kapitular ist wahrscheinlich vor allem in Zusammenhang mit montan-wirtschaftlichen Abläufen im Gebiet der heutigen Oberpfalz zu se-hen. Im näheren Raum um Premberg gibt es zwar keine nennens-werten Eisenerzvorkommen, doch ist auch hier auf das nordwest-lich benachbarte Montanrevier um Amberg-Sulzbach-Auerbach zu verweisen. Die archäologisch nachgewiesene Präsenz von Leuten in Sulzbach, die es verstanden, kompliziertere metallurgische Prozes-se durchzuführen und nachzuvollziehen sowie hochwertige Produk-te wie Kettenhemden herzustellen, kann letztlich als Beleg für eine strukturierte Montantätigkeit gelten. Auch vor diesem Hintergrund ist eine umfangreichere Produktion von Waffen im Einzugsbereich der Oberpfälzer Eisenerzvorkommen in karolingischer und ottoni-scher Zeit sehr wahrscheinlich. Dass das im späten Mittelalter in Nürnberg zu Waffen weiterverarbeitete Eisen aus Lagerstätten des Raums Sulzbach-Auerbach-Amberg kam, ist seit Langem bekannt. Im frühen Mittelalter aber kam der Handwerker zum Rohstoff. Noch im 14. Jahrhundert war Sulzbach ein wichtiger Exporteur von Rüstungsgütern an das Reich[68]. Die spätmittelalterliche Waffen-produktion konnte in diesem Raum offenbar auf eine jahrhun-tealte Tradition aufbauen. Welchen Umfang und welche Dynamik die Region in wirtschaftlicher Hinsicht bereits im 10. Jahrhundert entwickelt hatte, lässt sich auch an der Funktion Nabburgs als her-zogliche Münzstätten belegen[69]. Nabburg war während des 10. Jahrhunderts nach Regensburg die zweitgrößte bayerische Münz-stätte, mit einem Prägevolumen von geschätzten 60.000 Denaren pro Jahr[70].

*32 Premberg (Landkreis Schwandorf). Ur-
aufnahme von Premberg aus dem frühen
19. Jahrhundert mit Kennzeichnung der
Lage der St. Martinskirche im vermuteten
Bereich des karolingischen Königshofs
(Kreis).
(© Landesamt für Vermessung und Geoin-
formation München)*

Die weitere Erforschung der hier für den ostfränkischen-bayeri-
schen Grenzraum skizzierten herrschaftlichen, siedlungsgeneti-
schen und ökonomischen Zusammenhänge ist von großer Relevanz
für die Beurteilung früh- und hochmittelalterlicher Strukturen in
Nordostbayern. Die wichtige Rolle, die dem Raum zwischen den
Pfalzorten Regensburg und Forchheim in der Herrschaftskonzeption des karolingischen und ottonischen Königtums zukam, zeichnet
sich jedenfalls deutlich ab. Eine Aufhellung der historischen Verhältnisse lässt sich jedoch nur durch eine breit angelegte Zusammenarbeit von Archäologie, historischer Siedlungsgeographie,
Sprachwissenschaft und verschiedenen naturwissenschaftlichen
Disziplinen umsetzen. Allein eine Auseinandersetzung mit der spärlichen schriftlichen Überlieferung würde nicht nur in eine Sackgas-
se führen, sie würde auch einen geschichtlichen Irrweg beschreiten.

köln — stadtentwicklung zwischen kirchen und kaufleuten

von Thomas Höltken und Marcus Trier

1 Die Ausgrabungen auf dem Kölner Heumarkt 1996-98 (RGM)

köln — stadtentwicklung zwischen kirchen und kaufleuten

Archäologische und schriftliche Überlieferungen belegen, dass Köln den Übergang von der römischen zur fränkischen Herrschaft als urbanes, kirchliches und politisches Zentrum erlebt hat[1]. Es gibt keine Anzeichen einer gewaltsamen Wachablösung der römischen Machthaber durch germanische Verbände[2]. Die neuen ‚fränkischen' Eliten rekrutieren sich aus Söldnern germanischer Provenienz, denen im Auftrag Roms bis zur Mitte des 5. Jahrhunderts die Sicherung der Rheingrenze oblag[3]. Wie in anderen Teilen des Reiches ist die faktische Machtübernahme in Köln und der ehemaligen Provinz Niedergermanien durch die Rheinfranken (Ripuarier) nur mit Billigung Roms zu erklären[4].

Germanen hatten als römische Föderaten seit einem halben Jahrhundert die Sicherung der Rheingrenze übernommen und erfüllten diesen Auftrag Roms bis zum Jahr 455. Nach der Ermordung des Heermeisters Aetius und dem Tod seines Mörders, des weströmischen Kaisers Valentinian III., blieben die zugesagten Soldzahlungen aus. Die Germanen sahen sich fortan nicht mehr an ihre Verträge gebunden[5]. Der *liber historiae Francorum*, eine Chronik des 8. Jahrhunderts, nennt die Jahre 459/61 als Zeitpunkt der Übernahme Kölns durch die Franken[6].

Das rheinfränkische Kleinkönigtum, das sich nun in und um Köln herum etablierte, dessen Herrschaftsanspruch vom Rhein bis zur Maas reichte, war aber nur eines von mehreren fränkischen Teilreichen. In der Provinz *Belgia secunda* und vielleicht auch in der *Toxandria* herrschte Childerich I. Hauptort der Provinz Belgia prima war Trier, wo der romanisierte Franke Arbogast die Herrschaft ausübte. Seit 461 wird auch das so genannte „zweite" Reich der Burgunder westlich des Genfer Sees in den Schriftquellen erwähnt. Neben diesen germanischen Kleinkönigtümern vertrat der aus Köln vertriebene Aegidius als *magister militum Galliarum* (Heermeister der gallischen Provinzen) die Interessen Roms, das weiterhin vom Bestand und der Zugehörigkeit der drei Provinzen ausging.

Im letzten Viertel des 5. Jahrhunderts, so berichtet Gregor von Tours, war Sigibert König der Rheinfranken[7]. Der Vater Sigiberts war vermutlich ein hoher Offizier in römischen Diensten und hatte, wie andere germanische Militärs, die Gunst der Stunde genutzt und eine eigene Herrschaft errichtet, die häufig „ripuarisches Reich" genannt wird. Die „Ripuarier" (Uferbewohner) waren diejenigen

[1] Päffgen/Trier 2001; Claude1988; Eck/Müller/Hellenkemper 2000.

[2] Von Einzelschicksalen berichtet Salvian: Zäh 1999.

[3] Zöllner 1970, 31 f.; Päffgen 2006.

[4] Wolfram, 2009.

[5] Lenz 2005.

[6] Doppelfeld 1975,116.

[7] Büchner 1990, 134, 26.

2 Beigaben aus dem Frauengrab unter dem Kölner Dom (Matz/Schenk/Dombauverwaltung Köln)

3 Beigaben aus dem Knabengrab unter dem Kölner Dom (Matz/Schenk/Dombauverwaltung Köln)

[8] Ewig 1976, 13 ff.

[9] Trier 2002.

[10] Die Erforschung der frühmittelalterlichen Bischofskirchen ist eines der archäologischen Langzeitprojekte in Köln. Seit 1946 wird unter dem Kölner Dom dieser speziellen Fragestellung nachgegangen: Doppelfeld/Weyres 1980; Wolff 1996; Ristow 2002.

[11] Stein 1996; Hauser 2003, 30–41; Krings/Will 2009.

Franken, die am Rhein siedelten. Ob dieser Stammesname schon im 5. Jahrhundert gebräuchlich war, ist nicht bekannt, denn der Begriff taucht erst im 7. Jahrhundert in der *Lex Ribuaria* erstmalig auf, die unter König Dagobert (629–639) entstand[8].

Nach Aussage der archäologischen Quellen konzentriert sich die fränkisch-romanische Besiedlung auf den ufernahen Bereich im Osten der ummauerten antiken Stadt. Innerhalb dieses Areals lassen sich mehrere Nuklei benennen: Bei den Ausgrabungen auf dem Heumarkt (1996–1998) und an anderen Stellen der Rheinstadt wurden Teile eines im 5. bis 7. Jahrhundert florierenden Handwerker- und Handelszentrum nahe dem Rheinufer freigelegt *(Abb.1, 7.2)*[9]. Nachgewiesen wurden spezialisierte Glas-, Metall- und Knochenverarbeitung.

Im frühen 6. Jahrhundert stand auf dem Domhügel in der Nordostecke der römischen Stadt ein steinerner Kirchenbau mit separatem Baptisterium[10], in dem spätestens seit dem zweiten Viertel des 6. Jahrhunderts Angehörige des merowingischen Hochadels beigesetzt wurden[11]. Eindrucksvoll berichten die reich ausgestatteten Gräber einer Frau und eines Knaben vom sozialen und wirtschaftlichen Habitus der gesellschaftlichen Eliten in der Stadt während der ersten Hälfte des 6. Jahrhunderts *(Abb. 2; 3)*. Die christlich-romanische Gemeinde und der Bischofssitz waren wesentliche Pfeiler der städtischen Kontinuität. Trotz der im 4. bis 6. Jahrhundert unterbrochenen Bischofsliste besteht inzwischen kein Zweifel mehr daran, dass diese Lücke auf Quellenverluste zurückzuführen ist[12]. Mit Evergisil tritt Ende des 6. Jahrhunderts erstmals ein Franke als Bischof an die Spitze der Kirchengemeinde. Die auch in fränkischer Zeit bestehende romanische Gemeinde der Stadt spiegelt sich insbesondere in Grabsteinen des 5. bis 7. Jahrhunderts mit frühchristlichen Inschriften wider[13].

300 m südlich der frühen Bischofskirche residierten die merowingischen Herrscher und ihre Statthalter. Gregor von Tours nennt um 520 n. Chr. die *aula regia* anlässlich eines Besuchs Theuderich I.[14]. Dieser Sitz der rheinischen und salischen Frankenkönige wird von der Forschung einvernehmlich am Platz des römischen Statthalterpalastes (*praetorium*) lokalisiert. Wie man sich die königliche Residenz in Köln vorzustellen hat, lässt sich kaum sagen. Vermutlich waren die römischen Mauern in großen Teilen noch im Aufgehenden erhalten, und wurden durch Holz- oder Fachwerkkonstruktionen ergänzt. Das Ganze hat zweifellos repräsentativen Ansprüchen Genüge geleistet. Ein Spiegelbild königlicher Präsenz in der Stadt ist auch die frühe Münzprägung: Seit dem frühen 6. Jahrhundert ließ Theudebert I. (534–548) Solidi mit der Ortsangabe COL[ONIA] prägen[15].

Unmittelbar westlich des Palastes und der frühmittelalterlichen Kirche am Platz des gotischen Domes verlief der *Cardo maximus* (heute: Hohe Straße), bis heute die wichtigste Nord-Süd-Straßenachse der Stadt. Ausgrabungen haben vor wenigen Jahren bewiesen, dass der *Cardo* auch nach dem Ende der Römerzeit in Stand gehalten und genutzt wurde[16].

Eines der merowingerzeitlichen Siedlungszentren lag im Südosten der römischen Stadt bei St. Maria im Kapitol. Es spricht einiges dafür, dass dort ein befestigter Stadthof der Plektrudis, Gattin Pipins des Mittleren, lag[17]. Innerhalb der Schutzmauern dieses Hofes, die vermutlich auf den Umfassungsmauern des antiken Tempelbezirkes errichtet wurden, gründete Plektrudis um 700 über den antiken Fundamenten eine Kirche mit Marienpatrozinium und ein zugehöriges Stift[18]. Im frühen 8. Jahrhundert war der Hof einer der Schauplätze, an denen die Dynastie der Karolinger ihre Macht festigte: Nach dem Tod Pippins des Mittleren kam es 714 zu heftigen Kämpfen zwischen Plektrudis und ihrem Stiefsohn Karl Martell. Nach Karls Sieg zog sich Plektrudis auf ihren Kölner Stadthof zurück. Dort starb sie 717 und wurde in ihrer Eigenkirche beigesetzt[19]. Von zerstörten Gräbern der sozialen Oberschicht zeugen vier Grabsteine mit Stangenkreuzdarstellung, die als Spolien in der hochmittelalterlichen Kirche verbaut wurden. Karl Martells Sohn, Pippin der Jüngere, war es, der 751 den letzten Merowingerkönig Childerich III. (743–751) absetzte und sich selbst zum König salben ließ. Damit legitimierte er die faktisch bereits bestehende Herrschaft der Karolinger.

[12] Eck 2004, 639–651.

[13] Schmitz 1995.

[14] Doppelfeld 1958, 81 f. Nr. 114.

[15] Doppelfeld 1964; Fischer 2002, 284 ff.

[16] Trier 2005a.

[17] Hellenkemper 2002.

[18] Neu 1984, 338–342.

[19] Oepen 1999.

*4 Merowingerzeitliche Latrine bei
St. Caecilien
(RGM)*

*5 Fränkisches Frauengrab der 2. Hälfte
des 5. Jahrhunderts aus Köln-Müngersdorf
(RGM)*

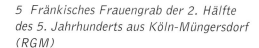

Westlich des *Cardo maximus* sind bislang nur zwei Siedlungszellen der Merowingerzeit bekannt. Eine lag im Zentrum der römischen Stadt innerhalb der großen öffentlichen Thermen *(Abb. 7, 6)*[20]. Dort wurden rechteckige Fachwerkhäuser auf Sockelmauern ausgegraben, die vom Fortleben traditioneller romanischer Bauweisen bis weit in die Merowingerzeit hinein zeugen[21]. Durch ein Schadensfeuer wurden die Häuser zerstört. Im späten 7. Jahrhundert wurde eine der Sockelmauern beim Aushub einer großvolumigen Fäkaliengrube (12 bis 14 m³) durchstoßen *(Abb. 4)*. Die Fundstelle liegt unmittelbar westlich von St. Caecilien, deren Wurzeln bis in die ausgehende Merowingerzeit zurückreichen[22]. Grabsteine mit Stangenkreuz und trapezförmige Kalksteinsarkophage der Zeit um 700 stammen von einem Friedhof innerhalb und außerhalb der Kirche.

Im späten 7. Jahrhundert wurde 400 m nördlich von St. Caecilien und 150 m westlich des *Cardo* ein kleiner Apsidenbau als Vorgänger von St. Kolumba gegründet *(Abb. 7, 7)*. Vom zugehörigen Friedhof sind beigabenlose Gräber und zwei Grabsteine mit Stangenkreuz erhalten[23].

Bestattungen *intra muros* lassen sich nur in Kombination mit frühen Kirchengründungen nachweisen. Eine Beisetzung am Platz der mittelalterlichen Bischofskirche blieb dem Hochadel vorbehalten. Die Mehrheit der in der Stadt lebenden Romanen und Franken bestattete ihre Verstorbenen auf den Friedhöfen vor den Stadt-

[20] Trier 2005b.

[21] Bierbrauer 1991, 263 f.; Bierbrauer 1988, bes. 644 f.

[22] Spiegel 1984.

[23] Seiler 1977, 102–104, Abb. 8–9; Dodt/Seiler, in Vorber.

174

mauern. Man suchte die Nähe spätantiker Memorialbauten, die wohl im 6. Jahrhundert zu Coemetrialkirchen umfunktioniert wurden. Bekannt sind frühmittelalterliche Gräber bei St. Severin[24], St. Gereon[25], St. Ursula[26] und möglicherweise auch St. Kunibert[27]. Im Umfeld der Colonia entstanden seit der Mitte des 5. Jahrhunderts fränkische Siedlungen (Höfe und Weiler), die sich wie Perlenketten entlang der antiken Fernstraßen reihen. Zugehörige Reihengräberfelder wurden an zahlreichen Stellen freigelegt *(Abb. 5)*[28].

Die Erhebung des Kölner Bistums zum Erzbistum unter Karl dem Großen war ein wichtiger Impuls zur Entwicklung zur mittelalterlichen Großstadt. Unter dem hl. Erzbischof Hildebold (784/787–818) – enger Vertrauter des Königs – entstand die Kirchenprovinz mit den Suffragan-Bistümern Utrecht, Lüttich, Münster, Osnabrück, Minden und Bremen (bis 864). Hildebold war zudem Erzkaplan (*archicapellanus*) der Hofkapelle. Die Hofkapelle, abgeleitet von der *cappa* des hl. Martin, war das zentrale Organ der Reichskirche[29]. Zur Zeit der Sachsenkriege Karls (772–805) lag Köln noch peripher an der östlichen Reichsgrenze und war in die Auseinandersetzungen auch involviert: im Jahr 778 wurde die Siedlung im ehemaligen römischen Kastell Deutz – auf der gegenüberliegenden Rheinseite – von Sachsen geplündert. Im Zuge der Reichsteilung unter den Nachfahren Karls gelangte die Stadt 843 zuerst an das Mittelreich Lothars II. und nach seinem Tod an das Ostfrankenreich Ludwigs des Deutschen (876). Auch wenn Köln nicht als Königssitz Karls des Großen genannt wird, war seine Bedeutung erheblich: so wurden 793 in Köln wieder Münzen geprägt. Wahrscheinlich besuchte Papst Leo III. auf dem Weg nach Paderborn 799 im Beisein Hildebolds die Stadt. Zum Zeitpunkt der Jahrhundertwende besaß Köln als Kopf des neuen Metropolitanbistums eine Schlüsselrolle in der Reichskirche.

In diesem Zusammenhang ist auch eines der großen Bauprojekte dieser Zeit zu sehen, der Bau des sogenannten Alten Domes, des Vorgängerbaus der heutigen gotischen Kathedrale. Die Baugestalt der rund 95 m langen, doppelchörigen Anlage lässt sich mittlerweile recht detailgenau rekonstruieren. Die Frage der Bauzeit kann aufgrund der archäologischen Funde und historischer Erwägungen in die Zeit um 800, in die Zeit Karls des Großen, spezifiziert werden[30].

Vom Umfeld der Bischofskirche mit seinen Klerikerwohnungen, dem Bischofspalast und administrativen Einrichtungen sind nur wenige Reste erhalten, da im Rahmen der neuzeitlichen Umgestaltung der Domumgebung ein Großteil der mittelalterlichen Schichten abgegraben worden ist. Der Bischofspalast geht möglicherweise auf eine Gründung Hildebolds zurück. In der Lebensbeschreibung des Erzbischofs Anno II. (1056–1075) wird der Palast *curia regia* und *curtem regiam* genannt[31]. Im Jahr 2010 wurden unmittelbar südlich der gotischen Kathedrale Reste der vermuteten karolingisch/ottonischen Bischofspfalz ausgegraben.

[24] Päffgen 1992.

[25] Verstegen 2006.

[26] Nürnberger 2006.

[27] Seiler 1984.

[28] Riemer 2006; darunter vor allem die Friedhöfe von Junkersdorf (La Baume 1967) und Müngersdorf (Fremersdorf 1955).

[29] Diederich 1994, 13.

[30] Höltken, in Druckvorbereitung.

[31] Hillen/Trier, in Druckvorbereitung.

175

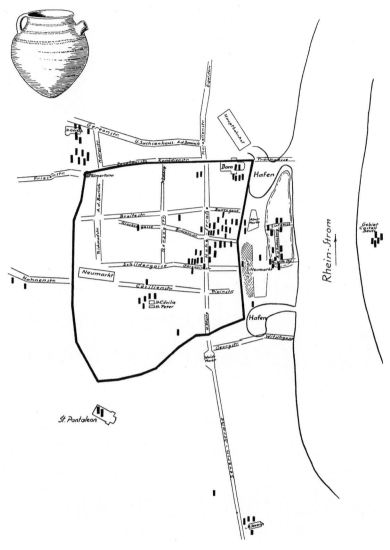

Die Kartierung der mittelalterlichen Keramikfunde der Kölner Altstadt von Walter Lung im Jahre 1956 war der erste Versuch einer archäologisch-topografischen Rekonstruktion der Nutzung der nachantiken Kölner Innenstadt *(Abb. 6)*. Sie zeigt, dass in karolingischer Zeit das rheinnahe Areal östlich der heutigen Hohe Straße – des römischen cardo maximus – besiedelt war[32]. Die Fundkonzentrationen liegen im Bereich der später namentlich bezeichneten Pfarren St. Laurenz, St. Alban, St. Brigida und Klein St. Martin. Nach den historischen Erwägungen H. Keussens, J. Klinkenbergs und O. Oppermanns war auch der Streifen westlich der Hohen Straße in karolingischer Zeit in Nutzung[33]. Der archäologische Befund stützt diese Vermutung durch punktuelle Fundanhäufung wie bei St. Kolumba[34]. Die Fundkonzentration, die Lung 1956 bei den Kirchen St. Cäcilien und St. Peter vermerkte, hat sich bei Grabungen in den Jahren 2003 und 2005 weiter verdichtet *(Abb. 7, 7)*. Ob es sich bei den Funden um St. Cäcilien/St. Peter und St. Kolumba um Siedlungsinseln im Rahmen einer punktuellen Neuerschließung der ehemaligen CCAA handelt, oder von einer beiderseitigen, flächigen bzw. umfassenden Besiedlung der Hohe Straße auszugehen ist, bedarf zusätzlicher archäologischer Untersuchungen *(Abb. 7)*. Außerhalb der römischen Stadtmauern sind Siedlungen bei den Kirchen, St. Severin, St. Pantaleon, St. Gereon, St. Ursula und St.

6 *Verteilung karolingerzeitlicher Keramik in Köln (Lung 1956, Abb. 2)*

Kunibert anzunehmen, über deren Dichte nur wenig bekannt ist. Auf der gegenüberliegenden Rheinseite zeugen Funde des 8./9. Jahrhunderts davon, dass die fränkische Siedlung divitia civitas – der Kern des heutigen Köln-Deutz - im ehemaligen römischen Kastell die Wirren der Völkerwanderungszeit überstanden hat *(Abb. 7; 8, 8)*. Im Jahr 870 wird in *diuza castrum* der Domherr Willibert zum Erzbischof gewählt, da der Mainzer Erzbischof Luitbert, der die Wahl organisierte, Anschläge des westfränkischen Königs auf stadtkölnischem Boden fürchtete. Die Deutzer Infrastruktur muss demzufolge ausreichend gewesen sein, um zumindest provisorisch ein Wahlkollegium zu beherbergen und einen würdigen Kirchenraum – wahrscheinlich einer der Vorgängerbauten der 1003 erstmals erwähnten Pfarrkirche St. Urban – zur Verfügung zu stellen.

Die Ausgrabungen auf dem Heumarkt 1992–1994 und 1996–1998 sowie die Untersuchungen im Rahmen der Nord-Süd Stadt-

[32] Lung 1956, Abb. 2.

[33] Keussen 1910, Faltplan 2.

[34] Dodt/Seiler, in Vorber..

bahn am Kurt-Hackenberg-Platz *(Abb. 7, 3)* und am Alter Markt *(Abb. 7, 4)* in den Jahren 2004–2009 haben die Kenntnis zur karolingischen Stadt erheblich verbreitert. Erstmals konnten große Siedlungsteile des 8.-9. Jahrhunderts in der sogenannten Rheinvorstadt flächig untersucht werden. Damit emanzipiert sich die Kölner Mittelalterarchäologie, die sich lange Zeit lediglich auf Grabungen in Kirchen beschränkte, zu einer regelrechten, umfassenden Stadtkernarchäologie.

Im Frühmittelalter hat sich auf dem Heumarkt eine bis zu 60 cm starke schwarze, humose Schicht aus der Zeit des 5.–10. Jahrhunderts abgelagert *(Abb. 7, 2)*. Es handelt sich um eine Konzentration aus Siedlungsabfall und Viehdung, durchsetzt mit Tierknochen und Kleinfunden aus Keramik, Metall, Glas, Stein, Knochen und Holz. Innerhalb dieser Schicht fanden sich zahlreiche Reste von Grubenhäusern, Mauern, Pfosten, Latrinen, Gräben und Gruben *(Abb. 9)*. Reste von Öfen, Schlacke, Gusstiegeln, Webgewichten, Glashäfen und Halbfabrikaten lassen darauf schließen, dass in diesem Bereich eines der Handwerkszentren des frühmittelalterlichen Kölns lag. Von besonderem Interesse sind die erhalten Gebäudereste: es handelt sich in den meisten Fällen um bis zu 6,5 m breite und 12 m lange Holz- bzw. Fachwerkgebäude, die auf niedrigen Sockelmauern errichtet wurden *(Abb. 10; 11)*. Die tragenden Hölzer der Gebäude, die Ständer, standen häufig auf großen, römischen Spolien. Im Hausinneren fanden sich Reste von einfachen Stampflehmböden und Feuerstellen aus wiederverwendeten römischen Dachziegeln. Derselbe Architekturtyp – ebenfalls mit einem gewerblichen Fundhorizont verknüpft – wurde am Kurt-Hackenberg-Platz freigelegt *(Abb. 7, 3)*. Beim Bau des benachbarten Museum Ludwig *(Abb. 7, 1)* sind eine Reihe von Gruben und Latrinen aufgedeckt worden, die darauf hinweisen, dass das – nach bisheriger Kenntnis mindestens 450 m lange – Siedlungsareal sich weiter in Nordost-Richtung erstreckte[35]. In der nördlichen Verlängerung dieses Streifens – auf dem Breslauer Platz und in der Trankgasse – dünnt der Fundhorizont des 8./9. Jahrhunderts deutlich aus. Die karolingische Besiedlung beschränkt sich auf das Areal innerhalb der antiken Stadtmauer und der vorgelagerten Rheinvorstadt, die ihrerseits im 10. Jahrhundert nach Norden und Süden durch einen Graben befestigt wurde, den 948 erwähnten *civitatis fossa* (heute Filzengraben)[36]. Außerhalb der römischen Befestigung wurde das

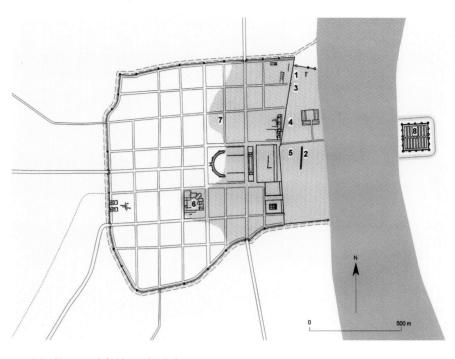

7 Verteilung frühmittelalterlicher Funde innerhalb der Stadtmauern (Trier)

[35] Dietmar/Trier 2006, 47.

[36] Keussen 1910, 34*.

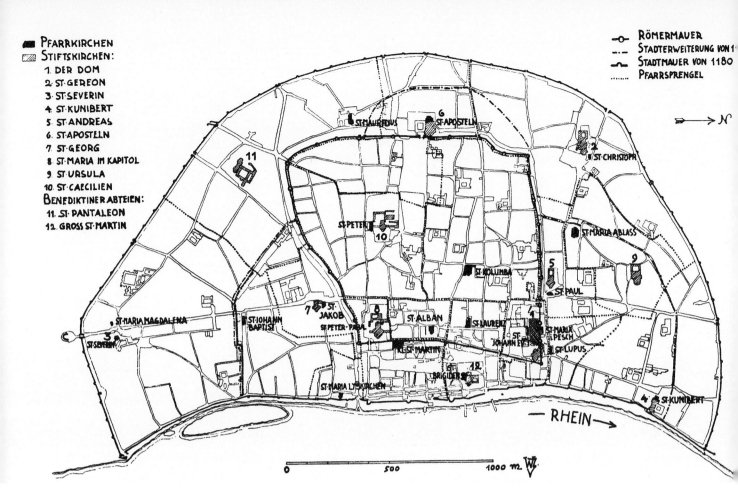

8 Die Kölner Pfarrsprengel im Mittelalter (Hegel 1950)

Gelände in dieser Zeit nur temporär und rein wirtschaftlich genutzt. Das mächtige schwarzbraune Schichtpaket aus Viehdung und die starke Intensität an Phosphaten zeigen, dass der Mensch und eine große Zahl an Vieh gemeinsam innerhalb der Umwehrung lebten und eine intensive Nutzung der Außenareale nicht betrieben wurde.

Die aufgedeckten karolingischen Gebäude stehen in einer völlig anderen Bautradition als die bekannten reinen Holz- bzw. Pfostenbauten die in Warendorf, Dorestad oder Haithabu ausgegraben wurden. Gleichwohl verbindet sie auch wenig mit den romanischen, städtischen Wohnbauten. Wahrscheinlich sind die karolingischen Häuser im Kontaktfeld zwischen antikem bzw. kaiserzeitlichem Fachwerkbau und fränkischer Pfosten-/Ständerbauweise entstanden. Ähnliche Konstruktionsmerkmale begegnen jedenfalls regelhaft in Städten und Siedlungen, die aus römischen Wurzeln entstanden sind[37]. Das karolingischen Händlerviertel wird man sich als lockere, straßennahe Reihung kleinerer Höfe mit Wohn-, Handwerks- und Gartenbereichen vorstellen dürfen _(Abb. 11)._ Die Rheinvorstadt, die in der frühen Forschung als sumpfig und siedlungsfeindlich galt, zeigt sich heute als einer der wichtigen Kontinuitätsstränge, die Köln in das Hochmittelalter führten.

Außergewöhnlich ist die Auffindung mehrerer Gräber im engeren Siedlungsbereich der Rheinvorstadt. Sechs Bestattungen auf dem

[37] Höltken 2006, 476 f.

178

9 Frühmittelalterliche Befunde auf dem Kölner Heumarkt (Aten 2001b, Abb. 33)

Markmannsgasse

0   10   20m

frühmittelalterliche Befunde

römischer Großbau:
erhaltene Fundamente

Ausbruchgraben

tiefreichende jüngere Eingriffe

Katasterplan 1837

Heumarkt sowie eine weitere auf dem Kurt-Hackenberg-Platz gehören in die Kategorie der Sonderbestattungen, da sie wahrscheinlich alle bei oder innerhalb der Häuser eingebracht wurden. Es handelt sich wohl um Personen, denen durch besondere Umstände eine Beisetzung auf dem Friedhof verwehrt blieb[38]. Auf dem angrenzenden Alter Markt fanden sich zwei Gruppen von Gräbern in mit Holzbrettern ausgekleideten Grabgruben. Laut dendrochronologischer Analyse gehören sie in die Zeit um 900[39]. Es ist denkbar, dass es sich bei diesen kleinen Bestattungsarealen um Hoffriedhöfe handelt.

Die Gründung von Klöstern und Stiften[40] hat ebenfalls zum Bevölkerungs- und Wirtschaftswachstum Kölns im Mittelalter beigetragen. Über die bauliche Struktur der frühen Gemeinschaften ist jedoch bislang nur wenig bekannt; die archäologischen Grabungen konzentrierten sich bislang auf die Kirchen, weniger auf die umliegenden Wohn-, Wirtschafts- und Verwaltungsbauten. Der Fund einer karolingischen Latrine im Bereich des Damenstifts St. Caecilien in den Grabungskampagnen 2003/2005 beleuchtete die Lebensweise der Kanonissen *(Abb. 7, 6)*. Eine historische Quelle des Jahres 1495 beschreibt die Gründung des Stifts durch Erzbischof Willibert (870–889), der 888 eine bestehende Marienkirche um die Patrozinien der Jungfrauen Cäcilia und Eugenia erweitert hat[41]. Die Glaubwürdigkeit der Überlieferung aus dem späten 15. Jahrhundert ist umstritten, eine sichere Nennung erfolgt jedenfalls 922[42]. Die jüngsten Grabungen im Stiftsbezirk haben – neben zellenartigen Raumausschnitten – eine 4 x 4,5 m große und 3,8 m tiefe Latrine mit einem Fassungsvermögen von rund 55-60 m³ freigelegt, die um

[38] Aten 2001a.

[39] Gutachten B. Schmidt, 25.1.2006.

[40] Bei Stiften handelt es sich um weltgeistliche Gemeinschaften von Kanonikern/Stiftsherren mit Privateigentum, jedoch ohne Zwang eines Gelübdes.

[41] Oediger 1954, 91.

[42] Diederich 1984, 37.

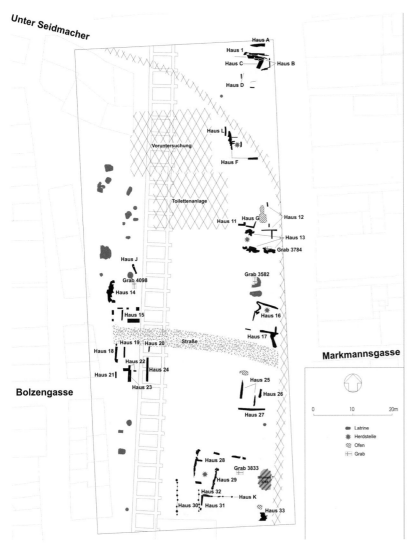

10 Karolingische und ottonische Hausreste
auf dem Kölner Heumarkt

ein vielfaches größer ist als die Latrinen des Heumarktes, deren Fassungsvermögen 8 m³ nicht überschreiten[43]. Der Befund bei St. Cäcilien spricht dafür, dass es sich um eine Gemeinschaftslatrine der Kanonissen aus der Zeit um 900 handelt. Besonders aufschlussreich sind die geborgenen, von H. Berke, Köln archäozoologisch ausgewerteten Tierknochenfunde, die darauf schließen lassen, dass sich die adeligen Damen gerne von Fleisch junger Tiere (Spanferkel, Milchlämmer und Stubenküken) ernährten[44]; die Handwerker am Heumarkt dagegen begnügten sich vornehmlich mit Brühe, gekocht aus dem zähen Fleisch alter Rinder[45].

Köln, das von Karl dem Großen in seinem Testament als die „eleganteste Braut Christi nach Rom" genannt wird, bot räuberischen Normannen vielversprechende Beute. Diese erreichten im Winter 881/82 die Stadt und haben bei ihrem Beutezug den Dom seiner Schätze beraubt[46]. Archäologisch sind die Normannenzüge jedoch ebenso wenig belegt wie die in den Annales Sancti Petri Coloniensis und Annales Coloniensis Brevissimi genannten Stadtbrände der Jahre 810 und 856 (combustio Coloniae)[47]. Auf der Händler- und Kaufmannssiedlung am Heumarkt – sicherlich eines der unmittelbaren, rheinseitigen Ziele – sind kleinere, lokale Hausbrände nachgewiesen, jedoch keine umfassende Brandkatastrophe. Köln mag im 9. Jahrhundert von Normannen heimgesucht und geplündert worden sein, Hinweise auf eine flächige Zerstörung gibt es aber bislang nicht. Die Fuldaer Annalen berichten zum Jahr 883 lediglich, dass die Stadtmauern sowie die vor den Mauern liegenden Kirchen und Klöster nach dem Überfall instand gesetzt wurden.

Unter den Nachfolgern Hildebolds auf dem erzbischöflichen Stuhl hebt sich Gunthar (850–863/870) durch sein energisches und politisch motiviertes Handeln hervor. Gunthar annullierte in einer Synode die kinderlose Ehe Lothars II. und seiner Frau Theutberga, die daraufhin zum Erzbischof Hinkmar in Reims floh. Erzbischof Gunthar gab Lothar II. die Erlaubnis seine Nebenfrau Walrada zu heiraten, mit der er bereits einen Sohn hatte. Papst Nikolaus I. enthob Gunthar daraufhin seines Amtes und exkommunizierte ihn (863); die Verwaltung des Erzbistums führte Gunthar aber weiter. Eine

[43] Trier 2005b, 61.

[44] H. Berke, Tierknochen aus frühmittelalterlichen Gruben am Cäcilienkloster in Köln (ungedr. Manuskript).

[45] Kokabi 2001, 862 f.

[46] Clemen 1980, 40.

[47] MGH SS XVI, 730; MGH SS I, 97.

wichtige Informationsquelle zur Kölner Kirchenstruktur liefert die Güterumschreibung Gunthars aus dem Jahr 866: der Erzbischof verteilt darin Kirchen, Ländereien und Höfe samt Nutzungsrechten an die Klerikergemeinschaften bzw. Stifte, die mit den erhaltenen Gütern eigenständig wirtschafteten. Genannt werden, in der Reihenfolge ihrer Bedeutung, neben dem Domstift die Stifte St. Gereon, St. Severin, St. Kunibert, St. Ursula sowie die Kirche St. Pantaleon[48]. Die Stifte und ihr Besitz bilden einen weiteren Grundstein für den Reichtum des mittelalterlichen Kölns. Es ist daher kaum verwunderlich, dass die Pfarrkirchen weitaus schwächer ins historische Licht treten: erst nach 800 kann von Pfarrkirchen mit einem festen Bereich (Pfarrsprengel) im Rechtssinn gesprochen werden[49].

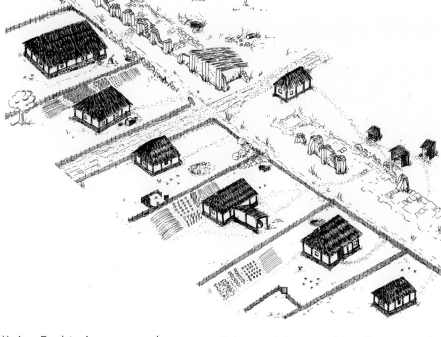

11 Rekonstruktionsvorschlag der Heumarkt-
siedlung um 900
(C. Claus/Th. Höltken)

Mit dem Tod Ludwigs dem Kind (911) endete das ostfränkische Karolingerreich; Nachfolger wurde Konrad I., Hz. von Franken. Der Kölner Erzbischof Hermann I. (889/90–914), mit dem Beinamen „Der Fromme", hielt an der karolingischen Linie fest, die im Westfrankenreich mit Karl dem Einfältigen weiterbestand. In der Folge wurden die rechtsrheinischen Suffraganbistümer von Köln getrennt. Hermann wird von seinem Zeitgenossen Regino von Prüm als „sehr heiligmäßiger Mann" beschrieben und wirkt auf politischer Ebene eher blass. Es wird jedoch vermutet, dass Hermanns Aktivitäten in seiner rund 25jährigen Amtszeit wesentlich bedeutsamer waren, als es die schüttere Quellenlage glaubhaft zu machen scheint[50].

Das ottonische Köln des 10. Jahrhunderts – auch *Colnaburg* genannt[51] – ist untrennbar mit einem der aktivsten Erzbischöfe des Mittelalters verknüpft, dem hl. Bruno I. (953–965). Bruno wurde bereits mit 15 Jahren Reichskanzler am Hofe seiner Bruders, Kaiser Ottos I. und wurde 953 zum Kölner Erzbischof gewählt. Als Herzog von Lothringen war er zudem der erste deutsche Fürstbischof. Das Kölner Stifs- und Klosterleben hat er maßgeblich bereichert. 957 gründet Bruno bei der Kirche St. Pantaleon ein Benediktinerkloster; hier wurde 965 auch sein Leichnam beigesetzt. Zu seinen Gründungen gehören zudem die Stifte Groß St. Martin, St. Andreas und St. Maria im Kapitol. Unter Bruno wurde die Stellung des Kölner Erzbischofs erheblich gestärkt: er war oberster Herr in der Stadt. Wahrscheinlich waren bereits im 10. Jahrhundert

[48] MGH DD Lo II, 425.

[49] Neuss/Oediger 1964, 287.

[50] Diederich 1994, 22.

[51] Ennen 1953, 126.

13 Köln „Heumarkt". Steigbügel und Sporn
aus dem 10. Jahrhundert

12 Heumarkt, Kiespflaster des 10. Jahrhunderts (RGM)

die Ämter seiner Vertretung, der Burggraf, der militärische Gewalt
und das Hochgericht in sich vereint, sowie der Stadtvogt, beauftragt
mit der niederen städtischen Gerichtsbarkeit, herausgebildet[52]. Brunos Einfluss auf die Stadtentwicklung und den wirtschaftlichen Auf-
schwung war dementsprechend beträchtlich: so ist während seiner
Amtszeit, wahrscheinlich sogar auf seine unmittelbare Initiative, die
Siedlung auf dem Heumarkt 957 oder wenig später vollständig nie-
dergelegt worden. An ihrer Stelle entstand eine freie, über 5 ha
große, gleichmäßige Marktfläche mit Kiespflaster (Abb. 12). Die
ehemaligen Anwohner des Händlerviertels haben ihre Häuser wohl
an die Randzone des Markts verlegt. Am benachbarten Alter Markt
hat der Prozess der Marktgründung wohl zum selben Zeitpunkt oder
bereits früher eingesetzt. Erst einige Jahrzehnte später erfolgt der
entsprechende Niederschlag in den historischen Quellen: 989 wird
eine porta fori (Markttor) und 992 der mercatus coloniæ erwähnt.
In der Vita des hl. Maurinus wird Köln kurz nach Brunos Tod als
volkreiche Stadt (populosa civitas) umschrieben[53].

Über die ottonischen Wohnbauten Kölns ist derzeit noch wenig bekannt. Wichtige Fundkomplexe liegen aus dem Albansviertel vor, das
westlich des Heumarkts, zwischen der östlichen römischen Stadtmauer und der Hohen Straße gelegen ist. Bei archäologischen
Untersuchungen zwischen 1972 und 1973 — westlich der Kir-
chenruine St. Alban, die möglicherweise auf spätmerowingisch/früh-
karolingische Wurzeln zurückgeht — wurde ein steinerner Gebäude-
komplex des 10./11. Jahrhunderts von rund 1.500 m² Grundfläche
freigelegt. Der Kernbau besteht aus einer zweischiffigen Halle von
11 x 23 m Größe mit Basaltfundament und aufgehenden Tuffstein-
mauern sowie hölzernen Mittelstützen auf einem gegossenen Kalk-
mörtelfundament. In den 90er Jahren wurden im benachbarten
östlichen Bereich, karolingische/ottonische Steinsetzungen und

[52] Lau 1898, 7–20.

[53] MGH SS XV,II 685; Trier 2011,
184.

Pfostengruben von Holzbauten ausgegraben, darüber schließt ein Bau-
horizont mit ebenerdigen d.h. keller-
losen Steinbauten des 11. Jahrhunderts an[54]. Wahrscheinlich entstanden die großen ottonischen Hallen
auf einem Areal ehemaliger, öffent-
licher römischer Bebauung und ge-
langten im frühen Mittelalter in königlichen oder bischöflichen Einflus-
sbereich[55]. Es ist denkbar, dass es
sich um den Hofbezirk des 1032
erstmals erwähnten Burggrafen
(*Udalricus, urbis prefectus*) handelt[56]. Die archäologischen Untersu-

*14 Köln „Heumarkt". Auswahl karolingisch-
ottonischer Fibelformen*

chungen auf dem Alten Markt und auf dem Heumarkt haben nachgewiesen, dass aufrecht stehende römische Mauern – oder zumindest Mauerruinen – noch im 9./10. Jahrhundert das Siedlungsbild
prägten. Die römische CCAA wurde noch bis weit in die romanische
Zeit recycelt[57].

Zu den politisch agilen Erzbischöfen an der Wende von Ottonen-
zur Salierzeit gehört der hl. Heribert (999–1021), der bereits vor
seiner Bischofswahl 999 Kanzler von Italien und Deutschland war.
Zusammen mit dem Kaiser stiftete er die Abtei Deutz und errichtete die zugehörige Abteikirche, später St. Heribert genannt. Sein
Nachfolger Pilgrim (1021–1036) wurde 1031 Erzkanzler von Ita-
lien und verband das Kölner Bischofsamt mit dem dauerhaften
Recht der Königskrönung in Aachen. 1052 ermächtigte der Papst
den Kölner Erzbischof Hermann II. (1036–1056), an seiner
Kathedrale sieben Kardinalspriester nach dem Vorbild von St.
Peter in Rom einzusetzen. Der Kölner Dom wurde damit der Papst-
basilika gleichgestellt. Hermann II. war bestrebt Köln als Abbild
Roms zu gestalten und förderte die Kölner Kirchen auf vielfältige
Weise. In der Folgezeit – zwischen dem 11. und 13. Jahrhundert –
entstand ein Kranz an romanischen Stifts- und Klosterkirchen mit
zugehörigen Pfarrkirchen. Die dichte Sakrallandschaft darf aber
nicht darüber hinwegtäuschen, dass nach bisheriger archäologischer
Kenntnis die westliche Hälfte der Stadt innerhalb der antiken Um-
mauerung auch im 11.–12. Jahrhundert vergleichsweise fundarm
bleibt. Man wird mit keiner flächigen, sondern eher mit einer punktuellen Besiedlung der weitläufigen Wirtschaftsflächen rechnen
dürfen. In dieselbe Richtung weisen auch die historischen Daten:
erst an der Wende vom Hoch- zum Spätmittelalter häufen sich die
Quellen zu baulichen Aktivitäten im Westteil der Stadt. Im Gegensatz zu den Kirchen ist das Wissen um die Kölner Wohnbauten des
11./12. Jahrhunderts begrenzt[58]. Neben verstreuten, bisher nicht
gesichteten Grabungsbefunden sind in den heutigen Kellern noch
Reste der Vorgängerbebauung erhalten, die den Zweiten Weltkrieg

[54] Seiler 2000, 382 f.; Seiler 1977. –
Eine ältere Datierung vertreten: Gech-
ter/Schütte 2000.

[55] Hellenkemper 1975, 267.

[56] Lacomblet 1946, Bd. 1, Nr. 167.

[57] Hellenkemper 1975, 267; Höltken
2006, 478–480.

[58] Wiedenau 1979, 8 f.

weitgehend unbeschadet überstanden haben. Eine systematische Aufnahme des Restbestandes am Alten Markt durch die Abteilung Architekturgeschichte des Kunsthistorischen Instituts der Universität zu Köln belegt im 12. Jahrhundert steinerne Turmhäuser (sogenannte Kemenaten) an der Randzone der Marktfläche[59]. Diese befanden sich in den hinteren Grundstücksbereichen; im vorderen Bereich ist ein Hof mit hölzernen Wirtschaftsgebäuden anzunehmen. Im Laufe des Spätmittelalters wird das Wohnhaus an den Straßenrand verlegt; der Hofbereich wechselt in den rückwärtigen Bereich der Parzelle. Es setzt die Entwicklung zur geschlossenen, giebelständigen Bebauung ein wie sie der Mercatorplan von 1571 darstellt. Daneben war die Kölner Profanbebauung noch von weiteren Architekturformen wie z. B. Höfen (*curtes*) und einfachen Fachwerkhäusern charakterisiert. Die Architektur wird – gemäß der heterogenen Bevölkerungszusammensetzung – stark variiert haben.

15 Köln „Heumarkt". Pingsdorfer Amphore aus dem 10. Jahrhundert

[59] Vogts 1914; Wiedenau 1979, 12–13; Genetische Untersuchungen zur historischen Bebauung des Alten Marktes in Köln. Abschlussdokumentation und Projektergebnisse. Kunsthistorisches Institut der Universität zu Köln, Abteilung Architekturgeschichte. Projektleitung: N. Nußbaum (ungedr. Manuskript 2010).

stadt, pfalz, bischofssitz
paderborn im 9. und 10. jahrhundert

von Sven Spiong

Paderborn. Pfalzareal während der Grabungen
mit den Grundrissen der karolingischen (unten) und der ottonischen Pfalzaula

stadt, pfalz, bischofssitz
paderborn im 9. und 10. jahrhundert

Von der Pfalz des Frankenkönigs Karls bis zur Errichtung des Bischofssitzes

Die Geschichte Paderborns beginnt im Jahr 776, als der Frankenkönig Karl auf einem leichten Bergsporn über den Paderquellen eine Burg errichtete und sie zum zentralen Ort der Franken für das neu eroberte Gebiet der Sachsen ausbaute *(Abb. 1)*. Der Mittelpunkt der Burg war eine zweigeschossige, 31 m lange und zehn Meter breite Pfalzaula mit einem Balkon an der Südseite. Sie war mit farbigen Glasfenstern in Bleifassungen ausgestattet *(Abb. 2; 3)*[1]. Daneben entstand 777 die erste Pfalz- und Missionskirche mit ähnlichen Ausmaßen, die dem Erlöser geweiht war. Es handelt sich um eine Saalkirche mit dreiteiligem Chor und einem doppelgeschossigen Westbau. Die Doppelfunktion als Pfalz- und Missionskapelle spricht für eine westliche Empore. Der Westbau war dabei Vorläufer des späteren Westwerks. Als erste und in der Region lange Zeit einzige Kirche entstand in relativ kurzer Zeit ein großer Friedhof mit mehr als 300 Bestattungen unmittelbar südlich und östlich der Kirche. Zur Gründungsphase gehörten unter anderem auch ein Schmiedeplatz, eine Werkstatt für Buntmetallverarbeitung *(Abb. 4)*, ein Glasschmelzofen, eine Mörtelwanne und ein kleines Brunnenhaus.

Die Befestigung bestand in der Frühzeit noch aus einer Holz-Erde-Konstruktion, wovon an der Nordseite noch einige Spuren aufgefunden wurden.

Nachdem die Sachsen die Burg schon im Jahr 778 zerstört hatten, ließ sie Karl unmittelbar wieder aufbauen und mit einer mächtigen, etwa 1,50 m dicken Mauer schützen. Das Burgareal umfasste eine Fläche von etwa 250 m Breite und 280 bis 300 m Länge. Ein vermuteter weiter nördlich liegender älterer Befestigungsverlauf im Süden bestätigte sich bei den Ausgrabungen auf dem Gelände des Gaukirchklosters in den Jahren 2008 bis 2011 nicht[2]. Wahrscheinlich war der ältere Verlauf identisch mit dem Verlauf des frühen 11. Jahrhunderts, wobei sämtliche Spuren verschwanden, als Bischof Meinwerk die Befestigung im frühen 11. Jahrhundert ausbauen ließ.

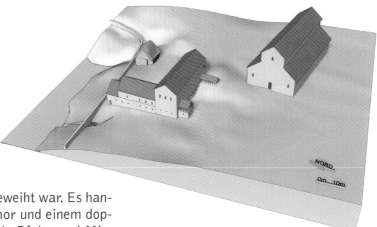

1 Paderborn, Kaiserpfalz und Dom Rekonstruktion der Bauten um 799. (Entwurf: LWL/Mecke und Gai, Ausführung: Maßwerke GbR)

[1] Gai/Mecke 2004.

[2] Moser 2002.

Gegen Ende des 8. Jahrhunderts erfolgte ein weiterer Ausbau des Pfalzortes *(Abb. 1)*. Anlass waren möglicherweise die für 793/94 überlieferten Kämpfe, von denen eventuell eine dünne Holzkohleschicht in der Aula zeugt. Der südwestliche Balkon wurde abgerissen und breiter wieder aufgebaut. Ein nördlicher Wohntrakt wurde im rechten Winkel an die Aula angebaut. Er besaß fast die Dimensionen der Aula und beinhaltete im Obergeschoss vermutlich die Gemächer des Königs.

Eine dreischiffige Basilika mit den Ausmaßen von 43 x 21 m und ein Domkloster, dessen Reste nördlich des Domes und östlich der

2 Paderborn, Kaiserpfalz. Fensterglasfunde des 8./9. Jahrhunderts. (LWL/Spiong)

Pfalzaula entdeckt wurden, schufen zwei wesentliche Voraussetzungen für den Ausbau zum Bischofssitz. Die Bauten waren bereits abgeschlossen, als sich Karl mit dem aus Rom geflüchteten Papst Leo III. in Paderborn traf. An diesem bedeutenden Ereignis wurde nicht nur die Kaiserkrönung Karls vereinbart, sondern auch die Weichen für die Gründung des Bistums Paderborn gestellt. Mit Bischof Hatumar war dann ab 806 auch der erste Bischof in Paderborn tätig.

3 Paderborn, Kaiserpfalz. Fensterfassungen aus Blei (Bleiruten) des 8./9. Jahrhunderts. (LWL/Spiong)

Die Frage nach den ältesten Spuren einer Klausur ist nicht eindeutig zu beantworten. Bereits nach 778 könnte eine Mauer nördlich parallel zur ersten Kirche auf die Existenz eines Kreuzganges hinweisen. Sicherer sind die Befunde, die sich zeitlich der unmittelbar südlich liegenden dreischiffigen Basilika von vor 799 zuordnen lassen. Eine Nord-Süd-Mauer und ein zweiräumiges, ost-west ausgerichtetes Gebäude im Norden bildeten sehr wahrscheinlich Elemente einer Klausur, die für das Jahr 799 schriftlich belegt ist.

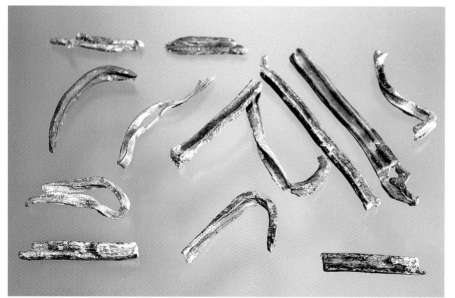

Nördlich der Aula, an die nördliche Befestigungsmauer angelehnt, errichtete man ein etwa 11 x 11 m großes Gebäude, möglicherweise ein Torhaus, denn östlich des Gebäudes verläuft eine Treppe auf die Befestigungsmauer zu und durch diese hindurch.

Die Besiedlung des Umfeldes der Domburg bis um 800

Als unmittelbare Folge der Errichtung einer Burg mit Kaiserpfalz wurde auch das Umfeld der Burg im späten 8. und 9. Jahrhundert zunehmend besiedelt *(Abb. 5)*. Als der Ausbau Paderborns zum Bischofssitz mit Domkloster und einer dreischiffigen Basilika erfolgte, existierte bereits westlich der Warmen Pader eine Siedlung, in der Bedienstete und Handwerker lebten. Diese Siedlung ist als ein Teil des werdenden Paderborner Bischofssitzes zu werten. Der bisher nördlichste Hof dieser Siedlung lag in der heutigen Straße „Spitalmauer". Im Boden blieb nur ein eingetieftes Nebengebäude erhalten, dessen Verfüllung neben Scherben von Kümpfen mit aufgestellten

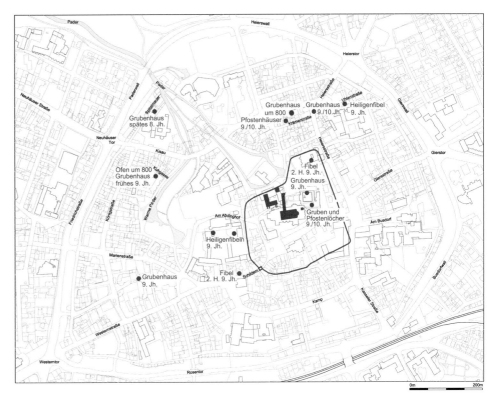

Rändern auch ein Ortband aus vergoldeter Bronze mit charakteristischen Nieten der Zeit um 800 enthielt[3]. Ein Befund der gleichen Zeitstellung lag etwa 500 m weiter südlich, unmittelbar südlich der Kuhgasse. Dort entdeckte ein Grabungsteam 1998 einen ehemals überdachten Ofen für Buntmetallverarbeitung[4]. Eine Datierung ergibt sich aus zeittypischen Merkmalen bei der Keramik: Granitgrusmagerung, Standböden und sowohl nach innen als auch nach außen biegende Ränder, wobei einzelne Ränder bereits von frühen Kugeltöpfen stammen könnten.

Die wenigen frühen Siedlungsbelege haben ihre Ursachen in den bisher nur ausschnitthaft untersuchten Bereichen in der westlichen Innenstadt. Sie belegen aber bereits eindeutig, dass zur Zeit der Gründung des Bischofsitzes in Paderborn westlich außerhalb der Domburg eine Siedlung bestand.

Unmittelbar nördlich der Domburg lag das Dorf Aspethera, das im Jahr 1036 erstmals urkundlich erwähnt wird, sich anhand archäologischer Funde aber kontinuierlich bis ins späte 8. Jahrhundert zurückverfolgen lässt. Der aufgrund des Namens vermutete ältere Ursprung des Dorfes ließ sich archäologisch kaum bestätigen. Bisher konnte in der Mühlenstraße nur ein Pfostenloch sicher ins 6./7. Jahrhundert datiert werden. Möglicherweise stammt der Name von einem Hof, dessen Bewohner im 6./7. Jahrhundert östlich

5 Paderborn, Karte mit den Fundorten des späten 8. und 9. Jahrhunderts. (Entwurf: LWL/Spiong, Ausführung: LWL/Heilmann)

4 Paderborn, Kaiserpfalz. Treibhammer des frühen 9. Jahrhunderts für die Bearbeitung von Buntmetallblechen. (Nachweis: LWL/Spiong)

[3] Brand/Spiong 2005.

[4] Berndt/Moser 2003.

der Innenstadt an der Benhauser Straße auf einem kleinen Gräberfeld mit 18 Bestattungen ihre Angehörigen beerdigten.

Der Beginn des Dorfes lässt sich unmittelbar nach der Gründung der Kaiserpfalz in der Mühlenstraße 34 fassen. Dort legte im Juli/August 2011 die Stadtarchäologie ein um 800 verfülltes Grubenhaus frei. In der Verfüllung lag Kumpfkeramik mit frühen Kugeltopfscherben zusammen. Das Grubenhaus enthielt auch Fragmente von Webgewichten, die auf eine Funktion als Webhütte hindeuten. Es war ursprünglich nur ein Nebengebäude eines weitläufigen Hofes.

Die weitere Entwicklung des Pfalzareals bis 983

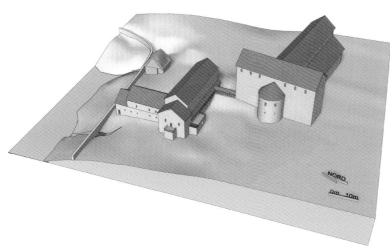

Auch in der ersten Hälfte des 9. Jahrhunderts blieb Paderborn wichtiger Zentralort mit militärischer und politischer Funktion: 815, 840 und 845 fanden dort Reichsversammlungen statt. Für den Bischofssitz war die Überführung der Liboriusreliquien aus Le Mans im Jahre 836 sehr wichtig. In diesem Zuge bekam die Basilika ein Westquerhaus mit einem Westchor und einer Umgangskrypta (Abb. 6). Zwischen dem Querhaus und der Pfalz wurde ein quadratischer Verbindungstrakt errichtet, an dem im Westen eine neue Zugangsrampe in die Pfalz angebaut wurde. Ferner wurde die Aula nach Westen mit einem 4,80 x 10 m großen Raum und nach Süden mit einem vorgelagerten Gang erweitert. Der Gang stellt die Verbindung vom Verbindungstrakt zwischen Aula und Westquerhaus und dem Westanbau der Aula mit vorgelagertem Balkon dar. Statt der Südseite ist nun die Westseite das Zentrum der herrschaftlichen Repräsentation.

6 Paderborn, Kaiserpfalz und Dom. Rekonstruktion der Bauten nach 836. (Entwurf: LWL/Mecke und Gai, Ausführung: Maßwerke GbR)

Erweiterungen oder Baumaßnahmen in der Klausur deutet zunächst nur ein kleiner Verbindungsgang vom Ostende des Nordseitenschiffes des Domes ins Kloster an.

Zwischen 845 und 958 besuchte kein König mehr die Pfalz in Paderborn[5]. Für diese Zeit der ausbleibenden Königsbesuche lassen sich an der Kaiserpfalz und am Dom kaum größere Baumaßnahmen feststellen. Zu den wenigen baulichen Veränderungen zwischen 840 und 983 zählt der Abriss des Verbindungstraktes zwischen dem Ostquerhaus des Doms und der Pfalzaula. Ins Ostquerhaus kam man nun von Norden aus über eine neue überdachte Treppe und ein Podest. An die Pfalzaula baute man im Westen ein Steingebäude an, das vom Nordwesten aus über eine Treppe zugänglich war. Eine Baumaßnahme am Westchor des Domes, möglicherweise im Jahr

[5] Balzer 1999, 122.

889 durchgeführt, stellte die Erweiterung der Krypta dar. Diese Erweiterung ist im Zusammenhang mit der Intensivierung der Liboriusverehrung zu sehen[6].

Im Klausurbereich lassen sich etwa seit dem fortgeschrittenen 9. Jahrhundert einige umfangreiche bauliche Aktivitäten feststellen. Hierzu gehören der Abriss der bestehenden nordwestlichen Gebäude und die Errichtung neuer Gebäude im nördlichen und westlichen Klosterflügel. Die Ausrichtung des Klosters und die Baufluchten behielt man in groben Zügen bei. In der Nordwestecke ragt ein 6 x 9 m großer Raum über die westliche Bauflucht um drei Meter hinaus. Daran schließt sich ein Korridor an, der nach Norden auf eine Außentreppe zuführt, die bis zur Domburgmauer führt und dort durch eine Pforte zu den Paderquellen. Südlich angrenzend konnte noch ein weiterer 6,8 x 7,5 m großer Raum mit einer mehrfach erneuerten Herdstelle erfasst werden. Unterstützt durch zahlreiche Tierknochenfunde kann der Raum als die Klosterküche identifiziert werden. Vom Nordflügel des Domklosters konnten nur noch die Maueransätze eines weiteren Raumes dokumentiert werden. Die Vergrößerung des Klosters steht im Einklang mit einer Urkunde Bischofs Unwan (918–935), in der 66 als Domkleriker betrachtete Zeugen genannt werden[7].

Östlich der eigentlichen Klausur konnte eine Anzahl weiterer Gebäude des fortgeschrittenen 9. und 10. Jahrhunderts festgestellt werden (Abb. 5; 8), die dem Domkapitel zugeordnet werden müssen. So konnte an der Südseite des nördlichen Domkreuzgangflügels auf einem kleinen Areal eine umfangreiche Bauabfolge festgestellt werden[8]. Der als Teil eines Grubenhauses zu deutende Befund enthielt Keramik des fortgeschrittenen 9. bzw. frühen 10. Jahrhunderts. Er wird von der Pflasterung und der Trockenmauer eines Fachwerkhauses des 10. Jahrhunderts abgelöst, das wiederum noch im 11. Jahrhundert durch ein großes Steingebäude ersetzt wurde, das in einigen Mauerresten noch heute im Nordflügel des Klosters erhalten ist. Die zahlreichen Griffelfunde (Abb. 7) sprechen für einen Standort der Domschule in den Gebäuden bzw. im unmittelbaren Umfeld der Gebäude. Unter dem ehemaligen Kapitelsaal des 12. Jahrhunderts im heutigen Südflügel des Klosters, der ebenfalls schon im 11. Jahrhundert als zumindest größtenteils frei stehendes Gebäude errichtet wurde, konnten ebenfalls Reste von Pfostenhäusern und Gruben des fortgeschrittenen 9. und frühen 10. Jahrhunderts entdeckt werden[9].

Bei einer räumlich sehr begrenzten Ausgrabung im Küstergarten, unmittelbar westlich des westlichen Domkreuzgangflügels konnte folgende Abfolge über einem karolingischen Gartenhorizont erschlossen werden[10]: Zunächst verlief von Nordnordost nach Südsüdwest im fortgeschrittenen 9. Jahrhundert ein gepflasterter Weg, der noch im 10. Jahrhundert zweimal erneuert wurde. Über dem Weg errichtete man im 10. Jahrhundert ein Fachwerkhaus mit einer

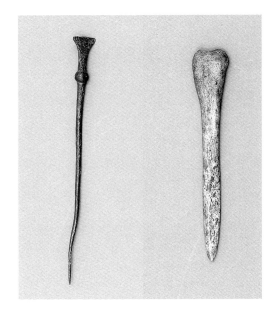

7 Paderborn, aus einer Grubenhausverfüllung unter dem Kreuzgang des Domklosters. Griffel aus Bronze und Knochen, 9. Jahrhundert.
(LWL/Spiong)

[6] Lobbedey 1986, 157.

[7] Gai/Mecke 2004, 156 ff.

[8] Doms 1962.

[9] Spiong 2008a, 65 f.

[10] Ders. 2009.

Trockenmauer und einem gepflasterten Innenbereich. Fachwerkhäuser sind zu dieser Zeit noch die Ausnahme. Sie kommen außerhalb der Domburg mit einer Ausnahme erst in der zweiten Hälfte
des 12. Jahrhunderts regelhaft auf. Sie ermöglichen es, anders als
die üblichen eingeschossigen Pfostenhäuser, mehrere Stockwerke
aufeinander zu setzen. Die Architektur innerhalb der Domburg unterschied sich somit sowohl mit ihren Steingebäuden als auch mit
ihren Fachwerkhäusern in karolingischer und ottonisch-salischer
Zeit eindeutig von den Bauten des unmittelbaren, eher ländlich wirkenden Siedlungsumfeldes.

Weitere umfangreiche Baumaßnahmen lassen sich im nördlichen
Bereich der Domburg feststellen. Die 1959 bis 1961 von Fritz
Esterhus und Wilhelm Winkelmann durchgeführte Grabung erfasste zahlreiche Bauwerke, die noch nicht zeitlich eingeordnet werden
können, da eine Auswertung der Grabung noch aussteht. Eine rechteckige Kreuzemailscheibenfibel mit Eckfortsätzen datiert in die
zweite Hälfte des 9. Jahrhunderts und deutet an, dass dieses Areal
zu dieser Zeit nicht brachlag. Die weiteren Forschungen werden hier
in den nächsten Jahren Klarheit bringen.

Alle Bauaktivitäten im Klausurbereich und in den östlich angrenzenden Arealen, die dem Domkapitel zugeordnet werden müssen,
zeigen, dass die Initiative für die Maßnahmen in der Domburg seit
dem 9. Jahrhundert vom Bischof und dem Domkapitel ausging. Der
sich etablierende Bischofssitz Paderborn wurde zu dieser Zeit bei
einer gewachsenen Anzahl an Domklerikern entsprechend ausgebaut, wobei u. a. eine flächige Durchdringung mit Pfarrkirchen auch
zu einem Ausbau der Verwaltung des Bistums führte. Ursache für
die nur geringe Bautätigkeit an der Pfalz ist sicher das Ausbleiben
der Herrscherbesuche bis 958. Dies bedeutet aber nicht, dass die
Entwicklung des gesamten Siedlungsbildes nach 845 ins Stocken
geriet, wie die gute Forschungslage im Dom-Pfalz-Bereich möglicherweise suggerieren könnte.

Das Siedlungsumfeld im 9. und 10. Jahrhundert

Mit der Etablierung Paderborns als Bischofssitz erweitert sich
das Siedlungsareal außerhalb der Domburg *(Abb. 5; 8)*. Die bereits
im späten 8. Jahrhundert bestehende Siedlung westlich der Warmen
Pader existiert weiterhin. An der schon erwähnten Fundstelle südlich der Kuhgasse fanden sich die Nachweise eines Grubenhauses
des 9. Jahrhunderts und eines weiteren Grubenhauses des 9./10.
Jahrhunderts. Anhand von Buntmetalltropfen konnte die Metallverarbeitung auch für diesen Zeitraum dokumentiert werden[11]. Von
der Warmen Pader verlief bis zur Königstraße ein Graben, der auf
beiden Seiten von Pfostenreihen zweier Zäune begleitet wurde. Dieser Graben grenzte noch im 10. Jahrhundert wahrscheinlich zwei

[11] Berndt/Moser 2003.

Hofstellen von einander ab und wurde im frühen 11. Jahrhundert zugeschüttet.

Für das 9. Jahrhundert gibt es 800 m weiter südlich Nachweise für eine Besiedlung südlich der Marienstraße[12]. Das älteste Grubenhaus (G) enthielt die für das 9. Jahrhundert typische rotpolierte Keramik. Ein weiteres Grubenhaus (B) datiert ins 10. Jahrhundert. Zwei weitere Grubenhäuser können nur ungefähr ins 10./11. Jahrhundert datiert werden und könnten somit bereits zum Bauboom gehören, der im späten 10. Jahrhundert einsetzte.

Weiter südlich reichte die Siedlung, nach Einzelfunden zu urteilen, bis über die heutige Westernstraße hinaus und im Osten bis kurz vor die Domburg. So stammen vom Gebiet des späteren Abdinghofklosters zwei Heiligenfibeln des 9. Jahrhunderts. An der Nordseite der Straße Schildern konnte eine Rosettenfibel der zweiten Hälfte des 9. Jahrhunderts geborgen werden. Hinzu kommt vom selben Fundplatz eine Kreuzemailscheibenfibel des Zeitraumes zwischen etwa 850 und 950[13].

Die Besiedlung des nördlich der Domburg gelegenen Dorfes Aspethera lässt sich für das 9. Jahrhundert gut fassen. Der östlichste Fundpunkt liegt in der Uhlenstraße 16. Dort entdeckte Bernhard Ortmann 1948 Kulturschichten und Gruben des 9. und 10. Jahrhunderts. Eine Heiligenfibel zeigt den Beginn einer Siedlung an dieser Stelle für das 9. Jahrhundert an. Die Anzahl von bisher drei Heiligenfibeln gibt die im Alltag zur Schau gestellte Bedeutung der Heiligenverehrung in Paderborn wieder. Die Überführung der Liboriusreliquien und die Intensivierung des Kultes, die sich an der Erweiterung der Umgangskrypta in der zweiten Hälfte des 9. Jahrhunderts im Dom festmachen lässt, finden somit im Fibelspektrum der ansässigen Bevölkerung ihren Widerhall.

Die erste reguläre Ausgrabung auf der Fläche des ehemaligen Dorfes Aspethera fand im Jahr 2003 auf dem Grundstück Krämerstraße 6 statt. Dort gelang Sven-Hinrich Siemers der Nachweis einiger Pfostenlöcher von Wohnhäusern des 9. und 10. Jahrhunderts.

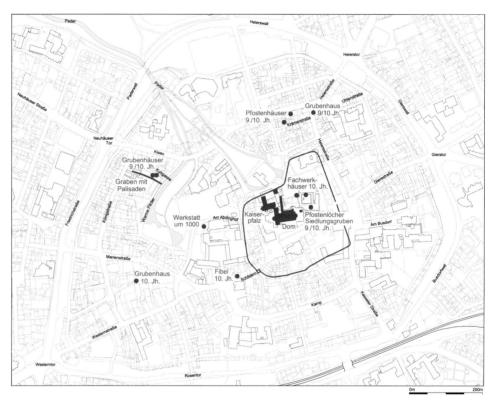

8 Paderborn, Karte mit den Fundorten des späten 9. und 10. Jahrhunderts. (Entwurf: LWL/Spiong, Ausführung: LWL/Heilmann)

[12] Siegfried 2011.

[13] Spiong 2005, 42.

193

Sie zeigen, dass hier im 9. Jahrhundert bereits eine großflächige Siedlung existierte. Ein Ausschnitt dieser Siedlung erhielt sich auch unter dem im 12. Jahrhundert angelegten gepflasterten Hellweg im Bogen der Heiersstraße. Dort konnte ein Team der Stadtarchäologie im Sommer 2010 ein Grubenhaus der Zeit von etwa 830/40 bis 970/80 dokumentieren[14]. Weitere Pfosten, die bisher nur allgemein dem 9. bis 11. Jahrhundert zugewiesen werden können, wurden im Juli/August 2011 in der Mühlenstraße 34 entdeckt.

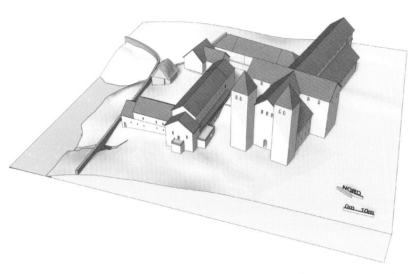

9 Paderborn, Kaiserpfalz und Dom. Rekonstruktion der Bauten kurz vor 1000. (Entwurf: LWL/Mecke und Gai, Ausführung: Maßwerke GbR)

Ein neuer Bauboom seit dem Ende des 10. Jahrhunderts

Mit den Baumaßnahmen unter den Bischöfen Rethar (983–1009) und besonders Meinwerk (1009–1036) verdichteten sich die bestehenden Siedlungsareale und erfassten mindestens das gesamte Gebiet, das in der Mitte des 12. Jahrhunderts von einer Stadtmauer umfasst wurde[15]. Der Beginn dieses Baubooms fällt somit noch ins 10. Jahrhundert, wenn auch ein Großteil der Siedlungsbefunde aufgrund der Keramikfunde nicht von den Befunden des frühen 11. Jahrhunderts getrennt werden kann. Dies ist anhand stratigraphischer Überlegungen im Dom-Pfalz-Bereich und in einem Fall auch außerhalb der Domburg möglich.

Die intensiven baulichen Tätigkeiten Bischof Rethars im Dom-Pfalzareal *(Abb. 9)* lassen sich zunächst an der Westseite des Domes feststellen[16]. Er verlegte die Liboriusreliquien in eine neue Ostkrypta, ließ die Westkrypta mit dem Westchor abreißen und errichtete dort einen großen Westbau. Dieser Westbau mit einer dreischiffigen Eingangshalle, zwei den Eingang flankierenden Ecktürme und zwei Seitenschiffen war noch nicht fertig, als ihn ein verheerender Brand im Jahr 1000 bereits wieder zerstörte.

Ebenfalls vor 1000 entstand ein Westquertrakt, der die Pfalzaula mit dem neuen Domwestbau verband und so dem König und den in der Aula tagenden Entscheidungsträgern einen direkten Zugang vom Obergeschoss der Aula in die für sie vorbehaltenen erhöhten Räume im Dom ermöglichte. Gleichzeitig entstand damit zwischen Dom, Aula und Domkloster ein Innenhof, der über einen Durchgang im Westquertrakt erschlossen wurde. Anders als vorher ermöglichte der Durchgang sehr leicht einen kontrollierten Ein- und Ausgang in die abgegrenzten südlichen und östlichen Pfalzhöfe.

An der Westseite der Aula errichtete man eine Treppe und entfernte den Balkon, um ihn durch einen größeren Anbau mit Balkon

[14] Spiong 2005, 42.

[15] Gai/Spiong 2009; Spiong 2009b, 174 ff.

[16] Gai/Mecke 2004, 159 ff.

zu ersetzen. Die Umwandlung der Westseite zur repräsentativen Schauseite des
Dom- und Pfalzkomplexes komplettierte
der Bischof mit dem neuen Haupteingang
in den Dom durch den Westbau, der neuen
Treppe, die in das Obergeschoss der Aula
führte und dem neuen größeren Balkon an
der Aula-Westseite. Außerdem schuf er
gleichzeitig mit dem Westquertrakt einen
östlichen inneren Hofbereich, dessen Zugang leicht zu kontrollieren war.

Dieser Hof begrenzte im Osten eine Mauer, die gleichzeitig als Immunitätsmauer
des Domklosters angesehen werden kann.
Inwiefern Bischof Rethar bereits im Haus,
in dem er zu speisen pflege, einen eigenen
Wohnsitz hatte und die Klausur zumindest
teilweise verlassen hatte, lässt sich aufgrund mangelnder archäologischer Aus-
grabungen im Marktbereich bzw. im Areal des späteren Bischofs-
palastes Meinwerks nicht abschließend beurteilen[17]. Mit der Errichtung einer mächtigen Mauer zwischen Domklausur und Pfalz
schuf Rethar allerdings eine deutliche Trennung zwischen weltli-
chem und geistlichem Bereich. Das Domkloster verlagerte sich weiter nach Osten und die ehemaligen Klausurgebäude, die nun westlich der Trennmauer lagen, bekamen eine neue Funktion[18]. Von der
neuen Klausur konnte fast der komplette Westflügel, eine kleine, in
den Klosterinnenhof reichende Kapelle und wenige Mauerzüge des
Nordflügels erfasst werden. Während die untere Kapelle deutlich
mit der Ostmauer des Westflügels verzahnt ist, trennt sich die jüngere Kapelle mit dem typisch meinwerkzeitlichen Mosaikfußboden
und mit Sandsteineckquadern am Choransatz durch eine deutliche
Baufuge an der Nahtstelle zwischen der südlichen Kapellenwand
und dem westlichen Klosterflügel. Nach dem Brand im Jahr 1000
ließ Bischof Rethar einige Gebäude notdürftig wieder herstellen, bis
Bischof Meinwerk den Dom und die Pfalz nach einem neuen Konzept völlig neu aufbauen ließ. Das Domkloster scheint dabei nur
erweitert worden zu sein.

Westlich der Domburg, auf dem späteren Vorplatz der ab 1014
errichteten Abdinghofkirche, konnte ein kleiner Ausschnitt einer
Werkstatt untersucht werden, die deutlich vor der Errichtung der
Klosterkirche in Betrieb war[19]. Hier fanden sich neben Keramikscherben der Zeit um 1000 mehr als 100 Fragmente roten und grü-
nen Porphyrs, bei denen es sich um abgeschlagene Stücke von etwa
2,5 cm dicken, beidseitig geschliffenen Platten handelt *(Abb. 10)*.
Zudem konnten konisch zugeschlagene Schiefer- und Kalkstein-
platten eines Mosaikfußbodens mit deutlichen Kalkmörtelspuren

*10 Paderborn, Funde vom Vorplatz der
Abdinghofkirche um 1000.
(LWL/Spiong)*

[17] Balzer 1999b, 90.

[18] Gai/Mecke 2004, 165 ff.

[19] Spiong 2008b.

geborgen werden. Ergänzt wird das Fundspektrum durch Flachglasfragmente und eine Bleirute sowie Schlacke. Die aus einem repräsentativen, wahrscheinlich sakralen Raum geborgene gehobene Ausstattung wurde hier überarbeitet. Zu einem erneuten Einbau ist es aber möglicherweise nicht mehr gekommen. Wahrscheinlich lässt sich hier eine Dombauwerkstatt fassen, die am Ende des 10. Jahrhunderts im Zuge des Abrisses der Westkrypta und der nicht mehr vollendeten Errichtung des Westbaus tätig war. Die Ausstattung ist demnach in das bauliche Umfeld der Liboriusreliquien einzuordnen.

Mit dem Beginn des neuen Jahrtausends kommt es unter Bischof Meinwerk zu einem erheblichen Ausbau des Paderborner Bischofssitzes, der in eine typische, polyzentrische Bischofsstadt des 11. Jahrhunderts mündet und ein neues Kapitel der Geschichte Paderborns begründet.

dortmund – ein zentrum herrschaftlicher buntmetallproduktion

von Bernhard Sicherl

dortmund – ein zentrum herrschaftlicher buntmetallproduktion

Einleitung

Dass Dortmund, Sitz eines Königshofs und bedeutende Pfalz, schon im 9.–10. Jahrhundert einer der wichtigsten Produktionsorte für Buntmetall Nordwestdeutschlands gewesen sein könnte, deutete sich erstmals bei Ausgrabungen am Adlerturm während der Jahre 1986–1990 an[1]. Bei diesem ehemaligen Turm im Südostteil der mittelalterlichen Stadtbefestigung konnte in einem Graben, der älter war als die um 1200 angelegte Stadtbefestigung, auf 41 m Länge eine deutlich ausgeprägte, schwarze, stark holzkohlehaltige Schicht mit über einer Tonne Schlacken und Tiegelbruchstücken freigelegt werden. In Ausdehnung und Fundmenge ist dieser Befund in Nordwestdeutschland bislang weitgehend beispiellos[2] und wurde bald auch archäometallurgisch analysiert. Dennoch warf die Fundstelle mehr Fragen auf als beim damaligen Kenntnisstand zu beantworten waren. So blieb vor allem die präzisere Datierung der Schicht aufgrund der spärlichen, meist kleinteiligen Begleitkeramik und zweier sicher fehlerhaften "merowingerzeitlichen" 14C-Datierungen offen. Völlig ungeklärt mussten auch Fragen nach der Ausdehnung der frühen Buntmetallproduktion, ihrer topographischen Einbindung und ihrer Bedeutung für die allgemeine Besiedlungsentwicklung bleiben.

In der Folgezeit, während eines Vierteljahrhunderts intensiver stadtkernarchäologischer Forschungen mit ungezählten baubegleitenden Beobachtungen und einigen Flächengrabungen wurden immer wieder Relikte der frühen Buntmetallproduktion aufgedeckt[3]. Insbesondere die im Jahr 2009 auf dem Areal der ehem. Thier-Brauerei durchgeführte, mit ca. 2270 m^2 bislang größte Flächengrabung im Stadtkern Dortmunds[4] erbrachte einige sehr charakteristische Befunde, die primär mit dem Buntmetallhandwerk zu verbinden sind (im Folgenden „Primärbefunde", d. h. Arbeitsgruben, Öfen und Gruben zur Lehmgewinnung für Gussformen), sowie eine sehr große Zahl von gleichzeitigen Befunden mit verlagerten Resten der Metallverarbeitung (im Folgenden „Sekundärbefunde", z. B. eingetiefte Baubefunde, sonstige Gruben, Straßenschichten, Siedlungsschichten usw.)[5]. Diese ermöglichen eine Gliederung der mittelalterlichen und frühneuzeitlichen Buntmetallproduktion in zwei Stadien, die sich in Produktionsrückständen, Befundtypen, Produktionsarten und Chronologie unterscheiden. Eine Durchsicht der bis

[1] Zieling 1990; Deutmann 1990, 292 f.; Rehren u. a. 1993; Althoff, 1996, 31–39; Brink-Kloke 1997; Krabath u. a. 1999, 432–434; Rehren 1999, 392 Kat.-Nr. VI.106 (Schlacken); 394 Kat.-Nr. VI.114 (Tiegel).

[2] In der Intensität der Buntmetallverarbeitung ansatzweise vergleichbar sind in Westfalen allenfalls die Fundplätze von Kückshausen, Kr. Unna, (Beck 1936; Ders. 1937, 200; Capelle 1972; Ders. 1974) und Soest, "Plettenberg" (Lammers 2009). Für beide fehlt aber ein Nachweis einer entsprechenden räumlichen Ausdehnung.

[3] Für vielfache Hinweise und weiterführende Diskussionen bin ich Frau Dr. H. Brink-Kloke (Denkmalbehörde Dortmund), H. Neidhadt (Münster), der viele Baubeobachtungen der letzten Jahre selbst durchführte und zusammen mit B. Buik (Dortmund) ein innerstädtisches Fundstellenkataster erarbeitete, sowie Ch. Althoff (Dortmund) und M. Austermann (Dortmund) zu großem Dank verpflichtet.

[4] Sicherl/Brink-Kloke 2009.

[5] Die Primärbefunde entsprechen Qualitätsgruppe A1-3, die Sekundärbefunde Qualitätsgruppe B in der Klassifikation von Handwerksbefunden und -funden nach ihrer Aussagequalität durch M. Baumhauer (2003, 34–36).

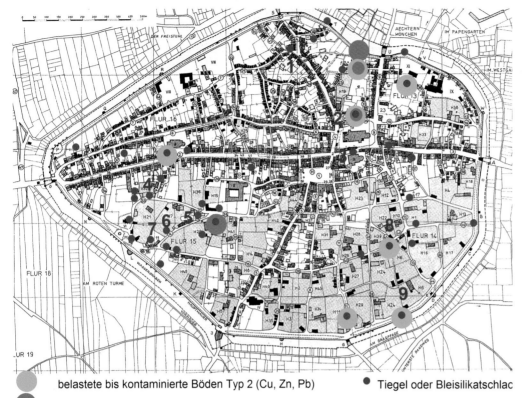

belastete bis kontaminierte Böden Typ 2 (Cu, Zn, Pb)

stark kontaminierte Böden Typ 3 (Cu, Zn, Pb, Sn)

● Tiegel oder Bleisilikatschlac

1 Funde des Buntmetallgewerbes (Tiegel und Bleisilikatschlacken) und Bodenproben mit Schwermetallbelastungen nach Brink-Kloke/v. Bohlen/Althoff 2009. Mit Nummern sind im Text erwähnte Fundstellen gekennzeichnet: 1 Lütge Brückstraße; 2 Reinoldi/Friedhof; 3 Ostenhellweg/Marienkirche; 4 ehem. Thier-Brauerei, Teilflächen St 5 und St 9; 5 ebd. Teilfläche St 4; 6 ebd. Teilfläche St 3; 7 ebd. Teilfläche St 7; 8 Olpe; 9 Adlerturm.
{Kartengrundlage Umzeichnung des Urkatasters von 1826 nach Reimann 1982, 33 Abb. 6.}

[6] Krabath u. a. 1999, 432.

2010 bekannten Fundstellen mit Rückständen der Buntmetallproduktion im Innenstadtbereich bestätigte, dass die anhand der Ausgrabung an der ehem. Thier-Brauerei herausgearbeiteten Stadien grundsätzlich auf die gesamte Stadt übertragbar sind.

Das zweite Stadium der Buntmetallproduktion in Dortmund umfasst den seit dem 13. Jahrhundert in großem Stil betriebenen Guss von Buntmetallgefäßen. Das ältere, erste Stadium, das auch die Lebensspanne König Konrads umfasst, sei im Folgenden im Überblick dargestellt. Seine charakteristischen Funde und Befunde streuen heute über weite Teile des 81 ha großen Stadtkerns *(Abb. 1)*. Größere fundarme Zonen sind im Nordwesten modern tiefgreifend zerstört oder in der Mitte der Südhälfte der Innenstadt archäologisch noch wenig untersucht. Ein ähnliches Verbreitungsbild zeigen die nicht durchweg in diese Zeit datierbaren Bodenproben mit Schwermetallbelastungen, die vor kurzem von H. Brink-Kloke, A. von Bohlen, A. und Ch. Althoff publiziert und hier ergänzend in der Kartierung mit aufgenommen wurden.

Funde

Als Produktionsrückstände sind zunächst überwiegend klein zerscherbte, graue und angeschlackte Keramiktiegel zu nennen *(Abb. 2)*. Trotz ihrer großen Zahl lassen sich nur selten ganze Gefäßprofile ermitteln, was die Klassifikation naturgemäß erschwert. Am besonders umfangreichen Material des Adlerturms wurden seinerzeit zwei Gruppen von Tiegeln mit Größen von 75 cm³ und 220–230 cm³ unterschieden *(Abb. 2, 12.13)*[6]. Bei der Durchsicht anderer Fundstellen im Stadtgebiet wurde eine gewisse Standardisierung der Durchmesser genutzt, die es ermöglicht, auch kleinere Fragmente durch einfaches Anhalten an eine entsprechende Zylinderform zu klassifizieren. Dies erlaubt zwar letztlich keine strenge Typologie,

2 Auswahl von Tiegeln bzw. Tiegelfragmenten aus dem Innenstadtgebiet. – Fundstellen: 1–9 Lütge Brückstraße, Straßenschicht (zur Lage vgl. Abb. 1, 1); 10–11 ehem. Thier-Brauerei, Arbeitsgrube St 614 (zur Lage vgl. Abb. 1, 6); 12–13 Adlerturm (zur Lage vgl. Abb. 1, 9); 14 ehem. Thier-Brauerei, Grube St 830 (zur Lage vgl. Abb. 1, 5).
(12. 13 nach Lammers 2009, 53 Abb. 54, 4. 5; alle übrigen Zeichnungen H. P. Filter, Stadt Dortmund, Stadtplanungs- und Bauordnungsamt, Denkmalbehörde. – M. 1:3)

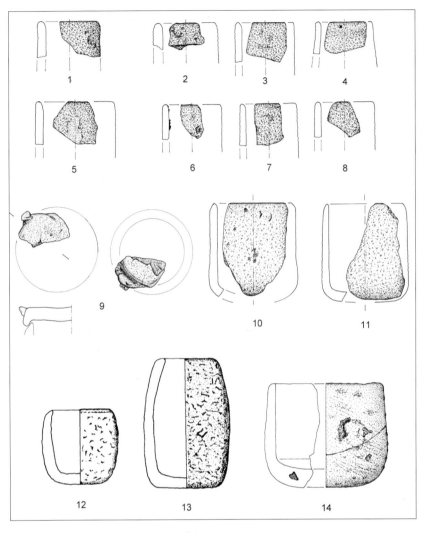

insbesondere keine Aussagen zum Fassungsvermögen der Tiegel. Dagegen lassen sich durch dieses Verfahren Übereinstimmungen und Unterschiede im Tiegelspektrum der verschiedenen Fundstellen auf breiterer Basis beschreiben. Die meisten Tiegelfragmente weisen demnach einen Innendurchmesser von ca. 53 mm auf, der etwa dem einer 0,25 l Getränkedose entspricht *(Abb. 2, 5.10.11; Abb. 3, rechts hinten)*. Insgesamt deutlich seltener, an einzelnen Fundstellen aber in Überzahl, kommen vermehrt kleinere Innendurchmesser von 30 mm vor, die etwa dem Format einer Filmdose entsprechen *(Abb. 2, 1–4.6–8)*. Ebenfalls seltener sind Durchmesser von 66 mm. Das entspräche etwa einer 0,33 l Getränkedose oder größer *(Abb. 2, 14)*. Die Tiegelböden sind fast durchweg annähernd gerade, nur ganz vereinzelt scheint die Rekonstruktion als rundbodiger Tiegel möglich. Unter den Tiegelmassen des Adlerturmes soll auch ganz vereinzelt eine spitzbodige Form vorkommen. Selten sind auch Bruchstücke von flachen Tiegeldeckeln nachweisbar *(Abb. 2, 9)*.

Das wohl um 1100 entstandene[7], unter dem Namen Theophilus Presbyter verfasste Werk *Diversarum artium schedula* beschreibt in Kap. LXV detailliert die Herstellung entsprechender Tiegel. Dass dabei dem Ton drei von fünf Teilen zerriebene alte Tiegelscherben beigemengt werden sollten, ist am Dortmunder Fundmartial vereinzelt nachvollziehbar, da sich hier bisweilen im Bruch der Tiegelwandung kleine Buntmetallkörnchen erkennen lassen *(Abb. 2, 14)*, die offenbar Anhaftungen älterer, zermahlener Tiegel waren[8]. Die von Theophilus beschriebene Verwendung eines Formholzes bei der

[7] Die in der Forschung vertreten Datierungen des Werkes reichten von der Mitte des 10. Jahrhunderts bis um 1100. Die Angabe um 1100 hat sich heute allgemein durchgesetzt. Sie stützt sich auf die Identifizierung des Theophilus Presbyter als Pseudonym des als Goldschmied tätigen Benediktinermönches Roger von Helmarshausen (jüngst in diesem Sinne: Lammers 2009, 48 bes. Anm. 129; ausführlich zur Forschungsgeschichte mit letztlich bestätigendem Ergebnis: Freise 1981, 193. 199. 281. 286. – Als Überblick zu hochmittelalterlichen Buntmetallöfen s. Krabath 2002.

[8] S. demgegenüber H. Drescher in: Janssen 1987, 227, der eine Verwendung älteren Tiegelmehls bis dato nicht feststellen konnte.

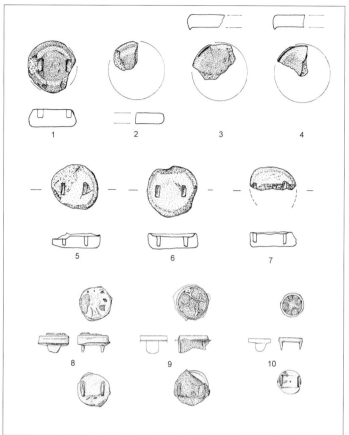

3 Auswahl typischen Fundmaterials aus einem Sekundärbefund, ehem. Thierbrauerei, Brunnenbaugrube St 596 (zur Lage vgl. Abb. 1, 6). – Links: Bleisilikatschlake; rechts hinten: Tiegelbruch; rechts vorne: Keramik Pingsdorfer Art; Vordergrund: Knochen; Hintergrund: gebrannter Lehm. (Photo: Verf. i. A. Stadt Dortmund, Stadtplanungs- und Bauordnungsamt, Denkmalbehörde)

4 Auswahl von Fibelgussformen und Halbfertigprodukten. – Fundstellen: 1–4 Lütge Brückstraße (zur Lage vgl. Abb. 1, 1); 5–8 ehem. Thier-Brauerei, Teilfläche St 7 (zur Lage vgl. Abb. 1, 7); 9–10 ebd., Teilfläche St 4 (zur Lage vgl. Abb. 1, 5). (Zeichnungen H. P. Filter, Stadt Dortmund, Stadtplanungs- und Bauordnungsamt, Denkmalbehörde. – M. 1:2)

Tiegelherstellung gibt eine gute Erklärung für die beinahe genormt wirkenden Durchmesser der archäologischen Funde.

Besonders charakteristisch für die Dortmunder Buntmetallproduktion sind schwere, rotbraune, bisweilen auch schwärzliche Schlacken, die im Inneren weitgehend blasenfrei sind und mit ihrer oft muschelig gesprungenen Oberfläche an lichtundurchlässiges Glas oder Feuerstein erinnern *(Abb. 3, links)*. Bisweilen sind auch streifenartig profilierte, seltener blasige Oberflächen zu beobachten. Meist haben diese Schlackestücke nur das Format kleinerer Schottersteine. Daneben kommen aber auch kleinste Splitter und vereinzelt bis zu faustgroße Exemplare vor. Nach archäometallurgischen Analysen von Funden am Adlerturm handelt es sich chemisch um Bleisilikatschlacken.

Die frühen Gussformenfunde bestehen aus feinem, teils auch härter gebranntem Lehm und dienten vor allem der Anfertigung kleiner Scheibenfibeln *(Abb. 4, 1–7)*, vereinzelt auch anderer, nicht näher bestimmbarer Kleinobjekte. Die Formen stammen von einem zweischaligen Guss. Überwiegend sind rückseitige Formhälften überliefert, die zwei „steckdosenartige" Vertiefungen zur Befestigung der Nadel und des Nadelhalters aufweisen *(Abb. 4, 1.5–7)*. Interessant sind gewisse offenbar fundstellenspezifische Unterschiede. So sind an manchen Fundstellen die Rückseitenformen abgesehen von den beiden Vertiefungen für die Nadelkonstruktion plan *(Abb. 4, 1.2)*, an anderen sind die Grundflächen der Fibelformen zusätzlich leicht eingesenkt, so dass ein flacher Randsteg entsteht *(Abb. 4, 5–7)*. Von der Ausgrabung an der Olpe ist eine Form mit dem Negativ der Vorderseite einer Scheibenfibel mit schlichtem Kreuzmotiv und dem Ansatz einer zweiten Fibelform überliefert *(Abb. 5, unten)*[9]. Hier konnten also in einer Form mehrere Objekte hergestellt werden. Daneben sind auch Formen für glatte Scheibenfibelvorderseiten belegt, hier wiederum vollständig plan sowie leicht eingesenkt *(Abb. 4, 3–4)*. Dass Vorderhälften seltener sind, dürfte damit zusammenhängen, dass sich diese bei kleinteiliger gegliederten Zellenwerkkonstruktionen der Fibelvorderseiten kaum lösen ließen und dann ausgekratzt werden mussten, wodurch sie vollständig zerstört wurden.

Zu nennen sind schließlich eine Handvoll Halbfertigprodukte (z. T. Fehlgüsse?), deren Nadelkonstruktion noch nicht fertiggestellt ist[10]. Teils kleben im mitgegossenen Zellenwerk der Vorderseite noch Lehmreste der Gussformen *(Abb. 4, 8–9)*, teils ist das Ornament mitgegossen *(Abb. 4, 8–10)*, teils wurde es vor der Fertigstellung der Nadelkonstruktion aus feinen Blechstegen aufgelötet und mit einer Einlagepaste gefüllt *(Abb. 4, 10)*.

Befunde

Kennzeichnend für die frühe Buntmetallproduktion sind Gruben mit einer schwarzen, stark aschehaltigen Verfüllung, die bei näherer Betrachtung üblicherweise mehr oder weniger feine Bänder erkennen lassen *(Abb. 6; 7)*. Vereinzelt war durch Störungen dieser Bänderungen zu beobachten, dass die Grubenfüllung mehrfach weitgehend ausgeräumt wurde *(Abb. 7)*. Die Füllung enthält viele Bleisilikatstücke und Tiegelbruch, vereinzelt angeschlackte plattige Sandsteine, aber wenig gewöhnliche Keramik. Die Tiegel-Schlacke-Schicht vom Adlerturm unterscheidet sich hiervon eigentlich nur durch die fehlende feine Bänderung. Es scheint gut möglich, dass hier die bei der Reinigung von Arbeitsgruben angefallene Asche und Abfälle in den Graben verkippt wurden. Da der um die Gruben anstehende Boden nie Spuren roter Verziegelung aufweist, werden sie hier nicht direkt als „Öfen", sondern vorsichtiger lediglich als „Arbeitsgruben" bezeichnet[11]. Aufgrund ihrer sehr einheitlichen Verfüllung ist aber nicht daran zu zweifeln, dass sie zumindest im unmittelbaren Umfeld von Öfen lagen. Es ist ein ansprechender Gedanke, dass aus dem Grubenaushub unmittelbar neben dieser der Lehmmantel eines ebenerdigen oder nur sehr gering eingetieften

5 Funde von der Ausgrabung Dortmund „Olpe". Heiligenfibel (o. li.); Halbfertigprodukt, Fehlguss einer Lunulafibel (Nadelkonstruktion auf der Rückseite unfertig) (o. re.); Halbfertigprodukt einer Kreuzscheibenfibel (Nadelkonstruktion auf der Rückseite unfertig) (m. li.); Lunulafibel (m. re.); Bruchstück einer Gussform aus Befund 10 mit dem Negativ der Vorderseite einer Kreuzscheibenfibel. Am Rand rechts unten ist ein Eingusstrichter und am Rand rechts oben der Ansatz für ein weiteres Negativ einer Scheibenfibel erkennbar (u.). Material: oben: Buntmetall (z. T. mit Email); unten: gebrannter Lehm. (Foto: Vonderau Museum Fulda)

[9] H. Brink-Kloke in: Stiegemann/Wemhoff 1999, 403 f. Kat.-Nr. VI.133; Ch. Althoff in: Ohm/Schilp/Wetzel 2006, 116 Nr. 16.

[10] Ausgrabung Olpe (Abb. 5, o. re.; m. li.): Halbfertigprodukt einer Lunulafibel (Ch. Althoff in: Ohm/Schilp/Wetzel 2006, 116 Nr. 15b, hier nicht ausdrücklich als Halbfertigprodukt beschrieben) und Fehlguss einer kleinen kreisförmigen Scheibenfibel (Austermann 2011, 26). – Ausgrabung ehem. Thier-Brauerei: drei Halbfertigprodukte von kleinen kreisförmigen Scheibenfibeln (Abb. 4, 8–10)

[11] Vgl. etwa Buntmetallschmelzöfen Krabath Typ 1 (ovale Schmelzgruben): Krabath 2002, 117.

*6 Ovale, muldenförmige Arbeitsgrube,
ehem. Thier-Brauerei St 365 im Profil-
schnitt (zur Lage vgl. Abb. 1, 4).
(Ausgrabungsphoto, Stadt Dortmund,
Stadtplanungs- und Bauordnungsamt,
Denkmalbehörde)*

Ofens errichtet wurde. Während des Produktionsprozesses konnte dann die anfallende Asche in die Grube gezogen werden. Ähnliches findet sich z. B. in einer Buntmetallgießerei aus der Mitte des 12. Jahrhunderts in Bonn-Schwarzrheindorf, nur sind hier auch die Öfen leicht eingetieft und so archäologisch nachweisbar[12]. Wohl etwa ein halbes Jahrhundert früher beschreibt Theophilus Presbyter, *Diversarum artium schedula* Kap. LXIII einen Messingofen, dessen oben kaminartig geöffnete Brennkammer auf vier Steine aufgebockt ist und von unten durch eine Lochtenne belüftet wird *(Abb. 8)*. Er ist nur mit den Standsteinen geringfügig eingetieft und hinterlässt praktisch keine archäologisch nachweisbaren Spuren. Dass dieser Ofen kaum mehr als fünf Tiegel fasste, lässt sich aus einer Bemerkung in Kap. LXIV schließen.

Nach ihrer Form lassen sich zwei Typen von Arbeitsgruben unterscheiden. Typ A *(Abb. 6)* ist deutlich tiefer angelegt und deshalb insgesamt besser dokumentiert. Er hat eine ovale Grundfläche und ein muldenförmiges Profil. Arbeitsgruben des Typs B *(Abb. 7)* sind im Gegensatz zu den zuvor besprochenen verhältnismäßig flach, und daher in dem durch jüngere Zeiten vielfach gestörten innerstädtischen Grabungsumfeld meist nur schlecht erhalten. Die Grundfläche ist annähernd rechteckig, die Sohle eben, die Wände sind steil.

Im Bereich der Grabung Friedhof/Reinoldi fanden sich Reste eines offenbar zweiphasigen Ofens mit ovaler Grube[13] zusammen mit Buntmetall, Blei, Holzkohle und Tiegelresten sowie eine offenbar mit Ofenwandung verfüllte Grube[14]. Durch seine zentrale innerstädtische Lage und das Fehlen von Bleisilikatschlacke im direkten Umfeld[15] deutet sich aber eine gewisse Sonderstellung dieser eingetieften Konstruktion an.

Produktionsweise

Soweit der metallurgische Prozess nach den bisherigen naturwissenschaftlichen Analysen an Tiegeln und Bleisilikatschlacken verständlich wird, handelte es sich sicher um die Gewinnung von Messing durch Aufschmelzen von Galmei und Kupfer mit Holzkohle in kleinen Tiegeln[16]. Über die Abfolge der einzelnen Arbeitsschritte und das Mischungsverhältnis bei der Messingherstellung unterrichtet wiederum minuziös Theophilus Presbyter, *Diversarum artium schedula* Kap. LXVI.

Etwas den Bleisilikatschlacken Entsprechendes ist aber in dieser Quelle nicht erwähnt. Auch wenn deren Entstehung noch nicht ganz

[12] Janssen 1987; Krabath 2002, 122 Abb. 9; 133 Nr. 5–8.

[13] Vgl. etwa Buntmetallschmelzöfen Krabath Typ 1 (ovale Schmelzgruben), Typ 2 (birnenförmige Erdgruben), Typ 3 (runde Schachtöfen mit Lehmwänden): Krabath 2002, 117–119.

[14] Mayer 1985, 165 f. Abb. 2.

[15] Insgesamt ist Bleisilikatschlacke in dieser Ausgrabungsstelle selten (freundl. mündl. Information Ch. Althoff, Dortmund).

[16] Rehren u. a. 1993; Krabath u. a. 1999, 430, 433 f.

eindeutig geklärt erscheint, dürfte sie nach den naturwissenschaftlichen Analysen am ehesten bei der Aufbereitung bleihaltigen Kupfererzes durch silikatische Beimengungen zur Abscheidung des Bleis zurückgehen. Das diesbezügliche Schweigen des Theophilus Presbyter ließe sich dann gut damit erklären, dass die Bleisilikatschlacken einen durch die Lagerstätte und Zusammensetzung des Kupfers bedingten Sonderfall darstellen, der im üblichen Prozess nicht auftrat.

Dass daneben silberhaltige Kupfererze bewusst mit Blei aufgeschmolzen wurden, um dann in einem zweiten Schritt das Silber in der Tiegelprobe oder dem Kupellationsverfahren zu gewinnen, ist in Dortmund bislang nicht erweisbar. An gut vergleichbarem Material aus Soest wird dies aber durch die Analyse eines Tiegels vom Burgtheaterplatz nahegelegt[17].

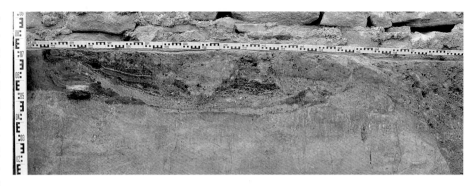

7 Flache, kastenförmige Arbeitsgrube, ehem. Thier-Brauerei St 614 im Profilschnitt (zur Lage vgl. Abb. 1, 6). – Erläuterung: von oben greifen störende Pfosten ein, rechts wird der Befund durch eine weitere, ovale, muldenförmige Arbeitsgrube geschnitten. Durch die Störungen in der Bänderung der Grube St 614 ist ein mehrfaches Ausräumen der Grubenfüllung erkennbar. (Ausgrabungsphoto, Stadt Dortmund, Stadtplanungs- und Bauordnungsamt, Denkmalbehörde)

Zeitstellung

Die Dauer der frühen Buntmetallproduktion ist zunächst über die Primärbefunde, d. h. die Arbeitsgruben, zu bestimmen. Enger datierbare Keramik ist in ihnen relativ selten. Wenn sie vorhanden ist, handelt es sich immer um Keramik Pingsdorfer Art. Badorfer Ware fehlt ebenso wie Faststeinzeug des 13. Jahrhunderts. Damit wird zunächst grob ein Rahmen vom Ende des 9. bis einschließlich des 12. Jahrhunderts abgesteckt. 14C-Daten aus drei Arbeitsgruben auf dem Gelände der ehem. Thier-Brauerei liegen dagegen zwischen der ersten Hälfte des 9. und dem Anfang des 10. Jahrhunderts[18]. Einen ähnlich frühen Beginn zeigen auch zwei Sekundärbefunde, d. h. gewöhnliche Gruben am Ostenhellweg zwischen Reinoldi- und Marienkirche an, die Kumpfware, z. T. in Verbindung mit Badorfer Ware und Tiegelbruch enthalten (Abb. 9). Sie können grob in das Ende des 8. bis in das erste Drittel des 9. Jahrhunderts datiert werden. Bleisilikatschlacke fehlt hier auffälligerweise, so dass nicht ausgeschlossen werden kann, dass hier lediglich Buntmetallguss, aber nicht die charakteristische Messingproduktion ausgeübt wurde. Der schon genannte Ofen der Ausgrabung Friedhof/Reinoldikirche kann über das Keramikspektrum des angrenzenden Bereichs und eine paläomagnetische Datierung[19] wohl in das Ende des 11. Jahrhunderts gestellt werden.

Schwierig ist das Ende der frühen Buntmetallproduktion einzugrenzen, da die wenigen 14C-Daten aus den Arbeitsgruben nicht zwangsläufig das Ende der Produktion erfassen müssen. Die har-

[17] Ch. Zientek/Th. Rehren in: Lammers 2009, 179.

[18] 120/365-25: GrA 48471: 1180 ± 35 BP bzw. kal. 838 ± 48 AD. – 120/595-6: GrA 48890: 1130 ± 35 BP bzw. kal. 913 ± 43 AD. – 120/614: GrA 48889: 1195 ± 35 BP bzw. kal. 825 ± 45 AD. – Weitere 14C-Datierungen von Arbeitsgruben auch aus anderen Fundplätzen sind z. Z. in Arbeit.

[19] In Frage kommen die Zeitspannen 1085 ± 130 oder 1465 ± 45 AD. (R. Pucher/K. Fromm, Paläomagnetische Datierungsversuche an Proben der Grabung Dortmund-Friedhofstraße – Bericht – 19.12.1984. Niedersächsisches Landesamt für Bodenforschung Hannover).

[20] Vgl. Spiong 2000, Taf. 3, 6–11; 5, 2; Schulze-Dörrlamm 2003.

[21] H. Brink-Kloke in: Stiegemann /Wemhoff 1999, 403 f. Kat.-Nr. VI.133; Ch. Althoff in: Ohm/Schilp-/Wetzel 2006, 116 Nr. 16; Austermann 2011, 26. – Vgl. Spiong 2001, 56 f.; Liste 202–204 vgl. Taf. 5, 6.

[22] Halbfertigprodukt Typ Kreuzemailscheibenfibel mit volutenförmigen Armen mit Grubenemail (F 818–91): Zweite Hälfte 9. bis erste Hälfte 10. Jahrhundert: Spiong 2000, 59; Liste S. 205 vgl. Taf. 5, 13. – Halbfertigprodukt Typ Kreuzemailscheibenfibel mit Zellenemail (F 818–93), zweite Hälfte 9. bis zweite Hälfte 10. oder erste Hälfte 11. Jahrhundert: vgl. Spiong 2000, 57; Liste S. 204 vgl. Taf. 5, 7; vgl. auch Fibel aus Stufe Köttlach II: Giesler 2001, 158 Abb. 20, 30 (zweite Hälfte 10. bis Mitte 11. Jahrhundert).

[23] Ch. Althoff in: Ohm/Schilp/Wetzel 2006, 116 Nr. 15b (hier nicht als Halbfertigprodukt beschrieben).

[24] Spiong 2001, 53; Liste S. 199 vgl. Taf. 4, 2; zur Verbreitung: 303 Karte 23.

[25] Fertigprodukt einer Lunulafibel von derselben Fundstelle (Abb. 5, m. li): Ch. Althoff in: Ohm/Schilp/Wetzel (Hrsg.) 2006, 116 Nr. 15a. – Lunulafibel aus Borken-West: E. Dickmann in: Otten u. a. 2010, 539 (Abb.). – Lunulafibel und zwei Lunula-Anhänger aus Paderborn/Balhorner Feld: G. Eggenstein in: Stiegemann/Wemhoff 1999, 360 f. Kat.-Nr. VI.51 mit Abb.; 362 f. Kat.-Nr. VI.56 mit Abb. – Drei weitere wohl aus Westfalen stammende Sondenfunde von Lunulafibeln sollen sich in der Priv.-Slg. Ahlers, Hamm befinden: http://www.scheibenfibeln.de/content/view/25/39 (12.07.2011).

ten, dauerhaften Tiegelbruchstücke und Schlacken wurden aber praktisch unbegrenzt in späteren Zeiten umgelagert, sodass die an Keramik reicheren Sekundärbefunde nur unter Vorbehalt bei hohen Fundmengen zur Datierung herangezogen werden können. So scheint angesichts der relativ häufigen Bleisilikatschlacken, Tiegelbruchstücke und Buntmetallkrümel auf den ersten Straßenbelägen der Hövel- und Silberstraße, die nach 14C-Daten in das Ende des 11. Jahrhunderts datierten, die Produktion wohl zumindest bis in diese Zeit angedauert zu haben. Der ältere Graben am Adlerturm mit der ausgeprägten Tiegel-Schlacke-Schicht dürfte nach einer erneuten Durchsicht der Keramik am ehesten in das 11. Jahrhundert datieren. Für eine endgültige Datierung bleibt aber das Ergebnis unlängst in Auftrag gegebener 14C-Analysen abzuwarten.

In den von den Befunden abgesteckten Zeitrahmen können auch einzelne Gussformen und Halbfertigprodukte gestellt werden. Bei einer Scheibenfibel ist das Zellengrubenornament durch anhaftende Gussformenreste nicht vollständig erkennbar. Es könnte sich eventuell um eine stark vereinfachte Heiligenfibel aus der zweiten Hälfte des 9. bis Beginn des 10. Jahrhunderts handeln[20]. Die Gussform einer Emailscheibenfibel mit sich verbreiternden Kreuzarmen sowie ein Halbfertigprodukt einer solchen datieren in die zweite Hälfte des 9. bis in das 10. Jahrhundert[21]. Zwei weitere Halbfertigprodukte von Scheibenfibeln (Abb. 4, 9–10) datieren in die zweite Hälfte des 9. Jahrhunderts und das 10. Jahrhundert bzw. noch bis in die erste Hälfte des 11. Jahrhunderts[22]. Das Halbfertigprodukt einer Lunulafibel[23] von der Ausgrabung an der Olpe ist wohl in das 9. Jahrhundert zu datieren (Abb. 5, o. re.)[24]. Auffällig ist, dass der gemeinhin kartierte, süddeutsche bis ostalpin-donauländische Verbreitungsschwerpunkt dieser Form weit ab einer Dortmunder Produktion liegt, was sich allerdings durch vereinzelte weitere Funde aus Westfalen zu relativieren beginnt[25].

Topographie

Um das Verbreitungsbild der frühen Buntmetallproduktion in Dortmund besser zu verstehen, ist eine feinere Trennung nach Befund- und Fundgruppen hilfreich (Abb. 10). Hier wird unterschieden nach Fundstellen mit Primärbefunden, Fundstellen mit etwa gleichzeitigen Sekundärbefunden (d. h. vor dem 13. Jahrhundert) sowie sicher umgelagertes Material (d. h. Streufunde und jüngere Sekundärbefunde). Zusätzlich sind Fundstellen mit Gussformen und Halbfertigprodukten sowie Fundstellen mit Tiegeln ohne Bleisilikatschlacken gekennzeichnet. Bei dieser Kartierung tritt durch Primärbefunde, gleichzeitige Sekundärbefunde, Gussformen und Halbfertigprodukte eine Zone in der Südhälfte der Innenstadt deutlicher hervor, die bis in den Beginn des 19. Jahrhunderts von größeren Freiflächen geprägt war. Seit dem späten Mittelalter bzw. der

Frühen Neuzeit sind hier großzügige Patrizierhöfe bezeugt, die sich der historischen Forschung zufolge wahrscheinlich aus Hofstellen entwickelt haben, die zwischen dem 9.–12. Jahrhundert von zum Salhof gehörenden Unfreien bewirtschaftet wurden[26]. Doch auch im Norden der Stadt, wo noch im Urkataster von 1827 viele Freiflächen zu erkennen sind, ist die Buntmetallproduktion stellenweise nachweisbar. Hinweise auf gesonderte Handwerkerquartiere, Grubenhaushäufungen o. Ä. fehlen.

Auffällig ist, dass die Primärbefunde fast ausschließlich wenige Meter von den alten Straßen entfernt sind, während im straßenferneren Bereich der Parzellen fast ausschließlich Sekundärbefunde liegen, die augenscheinlich umgelagerte Produktionsabfälle enthalten. Hinzu kommt die Armut der Primärbefunde an gewöhnlicher Siedlungskeramik. Beides spricht für eine hier relativ lockere Besiedlungsstruktur mit einzelnen Hofstellen im Inneren der Parzellen, während die feuergefährlichen Tätigkeiten an deren kaum bebauten Rand verlagert sind. Quellenkritisch bleibt anzumerken, dass die typische, straßennahe Lage der Primärbefunde dazu geführt haben dürfte, dass sie besonders häufig durch die jüngere Straßenrandbebauung vernichtet wurden und dadurch im Kartenbild unterrepräsentiert sind.

Eine gewisse innere Differenzierung der Buntmetallproduktion innerhalb der Siedlung deutet vielleicht die Kartierung der seltenen Fundstellen mit Tiegeln, aber ohne Bleisilikatschlacke an, von den Kirchen St. Marien nach Norden ziehend. Da die Stellung der Bleisilikatschlacken im metallurgischen Prozess noch nicht sicher geklärt ist, könnte dies vielleicht auf eine räumliche Trennung der Messinglegierung vom reinen Metallguss deuten. Ebenso sind zeitlich lokal wechselnde Schwerpunkte der Buntmetallproduktion bei Verwendung unterschiedlich bleihaltiger Erze denkbar.

Generell ähnelt die bislang in Dortmund erkennbare Fundstellenverteilung dem typischen Muster frühe Verhüttungsstandorte, das M. Baumhauer auf einer breiteren, überregionalen Datenbasis herausgearbeitet hat[27]. Frühe Verhüttung fand demnach in vorher kaum oder unbebautem Gelände am Rande von Siedlungsverdichtungen statt, scheint aber nicht selten ein Katalysator für die Entstehung städtischer Strukturen im engeren Sinne gewesen zu sein. Wird das Gelände im Zuge der Entstehung von Städten im engeren Sinne in einen Mauerring einbezogen, so wird das brandgefährliche Handwerk in der Regel an andere Standorte außerhalb der Stadt verlagert.

Eine Produktionsverlagerung nach der ersten Umwehrung ist allerdings in Dortmund nicht zu beobachten. Gerade die Befunde vom Adlerturm mit dem massiven Verkippen von Asche, Schlacke und Tiegelabfällen in den Graben sprechen hier eine deutliche Sprache. Eine Verlagerung der Buntmetallproduktion war auch im Falle

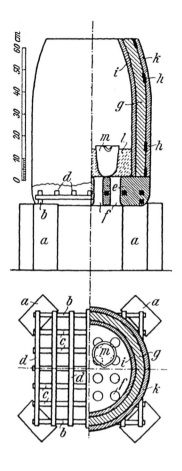

a *Steine zum Auflegen des Rostes*
b c d *eiserne Roststäbe*
e *Tonfutter des Rostes*
f *Windlöcher*
g *Ofenmantel aus Steinen und Ton*
h *Eisenreifen*
i *inneres Tonfutter der Ofenwand*
k *desgl. äußeres*
l *Kohlen*
m *Schmelztiegel*

8 Nach der Beschreibung von THEOPHILUS PRESBYTER, Diversarum artium schedula Kap. LXIII rekonstruierter Messingschmelzofen. (leicht verändert nach Theobald 1933, 356 Abb. 90, 91)

26 Schmale 1982, 56 f., bes. 71 f.

27 Baumhauer 2003, 192.

207

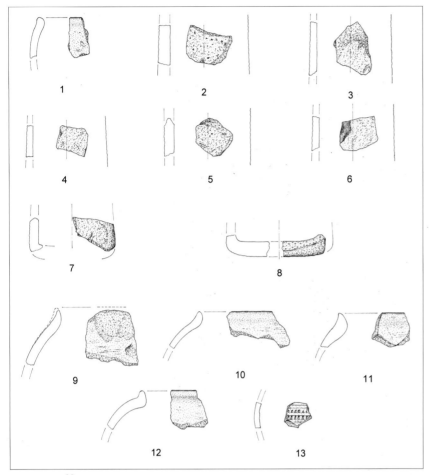

9 Frühe Funde der Buntmetallproduktion von der Fundstelle Ostenhellweg/Marienkirche (zur Lage vgl. Abb. 1, 3). – Befunde: 1–8 Bef. 5. 6; 9–13 Bef. 7. – Materialien: 1. 9–12 einheimische Kumpfkeramik; 2–7 Tiegelbruchstücke mit rekonstruierbaren Durchmessern; 13 aus dem Rheinland importierte, rollstempelverzierte Ware Badorfer Art. (Zeichnungen H. P. Filter, Stadt Dortmund, Stadtplanungs- und Bauordnungsamt, Denkmalbehörde. – M. 1:3)

Dortmunds nicht notwendig, da offensichtlich innerhalb der Befestigung noch genug Freiflächen eingeschlossen waren. Dies legt den Gedanken nahe, sie könnte weniger zum Schutz einer ausgeweiteten Besiedlung, als vielmehr zum Schutz der herrschaftlichen Produktion errichtet worden sein. Die erste weiträumige Befestigung wäre dann nicht ein Resultat von Besiedlungsausweitungen sondern begünstigte sie erst. Ansätze einer deutlichen Besiedlungsverdichtung entlang der Straßen lassen sich an verschiedenen Stellen der Stadt (z. B. Friedhof/Reinoldikirche, Olpe, Hövelstraße) erst ab dem 13. Jahrhundert erkennen und erst während der Industrialisierung wird der großzügige innerstädtische Freiraum um die Mitte des 19. Jahrhunderts vollends aufgesiedelt.

Standortfragen

Die Frage nach dem Produktionsstandort ist aufs Engste mit den Rohstoffen und der Produktpalette verknüpft. So stellte schon R. Bergmann fest, dass die Orte in Westfalen, für die er eine Fibelproduktion in karolingisch-ottonischer Zeit annahm (u. a. Dortmund), nicht primär rohstoffgebunden liegen[28]. Die Standortwahl am Hellweg könnte durch den Zugang zu den Lagerstätten von Kupfer (Sauerland?) und Galmei (Aachener Raum?) bedingt sein[29]. Dass Galmei ebenfalls aus dem Sauerland bezogen wurde, ist jedoch nicht auszuschließen – hier sind Ergebnisse weiterer naturwissenschaftlicher Analysen abzuwarten. Als Standortproblem kommt in Dortmund verschärfend hinzu, dass es hier im Altsiedelland nicht

[28] Bergmann 1999, 438.

[29] Rehren u. a. 1993, 434–436; vgl. hierzu grundlegend Lammers 2009, 67–75.

[30] Ob der Holzbedarf der örtlichen Buntmetallproduktion allein aus den bei Dortmund liegenden Königsforsten bestritten werden konnte scheint zweifelhaft.

[31] Ausgrabung an der Olpe: insgesamt 44 Gussformenfragmente (Austermann 2011, 25 Abb. 6). – Ausgrabung Adlerturm: ein Gussformenfragment für ein nicht näher ansprechbares Kleinobjekt (Fibel?). – Baubeobachtung Lütge Brückstraße: eine Gussform für eine Scheibenfibelrückseite und drei weitere Bruchstücke sowie fünf Bruchstücke von Gussformen von nicht näher ansprechbaren Kleinobjekten. – Ausgrabung ehem. Thier-Brauerei (FP 120): drei besser erhaltene Fragmente von Gussformen für Scheibenfibelrückseiten.

10 Funde und Befunde
des Buntmetallgewerbes
qualitativ differenziert.
– Erläuterung: spätmit-
telalterlich-frühneuzeit-
liche Patrizierhöfe hell-
grau hinterlegt.
(Kartengrundlage Um-
zeichnung des Urkata-
sters von 1826 nach
Reimann 1982, 33 Abb.
6)

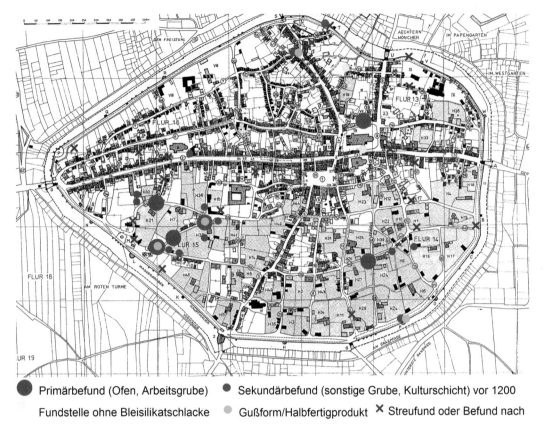

● Primärbefund (Ofen, Arbeitsgrube)   ● Sekundärbefund (sonstige Grube, Kulturschicht) vor 1200

● Fundstelle ohne Bleisilikatschlacke   ● Gußform/Halbfertigprodukt   ✕ Streufund oder Befund nach

nur an Erz, sondern auch an Brennstoff gemangelt haben dürfte,
der dann ebenfalls kostspielig auf dem Landweg herangekarrt werden musste[30].

Auch wenn man sich über die Produktpalette der Standortfrage
nähert ergeben sich Schwierigkeiten. Auffällig ist, dass die Zahl
der Tiegel und Bleisilikatschlacken in Dortmund in einem ausgesprochenen Missverhältnis zu den vergleichsweise wenigen und win-
zigen Gussformen steht[31]. Besonders augenfällig wird dies, wenn
man sich vergegenwärtigt, dass der Inhalt eines einzigen Tiegels
üblicher Größe für ca. 100 bis 200 Rohlinge von kleinen Scheibenfibeln reicht[32]. Dieses gravierende Missverhältnis der Fundmengen
ist auch durch das Argument der schlechten Erhaltungsbedingungen der Lehmformen kaum vollständig zu entkräften, da seit dem
13. Jahrhundert Gussformenbruchstücke von Formen für Großge-
genstände (bes. Grapen) zu Zehntausenden gefunden wurden. Offenbar waren die kleinen Trachtbestandteile lediglich ein Neben-
produkt. Das Fehlen anderer Gussformen und auch von Gusskuchen
lässt daran zweifeln, dass gegossene Messingobjekte überhaupt das
Hauptziel der Produktion waren. Möglich scheinen auch getriebe-
ne Blechprodukte, eher aber noch schlichte, stabförmige Barren[33],
die nach Theophilus Presbyter, *Diversarum artium schedula* Kap.
LXVI in einfache, in den Boden gegrabene Rillen gegossen wurden.

[32] Der Überschlagsrechnung liegen zu-
grunde: Tiegel 120/614-7 (Radius 27
mm; Füllhöhe bis ca. 1 cm unter dem
Rand 65 mm; d. h. 0,0398 l); spezifi-
sches Gewicht von Messing 8,4; die Fi-
belrohlinge 120/818-91 (inklusive
Ziereinlage <2 g) und 120/818-93 (mit
anhaftenden Formresten 4 g). Nicht
berücksichtigt ist der Draht für die Nadelkonstruktion. Vgl. eine ähnliche Schät-
zung auch bei Bergmann (1999, 438),
der als Durchschnittsgewicht von 250
besonders gut erhalten Fibeln 3,6 g er-
mittelte.

[33] Krabath 2001, 269, 554.

Auch wenn die Legierung von Messing einen ersten Veredelungs-
schritt darstellt, so handelt es sich doch um Rohstofferzeugung. Diese macht fern der Lagerstätten auf den ersten Blick nur dort Sinn,
wo das Potenzial für eine arbeitsintensive Weiterverarbeitung – sei
es demographisch, sei es technologisch – fehlt. Dies ist aber in Dortmund mit Reichshof und Pfalz sicher auszuschließen.

So bleibt zunächst die Königsnähe selbst als alles bestimmender
Faktor für die Wahl Dortmunds als Standort einer umfangreichen
Buntmetallproduktion[34]. Hier waren der Verwaltung des Reichshofs
eine direkte Kontrolle der Produktion und ein gründliches Ab-
schöpfen des Metalls möglich, die dem König letztlich eine mono-
polartige Stellung verschafften. Generell wäre eine Produktion unter königlicher Kontrolle auch etwas näher zu potenziellen Lagerstätten im Sauerland möglich gewesen (vgl. Kückshausen im Umfeld der Syburg und des Reichshofes Westhofen). Ein möglicher Ansatz um zu erklären, warum sich die Buntmetallproduktion letztlich
trotz gewisser Nachteile durch die Transportwege für Erz und Holzkohle in Dortmund dermaßen entwickelte bzw. entwickelt wurde,
könnte neben der Königsnähe vielleicht auch in ihrer gesamtwirt-
schaftlichen Einbindung liegen. So ist nicht auszuschließen, dass die
Buntmetallproduktion trotz der beeindruckenden Fundmengen eher
extensiv als intensiv ausgeübt wurde. Schon bei der Betrachtung der
Topographie ergaben sich Indizien, dass sie in eine umfassendere
Hofwirtschaft eingebunden war, die auch andere Produktionszwei-
ge, insbesondere natürlich die Landwirtschaft umfasste, die archäologisch kaum nachweisbar sind[35]. Für diese anderen Sparten
einer komplexen Hofwirtschaft mögen letztlich die Vorteile der Verkehrslage und vor allem die guten Lößböden am Hellweg entschei-
dender gewesen sein als die Nachteile des Transports von Erz und
Holzkohle in der einzelnen Sparte der Buntmetallproduktion. Doch
auch wenn sich die Argumente für diese quellenkritische und die
Rolle des Buntmetalls in der Gesamtwirtschaft von Königshof und
Pfalz wieder relativierende Sichtweise bei weiteren Untersuchungen verdichten sollten, würde dies doch nur die wirtschaftliche Rolle Dortmunds für das Königtum weiter unterstreichen.

[34] Vgl. Lammers 2009, bes. 73 f.

[35] Bei der großflächigeren Stadtkerngrabung auf dem Gelände der ehem.
Thier-Brauerei ergaben sich zumindest
Hinweise auf ein Getreidesilo und Indizien für einen horizontalen Trittweb-
stuhl aus dem Ende des 9. bis Anfang
10. Jahrhundert sowie erste Indizien
für Brettchenweberei und Bierbrauen
über den Eigenbedarf hinaus.

fürstenburg, proto-stadt und kirchliches zentrum mikulčice

von Lumir Poláček

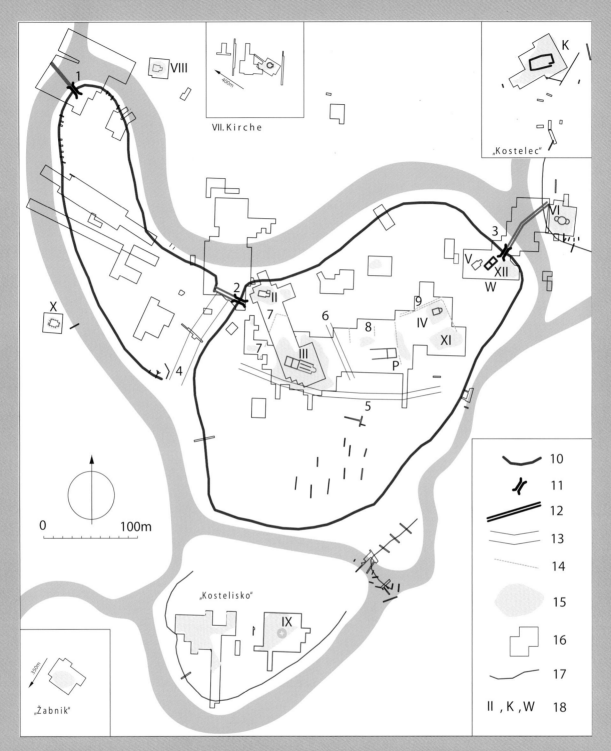

Legende:

10	
11	
12	
13	
14	
15	
16	
17	
II, K, W	18

1 Mikulčice, topographische Situation des Burgwalls Valy. 1 – Nordwesttor der Vorburg, 2 – Westtor der Hauptburg, 3 – Nordosttor der Hauptburg, 4 – Graben zwischen der Hauptburg und der Vorburg, 5 – Graben südlich der III. Kirche, 6 – Graben zwischen der III. Kirche und dem "Palast", 7 bis 9 – Palisadenumfriedungen; Legende: 10 – Wehrmauer, 11 – Tor, 12 – Überbrückung, 13 – Graben im Innenareal des Burgwalls, 14 – Palisaden- oder Zaumumfriedung, 15 – Gräberfeld oder ausgeprägte Grabgruppe, 16 – erforschte Fläche, 17 – ausgeprägte Terrainkante, 18 – eingebürgerte Nummerierung der Kirchen, Bezeichnung des Palastes (P), des vermuteten Kultbaus auf der Flur „Kostelec" (K) un der Werkstatt für Feinmetallurgie bei der V. Kirche.
(AÚ AV ČR Brno/Poláček)

fürstenburg, proto-stadt und kirchliches zentrum mikulčice

2(1) Mikulčice, Luftbild der Wiesenenklave mit dem Burgwall Valy vom Nordwesten. (Archiv AÚ AV ČR Brno)

Der Burgwall von Mikulčice gehörte neben dem Siedlungskomplex von Staré Město – Uherské Hradiště zu den bedeutendsten Zentren Großmährens. Großmähren war das erste westslawische Staatsgebilde, das sich im 9. Jahrhundert nördlich der mittleren Donau ausdehnte[1]. Es existierte keine hundert Jahre, da es bereits Anfang des 10. Jahrhunderts im Zuge der Ungarneinfälle unterging. Trotzdem hinterließ es als bedeutendes historisches Erbe ein politisches Modell, an welches die nächsten frühmittelalterlichen Staaten Ostmitteleuropas anknüpften, eine Kultur die auf der geistlichen Literatur in slawischer Sprache aufbaute sowie eine ausgeprägte materielle (archäologische) Hinterlassenschaft[2].

Da aus schriftlichen Quellen keine Angaben vorliegen, die mit Sicherheit mit Mikulčice und weiteren mährischen Zentren des 9. Jahrhunderts in Verbindung gebracht werden könnten, sind Erkenntnisse grundsätzlich von den Resultaten archäologischer Ausgrabungen abhängig. Hier spielten die großzügigen Grabungen an den slawischen Fundorten in der zweiten Hälfte des vorigen Jahrhunderts eine große Rolle[3]. Die planmäßigen, von Professor Josef Poulík im Jahre 1954 begonnenen Grabungen in Mikulčice wurden in 38 aufeinander folgenden Kampagnen durchgeführt. Dabei wurde eine Fläche von fast 5 ha erforscht[4]. Nach der Unterbrechung der großflächigen Untersuchungen und dem Einstieg in die systematische Auswertung am Anfang der 90er Jahre begannen mit dem Start des neuen Jahrtausends die Feldarbeiten erneut. Diesmal jedoch in Form kleiner Schnitte, die zur Lösung konkreter historischer und archäologischer Fragen beitrugen.

Zur Berühmtheit von Mikulčice tragen der gute Erhaltungszustand des Bodendenkmals, die Bedeutung der Befunde wie gemauerte Kirchen- und Profanbauten oder Holzbrücken, die wertvolle

[1] Z. B. Třeštík 1999; Ders. 2000.

[2] Die geistliche Kultur hängt eng mit der Wirkung der Kyrillo-Methodianischen Mission in Mähren zusammen. Dazu siehe z. B. Vavřínek 2000.

[3] Zum Forschungsstand am Ende dieser Epoche: Sammelband „Großmähren und Anfänge der tschechoslowakischer Staatlichkeit" (Poulík/Chropovský 1986).

[4] Die Grabungen in Mikulčice werden seit 1954 durch das Archäologische Institut Akad. d. Wiss. d. Tschechischen Republik, Brno (Brünn), v.v.i. durchgeführt; während der ganzen Zeit bestand in Mikulčice eine Außenstelle des Instituts. Zum Verlauf und den Ergebnissen der Grabungen siehe Poulík 1975; Klanica 1985; Jahresberichte über die Grabung von Mikulčice für die Jahre 1963–1989 von Z. Klanica in Zeitschrift Přehled výzkumů; Zusammenfassend: Poláček/Marek 1995; Dies. 2005; Poláček 2008b.

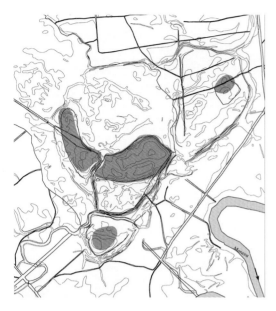

3 Mikulčice-Valy, ungefährer Umfang der vorgroßmährischen Besiedlung am Ende des 8. Jahrhunderts.
(AÚ AV ČR Brno/Poláček)

4 Mikulčice-Valy, ungefährer Umfang der großmährischen Besiedlung im späten 9. Jahrhundert.
(AÚ AV ČR Brno/Poláček)

Siedlungsstratigraphie, der bemerkenswerte Fundreichtum sowie die in dem hiesigen Milieu seltene Holzerhaltung bei. Dies macht, gemeinsam mit der malerischen Landschaft der Talaue, aus Mikulčice einen außergewöhnlichen Ort (*Abb. 2*).

Die Marchaue

Der Burgwall von Mikulčice liegt in der Auenlandschaft des March- (Morava-)Flusses, der hier die Staatsgrenze zwischen Tschechischer und Slowakischer Republik bildet. Die frühmittelalterliche Siedlungsagglomeration befindet sich auf beiden Seiten des Flusslaufes[5]. Die Landschaft hat sich im Laufe des letzten Jahrtausends völlig verändert. Der frühmittelalterliche Siedlungskomplex erstreckte sich zwischen den verzweigten Flussarmen der March über mehrere Inseln. Die bedeutendsten Siedlungsareale lagen auf den erhöhten Sanddünen, die noch heute von der eingeebneten Oberfläche der Talaue gut zu unterscheiden sind[6]. Nach dem Untergang des Burgwalls Anfang des 10. Jahrhunderts, versandeten die ursprünglichen Flussbetten rasch und die ganze Auenlandschaft wurde infolge von späteren Überschwemmungen allmählich geglättet. Die Umwandlung der Landschaft von einer Hartholzaue im 8.–9. Jahrhundert in eine Weichholzaue im Spätmittelalter und in der Neuzeit lässt sich dank botanischer Untersuchungen gut verfolgen[7].

[5] Archäologische und bauhistorische Untersuchungen auf der slowakischen Seite der Agglomeration Mikulčice-Kopčany werden durch das Denkmalamt der Slowakischen Republik in Bratislava durchgeführt. Es handelt sich vor allem um die Erforschung der St. Margarethen-Kapelle, eines bis heute stehenden Kirchenbaus aus dem 9. Jahrhundert (Baxa u. a. 2004; Baxa 2010).

[6] Zu den naturräumlichen Bedingungen der Burganlage siehe z. B. Poláček 1997; Ders. 2001.

[7] Opravil 1999; Ders. 2000.

5 Mikulčice-Valy, Auswahl charakteristischer Funde aus der großmährischen Periode (9. Jahrh.): 1-3 – Riemenende mit Lebensbaum und Orantengestalten, 4-8 – Körbchen-, Trauben- und Trommelohrringe, 9-12 – Kugelknöpfe, 13-15 – Eisenbeschläge mit Öse, 16-17 – eiserne Kreuzbeschläge, 18 – eiserner Axtbarren, 19-20 – eiserne Stili, 21 – vergoldete Riemenzunge in Buchform , 22-24 – eiserne Plattensporen, 25 – Bartaxt, 26 – dreigliedriger Geweihbehälter, 27-28 – Keramik "antiker Formen", 29 – Keramik des "Blučina-Typs", 30 – Keramik des Mikulčice-Umkreises mit gekehltem, kelchförmig gebogenem Rand, 31 – Keramik des "March-Typs", 32 – kleiner Holzeimer mit Zierbeschlag.
(AÚ AV ČR Brno/Poláček)

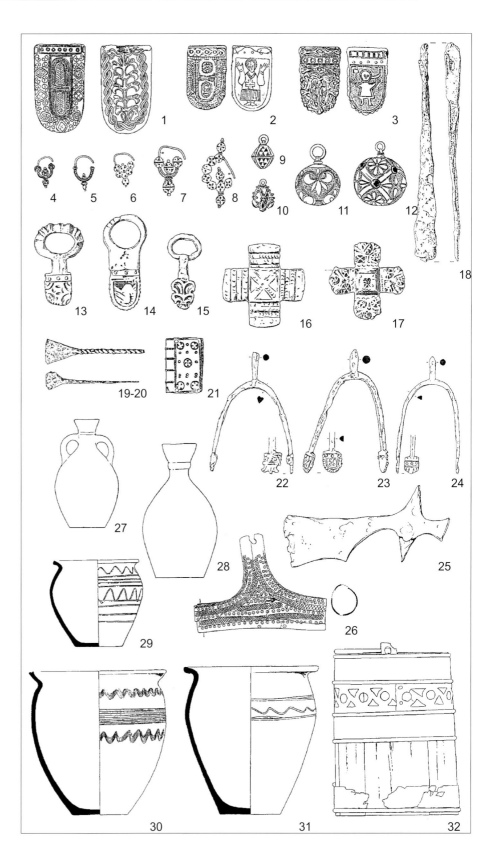

7 Mikulčice-Valy, silberner
Kugelknopf aus der Siedlungs-
schicht des Burgwalls.
(Archiv AÚ AV ČR Brno)

6 Mikulčice-Valy, silberne Riemenzunge mit
Lebensbaumdarstellung aus dem Grab 433
bei der Basilika.
(Archiv AÚ AV ČR Brno)

Von der vorgroßmährischen Zentralsiedlung zur großmährischen Burg

Die vorgroßmährische Zentralsiedlung des 8. Jahrhunderts um-
schloss ein erhöhtes halbmondförmiges Gebiet im nördlichen Teil
der Hauptburg und in der Vorburg der späteren Burganlage (*Abb.
3*)[8]. Im 9. Jahrhundert wurde das ganze Areal einschließlich des neu
angegliederten Südteils der Hauptburg befestigt. Um diesen befestigten Kern, der aus Hauptburg (7,7 ha) und Vorburg (2,4 ha) ge-
bildet wurde, entstand allmählich auf einer Fläche von etwa 30 ha
das Suburbium mit weiteren Siedlungen und Gräberfeldern (*Abb.
4*). An das Suburbium schloss sich das ca. 1 bis 10 km große wirtschaftliche Hinterland an[9].

Das Areal der Hauptburg verband mehrere Funktionen: Fürsten-
residenz, Sakralbereich sowie Produktionsareal. Im nördlichen,
erhöhten, als „Valy" bezeichneten Teil der Hauptburg entstanden
die wichtigsten gemauerten Bauten: die Kirchen und der „Palast"
(*Abb. 1*). Um sie herum lagen ausgedehnte Bestattungsplätze mit
zahlreichen Magnatengräbern. Im Bereich der Hauptburg befanden
sich die Werkstätten verschiedener Handwerksbereiche. Die Vorburg, die weder Sakralbauten noch Friedhöfe enthielt, war ein
reines Wohnareal mit dichter und regelmäßiger Bebauung. Die Gebiete im Suburbium zeichneten sich durch ihre Wohn- und Produktionsstätten aus sowie durch ihre teilweise sakrale/funerale
Funktion[10].

[8] Klanica 1986a.

[9] Poláček/Marek 2005; Poláček
2008c.

[10] Poláček/Mazuch/Baxa 2006.

216

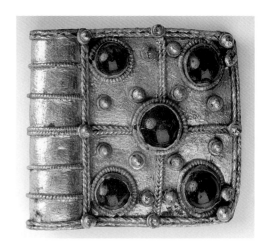

8 Mikulčice-Valy, bronzene vergoldete Riemenzunge in Buchform aus dem Grab 1735 in Flur Kostelec im Suburbium des Burgwalls. (Archiv AÚ AV ČR Brno)

7 Mikulčice-Valy, Goldender und silberner Kugelknopf aus der Siedlungsschicht des Burgwalls. (Archiv AÚ AV ČR Brno)

Residenz der mährischen Fürsten

Bereits in der vorgroßmährischen Zeit zählte Mikulčice zu den bedeutenden Machtzentren. Wahrscheinlich lebte hier die herrschende Schicht des künftigen großmährischen Staates. Zahlreiche Funde von Hakensporen und „awarischen" Gürtelbeschlägen oder Pferdegeschirrteilen zeugen von der hohen Bedeutung der Reiter in der Bevölkerung[11].

Im 9. Jahrhundert wurde Mikulčice zum Zentrum der politischen Macht des herrschenden mährischen Geschlechtes der Mojmíriden. Davon zeugen der Festungscharakter der Inselburg, die Intensität und der Umfang der Besiedlung, das häufige Vorkommen gemauerter Architektur, das hohe Niveau der Wohnkultur sowie ein allgemein fassbarer „Reichtum". Die Gräber in den Haupträumen der Kirchen – insgesamt sechs Bestattungen im Inneren der Kirchen Nr. II und III – werden als dynastische Grablegen interpretiert[12].

Die höfische Kultur zeichnete sich durch das Vorkommen von Luxusgütern, vor allem prunkvollen Erzeugnissen des lokalen Kunsthandwerkes und Gegenständen fremder Provenienz *(Abb. 5–7)* aus. Bestandteile der fürstlichen Ausrüstung waren Schwerter, Sporen, zierende Gürtelbeschläge usw. *(Abb. 6)*. Die Frauen aus Adelskreisen schmückten sich mit prachtvollem Schmuck des sog. Veligrader („byzantinisch-orientalen") Typs. Zum modischen Zubehör des Gewandes der hochgestellten Schichten der mährischen Gesellschaft gehörten die aus goldenem, vergoldetem oder silbernem Blech angefertigten und mit gepresstem Ornament verzierten Kugelknöpfe *(Abb. 7)*[13]. Für die hohe Lebenshaltung der führenden Schicht sorgte eine reichhaltige, mit verschiedenen Obst-, Gemüse- und Gewürzarten bereicherte Speisekarte[14].

[11] Klanica 1986a; Ders. 1995; Poláček 2008d.

[12] Poulík 1975; Klanica 1986; Schulze-Dörrlam 1995; Poláček 2008b; Ders. 2009.

[13] Z. B. Pavlovičová 1996.

[14] Opravil 2000.

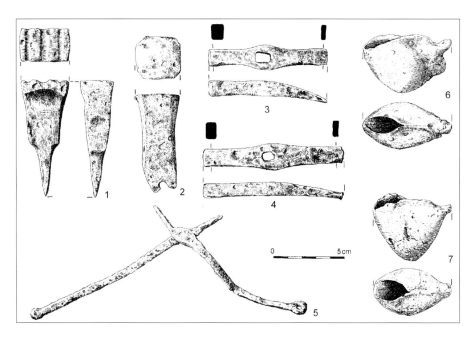

9 Mikulčice-Valy, eisernes Werkzeug und Tontiegeln für die Feinmetallurgie. (AÚ AV ČR Brno/Klanica)

Auf dem Weg zur Stadt

Die Achse der ganzen Agglomeration und gleichzeitig das bedeutendste Merkmal der urbanistischen Struktur von Mikulčice ist der Hauptweg der Siedlung[15]. Diese Linie läuft durch das ganze Areal der Haupt- und Vorburg, wobei sie drei Haupttore mit anliegenden Holzbrücken passiert (*Abb. 1*)[16]. Entlang dieses Wegs liegen die bedeutendsten Bauten und Areale: vor allem Kirchen mit ihren Bestattungsbezirken und der „Palast". Die Vorburg als vermutete Ansiedlung der Militärgefolgschaft weist eine dichte regelmäßige Bebauung auf[17]. Bemerkenswert ist auch die hohe Besiedlungsintensität der inneren Burgareale. Die Einwohnerzahl von Mikulčice wird für die zweite Hälfte des 9. Jahrhunderts auf etwa 1000–2000 Personen geschätzt. Für die Ernährung der Einwohner sowie die Betriebssicherung des ganzen Zentrums musste ein gut organisiertes Hinterland sorgen. Entsprechende Dienstleistungen wurden vor allem durch die Bevölkerung des Suburbiums und des wirtschaftlichen Hinterlands erbracht[18].

Im Unterschied zu den meisten slawischen Siedlungen des 8.–9. Jahrhunderts, wo die Grubenhäuser als Gebäudeform vorherrschten, sind für Mikulčice ebenerdige Holzbauten in Blockhaus- oder Pfahlkonstruktion charakteristisch. Die meisten Blockbauten wurden auf einer sandigen oder lehmigen Aufschüttung erbaut und teilweise mit einem gegossenen Mörtelfußboden versehen. Diese Eigenart hängt offensichtlich mit dem hohen sozialen Niveau des Mikulčicer Zentrums und der spezifischen Struktur seiner Bebauung zusammen[19].

[15] Poláček 2010.

[16] Die Brücken siehe bei Poláček 2011.

[17] Poulík 1975.

[18] Ebd.; Poláček 2008c.

[19] Poláček 2008c.

10 Mikulčice-Valy, holzbearbeitendes Werkzeug: 1 – Zugmesser, 2 – Tüllengerät, 3 – Messer mit hakenförmig gebogener Klinge (Drechselmesser), 4 – Löffelborer, 5 – Breitaxt, 6 Stemmeisen, 7-8 – Sägen. (AÚ AV ČR Brno/Poláček)

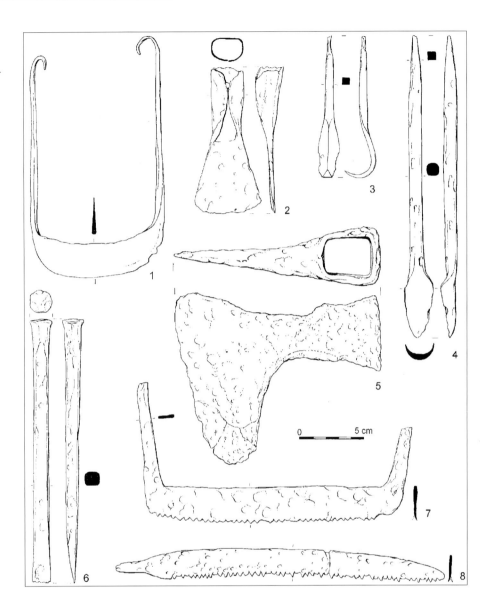

Mikulčice als vermuteter Bischofsitz

Mikulčice war nicht nur ein bedeutender politischer Ort, sondern auch ein wichtiges Zentrum des Christentums und der Kirchenverwaltung. Davon zeugen sowohl die Konzentration von mindestens zehn Kirchen und Funden mit christlicher Symbolik (Kreuze, kreuzförmige Beschläge und Ziermotive auf Gegenständen) als auch Belege der christlichen Bildung, die damals vor allem in kirchlichen Kreisen gepflegt wurde (Stilen, Gürtelbeschläge in Form von Miniaturkodexen) *(Abb. 8)*[20]. Eine Kapitul, eventuell Kirchenschule, lässt sich vor allem bei der Basilika vermuten. Die dreischiffige Basilika stellt den größten und einzigen „monumentalen" Kirchenbau

[20] Poulík 1975, Ders. 1978; Klanica 1986; Poláček 2008a; Ders. 2009; Ders. 2010.

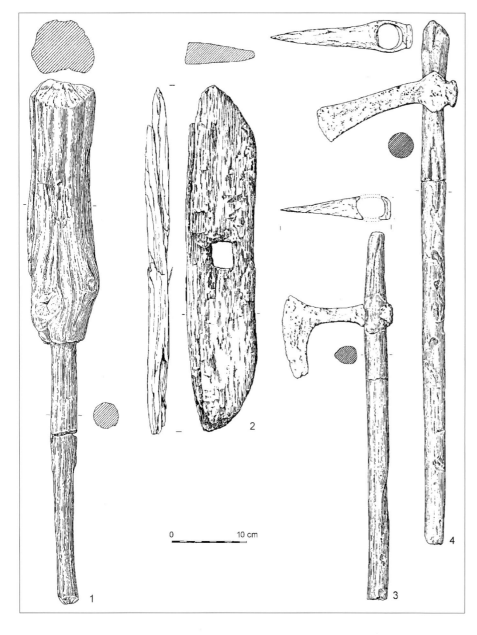

11 Mikulčice-Valy, Holzschlägel und -gluttkrahle, eiserne Schmal- und Breitaxt mit Holzstiel. (AÚ AV ČR Brno/Poláček)

im Bereich Großmährens dar. Es ist sehr wahrscheinlich, dass es sich um eine Bischofskirche handelt. Das Grab des mährischen Erzbischofs Methodius, das sich laut Schriftquellen in der Wand hinter dem Hauptaltar der „großen" mährischen Kirche befinden soll, wurde allerdings nicht gefunden[21].

Akropolis oder Nekropolis?

Im Laufe des 9. Jahrhunderts fanden Veränderungen in den Funktionen einzelner Areale des Siedlungskomplexes statt. Große Flächen der Hauptburg verloren ihren Charakter und wurden durch neue Sakral- (Begräbnis-)Areale der Kirchen ersetzt. Ein großer Teil der Hauptburg wurde so zu einem Sakralbereich. Daneben kamen zahlreiche Gräber, vor allem die aus den letzten Jahren der Existenz des Machzentrums, verstreut in den Siedlungsflächen vor[22]. Das Durchdringen und das Mischen des Profan- und Sakrallebens scheint ein charakteristisches Merkmal zu sein. Es hängt

[21] Zur Diskussion über die Lokalisierung des Methodius-Grabes siehe z. B. Klanica 1993; Staňa 1996; Měřínský 2003.

[22] Den Überblick der Gräber von Mikulčice s. bei Poláček/Marek 2005; allgemein bei Poláček/Mazuch/Baxa 2006.

12 Mikulčice-Valy, Knochen- und Geweihgegenstände: 1-2 – „Schlittschuhen", 3-4 – Pfrieme, 5-6 – Nadel, 7-9 – Nadelbehälter, 10-12 – Spielsteine, 13-14 – Büchsen, 15-16 – Zierplättchen, 17 – dreigliedriger Gehälter.
(AÚ AV ČR Brno/Kavánová)

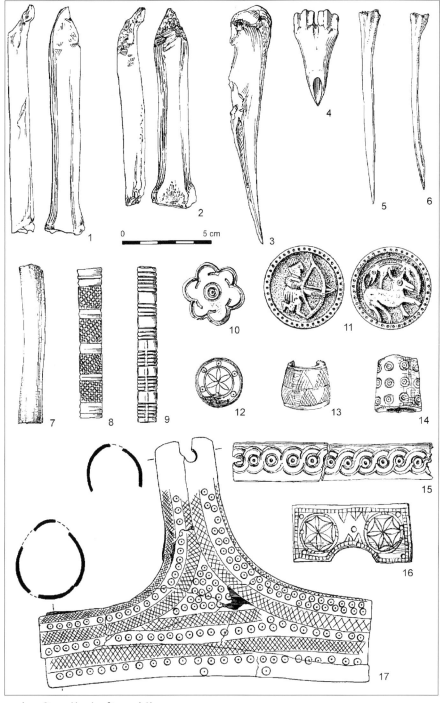

vermutlich mit dem damaligen Niveau der Gesellschaft und ihrer Christianisierung zusammen. Obwohl das Christentum der Glaube und gleichzeitig die offizielle Ideologie der herrschenden Dynastie der Mojmíriden war, überlebten in Mähren während des gesamten 9. Jahrhunderts viele Elemente der traditionellen heidnischen Religion[23].

[23] Klanica 1997; dazu z. T. kritisch Mazuch 2010; Hladík 2010.

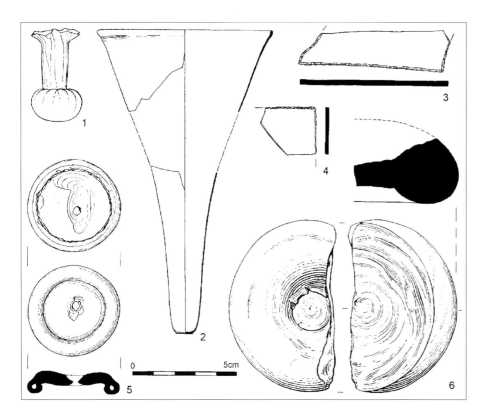

*13 Mikulčice-Valy, Glasgegen-
stände:
1 – Fragment einer Hängelampe
syrischen(?) Ursprungs, 2 – karolingischer Trichterbecher, 3-4 –
Fensterglas, 5 – Fußfragment eines Bechers, 6 – Glättstein.
(AÚ AV ČR Brno/Himmelová)*

Von Hauswerk zum spezialisierten Handwerk

Von den wirtschaftlichen Aktivitäten sind in Mikulčice am häufigsten Belege der handwerklichen Produktion vertreten[24]. Die meisten Funde der spezialisierten gewerblichen Produktion stammen
aus der Hauptburg und dem Produktionsareal im nördlichen Suburbium. Von den nachgewiesenen Gewerbezweigen in Mikulčice sind
das Schmiedehandwerk und die feine Metallurgie am besten dokumentiert *(Abb. 9)*. Eine Juwelierwerkstatt arbeitete in der Nähe der
V. Kirche im Bereich vor dem Nordosttor der Hauptburg[25]. Das
Schmiedehandwerk konnte in der Hauptburg und im nördlichen
Suburbium am deutlichsten belegt werden. Von den anderen spezialisierten Handwerkszweigen wurden in Mikulčice die Glasherstellung, Fassbinderei, Drechslerei, das Bauwesen und die Stein-
metzarbeit nachgewiesen *(Abb. 10–11)*; weitere Fachbereiche können angenommen werden. Die gewöhnliche Textilherstellung und die
Knochen- sowie Geweihbearbeitung gehörten eher zum häuslichen
Handwerk *(Abb. 12)*. Im Gegensatz zu den Nordwestslawen kann
eine Kammproduktion bei den mährischen Slawen im 9. Jahrhundert nicht nachgewiesen werden; vermutlich haben sie diese Toilet-
tengeräte aus vergänglicherem Material, wie etwa Holz, hergestellt[26].

[24] Zusammenfassend siehe Poláček
2008c.

[25] Klanica 1974.

[26] Poláček 2008c.

14 Mikulčice-Valy, landwirtschaftliches Gerät:
1 – Pflugschar, 2 – Hacke, 3 – Spatenbeschlag, 4 – Glocken, 5 – Sech.
(AÚ AV ČR Brno/Poláček)

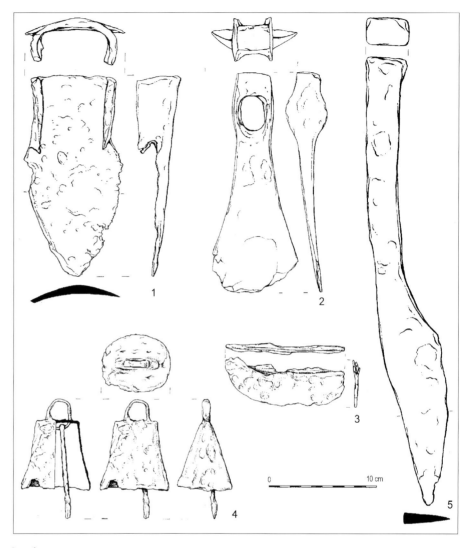

Handel und Frage des Zahlungsmittels

Direkte Handelsbelege sind in Mikulčice nicht allzu zahlreich. Der Zusammenhang zwischen den vier gefundenen Münzen aus dem 9./Anfang des 10. Jahrhunderts und dem Handel ist fraglich. Feinwaagen oder Münzgewichte sind hier kaum zu finden. Jedoch machen die eisernen Axtbarren und vielleicht auch die Textiltücher als mögliche Zahlungsmittel wohl zumindest einen lokalen Handel wahrscheinlich[27].

Über die Beteiligung von Mikulčice am Fernhandel lässt sich beim gegenwärtigen Stand der Forschung keine zuverlässige Aussage machen: Bis auf wenige Ausnahmen fehlen hier zahlreiche Gattungen fremder Waren *(Abb. 13)*. Sollte der „Hauptmarkt der Mährer", der sog. *Raffelstettener Zollordnung* aus den Jahren 903–904, in Mikulčice tatsächlich abgehalten worden sein, so ist er vielmehr ein interner Markt Großmährens als ein internationaler Markt gewesen[28].

[27] Zusammenfassend Ders. 2007.

[28] Zusammenfassend Ebd.

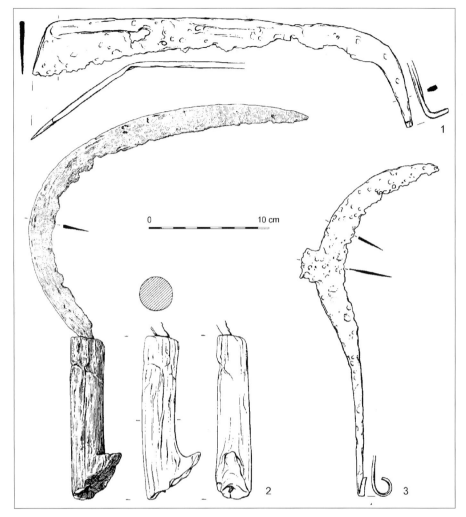

15 Mikulčice-Valy, landwirtschaftliches Gerät:
1 – Kurzsense, 2 – Sichel, 3 – sichelförmiges Messer (Winzermesser).
(AÚ AV ČR Brno/Poláček)

Das „dunkle" 10. Jahrhundert

Mit dem Untergang Großmährens am Anfang des 10. Jahrhunderts gingen die zentralen Funktionen von Mikulčice verloren. Das Leben im Burgareal nahm jedoch in beschränktem Maße seinen Fortgang und dauerte bis zum 13. Jahrhundert an. Damals änderte sich die Landschaft jedoch durch die periodischen Überschwemmungen grundsätzlich und wurde zum größten Teil unbewohnbar. Eine Ausnahme bildete die Flur „Kostelisko" im Suburbium, wo die Ruinen der IX. Kirche im 14./15. Jahrhundert in eine kleine Feste umgewandelt wurden, was jedoch nur eine kurze Episode in der Geschichte des Burgwalls von Mikulčice darstellt[29].

29 Einen Überblick zur Besiedlungsentwicklung von Mikulčice siehe z. B. bei Poláček 1996.

16 Mikulčice-Valy, Belege für
Fischfang: 1-2 – tordierte Angel-
hacken, 3-4 – durchlochte Blei-
senker, 5 – Netznadel aus Geweih, 6 – Fischspeere, 7 – Angel-
hacken.
(AÚ AV ČR Brno/Mazuch)

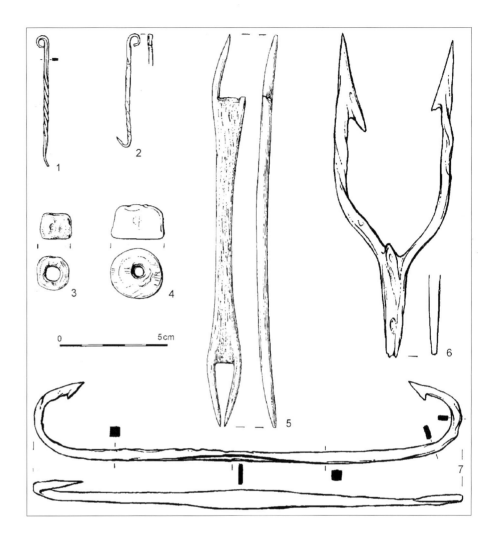

literatur

Ackva 2002 – W. Ackva, Die Pfarrkirche Montabaur und das Stift St. Florin Koblenz – Geschichte eines Rechtsverhältnisses und seine Auswirkungen bis heute. In: Montabaur - Beiträge aus Stadt, Verbandsgemeinde und Region. Schriftenreihe Stadtgesch. Montabaur 8 (Montabaur 2002) 6–57.

Adam 1996 – H. Adam, Das Zollwesen im fränkischen Reich und das spätkarolingische Wirtschaftsleben. Vierteljahresschr. Wirtschafts- u. Sozialgesch. Beih. 126 (Stuttgart 1996).

Althoff 1996 – Ch. Althoff, Die Befestigung der Stadt Dortmund. Ergebnisse der Stadtkernarchäologie (Dortmund 1996).

Althoff 1997 – Ch. Althoff, Handwerk im mittelalterlichen Dortmund. Ein Beitrag aus archäologischer Sicht. Heimat Dortmund 27, 1997, 25–28.

Angenendt 1990 – A. Angenendt, Das Frühmittelalter. Die abendländische Christenheit von 400 bis 900 (Stuttgart, Berlin, Köln 1990).

Aten 2001a – N. Aten, Römische bis neuzeitliche Befunde der Ausgrabung auf dem Heumarkt in Köln. Kölner Jahrb. 34, 2001, 623–700.

Aten 2001b – N. Aten, Die frühmittelalterlichen Bestattungen aus den Ausgrabungen auf dem Heumarkt in Köln. Kölner Jahrb. 34, 2001, 831–839.

Austermann 2011 – M. Austermann, Die Keramik der Grabung Dortmund – Olpe 17/19. Auswertung der Archäologischen Untersuchung von 1997 (unveröff. Manuskript im Auftrag des Stadtplanungs- und Bauordnungsamtes – Denkmalbehörde – Dortmund 2011).

Backhaus 1984 – F. Backhaus, Karolingisch-ottonisches und salisch-staufisches Reichsgut. In: F. Schwind (Hrsg.), Geschichtlicher Atlas von Hessen. Text- und Erläuterungsbd. (Marburg/Lahn 1984) 56–62.

Balzer 1999a – M. Balzer, Paderborn. Zentralort der Karolinger im Sachsen des späten 8. und frühen 9. Jahrhunderts. In: Stiegemann/Wemhoff 1999, 116–123.

Balzer 1999b – M. Balzer, Paderborn im frühen Mittelalter (776–1050): sächsische Siedlung – karolingischer Pfalzort – ottonisch-salische Bischofsstadt. In: F. Göttmann/K. Hüser/J. Jarnut (Hrsg.), Paderborn. Geschichte der Stadt in ihrer Region. Bd. 1 (Paderborn, München, Wien, Zürich 1999) 3–120.

Barthel 1969 – H.-J. Barthel, Schlittknochen oder Knochengeräte? Alt-Thüringen 10, 1968/69, 205–227.

Baumhauer 2003 – M. Baumhauer, Archäologische Studie zu ausgewählten Aspekten der mittelalterlichen Handwerkstopographie im deutschsprachigen Raum. Bestandsaufnahme der Handwerksbefunde vom 6.–14. Jahrhundert und vergleichende Analyse (Diss. Eberhard Karls Universität Tübingen 2003).

Baxa 2010 – P. Baxa, Die Kirche St. Margarethen und andere Fundplätze des 9.–10. Jahrhunderts auf der Flur „Za jazerom pri sv. Margite" von Kopčany. In: L. Poláček/J. Maříková-Kubková (Hrsg.), Frühmittelalterliche Kirchen als archäologische und historische Quelle. Internat. Tagungen Mikulčice VIII (Brno 2010) 135–147.

Baxa u. a. 2004 – P. Baxa/R. Glaser-Opitzová/J. Katkinová/V. Ferus, Ve komoravský kostol v Kopčanoch. Pamiatky a múzeá 2004/4, 65.

Beck 1936 – H. Beck, Fundchronik der Provinz Westfalen für die Jahre 1935–1936. Bodenalt. Westfalens 5, 1936 (= Westfalen 21, H. 7, 1936) 468.

Beck 1937 – H. Beck, Fundchronik für die Zeit vom 1. Juli bis 31. Dezember 1936. VIII. Westfalen. Germania 21, 1937, 197–200.

Becker 1991 – C. Becker, Bemerkungen über Schlittknochen, Knochenkufen und ähnliche Artefakte, unter besonderer Berücksichtigung der Funde aus Berlin-Spandau. In: J. Schibler/J. Sedlmeier/H. Spycher (Hrsg.), Festschr. Hans Rudolf Stampfli. Beitr. Archäozool., Arch., Anthr., Geol. u. Paläntol. (Basel 1991) 19–30.

Behre 1996 – K.-E. Behre, Die Ernährung im Mittelalter. Herrmann 1996, 74–87.

Benecke 1994 – N. Benecke, Der Mensch und seine Haustiere. Die Geschichte einer jahrtausendealten Beziehung (Stuttgart 1994).

Benkard 1869 – J. P. Benkard, Geschichte der Deutschen Kaiser und Könige. Zu den Bildern des Kaisersaales ⁴(Frankfurt 1869).

Berges 1952 – W. Berges, Das Reich ohne Hauptstadt. In: Das Hauptstadtproblem in der Geschichte (Tübingen 1952) 1–29.

Bergmann 1999 – R. Bergmann, Karolingisch-ottonische Fibeln aus Westfalen. Verbreitung, Typologie und Chronologie im Überblick. In: Stiegemann/Wemhoff 1999, 438–444.

Berndt/Moser 2003 – G. M. Berndt/M. Moser, Spuren mittelalterlichen Handwerks an der Warmen Pader: Die Rettungsgrabung „Synagoge" vom 6. bis zum 26. November 1998. In: J. Schnieder/M. Wemhoff (Hrsg.), Vorstoß in historische Tiefen. 10 Jahre Stadtarchäologie in Paderborn. Mittelalter Stud. 4, 2003, 81–101.

Bernhardt 1993 – J. W. Bernhardt, Itinerant Kingship and Royal Monasteries in Early Medieval Germany. Cambridge Stud. 21, 1993, 936–1075.

Berti 1998 – G. Berti, Pisa and the Islamic world. Import of Ceramic Wares and transfer of technical know-how. In: M. Pearce/M. Tosi (Hrsg.), Papers from the European Association of Archaeologists, third annual meeting, Ravenna, Italy, september 1997, vol. II classical and medieval. BAR, Int. Ser. 718 (Oxford 1998) 183–190.

Best/Gensen/Hömberg 1999 – W. Best/R. Gensen/Ph. Hömberg, Burgenbau in einer Grenzregion. In: Stiegemann/Wemhoff 1999, 328–346.

Bierbrauer 1988 – V. Bierbrauer, Zum Stand archäologischer Siedlungsforschung in Oberitalien in Spätantike und frühem Mittelalter (5.–7. Jahrhundert). Quellenkunde – Methode – Perspektiven. In: K. Fehn/K. Brandt/D. Denecke/F. Irsigler (Hrsg.), Genetische Siedlungsforschung in Mitteleuropa und seinen Nachbarräumen (Bonn 1988) 637–659.

Bierbrauer 1991 – V. Bierbrauer, Die Kontinuität städtischen Lebens in Oberitalien aus archäologischer Sicht (5.–7./8. Jahrhundert). In: W. Eck/H. Galsterer (Hrsg.), Die Stadt in Oberitalien und in den nordwestlichen Provinzen des Römischen Reiches. Kölner Forsch. 4 (Mainz 1991) 263–286.

Böhme 1999 – H. W. Böhme, Wassermühlen im frühen Mittelalter. In: A. Böhme (Hrsg.), Die Regnersche Mühle in Bretzenheim. Beiträge zur Geschichte der Wassermühle. Bretzenheimer Beitr. Gesch. 1 (Mainz 1999) 26–55.

Böhme 2002 – H. W. Böhme, Mühle § 2 Archäologisches. In: Hoops` Reallexikon der Germanischen Altertumskunde 20 (Berlin, New York 2002) 287–291.

Böhne 1978 – W. Böhne, 1200 Jahre Bronnzell 778–1978 (Fulda 1978).

Boockmann 1995 – H. Boockmann, Mittelalterliche deutsche Hauptstädte, in: Hans-Michael Körner u.a., Hauptstadt. Historische Perspektiven eines deutschen Themas (München 1995) 29–45.

Börste u. a. 2008 – N. Börste/G. Eggenstein/C. Lichte/H. Zöller (Hrsg.), Eine Welt in Bewegung – Unterwegs zu Zentren des frühen Mittelalters. Begleitbuch der Gemeinschaftsausstellung vom 26.4.–20.7.2008 in Paderborn und vom 12.8.–16.11.2008 in Würzburg (Berlin 2008).

Bosl 1969 – K. Bosl, Franken um 800: Strukturanalyse einer fränkischen Königsprovinz ²(München 1969).

Brachmann 1993 – H. Brachmann, Der frühmittelalterliche Befestigungsbau in Mitteleuropa. Untersuchungen zu seiner Entwicklung und Funktion im germanisch-deutschen Bereich. Schr. Ur- u. Frühgesch. 45 (Berlin 1993).

Brady 2006 – N. Brady, Mills in medieval Ireland: looking beyond design. In: S. A. Walton (Hrsg.), Wind & Water in the middle ages. Fluid technologies from Antiquity to the Renaissance, Medieval and Renaissance texts and studies 322 (Tempe/Arizona 2006) 39–68.

Brand/Spiong 2005 – B. Brand/S. Spiong , Die Stadtkerngrabung an der Spitalmauer in der Paderborner Altstadt. Arch. Ostwestfalen 9, 2005, 83–91.

Brink-Kloke 1997 – H. Brink-Kloke, Dortmund (Innenstadt; „Adlerturm"). In: Archäologische Bodendenkmalpflege, Fundchronik, 1989–1990: Regierungsbezirk Arnsberg. Ausgr. u. Funde Westfalen-Lippe 9A, 1997, 198–201.

Brink-Kloke/v. Bohlen/Althoff 2009 – H. Brink-Kloke/A. v. Bohlen/Ch. Althoff, „Das bisschen Dreck" … – Untersuchungen mittelalterlicher Erdschichten aus der Dortmunder Innenstadt. In: L. Husty/M. M. Rind/K. Schmotz (Hrsg.), Zwischen Münchshöfen und Windberg. Gedenkschr. Karl Böhm. Internat. Arch. Studia honoraria 29 (Rahden/Westf. 2009) 501–506.

Brühl 1968 – C. Brühl, Fodrum, gistum, servitium regis. Studien zu den wirtschaftlichen Grundlagen des Königtums im Frankenreich und in den fränkischen Nachfolgestaaten Deutschland, Frankreich und Italien vom 6. bis zur Mitte des 14. Jahrhunderts (Köln u.a. 1968).

Brunner 1979 – K. Brunner, Oppositionelle Gruppen im Karolingerreich. Veröffentl. Inst. österr. Geschforsch. 25 (Wien, Köln, Weimar 1979).

Büchner 1990 – R. Büchner (Bearb.), Gregor von Tours. Zehn Bücher Geschichten. Erster Bd.: Buch 1–5 ⁷(Darmstadt 1990).

Bücker u.a. 1997 – C. Bücker u. a., Hof, Weiler, Dorf. In: Archäologisches Landesmuseum Baden-Württemberg (Hrsg.), Die Alamannen (Stuttgart 1997) 311–322.

Büll 1993 – F. Büll, Die Klöster Frankens bis zum neunten Jahrhundert. Stud. u. Mitt. Gesch. Benediktiner-Ordens u. seiner Zweige 104, 1993, 9–40.

Busch 1841 – J. A. Busch, Einige Bemerkungen über das Alter der Domkirche zu Limburg bei der Gelegenheit ihrer feierlichen Einweihung am Auferstehungstage des Herrn im Jahre 1841 (Limburg 1841).

Butzen 1987 – R. Butzen, Die Merowinger östlich des mittleren Rheins. Mainfränk. Stud. 38 (Würzburg 1987).

Capelle 1972 – T. Capelle, Ein karolingischer Schwertgurtbeschlag. Arch. Korrbl. 2, 1972, 347–349.

Capelle 1974 – T. Capelle, Die karolingisch-ottonische Bronzegießersiedlung bei Kückshausen. Frühmittelalterl. Stud. 8, 1974, 294–302.

Capelle 1976 – T. Capelle, Die frühgeschichtlichen Metallfunde von Domburg auf Walcheren. ROB Nederlandse Oudheden 5 (Amersfoort 1976).

Capelle 1999 – T. Capelle, Handwerk in der Karolingerzeit. In: Stiegemann/Wemhoff 1999, 424–429.

Christlein 1979 – R. Christlein, Der Runde Berg bei Urach III. Kleinfunde der frühgeschichtlichen Perioden aus den Plangrabungen 1967–1972. Heidelberger Akad. Wiss. Komm. Alamannische Altkde. Schr. 4 (Heidelberg 1979).

Christmann/Krause/Lukaszewska 2007 – E. Christmann/O. Krause/D. Łukaszewska, Ein bemerkenswerter Grubenhausbefund des 10. Jahrhunderts in Fernwald-Albach. Hessen Arch. 2007 (2008) 113–116.

Čiháková/Dragoun/Podliska 2000 – J. Čiháková/Z. Dragoun/J. Podliska, Pražská sídelní aglomerace v 10. a 11. století. In: Luboš Polanský/Jiří Sláma/Dušan Třeštík (Hrsg.), Přemyslovský stát kolem roku 1000, Na pam knížete Boleslava II. († 7. února 999) (Praha 2000) 127–146.

Claude 1988 – D. Claude, Köln zur Merowingerzeit. Über das Verhältnis von archäologischen und schriftlichen Quellen. In: Bericht über das dritte deutsch-norwegische Historikertreffen in Trondheim (Juni 1988) (ohne Ort u. Jahr) 23–34.

Clemen 1980 – P. Clemen, Der Dom zu Köln. Kunstdenkmäler Rheinprovinz 6,3 (= Kunstdenkmäler Stadt Köln 1,3) ²(Düsseldorf 1938, Nachdr. 1980).

Clemens/Gilles 1991 – L. Clemens/K.-J. Gilles, Der Harpelstein bei Horath im Hunsrück. In: H.-W. Böhme (Hrsg.), Burgen der Salierzeit I. Monogr. RGZM 25 (Sigmaringen 1991) 337–342.

Corden 2003–2005 – L. Corden, Limburger Geschichte Band I–III (übers. von Joseph Wingenbach und hrsg. von Franz-Karl Nieder) (Limburg 2003–2005).

Crone 1987 – M.-L. Crone, Konrad Kurzbold. Lebensbeschreibung des Gründers des St. Georgsstiftes in Limburg an der Lahn. Nass. Ann. 98, 1987, 35–59.

Crone 1989 – M.-L. Crone, Konrad Kurzbold – Leben und Wirken. Schr. Gesch. u. Kultur Kr. Limburg-Weilburg 1 (Limburg 1989).

Curle 1926 – A. O. Curle, Domestic candlesticks from the fourteenth to the end of the eighteenth century. Proc. Soc. Ant. Scotland 60, 1925/26, 183–214.

Czysz 1994 – W. Czysz, Eine bajuwarische Wassermühle im Paartal bei Dasing. Das Archäologische Jahr in Bayern 1993 (1994) 124–128.

Damminger 2000 – F. Damminger, Bemerkungen zur Bedeutung von Wassermühlen im frühmittelalterlichen Süddeutschland. In: Studia Antiquaria. Festschr. Niels Bantelmann zum 60. Geburtstag. Universitätsforsch. Prähist. Arch. 63 (Bonn 2000) 221–230.

Dannheimer 1968 – H. Dannheimer, Lauterhofen im frühen Mittelalter. Materialh. Bayer. Vorgesch. 22 (Kallmünz/Opf. 1968).

Daul 1961 – H. Daul, Karlburg, eine frühfränkische Königsmark (Phil. Diss. Julius-Maximilians-Universität Würzburg (Würzburg 1961).

Denecke 1979 – D. Denecke, Methoden und Ergebnisse der historisch-geographischen und archäologischen Untersuchung und Rekonstruktion mittelalterlicher Verkehrswege. In. H. Jankuhn/R. Wenskus, Untersuchungen zur Siedlungs-, Wirtschafts- und Kirchengeschichte (Sigmaringen 1979) 433–483.

Denecke 1989 – D. Denecke, Straße und Weg im Mittelalter als Lebensraum und Vermittler zwischen entfernten Orten. In: H. Bernd (Hrsg.), Mensch und Umwelt im Mittelalter (Frankfurt 1989) 207–223.

Deutinger 2002a – R. Deutinger, „Königswahl" und Herzogserhebung Arnulfs von Bayern. Das Zeugnis der älteren Salzburger Annalen zum Jahr 920. In: Deutsches Archiv für Erforschung des Mittelalters 58, 2002, 17–68.

Deutinger 2002b –R. Deutinger, Die ältesten mittelrheinischen Zehntterminationen. Archiv mittelrhein. Kirchengesch. 54, 2002, 11–36.

Deutinger 2006 – R. Deutinger, Königsherrschaft im Ostfränkischen Reich. Eine pragmatische Verfassungsgeschichte der späten Karolingerzeit. Betr. Gesch. u. Quellenkde Mittelalter 20 (Sigmaringen 2006).

Deutmann 1990 – K. H. Deutmann, Geschichte und Ergebnisse der mittelalterlichen Stadtgrabung Dortmunds. In: F. Seibt/G. Gleba/H. Th. Grütter/H. Lorenz/J. Müller/L. Tewes (Hrsg.), Vergessene Zeiten. Mittelalter im Ruhrgebiet. Katalog zur Ausstellung im Ruhrlandmuseum Essen, 26. September 1990 bis 6. Januar 1991. Bd. 2 (Essen 1990) 290–293.

Diederich 1967 – A. Diederich, Das Stift St. Florin zu Koblenz. Veröff. Max-Planck-Inst. für Gesch. 16 – Stud. Germania Sacra 6 (Göttingen 1967).

Diederich 1984 – T. Diederich, Stift – Kloster – Pfarrei. In: H. Kier/U. Krings (Hrsg.), Köln: Die romanischen Kirchen. Stadtspuren. Bd. 1 (Köln 1984) 17–78.

Diederich 1994 – T. Diederich, Das Erzbistum Köln. Von den Anfängen in der Römerzeit bis zum Ende des hohen Mittelalters (Kehl 1994).

Dietmar/Trier 2006 – C. Dietmar/M. Trier, Mit der U-Bahn in die Römerzeit. Ein Handbuch zu den archäologischen Ausgrabungsstätten rund um den Bau der Nord-Süd Stadtbahn ²(Köln 2006).

Dietrich 1953 – I. Dietrich, Die frühe kirchliche und politische Erschließung des unteren Lahngebiets im Spiegel der konradinischen Besitzgeschichte. Archiv mittelrhein. Kirchengesch. 5, 1953, 157–194.

Dodt/Seiler, in Vorber. – M. Dodt/S. Seiler, Ausgrabungen an St. Kolumba in Köln (in Vorber.).

Dohrn-Ihmig 1996 – M. Dohrn-Ihmig, Die früh- bis spätmittelalterliche Siedlung und Kirchenwüstung „Krutzen" im Kalbacher Feld, Stadt Frankfurt am Main. Mat. Vor- u. Frühgesch. Hessen 16 (Wiesbaden 1996).

Doms 1962 – A. Doms, Ein reicher Schreibgriffelfund aus der Umgebung der Domschule. In: K. Honselmann (Hrsg.), Von der Domschule zum Gymnasium Theodorianum in Paderborn (Paderborn 1962) 24–35.

Donat 1980 – P. Donat, Haus, Hof und Dorf in Mitteleuropa vom 7.–12. Jahrhundert. Archäologische Beiträge zur Entwicklung und Struktur der bäuerlichen Siedlung. Akad. der Wissenschaften, Schr. Ur- u. Frühgesch. 33 (Berlin 1980).

Donat 2002 – K. Donat, Die Tierfunde aus der Wüstung Holzheim. In: Wand 2002a, 497–508.

Doppelfeld 1958 – O. Doppelfeld (Bearb.), Ausgewählte Quellen zur Kölner Stadtgeschichte. I: Römische und fränkische Zeit (Köln 1958).

Doppelfeld 1964 – O. Doppelfeld, Theudebert für Köln. In: J. Hoster/A. Mann (Hrsg.), Vom Bauen, Bilden und Bewahren. Festschr. Willy Weyres (Köln 1964) 139–148.

Doppelfeld 1975 – O. Doppelfeld, Köln von der Antike bis zur Karolingerzeit. In: H. Jankuhn/W. Schlesinger/H. Steuer (Hrsg.), Vor- und Frühformen der europäischen Stadt im Mittelalter. Abhandl. Akad. Wiss. Göttingen. Phil.-Hist. Kl., Dritte Fol. 83 (Göttingen 1975) 110–129.

Doppelfeld/Weyres 1980 – O. Doppelfeld/W. Weyres, Die Ausgrabungen im Dom zu Köln. Kölner Forsch. 1. (Köln 1980).

Dragoun 1989 – Z. Dragoun, K otázce pilíř Juditina mostu. Arch. Pragensia 10, 1989, 113–131.

Dümmler 1973 – P. Dümmler, Die alte Vilsschiffahrt. Oberpfälzer Heimat 17, 1973, 7–27.

Eck 2004 – W. Eck, Köln in römischer Zeit. Geschichte der Stadt Köln. Bd. 1 (Köln 2004).

Eck/Müller/Hellenkemper 2000 – W. Eck/H. Müller/H. Hellenkemper, Köln. In: H. Beck/D. Geuenich/H. Steuer (Hrsg.), RGA² 17 (Berlin, New York 2000) 92–102.

Eggenstein 2008a – G. Eggenstein, Balhorn – Der Ort am Straßenkreuz. In: G. Eggenstein u. a. (Hrsg.), Eine Welt in Bewegung. Unterwegs zu Zentren des frühen Mittelalters (München, Berlin 2008) 116–120.

Eggenstein 2008b – G. Eggenstein, Rädchen aus Blei – rätselhaft und selten. Arch. Ostwestfalen 10, 2008, 46–52.

Ehlers 2002a – C. Ehlers (Hrsg.), Orte der Herrschaft. Mittelalterliche Königspfalzen (Göttingen 2002).

Ehlers 2002b – C. Ehlers, Pfalzenforschung Heute. Eine Einführung in das Repertorium der deutschen Königspfalzen. In: Ehlers 2002a, 25–53.

Ellger 1989 – O. Ellger, Die Michaelskirche zu Fulda als Zeugnis der Totensorge. Zur Konzeption einer Friedhofs- und Grabkirche im karolingischen Kloster Fulda. 55. Veröff. Fuldaer Geschver. (Fulda 1989).

Ellger 1999 – O. Ellger, Mimigernaford. Von der sächsischen Siedlung zum karolingischen Bischofssitz Münster. In: Stiegemann/Wemhoff 1999, 386–393.

Ellmers 1972 – D. Ellmers, Frühmittelalterliche Handelsschiffahrt in Mittel- und Nordeuropa. Offa-Bücher 28 (Neumünster 1972).

Elmshäuser 1992 – K. Elmshäuser, Kanalbau und technische Wasserführung im frühen Mittelalter. Technikgesch. 59, 1992/1, 1–26.

Elmshäuser u. a. 1993 – K. Elmshäuser u. a., Mühle, Müller. In: LexMA 6 (München, Zürich 1993) 885–891.

Emmerich 1896 – F. Emmerich, Der heilige Kilian. Regionarbischof und Martyrer (Würzburg 1896).

Endres 2004 – R. Endres, Die Schweinfurter Fehde und ihre Folgen. In: E. Schneider/B. Schneidmüller (Hrsg.), Vor 1000 Jahren – Die Schweinfurter Fehde und die Landschaft am Obermain 1003. Schweinfurter Museumsschr. 118, 2004, 117–132.

Engelbert 1968 – P. Engelbert, Die Vita Sturmi des Eigil von Fulda. Literarkritisch-historische Untersuchung und Edition. Veröff. Hist. Komm. Hessen u. Waldeck 29 (Marburg 1968).

Engels 1991 – P. Engels, Der Reisebericht des Ibr h m ibn Ya'q b (961/966). In: A. v. Euw/P. Schreiner (Hrsg.), Kaiserin Theophanu. Begegnung des Ostens und des Westens um die Mitte des ersten Jahrtausends. Gedenkschr. des Kölner Schnütgen-Museums zum 1000. Todesjahr der Kaiserin. Bd. 1 (Köln 1991).

Ennen 1953 – E. Ennen, Frühgeschichte der europäischen Stadt (Bonn 1953).

Ennen/Janssen 1979 – E. Ennen/W. Janssen, Deutsche Agrargeschichte. Vom Neolithikum bis zur Schwelle des Industriezeitalters (Wiesbaden 1979).

Erdmann 1943 – C. Erdmann, Die Burgenordnung Heinrichs I. Deutsches Archiv Erforsch. Mittelalter 6, 1943, 59–101.

Erichsen 1989 – J. Erichsen (Hrsg.), Kilian, Mönch aus Irland, aller Franken Patron. Aufsätze. Veröff. Bayer. Gesch. u. Kultur 19 (München 1989).

Ericsson 2004 – I. Ericsson, Wenn Scherben sprechen... Stadtkernarchäologie in Forchheim. In: H. Ammonn (Hrsg.), Forchheim in Geschichte und Gegenwart (Bamberg 2004) 23–28.

Ettel u. a. 1998 – P. Ettel u. a., Archäologische Forschungen zum frühmittelalterlichen Karlburg. Vorbericht zur Grabung 1997 im Nordbereich der villa Karloburg. In: E-G. Krenig u. a. (Hrsg.), Beiträge zur Archäologie in Unterfranken 1998. Mainfränk. Stud. 63 (Büchenbach 1998) 146–191.

Ettel 1999 – P. Ettel, Ergebnisse der Ausgrabungen auf der Schweinfurter Burg Amardela, Oberammerthal bei Amberg. Beitr. Arch. Oberpfalz 3, 1999, 315–348.

Ettel 2001 – P. Ettel, Karlburg – Roßtal – Oberammerthal. Studien zum Burgenbau im frühmittelalterlichen Landesausbau in Nordbayern. Frühgesch. provinzialröm. Arch. Mat. u. Forsch. 5 (Espelkamp 2001).

Ettel 2007 – P. Ettel, Die Burgen der Schweinfurter – historische und archäologische Überlieferung. In: P. Sachenbacher/H.-J. Beier (Hrsg.), Der Orlagau im frühen und hohen Mittelalter. Beitr. Frühgesch. u. Mittelalter Ostthüringen 3 (Langenweissbach 2007) 185–197.

Ettel 2008a – P. Ettel, Zentralorte im frühen Mittelalter zwischen Alpen und Ostsee. In: Börste u. a. 2008, 16–25.

Ettel 2008b – P. Ettel, Karlburg am Main – vom fränkischen Königshof mit Burg(en) und Kloster zum bischöflichen Zentralort. In: Börste u. a. 2008, 76–82.

Ettel 2008c – P. Ettel, „Scherben bringen Glück" – kulturhistorische und soziale Erkenntnisse anhand der Keramik aus Karlburg. In: Börste u. a. 2008, 102–106.

Ettel 2008d – P. Ettel, Der Verkehrs- und Handelsweg Main mit Fossa Carolina, Burgen und Königshöfen in merowingisch-karolingischer Zeit. In: Börste u. a. 2008, 83–90.

Ettel 2009 – P. Ettel, Der früh- und hochmittelalterliche Zentralort Karlburg am Main. In: Frühe Pfalzen – Frühe Städte. Neue Forschungen zu zentralen Orten des Früh- und Hochmittelalters in Süddeutschland und der Nordschweiz. Arch. Inf. 58 (Esslingen 2009) 147–170.

Ettel/Hoppe/Watzlawik 1998 – P. Ettel/M. Hoppe/S. Watzlawik, Neue Ausgrabungen im frühmittelalterlichen Fiskalbezirk Karlburg. Arch. Jahr Bayern 1997 (1998) 151–156.

Ettel/Kerth/Obst 2011 – P. Ettel/K. Kerth/R. Obst, Aspekte, Ergebnisse und Perspektiven aktueller Forschung im frühmittelalterlichen Zentralort Karlburg am Main. Beitr. Arch. Unterfranken 7, 2011, 99–126.

Ettel/Rödel 1992 – P. Ettel/D. Rödel, Castellum und villa Karlburg. In: Lenssen/Wamser 1992, 297–318.

Ettel/Werther 2011 – P. Ettel/L. Werther, Archäologische Forschungen im frühmittelalterlichen Siedlungskomplex Salz an der Fränkischen Saale. Frankenland 2011, 79–90.

v. Euw 1991 – A. v. Euw, Einleitung In: Vor dem Jahr 1000. Abendländische Buchkunst zur Zeit der Kaiserin Theophanu. Eine Ausstellung des Schnütgen-Museums zum Gedenken an den 1000. Todestag der Kaiserin Theophanu am 15. Juni 991 und ihr Begräbnis in St. Pantaleon zu Köln (Köln 1991) 10–25.

Ewig 1976 – E. Ewig, Die civitas Ubiorum, die Francia Rinensis und das Land Ribuarien. In: Ders., Spätantikes und fränkisches Gallien I (München, Zürich 1976) 1–29.

Fassbinder u. a. 2008 – J. Fassbinder/Th. Link/R. Obst, Geophysikalische Prospektion im castellum Karloburg. Arch. Jahr Bayern 2008 (2009) 115–117.

Fehn 1970 – K. Fehn, Die zentralörtlichen Funktionen früher Zentren in Altbayern. Raumbindende Umlandbeziehung im bayerisch-österreichischen Altsiedelland von der Spätlatènezeit bis zum Ende des Hochmittelalters (Wiesbaden 1970).

Fehn u. a. 1988 – K. Fehn, K. Brand, D. Denecke, F. Irsigler (Hrsg.), Genetische Siedlungsforschung in Mitteleuropa und seinen Nachbarräumen (Bonn 1988).

Felgenhauer-Schmiedt 1993 – S. Felgenhauer-Schmiedt, Die Sachkultur des Mittelalters im Lichte der archäologischen Funde. Europ. Hochschulschr. R. 38, Bd. 42 (Frankfurt a. M., Berlin, Bern, New York, Paris, Wien 1993).

Finke 2000 – W. Finke, Vor- und Frühgeschichte Ostbeverns. In: Geschichte der Gemeinde Ostbevern. Bd. 1: Von den Anfängen bis zur Mitte des 20. Jahrhunderts (Ostbevern 2000) 11–37.

Fischer 2002 – J. Fischer, Geld und Geldwirtschaft in merowingischer Zeit in Köln. Kölner Jahrb. 35, 2002, 281–306.

Flachenecker 2007 – H. Flachenecker, Zentren der Kirche in der Geschichtslandschaft Franken. In: C. Ehlers (Hrsg.), Deutsche Königspfalzen 8: Places of Power – Orte der Herrschaft – Lieux du Pouvoir (Göttingen 2007) 247–261.

Flachenecker 2008 – H. Flachenecker, Würzburg und Fulda. Geistliche Territorien im Dialog. In: W. Wüst (Hrsg.), Frankens Städte und Territorien als Kulturdrehscheibe. Mittelfränk. Stud. 19 (Ansbach 2008) 87–109.

Fleckenstein 2002 – J. Fleckenstein, Bildungsreform Karls des Großen. In: LexMA 2 (München 2002) Sp. 187–189.

Flemming 1989 – J. Flemming, Kunsthandwerk. In: F. Möbius/H. Sciurie (Hrsg.), Geschichte der deutschen Kunst 1200–1350 (Leipzig 1989) 393–394.

Franke 1987 – T. Franke, Studien zur Geschichte der Fuldaer Äbte im 11. und frühen 12. Jahrhundert. In: Archiv für Diplomatik 33, 1987, 55–238.

v. Freeden 2002a – U. v. Freeden, Reich der Franken – eine Grundlage Europas. In: U. v. Freeden/S. v. Schnurbein (Hrsg.), Spuren der Jahrtausende. Archäologie und Geschichte in Deutschland (Stuttgart 2002) 316–343.

v. Freeden 2002b – U. v. Freeden, Die Wassermühle. Ein antikes Erbe. In: W. Menghin/D. Planck (Hrsg.), Menschen, Zeiten, Räume – Archäologie in Deutschland (Stuttgart 2002) 331–333.

Freise 1981 – E. Freise, Roger von Helmarshausen in seiner monastischen Umwelt. Frühmittelalterliche Stud. 15, 1981, 180–293.

Fremersdorf 1955 – F. Fremersdorf, Das fränkische Reihengräberfeld Köln-Müngersdorf Bd. 1–2 (Berlin 1955).

Friedrich 1998 – R. Friedrich, Mittelalterliche Keramik aus rheinischen Motten. Rhein. Ausgr. 44 (Bonn 1998).

Friedrich u. a. 1993 – R. Friedrich u. a., Die hochmittelalterliche Motte und Ringmauerburg von Oberursel-Bommersheim, Hochtaunuskreis. Germania 71, 1993, 441–519.

Friedrich 2006 – R. Friedrich, Archäologische Zeugnisse zum Alltag auf mittelalterlichen Burgen. In: Zeune 2006, 41–50.

Friese 1979 – A. Friese, Studien zur Herrschaftsgeschichte des fränkischen Adels. Der mainländisch-thüringische Raum vom 7. bis 11. Jahrhundert. Gesch. u. Ges. 18 (Stuttgart 1979).

Först 2007 – E. Först, Es werde Licht … Beleuchtung in Hamburg und Harburg vor der Zeit von Gas und Elektrizität. Arch. Niedersachsen 10, 2007, 68–71.

Gai/Mecke 2004 – S. Gai/B. Mecke, Est locus insignis … Die Pfalz Karls des Großen in Paderborn und ihre bauliche Entwicklung bis zum Jahr 1002. Denkmalpfl. U. Forsch. Westfalen 40.II. (Mainz 2004).

Gai/Spiong 2009 – S. Gai/S. Spiong, Großbaustelle Paderborn. Der Bischofssitz im frühen 11. Jahrhundert. In: Chr. Stiegemann/M. Kroker (Hrsg.), Für Königtum und Himmelreich. 1000 Jahre Bischof Meinwerk von Paderborn (Regensburg 2009) 238–243.

Gassmann/Yalçin 2005 – G. Gassmann/Ü. Yalçin, Zur naturwissenschaftlichen Erfassung der metallurgischen Hinterlassenschaften des 9. bis 10. Jahrhunderts n. Chr. Von Schloss Sulzbach (Bayern). In: M. Hensch, Burg Sulzbach in der Oberpfalz. Archäologisch-his-

torische Forschungen zur Entwicklung eines Herrschaftszentrums des 8. Bis 14. Jahrhunderts in Nordbayern. Bd. 2 (Büchenbach 2005) 261–271.

Gechter/Schütte 1995 – M. Gechter/S. Schütte, Der Heumarkt in Köln. Ergebnisse und Perspektiven einer archäologischen Untersuchung. Gesch. Köln 38, 1995, 129–139.

Gechter/Schütte 2000 – M. Gechter/S. Schütte, Ursprung und Voraussetzung des Mittelalterlichen Rathauses und seiner Umgebung. In: W. Geis/U. Krings (Hrsg.), Das gotische Rathaus und seine historische Umgebung (= Stadtspuren 26) (Köln 2000) 69–195.

Geisler 1997 – H. Geisler, Haus und Hof der Franken. In: A. Wieczorek (Hrsg.), Die Franken, Les Francs. – Wegbereiter Europas, Précurseurs de l'Europe 5. bis 8. Jahrhundert n. Chr. Ausstellungskatalog (Mainz 1997) 769–773.

Gensen 1975 – R. Gensen, Eine archäologische Studie zur frühmittelalterlichen Besiedlung des Marburger Landes. Fundber. Hessen 15, 1975 (1977) 361–368.

Gensen 1984a – R. Gensen, Die ländliche Siedlung bei Geismar (Fritzlar, Schwalm-Eder-Kreis). Ein besonderes Beispiel der Frühmittelalterarchäologie in Hessen. In: H. Roth/E. Wamers (Hrsg.), Hessen im Frühmittelalter. Archäologie und Kunst (Sigmaringen 1984) 67–73.

Gensen 1984b – R. Gensen, Ringwall Hünenkeller bei Lengefeld. In: H. Roth/E. Wamers (Hrsg.), Hessen im Frühmittelalter. Archäologie und Kunst (Sigmaringen 1984) 245–246.

Gensen 1986 – R. Gensen, Die frühgeschichtliche Siedlung von Fritzlar-Geismar. In: Der Schwalm-Eder-Kreis. Führer arch. Denkmäler Deutschland 8 (Stuttgart 1986) 114–124.

Gensicke 1959 – H. Gensicke, Die Urkunde Erzbischof Heinrichs von Trier 959. In: A. Breitling (Hrsg.), Die Pfarrkirche ‚St. Peter in Ketten' zu Montabaur. Zur 1000jährigen Wiederkehr der Einweihung der ersten steinernen Kirche in Montabaur im Jahre 959 (Wissen 1959) 30–38.

George 2004 – D. George, Das Forchheimer Namengut – Die geographischen Namen des Stadtgebiets. In: H. Ammonn (Hrsg.), Forchheim in Geschichte und Gegenwart (Bamberg 2004) 29–39.

Geuenich 2007 – D. Geuenich, Bonifatius und „sein" Kloster Fulda. In: F. J. Felten (Hrsg.), Bonifatius – Leben und Nachwirken. Quellen u. Abhandl. Mittelrhein. Kirchengesch. 121 (Mainz 2007) 295–301.

Gies 2008 – H. Gies, Zur Geologie des Großlüderer Grabens und Geschichte seiner Mineralquellen. Beitr. Naturkde. Osthessen 46, 2008.

Giese 1982 – W. Giese, Zur Bautätigkeit von Bischöfen und Äbten des 10.–12.Jahrhunderts. Deutsches Archiv Erforsch. Mittelalter 38, 1982, 388–438.

Giesler 2001 – J. Giesler, s. v. a. Köttlachkultur. In: RGA² 17 (Kleinere Götter – Landschaftsarchäologie) (Berlin/New York 2001) 155–161.

Glaser 2008 – R. Glaser, Klimageschichte Mitteleuropas. 1200 Jahre Wetter, Klima, Katastrophen ²(Darmstadt 2008).

Gockel 1984 – M. Gockel, Allstedt. In: Die Deutschen Königspfalzen, Band 2/1 (Göttingen 1984) 1–38.

Goetz 1980 – H.-W. Goetz, Der letzte „Karolinger"? Die Regierung Konrads I. im Spiegel seiner Urkunden. In: Archiv für Diplomatik 26, 1980, 56–125.

Goetz 2006 – H.-W. Goetz (Hrsg.), Konrad I. Auf dem Weg zum „Deutschen Reich"? (Bochum 2006).

Görich 1964 – W. Görich, Frühe Straßen um Fulda. Fuldaer Geschbl. 39, 1964, 65–79.

Görich 1982 – W. Görich, Hünfeld im frühen Fernstraßen-Netz. In: Magistrat der Stadt Hünfeld (Hrsg.), Hünfeld. 1200 Jahre Campus Unofelt (Hünfeld 1982) 111–121 (mit Karte).

Görich 1955 – W. Görich, Ortesweg, Antsanvia und Fulda in neuer Sicht. Zur Heimführung des Bonifatius vor 1200 Jahren. Germania 33, 1955, 68–88.

Götschmann 1999 – D. Götschmann, Sulzbach – Die Bergstadt. In: Eisenerz und Morgenglanz. Geschichte der Stadt Sulzbach-Rosenberg 2 (Amberg 1999) 429–450.

Greule u. a. 2007 – A. Greule/M. Hoppe/Th. Heiler, Würzburg. RGA² 34 (Berlin, New York 2007) 260–270.

Gross 1999 – U. Gross, Beleuchtung. In: H. W. Böhme/B. von der Dollen/D. Kerber (Hrsg.), Burgen in Mitteleuropa – Ein Handbuch. I. Bauformen und Entwicklung (Stuttgart 1999) 299–301.

Grothe/König 1999 – A. Grothe/A. König, Villa Huxori. Das frühmittelalterliche Höxter. In: Stiegemann/Wemhoff 1999, 374–379.

Grünewald 2005 – Ch. Grünewald, Die Siedlungsgeschichte des Münsterlandes vom 7. bis 10. Jahrhundert aus archäologischer Sicht. In: Isenberg/Rommé 2005, 31–44.

Grupe 1996 – G. Grupe, Umwelt und Bevölkerungsentwicklung im Mittelalter. In: Herrmann 1996, 24–34.

Haas 1911 – T. Haas, Alte Fuldaer Markbeschreibungen. Markbeschreibung der Kirche zu Margretenhaun. Fuldaer Geschbl.10, 1911, 145–157, 177–183.

Haas 1914 – T. Haas, Alte Fuldaer Markbeschreibungen. Grenzbeschreibung des Fuldaer Klosterbezirks. Fuldaer Geschbl. 12, 1913, 160–189; ebd. 13, 1914, 33–45.

Haberstroh 1998 – J. Haberstroh, Merowingische Funde an der Regnitz. Landesausbau an der Ostgrenze des Frankenreichs. Bayer. Vorgeschbl. 63, 1998, 227–263.

Haberstroh 2008 – J. Haberstroh, Die Fibel aus der Moritzstraße – Zeugnis des karolingischen Kammerguts? In: J. Haberstroh u. a. (Hrsg.), Bayern und Ingolstadt in der Karolinger-Zeit (Ingolstadt 2008) 233–251.

Haefele 1989 – H. F. Haefele, Ekkehard IV, Casus Sancti Galli/St.Galler Klostergeschichte. FSGA X ²(Darmstadt 1989).

Hager 1963 – G. Hager, KDM Bayern, Oberpfalz und Regensburg, BA Burglengenfeld (München 1963).

Hägermann 1991 – D. Hägermann, Technik im frühen Mittelalter zwischen 500 und 1000. D. Hägermann/H. Schneider, Landbau und Handwerk. 750 v. Chr. bis 1000 n. Chr. Propyläen Technikgesch. 1 (Berlin 1991) 316–508.

Hahn 1980 – W. Hahn, Beiträge zu einem Stempelcorpus der bayerischen Münzen des 10. und 11. Jahrhunderts. 3. Die Nabburger Münzprägung in den Jahren 953–976. Jahrb. Numismatik u. Geldgesch. 30, 1980, 41–54.

Hahn 1985 – H. Hahn, Die drei Vorgängerbauten des Fuldaer Domes. Fuldaer Geschbl. 61, 1985, 180–202.

Hahn 2002 – W. Hahn, Grundzüge der Altbairischen Münzgeschichte. 9. Teil: Die Nabburger Münzprägung in den Jahren 967 bis 976. Money trend 34/2, 2002, 132–136.

Hampel 1994 – A. Hampel, Der Kaiserdom zu Frankfurt am Main. Beitr. Denkmalschutz Frankfurt am Main 8 (Nußloch 1994).

Hanauska 2005 – P. Hanauska, Verkaufsschlager oder Ladenhüter? – Frühmittelalterliche Keramikproduktion in Neuental-Zimmersrode. Hessen Arch. 2004 (2005) 125–127.

Hanauska/Henning/Sonnemann 2005 – P. Hanauska/J. Henning/T. Sonnemann, Das Fritzlar–Waberner Becken im frühen Mittelalter. Archäologische Forschungen zu Siedlung und Wirtschaft. Zeitschr. Arch. Mittelalter 33, 2005, 193–198.

Hansen/Nielsen 1979 – V. Hansen/H. Nielsen, Oldtidens veje og vadesteder, belyst ved nye undersøgelser ved Stevns. Aarbøger for Nordisk Oldkyndighed og Historie 1977 (1979) 72–117.

Hardt 2001 – M. Hardt, Siedlung als Integrationsfaktor. Zur Veränderung der Kulturlandschaft bei der Eingliederung des nördlichen Hessen in das Frankenreich – mit einem Ausblick auf die mittelalterliche Ostsiedlung. In: I. Baumgärtner/W. Schich (Hrsg.), Nordhessen im Mittelalter. Probleme von Identität und überregionaler Integration. Veröff. Hist. Komm. Hessen 64 (Marburg 2001) 9–27.

Hardt 2007 – M. Hardt, Quedlinburg im Reisekönigtum der Ottonen. In: R. Aurig u. a. (Hrsg.), Burg – Straße – Siedlung – Herrschaft. Festschrift für Gerhard Billig zum 80. Geburtstag (Beucha 2007) 223 – 229.

Hatz 1963 – V. Hatz, Nabburg, Cham und Neunburg in den wikingerzeitlichen Münzfunden Schwedens. Jahrb. Numismatik u. Geldgesch. 13, 1963, 131–138.

Hauser 2003 – G. Hauser, Schichten und Geschichte. Die Kölner Domgrabung. Meisterwerke des Kölner Domes 7 (Köln 2003).

Hecht 1997 – K. Hecht, Der St. Galler Klosterplan (Wiesbaden 1997).

Hefner/Wolf 1850 – J. v. Hefner/J. W. Wolf, Die Burg Tannenberg und ihre Ausgrabungen (Frankfurt a. M. 1850).

Hegel 1950 – E. Hegel, Die Entstehung des mittelalterlichen Pfarrsystems der Stadt Köln. In: W. Zimmermann (Hrsg.), Kölner Unters. (Ratingen 1950) 69–89.

Heidenreich 2007 – A. Heidenreich, Islamische Importkeramik des hohen Mittelalters auf der Iberischen Halbinsel, unter besonderer Berücksichtigung der frühen lokalen Goldlüsterproduktion im Untersuchungsraum. Iberia Arch. 10 (Mainz 2007).

Heikkilä 1998 – T. Heikkilä, Das Kloster Fulda und der Goslarer Rangstreit. Humaniora 298 (Saarijärvi 1998).

Heiler 2006 – Th. Heiler, Das Grab König Konrads I. In: Goetz 2006, 277–294.

Heinke 1998 – J. Heinke, Der alte Weg aus der Wedereiba in den Graffeldgau. Fuldaer Geschbl. 74, 1998, 37–75.

Heinke 2000 – J. Heinke, Der Ortesweg und einige Gedanken zum Verlauf der frühen Straßen um Fulda. Fuldaer Geschbl. 76, 2000, 225–240.

Hellenkemper 1975 – H. Hellenkemper, Aus dem Innenleben der Städte. Köln – Ausgrabungen im Albansviertel. Kölner Römer-Illustrierte 2, 1975, 266–268.

Hellenkemper 2002 – H. Hellenkemper, Köln 260–355 A. D. Ein unruhiges Jahrhundert Stadtgeschichte. In: Festschr. Gundolf Precht = Xantener Ber. 12 (Mainz 2002) 43–53.

Henning 1994a – F.-W. Henning, Deutsche Agrargeschichte des Mittelalters. 9. bis 15. Jahrhundert (Stuttgart 1994).

Henning 1994b – J. Henning, Mühlentechnologie und Ökonomiewandel zwischen Römerzeit und Frühmittelalter. Saalburg-Jahrb. 47, 1994, 5–18.

Henning 1996 – J. Henning, Landwirtschaft der Franken. In: Die Franken – Wegbereiter Europas. Katalog-Handbuch zur Ausstellung im Reiss-Museum Mannheim (Mainz 1996) 774–785.

Henning 2002 – J. Henning (Hrsg.), Europa im 10. Jahrhundert. Archäologie einer Aufbruchszeit. Internat. Tagung in Vorber. der Ausstellung „Otto der Große, Magdeburg und Europa" (Mainz 2002).

Hensch 2002/2003 – M. Hensch, Montanarchäologie in der Oberpfalz – Von der Forschung vergessen? Ber. Bayer. Bodendenkmalpfl. 43/44, 2002/2003, 273–287.

Hensch 2004a – M. Hensch, Burg Sulzbach (Opf.) – „Hauptsitz" der Nordgaugrafen des 9. bis frühen 11. Jahrhunderts? Eine archäologisch-historische Quellenkritik. In: E. Schneider/B. Schneidmüller (Hrsg.), Vor 1000 Jahren – Die Schweinfurter Fehde und die Landschaft am Obermain 1003. Schweinfurter Museumsschr. 118, 2004, 153–188.

Hensch 2004b – M. Hensch, Kastl: Klosterburg über dem Lauterautal. In: Amberg und das Land an Naab und Vils. Führer arch. Denkmäler Deutschland 44 (Stuttgart 2004) 158–162.

Hensch 2005a – M. Hensch, Burg Sulzbach in der Oberpfalz. Archäologisch-historische Forschungen zur Entwicklung eines Herrschaftszentrums des 8. bis 14. Jahrhunderts in Nordbayern. Mat. Arch. Oberpfalz 3 (Büchenbach 2005).

Hensch 2005b – M. Hensch, Neue Hinweise zur historischen Topographie Sulzbachs im Frühmittelalter, Stadt Sulzbach-Rosenberg, Landkreis Amberg-Sulzbach. Beitr. Arch. Oberpfalz 7, 2005, 247–286.

Hensch 2006a – M. Hensch, Villae, quarum nomina sunt Ingoldestat et Lutrahahof, ad pagum, qui dicitur Northgowe. Der karolingische Königshof Lauterhofen und sein Umland. In: G. Riedel/B. Schönewald (Hrsg.), Vom Werden einer Stadt. Ingolstadt seit 806 (Ingolstadt 2006) 106–111.

Hensch 2006b – M. Hensch, Herrschaftszeiten. In: Fenster zur Vergangenheit – Archäologie in Bayern (Regensburg 2006).

Hensch 2008a – M. Hensch, Lauterhofen – Ermhof – Sulzbach – Nabburg. Aspekte zur Herrschaftsstruktur der Karolingerzeit in der mittleren Oberpfalz. In: J. Haberstroh u. a. (Hrsg.), Bayern und Ingolstadt in der Karolinger-Zeit (Ingolstadt 2008) 163–194.

Hensch 2008b – M. Hensch, Auf den Spuren König Heinrichs I. – erste archäologische Erkenntnisse zur frühmittelalterlichen Nabepurc. Beitr. Arch. Oberpfalz 8, 2008, 81–116.

Hensch 2010 – M. Hensch, Landschaft, Herrschaft und Siedlung – Aspekte zur Siedlungs- und Herrschaftsgenese der mittleren Frankenalb. Beitr. Mittelalterarch. Österreich 26, 2010, 33–78.

Hensch 2011a – M. Hensch, Territory, Power and Settlement. Observations on the Origins of Settlement around the Early Medieval Power Sites of Lauterhofen and Sulzbach in the Upper Palatinate. In: J. Machacek/S. Ungerman (Hrsg.), Frühgeschichtliche Zentralorte in Mitteleuropa. Stud. Arch. Europa 14 (Bonn 2011) 421–458.

Hensch 2011b – M. Hensch, Zur Genese der früh-, hoch- und spätmittelalterlichen urbs und stat Sulcpah. Baubegleitende archäologische Untersuchungen in der Sulzbacher Altstadt 2008 und 2009. Beitr. Arch. Oberpfalz 9, 2011 (im Druck).

Hensch 2011c – M. Hensch, Eine lange Geschichte – Archäologie rund um die ehemalige Sulzbacher Synagoge. In: Festschr. zur Sanierung der ehemaligen Synagoge von Sulzbach. Schriftenr. Stadtmus. u. Stadtarch. Sulzbach-Rosenberg 27 (Sulzbach-Rosenberg 2011; im Druck).

Hensch 2011d – M. Hensch, Von Bären und Brombeeren, vom Bauen und Brauen – Archäologische Spuren zur Frühzeit Nabburgs. Arch. Jahr Bayern 2010 (2011; im Druck).

Hensch, in Vorber. – M. Hensch, Der Frohnberg bei Hahnbach. Frühmittelalterliche Ringwallange und hochmittelalterlicher Herrensitz. Mat. Arch. Oberpfalz 4 (in Vorber.).

Herdick/Kühtreiber 2008 – M. Herdick/T. Kühtreiber, Burgen, Handwerk und Gewerbe – Anmerkungen zum Forschungsstand. In: Melzer 2008, 37–59.

Hermann 1961 – E. Hermann, Das Diedenhofer Capitulare Karls des Großen. Eine karolingische Quelle zur Frühgeschichte der Oberpfalz. Oberpfälzer Heimat 6, 1961, 15–22.

Herrmann 1993 – B. Herrmann (Hrsg.), Mensch und Umwelt im Mittelalter (Frankfurt a. M. 1989, ²1993).

Herrmann 1996 – B. Herrmann (Hrsg.), Mensch und Umwelt im Mittelalter (Wiesbaden 1996).

Herrmann 2008 – V. Herrmann, Rheinfränkischer Landesausbau in Nordbayern am Beispiel der karolingisch-ottonischen Burg „Greuth", Lkr. Roth. Germania 86, 2008, 729–761.

Hinz 1996 – B. Hinz, Das Grabdenkmal Rudolfs von Schwaben. Monument der Propaganda und Paradigma der Gattung (Frankfurt 1996).

Hladík 2010 – M. Hladík, Zur Frage der heidnischen Kultstätte in „Těšický les" im Suburbium des Burgwalls von Mikulčice. In: L. Poláček/J. Maříková-Kubková (Hrsg.), Frühmittelalterliche Kirchen als archäologische und historische Quelle. Internat. Tagungen Mikulčice VIII (Brno 2010) 101–121.

Hladík/Mazuch/Poláček 2008 – M. Hladík/M. Mazuch/L. Poláček, Das Suburbium des Burgwalls von Mikulčice in der Struktur des Siedlungskomplexes. In: I. Boháčová/L. Poláček (Hrsg.), Burg – Vorburg – Suburbium. Zur Problematik der Nebenareale frühmittelalterlicher Zentren. Internat. Tagungen Mikulčice VII (Brno 2008) 179–212.

Hodges/Gibson/Mitchell 1997 – R. Hodges/S. Gibson/J. Mitchell, The Making of a monastic city. The architecture of San Vincenzo al Volturno in the ninth century. Papers British School at Rome 65, 1997, 233–286.

Hoff 2006 – A. Hoff, Recht und Landschaft, Der Beitrag der Landschaftsrechte zum Verständnis der Landwirtschafts- und Landschaftsentwicklung in Dänemark ca. 950–1250, Ergbde. Reallexikon Germ. Altertumskde. 54 (Berlin, New York 2006).

Höltken 2006 – Th. Höltken, Heumarkt V. Karolingisch-Ottonische Hausbefunde vom Heumarkt in Köln. Kölner Jahrb. 39, 2006, 457–520.

Höltken 2008 – Th. Höltken, Die mittelalterlichen Marktschichten vom Heumarkt in Köln. Kölner Jahrb. 41, 2008, 579–677.

Höltken, in Vorber. – Th. Höltken, Die karolingischen und hochmittelalterlichen Funde der Domgrabung. Stud. Kölner Dom 11 (in Vorber.).

Hoos 1987 – H. Hoos, Kerzenleuchter aus acht Jahrhunderten (Frankfurt a. M. 1987).

Hübner 1989 – W. Hübener, Die Orte des Diedenhofener Kapitulars von 805 aus archäologischer Sicht. Jahresschr. mitteldt. Vorgesch. 72, 1989, 251–266.

Hussong 1985 – U. Hussong, Studien zur Geschichte der Reichsabtei Fulda bis zur Jahrtausendwende. Teil 1. Archiv für Diplomatik 31, 1985, 1–225.

Hussong 1986 – U. Hussong, Studien zur Geschichte der Reichsabtei Fulda bis zur Jahrtausendwende. Teil 2. Archiv für Diplomatik 32, 1986, 129–304.

Hussong 1995 – U. Hussong, Die Reichsabtei Fulda im frühen und hohen Mittelalter. Mit einem Ausblick auf das späte Mittelalter. In: W. Heinemeyer/B. Jäger (Hrsg.), Fulda in seiner Geschichte: Landschaft, Reichsabtei, Stadt (Fulda 1995) 89–180.

Hussong 2009 – U. Hussong, Die Geschichte des Klosters Fulda von der Gründung bis ins 11. Jahrhundert. In: W. Hamberger/Th. Heiler/W. Kirchhoff (Red.), Geschichte der Stadt Fulda 1. Von den Anfängen bis zum Ende des Alten Reiches (Fulda 2009) 143–165.

Isenberg/Rommé 2005 – G. Isenberg/B. Rommé (Hrsg.), 805: Liudger wird Bischof. Spuren eines Heiligen zwischen York, Rom und Münster (Münster, Mainz 2005).

Jackman 1990 – D. C. Jackman. The Konradiner – a Study in Genealogical Methodology (Frankfurt 1990).

Jäger 1808 – F. A. Jäger, Geschichte Frankenlands. 3. Teil (Rudolstadt 1808).

Jäger 2004 – B. Jäger, Wirtschaftliche, rechtliche und soziale Verhältnisse. In: F. Jürgensmeier/F. Büll, Die benediktinischen Mönchs- und Nonnenklöster in Hessen. Germania Benedicta VII (München 2004) 271–297.

Jankrift 2003 – K. P. Jankrift, Brände, Stürme, Hungersnöte. Katastrophen in der mittelalterlichen Lebenswelt (Ostfildern 2003).

Jankuhn u. a. 1977 – H. Jankuhn/R. Schützeichel/F. Schwind (Hrsg.), Das Dorf der Eisenzeit und des frühen Mittelalters. Abhandl. Akad. Wiss. Göttingen, Phil.-Hist. Kl. 3, 101 (Göttingen 1977).

Janssen 1979 – W. Janssen, Niederungsburgen im Rheinland. Vom Holzbau zur Steinburg. In: Burgen aus Holz und Stein. Schweizer Beitr. Kulturgesch. u. Arch. Mittelalter 5 (Olten 1979) 11–41.

Janssen 1987 – W. Janssen, Eine mittelalterliche Metallgießerei in Bonn-Schwarzrheindorf (mit Beiträgen von H. Drescher/Ch. J. Raub/J. Riederer). Beitr. Arch. Rheinland (Köln, Bonn 1987) 135–235.

Janssen 1988 – W. Janssen, Genetische Siedlungsforschung in der Bundesrepublik Deutschland aus der Sicht der Siedlungsarchäologie. In: Fehn 1988, 25–66.

Jantzen 1947 – H. Jantzen, Ottonische Kunst (München 1947).

Johanek 1987 – P. Johanek, Der fränkische Handel der Karolingerzeit im Spiegel der Schriftquellen. In: K. Düwel u. a. (Hrsg.), Untersuchungen zu Handel und Verkehr der vor- und frühgeschichtlichen Zeit in Mittel- und Nordeuropa 4. Der Handel der Karolinger- und Wikingerzeit. Abhandl. Akad. Wiss. Dritte F. 156 (Göttingen 1987) 7–68.

Jones 1999 – P. M. Jones, Heilkunst des Mittelalters in illustrierten Handschriften (Stuttgart 1999).

Kahsnitz 2001 – R. Kahsnitz, Frühottonische Buchmalerei. In: Matthias Puhle (Hrsg.), Otto der Große, Magdeburg und Europa. Bd. 1: Essays, Katalog der 27. Ausstellung des Europarates und der Landesausstellung Sachsen-Anhalt (Mainz 2001) 225–250.

Kasten 1986 – B. Kasten, Adalhard von Corbie. Die Biographie eines karolingischen Politikers und Klostervorstehers. Stud. humaniora 3 (Düsseldorf 1986).

Kavánová 1995 – B. Kavánová, Knochen und Geweihindustrie in Mikulčice. In: F. Daim/L. Poláček (Hrsg.), Studien zum Burgwall von Mikulčice 1. Spisy archeologického ústavu AV ČR Brno 2 (Brno 1995) 113–378.

Keussen 1910 – H. Keussen, Topographie der Stadt Köln im Mittelalter (Bonn 1910).

Kind 2008 – Th. Kind, Das karolingerzeitliche Kloster Fulda – ein „monasterium in solitudine". Seine Strukturen und Handwerksproduktion nach den seit 1898 gewonnenen archäologischen Daten. In: J. Henning (Hrsg.), Post-Roman Towns, Trade and Settlement in Europe and Byzantium. Vol. 1: The Heirs of the Roman West (Berlin, New York 2008) 367–410.

Kind 2009 – Th. Kind, Pfahlbauten und merowingische curtis in Fulda? In: W. Hamberger/Th. Heiler/W. Kirchhoff (Red.), Geschichte der Stadt Fulda. Bd. 1: Von den Anfängen bis zum Ende des Alten Reiches (Fulda 2009) 45–68.

Kind/Kronz/Wedepohl 2004 – Th. Kind/A. Kronz/K. H. Wedepohl, Karolingerzeitliches Glas und verschiedene Handwerksindizien aus dem Kloster Fulda. Aufarbeitung der Altfunde Joseph Vonderaus von 1898–99. Zeitschr. Arch. Mittelalter 31, 2003, 61–93.

Klanica 1974 – Z. Klanica, Práce klenotníků na slovanských hradištích (Die Arbeit von Juwelieren auf den slawischen Burgwällen). Studie AÚ ČSAV v Brně II/6 (Praha 1974).

Klanica 1985 – Z. Klanica, Mikulčice, gegenwärtiger Stand und Perspektiven (Bez. Hodonín). Přehled výzkumů 1983 (1985) 39–44.

Klanica 1986a – Z. Klanica, Počátky slovanského osídlení našich zemí (Praha 1986).

Klanica 1986b – Z. Klanica, Religion und Kult, ihr Reflex in archäologischen Quellen. In: J. Poulík/B. Chropovský (Hrsg.), Großmähren und die Anfänge der tschechoslowakischen Staatlichkeit (Praha 1986) 120–158.

Klanica 1993 – Z. Klanica, Hlavní hrobka v moravské bazilice. Mediaevalia Hist. Bohemica 3, 1993, 97–709.

Klanica 1995 – Z. Klanica, Zur Periodisierung vorgroßmährischer Funde aus Mikulčice. In: L. Poláček/F. Daim (Hrsg.), Studien zum Burgwall von Mikulčice I (Brno 1995) 379–469.

Klanica 1997 – Z. Klanica, Křesťanství a pohanství staré Moravy. In: R. Marsina/A. Ruttkay (Hrsg.), Svätopluk 894–1994 (Nitra 1997) 93–137.

Kleemann 2002 – J. Kleemann, Sachsen und Friesen im 8. und 9. Jahrhundert. Eine archäologisch-historische Analyse der Grabfunde. Veröff. Urgesch. Slg. Landesmus. Hannover 50 (Oldenburg 2002).

Kloft 2004a – M. Th. Kloft, Bemerkungen zum Mobilieninventar der Stiftskirche St. Georg und Nikolaus in Limburg zwischen Reformation und Säkularisation. Mit Edition der maßgeblichen Inventare (1569-1648), Archiv mittelrhein. Kirchengesch. 56, 2004, 333–387.

Kloft 2004b – M. Th. Kloft, Dom und Domschatz in Limburg an der Lahn (Königstein 2004).

Kloft 2005 – M. Th. Kloft, Marderpelz und Sackkutte – Zwischen Officium divinum und persönlicher Seelsorge – Geistliches Leben im spätmittelalterlichen und frühneuzeitlichen Limburg zwischen dem Stift St. Georg, der Pfarrei St. Nikolaus und anderen geistlichen Institutionen. In: C. Ehlers/H. Flachenecker, Geistliche Zentralorte zwischen Liturgie, Architektur, Gottes- und Herrscherlob: Limburg u. Speyer, Deutsche Königspfalzen VI (Göttingen 2005) 207–244.

Kloft 2007 – M. Th. Kloft, Anmerkungen zur Translatio des heiligen Lubentius und seiner Grabstätte in Dietkirchen. In: S. Hartmann/ A. Heuser/ M. Th. Kloft (Hrsg.), Der heilige Leib und die Leiber der Heiligen. Ausstellungskatalog (Frankfurt 2007) 68–77.

Kloft 2010a – M. Th. Kloft, Hrabanus Maurus, die ‚Tituli' und die Altarweihen. In: Ph. Depreux/ S.Lebecq/ M.J.L. Perrin/ O.Szerwiniack, Raban Maur et ses temps (= Collection Haut Moyen Âge 9) (Turnhout 2010) 363–384.

Kloft 2010b – M. Th. Kloft, „Konrad, genannt der Weise". Das Gedächtnis von Konrad Kurzbold in Limburg. In: Magistrat Limburg (Hrsg.), Limburg im Fluss der Zeit – Schlaglichter aus 1100 Jahren Stadtgeschichte (Limburg 2010) 11–34.

Kluge 1991 – B. Kluge, Deutsche Münzgeschichte von der späten Karolingerzeit bis zum Ende der Salier (ca. 900 bis 1125). Monogr. Röm.-Germ. Zentralmus. 29 (Sigmaringen 1991).

Knetsch 1909 – C. Knetsch (Hrsg.), Die Limburger Chronik des Johannes Mechtel. Veröff. Hist. Komm. Nassau 6 (Wiesbaden 1909).

Koch 1967 – R. Koch, Bodenfunde der Völkerwanderungszeit aus dem Main-Tauber-Gebiet. Germ. Denkmäler Völkerwanderungszeit A VIII (Berlin 1967).

Koch 1994 – U. Koch, Der Runde Berg bei Urach VIII. Frühgeschichtliche Funde aus Bein, Geräte aus Ton und Stein aus den Plangrabungen 1967–1984. Heidelberger Akad. Wiss. Komm. Alamannische Altkde. Schr. 14 (Sigmaringen 1994).

Koch 2002 – R. Koch, Fossa Carolina. Neue Erkenntnisse zum Schifffahrtskanal Karls des Großen. In: K. Elmshäuser (Hrsg.), Häfen, Schiffe, Wasserwege. Zur Schiffahrt des Mittelalters (Bremerhaven 2002) 54–70.

Koch 2008 – R. Koch, Probleme um den Karlsgraben. In: J. Haberstroh u. a. (Hrsg.), Bayern und Ingolstadt in der Karolinger-Zeit (Ingolstadt 2008) 266–281.

Kokabi 2001 – J. Kokabi, Archäozoologische Untersuchungen zu den Ausgrabungen Köln Heumarkt. Kölner Jahrb. 34, 2001, 841–873.

Kolb/Krenig 1990 – P. Kolb/E.-G. Krenig (Hrsg.), Unterfränkische Geschichte 1. Von der germanischen Landnahme bis zum hohen Mittelalter 2 (Würzburg 1990).

Krabath u. a. 1999 – St. Krabath u. a. 1999 = St. Krabath/D. Lammers/Th. Rehren/J. Schneider, Die Herstellung und Verarbeitung von Buntmetall im karolingerzeitlichen Westfalen. In: Stiegemann/Wemhoff 1999, 430–437.

Krabath 2001 – St. Krabath, Die hoch- und spätmittelalterlichen Buntmetallfunde nördlich der Alpen. Eine archäologisch-kunsthistorische Untersuchung zu ihrer Herstellungstechnik, funktionalen und zeitlichen Bestimmung. Internat. Arch. 63 (Rahden/Westf. 2001).

Krabath 2002 – St. Krabath, Die mittelalterlichen Buntmetallschmelzöfen in Europa. Vergleichende Studien aufgrund archäologischer, schriftlicher und ikonographischer Quellen. In: Mittelalterliche Öfen und Feuerungsanlagen. Beiträge des 3. Kolloquiums des Arbeitskreises zur archäologischen Erforschung des mittelalterlichen Handwerks (zusammengestellt von R. Röber). Materialh. Arch. Baden-Württemberg 62, 2002, 15–142.

Krabath 2009 – St. Krabath, Reiseleuchter. In: M. Puhle (Hrsg.), Aufbruch in die Gotik. Der Magdeburger Dom und die späte Stauferzeit II (Mainz 2009) 447.

Krah 1987 – A. Krah, Absetzungsverfahren als Spiegelbild von Königsmacht. Unters. dt. Staats- u. Rechtsgesch. N. F. 26 (Aalen 1987).

Kraus 1997 – A. Kraus (Hrsg.), Handbuch der bayerischen Geschichte 3,1. Geschichte Frankens bis zum Ausgang des 18. Jahrhunderts (München 1997).

Krause 2002 – E. Krause, Die Ratgerbasilika in Fulda. Eine forschungsgeschichtliche Untersuchung. Quellen u. Abhandl. Gesch. Abtei u. Diözese Fulda 27 (Fulda 2002).

Krauskopf 2005 – Ch. Krauskopf, Adel in Hessen. Adel in der Schweiz. Die Sachkultur auf Burgen im 13. und 14. Jahrhundert. Zeitschr. Arch. Mittelalter 33, 2005, 245–251.

Kremer 1779 – J. M. Kremer, Originum Nassoicarum – Entwurf einer Genealogischen Geschichte des Ottonischen Astes des Salischen Geschlechts und das aus demselben entsprungenen Nassauischen Hauses auf die in dem letzten vorgegangene Teilung vom Jahr 1255. Teil 1 (Wiesbaden 1779).

Krings/Will 2009 – U. Krings/R. Will (Hrsg.), Das Baptisterium am Dom. Kölns erster Taufort (Köln 2009).

Kropp/Meier 2010 – C. Kropp/T. Meier, Entwurf einer Archäologie der Grundherrschaft im älteren Mittelalter. Beitr. Mittelalterarch. Österr. 26, 2010, 97–124.

Kroker 2005 – M. Kroker, Die Siedlung Mimigernaford und die „Domburg" im 9. und 10. Jahrhundert. In: Isenberg/Rommé 2005, 229–242.

Krüger 2002 – K. Krüger, Archäologische Zeugnisse zum mittelalterlichen Buch- und Schriftwesen. Universitätsforsch. Prähist. Arch. 91 (Bonn 2002).

Kuhn 1792 – H. W. Kuhn, Zur Geschichte des Trierer und Limburger Domschatzes. Die Pretiosenüberlieferung aus dem linksrheinischen Erzstift Trier seit 1792. Archiv mittelrhein. Kirchengesch. 28, 1976, 155–208.

Kuhnigk 1985 – A. M. Kuhnigk, Der Georg und Nikolaus der Limburger Dom-Erbauer. Ein Beitrag zum 750. Domweihejubiläum 1985 (Limburg 1984).

Küster 1995 – H. Küster, Geschichte der Landschaft in Mitteleuropa. Von der Eiszeit bis zur Gegenwart (München 1995).

Küster 1998 – H. Küster, Geschichte des Waldes. Von der Vorzeit bis zur Gegenwart (München 1998).

La Baume 1967 – P. La Baume, Das fränkische Gräberfeld von Junkersdorf bei Köln. Germ. Denkmäler Völkerwanderungszeit. Serie B 5 (Berlin 1967).

Lacomblet 1846 – Th. J. Lacomblet, Urkundenbuch für die Geschichte des Niederrheins (Düsseldorf 1846).

Lammers 2009 – D. Lammers, Das karolingisch-ottonische Buntmetallhandwerker-Quartier auf dem Plettenberg bei Soest. Soester Beitr. Arch. 10 (Soest 2009).

Lang/Schneider/Weißenberger 2008 – K. Lang/R. Schneider/M. Weißenberger, Landkreis Gießen I: Hungen, Laubach, Lich, Reiskirchen. Denkmaltopographie Bundesrepublik Deutschland – Kulturdenkmäler in Hessen (Wiesbaden 2008).

Lau 1898 – F. Lau, Entwicklung der kommunalen Verfassung und Verwaltung der Stadt Köln bis zum Jahre 1396 (Bonn 1898).

Laudage u. a. 2006 – J. Laudage/L. Hageneier/Yvonne Leiverkus, Die Zeit der Karolinger (Darmstadt 2006).

Leja 2002 – F. Leja, Vergessene Burgställe auf der Frankenalb – oder, wo stand die Burg „Ratzenberg"? Beitr. Arch. Oberpfalz 5, 2002, 233–260.

Lennartsson 1999 – M. Lennartsson, Karolingische Metallarbeiten mit Pflanzenornamentik. Offa 54/55, 1996/97 (1999) [= Festgabe Kurt Schietzel zum 65. Geburtstag] 431–619.

Lenssen/Wamser 1992 – J. Lenssen/L. Wamser (Hrsg.), 1250 Jahre Bistum Würzburg. Archäologisch-historische Zeugnisse der Frühzeit (Würzburg 1992).

Lenz 2005 – K. H. Lenz, Germanische Siedlungen des 3. bis 5. Jahrhunderts n. Chr. in Gallien. Ber. RGK 86, 2005, 349–444.

Lindgren 1996 – U. Lindgren (Hrsg.), Europäische Technik im Mittelalter. 800 bis 1200. Tradition und Innovation. Ein Handbuch (Berlin 1996).

Lindner 1972 – K. Lindner, Untersuchungen zur Frühgeschichte des Bistums Würzburg und des Würzburger Raumes. Veröff. Max-Planck-Inst. Gesch. 35 (Göttingen 1972).

Lobbedey 1968 – U. Lobbedey, Untersuchungen mittelalterlicher Keramik vornehmlich aus Südwestdeutschland. Arb. Frühmittelalterforsch. 3 (Berlin 1968).

Lobbedey 1986 – U. Lobbedey, Die Ausgrabungen im Dom zu Paderborn. Denkmalpfl. u. Forsch. Westfalen 11 (vier Bände) (Bonn 1986).

Lohrmann 1997 – D. Lohrmann, Antrieb von Getreidemühlen. U. Lindgren (Hrsg.), Europäische Technik im Mittelalter 800 bis 1400. Tradition und Innovation (Berlin 1997) 221–232.

Lohrmann 2002 – D. Lohrmann, Mühle § 1 Historisches, in: Hoops' Reallexikon Germ. Altertumskde. 20 (Berlin, New York 2002) 281–287.

Lohse 2006 – T. Lohse, Konrad I. als Stifter. In: Goetz 2006, 305–315.

Lorenz 1998 – S. Lorenz, Der Königsforst (forestis) in den Quellen der Merowinger- und Karolingerzeit. Prolegomena zu einer Geschichte mittelalterlicher Nutzwälder. In: D. R. Bauer u. a. (Hrsg.), Mönchtum – Kirche – Herrschaft 750–1000 (Sigmaringen 1998) 261–285.

Lorenz 1999 – S. Lorenz, Von der „forestis" zum „Wildbann": Die Forsten in der hochmittelalterlichen Geschichte Südtirols. In: R. Loose/S. Lorenz (Hrsg.), König, Kirche, Adel. Herrschaftsstrukturen im mittleren Alpenraum und angrenzenden Gebieten (6.–13. Jahrhundert) (Lana, Bozen 1999) 151–169.

Losert 1993 – H. Losert, Die slawische Besiedlung Nordostbayerns aus archäologischer Sicht. Vortr. Niederbayer. Archäologentag 11, 1993, 207–270.

Lübeck 1931 – K. Lübeck, Die Slawen des Klosters Fulda. Fuldaer Geschbl. 24, 1931, 1–15.

Lübeck 1950 – K. Lübeck, Fuldaer Nebenklöster in Mainfranken. Mainfränk. Jahrb. 2, 1950, 1–52.

Lübeck 1951 – K. Lübeck, Die Slawen des Fuldaer Landes. In: Ders., Fuldaer Studien III. Veröff. Fuldaer Geschver. 29 (Fulda 1951) 91–110.

Lucas 2006 – A. Lucas, Wind, water, work. Ancient and medieval milling technology. Technology and Change in history 8 (Leiden, Boston 2006).

Ludowici 1993 – B. Ludowici, Archäologische Befunde zur Frühgeschichte des Klosters Fulda. Denkmalpfl. Hessen 1993, H. 1, 30–31.

Ludowici 1994 – B. Ludowici, Frühmittelalterliche islamische Fayence aus Fulda. Germania 72, 1994, 612–613.

Ludowici 1995 – B. Ludowici, Islamische Lüsterfayencefragmente aus der Domgrabung in Fulda. Mitt. des Deutschen Arch. Inst. Abt. Kairo 51, 1995, 189–193.

Lung 1956 – W. Lung, Zur Topographie der frühmittelalterlichen Kölner Altstadt. Kölner Jahrb. 2, 1956, 54–70.

Manske 1999 – D.-J. Manske, Sulzbach-Rosenbergs Lage im Verkehrsnetz während des Mittelalters und der Neuzeit. In: Eisenerz und Morgenglanz. Geschichte der Stadt Sulzbach-Rosenberg (Amberg 1999) 463–486.

Manske 2005 – D.-J. Manske, Täler und ihr Bezug zur Altstraßen- und Siedlungsforschung. In: A. Greule u. a. (Hrsg.), Gewässernamen in Bayern und Österreich. Regensburger Stud. Namenforsch. 1, 2005, 11–34.

Manske 2010 – D.-J. Manske, Untersuchungen zu früh-, hochmittelalterlichen und frühneuzeitlichen Fernwegen von Regensburg nach Franken und an den Main. Ein Beitrag zur Kulturlandschaftsforschung. In: T. Appl/G. Köglmeier (Hrsg.), Regensburg, Bayern und das Reich. Festschr. Peter Schmid (Regensburg 2010) 43–71.

Maschke 1983 – E. Maschke, Die Brücke im europäischen Mittelalter. In: LexMA 2 (München, Zürich 1983) 724–730.

Matthias/Schotten 2002 – M. Matthias/J.-H. Schotten, Die mittelalterliche Keramik aus Holzheim. In: Wand 2002a, 157–244.

Maurer 2003 – H. Maurer, Reichenau. In: Die Deutschen Königspfalzen. Bd. 3/4 (Göttingen 2003) 493–571.

Mayer 1985 – D. Mayer, Dortmund (Friedhof). In: Fundchronik 1983: Regierungsbezirk Arnsberg. Ausgr. u. Funde in Westfalen-Lippe 3, 1985, 159–171.

Mazuch 2010 – M. Mazuch, Revidierte Interpretation der „kreisförmigen heidnischen Kultstätte" im nördlichen Suburbium von Mikulčice. In: L. Poláček/J. Maříková-Kubková (Hrsg.), Frühmittelalterliche Kirchen als archäologische und historische Quelle. Internat. Tagungen Mikulčice VIII (Brno 2010) 123–133.

McErlean/Crothers 2007 – T. McErlean/N. Crothers, Harnessing the tides. The early medieval tide mills at Nendrum monastery, Strangford Lough, Northern Ireland. Arch. monographs 7 (Norwich 2007).

Meiborg 2005 – C. Meiborg, Burg Weißenstein bei Marburg-Wehrda, Kreis Marburg-Biedenkopf. Die Funde und neue Aspekte der Baugeschichte im Licht einiger ^{14}C-Daten. Fundber. Hessen 39/40, 1999/2000 (2005) 299–355.

Meiborg 2007 – C. Meiborg, Marburg castle: the cradle of the province Hesse, from Carolingian to Ottonian times. In: J. Henning (Hrsg.), Post Roman Towns, Trade and Settlement in Europe and Byzantium. Bd. 1: The Heirs of the Roman West. Millenium-Stud. 5/1 (Berlin, New York 2007) 353–366.

Meineke 1994 – E. Meineke, Art. Forst. § 1/b, c. forestis. Reallex. Germ. Altertumskde. 9, 2, 346–348 (Berlin 1994).

Melzer 2008 – W. Melzer, Archäologie und mittelalterliches Handwerk – Eine Standortbestimmung. Beiträge des 10. Kolloquiums des Arbeitskreises zur Erforschung des mittelalterlichen Handwerks. Soester Beitr. Arch. 9 (Soest 2008).

Mende 1998 – U. Mende, Leuchterfunde von der Burg Eberbach am Neckar. Hammaburg NF 12, 1998, 143–156.

Menghin 1973 – W. Menghin, Aufhängevorrichtung und Trageweise zweischneidiger Langschwerter aus germanischen Gräbern des 5. bis 7. Jahrhunderts. Anzeiger Germ. Nationalmus. 1973, 7–56.

Měřínský 2003 – Z. Měřínský, Hledání Metodějova hrobu. In: Dějiny ve věku nejistot. Sborník k příležitosti 70. narozenin Dušana Třeštíka (Praha 2003) 151–176.

Merz/Leinweber 1992 – J. Merz/J. Leinweber, Der fuldische Süden. In: P. Kolb/E.-G. Krenig (Hrsg.), Unterfränkische Geschichte 2. Vom hohen Mittelalter bis zum Beginn des konfessionellen Zeitalters (Würzburg 1992) 195–212.

Metternich 1994 – W. Metternich, Der Dom zu Limburg an der Lahn (Darmstadt 1994).

Metz 1972 – W. Metz, Forschungen zum Reichsgut im Rhein-Main-Gebiet. Gesch. Landeskde. 7, 1972, 209–217.

Metz 1978 – W. Metz, Servitium regis. Zur Erforschung der wirtschaftlichen Grundlagen des hochmittelalterlichen deutschen Königtums (Darmstadt 1978).

Mitterauer 1963 – M. Mitterauer, Karolingische Markgrafen im Südosten. Fränkische Reichsaristokratie und bayerischer Stammesadel im österreichischen Raum. Arch. österr. Gesch. 123 (Graz 1963).

Moser 2002 – M. Moser, Neue Beobachtungen zu Struktur und Entwicklung der Domburgbefestigung. Eine kritische Betrachtung bisheriger Interpretationen aufgrund der Zusammenschau zahlreicher Hinweise. Kolloquiumsbeitrag bei dem wissenschaftlichen Fachgespräch „Beobachtungen zur Baustruktur und Siedlungsgenese, Paderborn, 5. Juni 2002 (unpubliziertes Manuskript).

Müller 1995 – M. Müller, Die vor- und frühgeschichtliche Besiedlung des Fuldaer Landes. In: W. Heinemeyer/B. Jäger (Hrsg.), Fulda in seiner Geschichte: Landschaft, Reichsabtei, Stadt (Fulda 1995) 73–88.

Müller 1999 – M. Müller, ...unter dem Pflaster verborgen: 100 Jahre Archäologie in Fulda. Begleith. Ausstellung Vonderau Museum Fulda 1999 (Fulda 1999).

Müller-Mertens 1980 – E. Müller-Mertens, Die Reichsstruktur im Spiegel der Herrschaftspraxis Ottos des Großen. Forsch. Mittelalterl. Gesch. 25 (Berlin 1980).

Mündl 2002 – G. Mündl, Frühmittelalterliche Befunde in der Flur „Sändlein", Stadt Karlstadt, Lkr. Main-Spessart. Beitr. Arch. Unterfranken 2002, 217–305.

Mütherich/Schramm 1983 – F. Mütherich/P. E. Schramm, Die deutschen Kaiser und Könige in Bildern ihrer Zeit (München 1983).

Neckermann 1966 – A. Neckermann, Neunburg als Münzstätte. Oberpfälzer Heimat 10, 1966, 127–130.

Neiske 2007 – F. Neiske, Europa im frühen Mittelalter. 500–1050. Eine Kultur- und Mentalitätsgeschichte. In: P. Dinzelbacher (Hrsg.), Kultur und Mentalität (Darmstadt 2007).

Neu 1984 – S. Neu, St. Maria im Kapitol. Die Ausgrabungen. In: H. Kier/U. Krings (Hrsg.), Köln: Die romanischen Kirchen. Stadtspuren Bd. 1 (Köln 1984) 331–344.

Neubauer 2007 – D. Neubauer, Die Wettenburg in der Mainschleife bei Urphar, Main-Spessart-Kreis. Frühgesch. u. Provinzialröm. Arch. 8 (Rahden/Westf. 2007).

Neuss/Oediger 1964 – W. Neuss/F. W. Oediger, Geschichte des Erzbistums Köln. Bd. 1 (Köln 1964).

Ninnes 2004 – R. Ninnes, Die Pfalz Forchheim als Vorort königlicher Macht im frühen Mittelalter. In: H. Ammonn (Hrsg.), Forchheim in Geschichte und Gegenwart (Bamberg 2004) 46–55.

Nürnberger 2006 – G. Nürnberger, Die Vorgängerbauten der Kirche St. Ursula in Köln. Kölner Jahrb. 39, 2006, 581–717.

Obst 2002 – R. Obst, Wüstungen am nordwestlichen Maindreieck. Eine Fallstudie zu Be- und Entsiedlungsvorgängen des Mittelalters in Unterfranken. In: P. Ettel/R. Friedrich/W. Schier (Hrsg.), Interdisziplinäre Beiträge zur Siedlungsarchäologie. Gedenkschrift für Walter Janssen. Internat. Arch. Studia honoraria 17 (Rahden/Westf. 2002) 267–277.

Obst 2006 – R. Obst, Untersuchungen zu zwei durch Lesefunde erschlossene Wüstungen bei Zellingen, Lkr. Main-Spessart, Unterfranken. Beitr. Arch. Unterfranken 2006, 147–272.

Obst 2008a – R. Obst, Die frühe historische Überlieferung als siedlungsgeschichtliche Quelle. In: Börste u. a. 2008, 68–69

Obst 2008b – R. Obst, Landnahme und Aufsiedlung in frühmittelalterlichen Mainfranken. Handwerk und Handel in Karlburg. In: Börste u. a. 2008, 70–75.

Obst 2008c – R. Obst, Die Aussagekraft einiger Siedlungsfunde aus Metall von Karlburg und Umgebung. In: Börste u. a. 2008, 90–95.

Obst 2008d – R. Obst, Hauswerk, Handwerk und Handel in Karlburg. In: Börste u. a. 2008, 96–101.

Obst, im Druck – R. Obst, Die Besiedlungsgeschichte am nordwestlichen Maindreieck vom Neolithikum bis zum Ende des Mittelalters. Phil. Diss. Julius-Maximilians-Universität Würzburg 2006 (im Druck; erscheint 2012).

Ochsenbein 1999 – P. Ochsenbein (Hrsg.), Das Kloster St. Gallen im Mittelalter. Die kulturelle Blüte vom 8. bis zum 12. Jahrhundert (Darmstadt 1999).

Oediger 1954 – W. Oediger, Die Regesten der Erzbischöfe von Köln im Mittelalter. Publ. Ges. Rhein. Geschkde. 21 (Bonn 1954).

Oepen 1999 – J. Oepen, Plektrud in Köln. Die Stadt im Machtkampf der Karolinger. In: W. Rosen/L. Wirtler (Hrsg.), Quellen zur Geschichte der Stadt Köln. Bd. I: Antike und Mittelalter von den Anfängen bis 1396/97 (Köln 1999) 72–80.

Oexle 1978 – O. G. Oexle, Memorialüberlieferung und Gebetsgedächtnis in Fulda vom 8. bis zum 11. Jahrhundert. In: K. Schmid (Hrsg.), Die Klostergemeinschaft von Fulda im frühen Mittelalter. Bd. 1 (München 1978) 136–177.

Ohm/Schilp/Wetzel 2006 – M. Ohm/Th. Schilp/B. Wetzel, Ferne Welten – Freie Stadt. Dortmund im Mittelalter. Dortmunder Mittelalter-Forsch. 7 (Bielefeld 2006).

Opravil 1999 – E. Opravil, Umweltentwicklung in der Talaue der March (Ober- und Untermarchtal). In: L. Poláček/J. Dvorská (Hrsg.), Probleme der mitteleuropäischen Dendrochronologie und naturwissenschaftliche Beiträge zur Talaue der March. Internat. Tagungen Mikulčice V (Brno 1999) 165–180.

Opravil 2000 – E. Opravil, Zur Umwelt des Burgwalls von Mikulčice und zur pflanzlichen Ernährung seiner Bewohner (mit einem Exkurs zum Burgwall von Pohansko bei Břeclav). In: L. Poláček (Hrsg.), Studien zum Burgwall von Mikulčice IV (Brno 2000) 9–169.

Orth 1986 – E. Orth, Frankfurt. Die deutschen Königspfalzen Bd. 1: Hessen (Göttingen 1986) 131–368.

Orth 1996 – E. Orth, Frankfurt. In: Die Deutschen Königspfalzen. Band 1/2–1/4 (Göttingen 1996).

Otten u. a. 2010 – Th. Otten/H. Hellenkemper/J. Kunow/M. M. Rind (Hrsg.), Fundgeschichten – Archäologie in Nordrhein-Westfalen. Schr. Bodendenkmalpfl. Nordrhein-Westfalen 9 (Mainz 2010).

Päffgen 1992 – B. Päffgen, Die Ausgrabungen in St. Severin zu Köln. Kölner Forsch. 5 (Mainz 1992).

Päffgen 2006 – B. Päffgen, Die Franken kommen. In: G. Uelsberg/N. Heinen (Hrsg.), Von den Göttern zu Gott. Frühes Christentum im Rheinland (Bonn 2006) 66–73.

Päffgen/Trier 2001 – B. Päffgen/M. Trier, Köln zwischen Spätantike und Frühmittelalter. Eine Übersicht zu Fragen und Forschungsstand. Beitr. Mittelalterarch. Österreich 17, 2001, 17–42.

Patzold 2006 – S. Patzold, Schrifttum und Kultur im Kloster Fulda im späten 9. und frühen 10. Jahrhundert. In: Goetz 2006, 229–243.

Pavlovičová 1996 – E. Pavlovičová, K vypovedacej schopnosti gombíka u naddunajských Slovanov v 9. storočí. Slovenská arch. 44, 1996, 95–153.

Pescheck 1971 – C. Pescheck, Die wichtigsten Bodenfunde und Ausgrabungen des Jahres 1971. 7. Arbeitsber Außenstelle Würzburg Bayer. Landesamtes Denkmalpfl. Frankenland 23, 1971, 215–241.

Pescheck 1983 – Ch. Pescheck, Neue Reihengräberfunde aus Unterfranken. Kat. Prähist. Staatsslg. 21 (Kallmünz/Opf. 1983).

Peyer 1964 – H. C. Peyer, Das Reisekönigtum des Mittelalters. Vierteljahresschr. Zeitgesch. 51, 1964, 1–21.

Picker 2008 – H.-C. Picker, Der St. Galler Klosterplan als Konzept eines weltoffenen Mönchtums – Ist Walahfrid Strabo der Verfasser? Zeitschr. Kirchengesch. 119 (vierte Folge 57) 2008, 1–29.

Pieper 2005 – A. Pieper, Metallhandwerk in der mittelalterlichen Siedlung von Ostbevern-Schirl, Kr. Warendorf. In: H. Eilbracht u. a. (Hrsg.), Itinera Archaeologica. Vom Neolithikum bis in die frühe Neuzeit. Festschr. Torsten Capelle (Rahden/Westf. 2005) 207–216.

Platz 2009 – T. Platz, Fulda und Lorsch im archäologischen Vergleich karolingischer Klosteranlagen. In: W. Hamberger/Th. Heiler/W. Kirchhoff (Red.), Geschichte der Stadt Fulda. Bd. 1: Von den Anfängen bis zum Ende des Alten Reiches (Fulda 2009) 69–126.

Pletsch 1986 – A. Pletsch, Das Werden Hessens – eine geographische Einführung. In: W. Heinemeyer (Hrsg.), Das Werden Hessens. Veröff. Hist. Komm. Hessen 50 (Marburg 1986) 3–41.

Pletsch 2002 – A. Pletsch, Die Niederhessische Senke – naturräumliche Strukturen eines alten Siedlungsraumes. In: Wand 2002a, 25–34.

Poláček 1996 – L. Poláček, Zum Stand der siedlungsarchäologischen Forschung in Mikulčice. In: Č. Staňa/L. Poláček (Hrsg.), Frühmittelalterliche Machtzentren in Mitteleuropa – Mehrjährige Grabungen und ihre Auswertung. Internat. Tagungen Mikulčice III (Brno 1996) 213–260.

Poláček 1997 – L. Poláček, Naturräumliche Bedingungen der urzeitlichen Besiedlung. In: L. Poláček (Hrsg.), Studien zum Burgwall von Mikulčice II (Brno 1997) 29–43.

Poláček 2001 – L. Poláček, K poznání přírodního prostředí velkomoravských nížinných hradišť. In: L. Galuška/P. Kouřil/Z. Měřínský (edit.), Velká Morava mezi východem a západem. Sborník příspěvk z mezinárodní vědecké konference Uherské Hradiště – Staré Město 28.9.–1.10.1999 (Brno 2001) 315–325.

Poláček 2007 – L. Poláček, Ninth-century Mikulčice: the „market of the Moravians"? The archaeological evidence of trade in Great Moravia. In: J. Henning (Hrsg.), Post-Roman Towns, Trade and Settlement in Europe and Byzantium. Bd. 1 (Berlin, New York 2007) 499–523.

Poláček 2008a – L. Poláček, Altmährische Kirchen als archäologische Quelle. In: M. Pipal/F. Daim (Hrsg.), Die frühmittelalterlichen Wandmalereien Mährens und der Slowakei. Archäologischer Kontext und herstellungstechnologische Analyse. Monograph. Frühgesch. u. Mittelalterarch. 12 (Innsbruck 2008) 11–30.

Poláček 2008b – L. Poláček, Ausgrabungen in Mikulčice. Mikulčice – Führer Bd. 1 (Brno 2008).

Poláček 2008c – L. Poláček, Das Hinterland des frühmittelalterlichen Zentrums in Mikulčice. Stand und Perspektiven der Forschung. In: L. Poláček (Hrsg.), Das wirtschaftliche Hinterland der frühmittelalterlichen Zentren. Internat. Tagungen Mikulčice VI (Brno 2008) 257–297.

Poláček 2008d – L. Poláček, Mikulčice und Awaren. Zur Interpretation „awarischer" Funde aus Mikulčice. In: J. Bemmann/M. Schmauder (Hrsg.), Kulturwandel in Mitteleuropa. Langobarden – Awaren – Slawen. Akten der Internationalen Tagung in Bonn vom 25. bis 28. Februar 2008 (Bonn 2008) 579–589.

Poláček 2009 – L. Poláček, Die Kirchen von Mikulčice als Spiegel von Glaube und Herrschaft. In: U. v. Freeden/H. Friesinger/E. Wamers (Hrsg.), Glaube, Kult und Herrschaft. Phänomene des Religiösen im 1. Jahrtausend n. Chr. in Mittel- und Nordeuropa. Akten des 59. Internationalen Sachsensymposions und der Grundprobleme der frühgeschichtlichen Entwicklung im Mitteldonauraum (Bonn 2009) 417–435.

Poláček 2010 – L. Poláček, Die Kirchen von Mikulčice aus siedlungsarchäologischer Sicht. In: L. Poláček/J. Maříková-Kubková (Hrsg.), Frühmittelalterliche Kirchen als archäologische und historische Quelle. Internat. Tagungen Mikulčice VIII (Brno 2010) 31–55.

Poláček 2011 – L. Poláček, Ninth Century Bridges of Mikulčice (Czech Republic). In: Archäologie der Brücken. Vorgeschichte – Antike – Mittelalter – Neuzeit (Regensburg 2011) 178–184.

Poláček/Marek 2005 – L. Poláček/O. Marek, Grundlagen der Topographie des Burgwalls von Mikulčice. Die Grabungsflächen 1954–1992. In: L. Poláček (Hrsg.), Studien zum Burgwall von Mikulčice VII (Brno 2005) 9–358.

Poláček/Mazuch/Baxa 2006 – L. Poláček/M. Mazuch/P. Baxa, Mikulčice – Kopčany. Stav a perspektivy výzkumu. Arch. Rozhledy 58, 2006, 623–642.

Pöllath 2002 – R. Pöllath, Karolingerzeitliche Gräberfelder in Nordostbayern. Eine archäologisch-historische Interpretation mit der Vorlage der Ausgrabungen von K. Schwarz in Weismain und Thurnau-Alladorf (München 2002).

Poulík 1975 – J. Poulík, Mikulčice. Sídlo a pevnost knížat velkomoravských (Praha 1975).

Poulík 1978 – J. Poulík, The origins of Christianity in Slavonic countries north of the Middle Danube Basin. World arch. 10, 1978, 158–171.

Poulík/Chropovský 1986 – J. Poulík/B. Chropovský (Hrsg.), Großmähren und die Anfänge der tschechoslowakischen Staatlichkeit (Praha 1986).

Prinz 1988 – F. Prinz, Frühes Mönchtum im Frankenreich. Kultur und Gesellschaft in Gallien, den Rheinlanden und Bayern am Beispiel der monastischen Entwicklung (4. bis 8. Jahrhundert) [2] (München 1988).

Rau 1968 – R. Rau (Hrsg.), Quellen zur karolingischen Reichsgeschichte. Teil 1: Die Reichsannalen; Einhard Leben Karls des Großen; Zwei „Leben" Ludwigs; Nithard Geschichten. Lat.-dt. Ausgewählte Quellen zur deutschen Geschichte des Mittelalters, Freiherr vom Stein-Gedächtnisausgabe (Darmstadt 1968).

Redknap 1999 – M. Redknap, Die römischen und mittelalterlichen Töpfereien in Mayen. Ber. Arch. Mittelrhein u. Mosel 6. Trierer Zeitschr. Beih. 24 (Trier 1999).

Rehren u. a. 1993 – Th. Rehren/E. Lietz/A. Hauptmann/K. H. Deutmann, Schlacken und Tiegel aus dem Adlerturm in Dortmund: Zeugen einer mittelalterlichen Messingproduktion. In: H. Steuer/U. Zimmermann (Hrsg.), Montanarchäologie in Europa. Berichte zum Internationalen Kolloquium „Frühe Erzgewinnung und Verhüttung in Europa" in Freiburg im Breisgau vom 4. bis 7. Oktober 1990. Archäologie und Geschichte. Freiburger Forsch. zum ersten Jahrtausend in Südwestdeutschland 4 (Sigmaringen 1993) 303–314.

Reichardt 2005 – H. Reichardt, Pollenanalytische Untersuchungen an Bodenproben des 9. bis 11. Jahrhunderts von der Burg Sulzbach. In: Hensch 2005a, 285–290.

Reichmann 1999 – Ch. Reichmann, Die Entwicklung des Hausbaus in Nordwestdeutschland von der Vorgeschichte bis zum frühen Mittelalter. In: Stiegemann/Wemhoff 1999, 278–283.

Reimann 1963 – J. Reimann, Zu Besitz- und Familiengeschichte der Ministerialen des Hochstifts Würzburg. Mainfr. Jahrb. 15, 1963, 1–117.

Reimann 1982 – N. Reimann, Vom Königshof zur Reichsstadt. Untersuchungen zur Dortmunder Topographie im Früh- und Hochmittelalter. In: G. Luntowski/N. Reimann (Hrsg.), Dortmund 1100 Jahre Stadtgeschichte. Festschr. (Dortmund 1982) 21–51.

v. Reims 1980 – H. v. Reims, De ordine palatii. Hg. u. üs. von Th. Gross und R. Schieffer. Monumenta Germaniae Historica. Fontes iuris germanici antiqui in usum scholarum separatim editi 3 (Hannover 1980).

Reinhardt 1952 – H. Reinhardt, Der St. Galler Klosterplan vom Jahr 820. In: H. Reinhardt (Hrsg.), Der St. Galler Klosterplan. Neujahrsbl. Hist. Ver. des Kantons St. Gallen 92 (St. Gallen 1952) 7–34.

Reinke 1987 – M. Reinke, Die Reisegeschwindigkeit des deutschen Königshofes im 11. und 12. Jahrhundert nördlich der Alpen. Bl. deutsche Landesgesch. 123, 1987, 225–251.

Reinle 1988 – A. Reinle, Die Ausstattung deutscher Kirchen im Mittelalter (Darmstadt 1988).

Rempel 1940 – H. Rempel, Ein frühdeutsches Reitergrab aus der Gemarkung Henfstädt, Ldkr. Hildburghausen. Mannus 32, 1940, 314–320.

Riché 2009 – P. Riché, Die Welt der Karolinger (Stuttgart 2009).

Richter 1905 – G. Richter, Beiträge zur Geschichte der Grabeskirche des heiligen Bonifatius in Fulda. In: Festgabe zum Bonifatius-Jubiläum 1905. Fuldaer Geschver., Vereinsgabe für das Jahr 1905 (Fulda 1905) 1–76.

Richter/Schönfelder 1912 – G. Richter/A. Schönfelder (Hrsg.), Sacramentarium Fuldense saeculi X. Festgabe des Historischen Vereins der Diözese Fulda zum 50jährigen Priesterjubiläum... In: Quellen u. Abhandl. Gesch. Abtei u. Diözese Fulda 9 (Fulda 1912) 371–377.

Riedel 2000 – G. Riedel, Ingoldesstat. Archäologische Untersuchungen zu Ingolstadt im Mittelalter. Untersuchungen zum Siedlungskomplex Ingolstadt im Mittelalter. Beitr. Gesch. Ingolstadt 2 (Ingolstadt 2000).

Riedel 2008 – G. Riedel, Ingolstadt im Kontext der Siedlungsstruktur der Karolingerzeit in Süddeutschland. In: J. Haberstroh u. a. (Hrsg.), Bayern und Ingolstadt in der Karolinger-Zeit (Ingolstadt 2008) 214–232.

Riedenauer 1963 – E. Riedenauer, Karlstadt. Historischer Atlas von Bayern. Franken 1, 9 (München 1963).

Riemer 2006 – E. Riemer, Merowingerzeitliche Funde im Stadtgebiet von Köln. Kölner Jahrb. 39, 2006, 253–455.

Ristow 2002 – S. Ristow, Die frühen Kirchen unter dem Kölner Dom. Befunde und Funde vom 4. Jahrhundert bis zur Bauzeit des Alten Domes. Stud. Kölner Dom 9 (Köln 2002).

Rödel 2001 – D. Rödel, Analyse der historischen Quellen. In: Ettel 2001, 279–299.

Rogerson/Dallas 1984 – A. Rogerson/C. Dallas, Excavations in Thetford 1948–59 and 1973–80. East Anglian Arch. Report 22 (Hunstanton, Norfolk 1984).

Rösener 1985 – W. Rösener, Bauern im Mittelalter (München 1985).

Rösener 1996 – W. Rösener, Die Grundherrschaft des Klosters Fulda in karolingischer und ottonischer Zeit. In: Schrimpf 1996, 209–224.

Rösener 2002a – W. Rösener, Dreifelderwirtschaft. In: LexMA 3 (München 2002) Sp. 1377–1381.

Rösener 2002b – W. Rösener, Feldgraswirtschaft. In: LexMA 4 (München 2002) Sp. 337.

Rückert 1990 – P. Rückert, Landesausbau und Wüstungen des hohen und späten Mittelalters im fränkischen Gäuland. Mainfränk. Stud. 47 (Würzburg 1990).

Ruhmann 1999 – C. Ruhmann, Die frühmittelalterliche Siedlung im Münsterland In: Stiegemann/Wemhoff 1999, 284–291.

Ruhmann 2003 – C. Ruhmann, Die frühmittelalterliche Siedlung von Lengerich-Hohne, Kr. Steinfurt. Bodenalt. Westfalens 39 (Mainz 2003).

Sage 1996 – W. Sage, Fränkischer Macht- und Landesausbau in der späteren Merowinger- und frühen Karolingerzeit. In: B.-U. Abels u. a. (Hrsg.), Oberfranken in vor- und frühgeschichtlicher Zeit (Bayreuth 1996) 193–210.

Sanke 2004 – M. Sanke, Neue Ausgrabungen im ehemaligen Reichs- und Königskloster Lorsch II. Das Fundmaterial der Ausgrabungskampagne 1999. In: I. Ericsson/M. Sanke (Hrsg.), Aktuelle Forschungen zum ehemaligen Reichs- und Königskloster Lorsch. Arb. Hess. Hist. Komm. N. F. 24 (Darmstadt 2004) 135–260.

Sanke/Wedepohl/Kronz 2003 – M. Sanke/K. H. Wedepohl/A. Kronz, Karolingerzeitliches Glas aus dem Kloster Lorsch. Zeitschr. Arch. Mittelalter 30, 2002, 37–75.

Schäfer 2005 – H. Schäfer, Licht in der Dunkelheit – Beleuchtungsgeräte vom 13. bis zum 18. Jahrhundert. In: H. Jöns/F. Lüth/H. Schäfer (Hrsg.), Archäologie unter dem Straßenpflaster. 15 Jahre Stadtkernarchäologie in Mecklenburg-Vorpommern. Beitr. Ur- u. Frühgesch. Mecklenburg-Vorpommern 39 (Schwerin 2005) 343–346.

Schalles-Fischer 1969 – M. Schalles-Fischer, Pfalz und Fiskus Frankfurt. Eine Untersuchung zur Verfassungsgeschichte des fränkisch-deutschen Königtums (Göttingen 1969).

Schenk 1969 – H. Schenk, Nürnberg und Prag: Ein Beitrag zur Geschichte der Handelsbeziehungen im 14. und 15. Jahrhundert. Osteuropastud. der Hochschulen des Landes Hessen 1/46 (Wiesbaden 1969).

Schich 1977 – W. Schich, Würzburg im Mittelalter. Studien zum Verhältnis von Topographie und Bevölkerungsstruktur (Köln, Wien 1977).

Schieffer 1996 – R. Schieffer, Fulda, Abtei der Könige und Kaiser. In: Schrimpf 1996, 39–55.

Schieffer 2002 – R. Schieffer, Von Ort zu Ort. Aufgaben und Ergebnisse der Erforschung ambulanter Herrschaftspraxis. In: Ehlers 2002a, 11–23.

Schmale 1982 – F.-J. Schmale, Die soziale Führungsschicht des älteren Dortmund. Beobachtungen und Überlegungen zur hochmittelalterlichen Stadtgeschichte. In: G. Luntowski/N. Reimann (Hrsg.), Dortmund 1100 Jahre Stadtgeschichte. Festschr. (Dortmund 1982) 53–78.

Schmale/Störmer 1997 – F.-J. Schmale/W. Störmer, Franken vom Zeitalter der Karolinger bis zum Interregnum (716/19–1257). Die politische Entwicklung. In: Kraus 1997, 115–208.

Schmid 1978 – K. Schmid (Hrsg.), Die Klostergemeinschaft von Fulda im frühen Mittelalter. 3. Münstersche Mittelalter-Schr. 8 (München 1978).

Schmid 1979 – P. Schmid, Regensburg. Stadt der Könige und Herzöge im Mittelalter. Regensburger Hist. Forsch. 6 (Kallmünz/Opf. 1979).

Schmidt 1981 – R. Schmidt, Königsumritt und Huldigung in ottonisch-salischer Zeit. Vortr. und Forsch. 6 (Sigmaringen 1981).

Schmitz 1995 – W. Schmitz, Die spätantiken und frühmittelalterlichen Grabinschriften in Köln (4.–7. Jahrhundert n. Chr.). Kölner Jahrb. 28, 1995, 643–776.

Schneidmüller 2004 – B. Schneidmüller, Das Jahr 805 – Forchheims Weg in die Geschichte. In: H. Ammon (Hrsg.), Forchheim in Geschichte und Gegenwart (Bamberg 2004) 40–45.

Schnyder 1963 – R. Schnyder, Tulunidische Lüsterfayence. Ars orientalis. The arts of Islam and the East 5, 1963 [= Archibald Gibson Wenley Memorial Volume] 49–78.

Schöffel 1948 – P. Schöffel, Karlburg, Karlstadt und die „fränkische Gertrud". In: Herbipolis sacra. Zwei Untersuchungen zur Geschichte des Bistums Würzburg im frühen und hohen Mittelalter (Würzburg 1948) 13–55.

Schotten/Wand 2002 – J.-H. Schotten/N. Wand, Die mittelalterlichen Kleinfunde aus Holzheim. In: Wand 2002a, 245–340.

Schreg 2006 – R. Schreg, Dorfgenese in Südwestdeutschland. Das Renninger Becken im Mittelalter. Materialh. Arch. Baden-Württemberg 76 (Stuttgart 2006).

Schreg 2009 – R. Schreg, Siedlungen in der Peripherie des Dorfes. Ein archäologischer Forschungsbericht zur Frage der Dorfgenese in Südbayern. In: Ber. Bayer. Bodendenkmalpfl. 50, 2009, 293–317.

Schrimpf 1996 – G. Schrimpf (Hrsg.), Kloster Fulda in der Welt der Karolinger und Ottonen. Fuld. Stud. 7 (Frankfurt am Main 1996).

Schubert 2002 – E. Schubert, Alltag im Mittelalter. Natürliches Lebensumfeld und menschliches Miteinander (Darmstadt 2002).

Schulze-Dörrlamm 1995 – M. Schulze-Dörrlamm, Bestattungen in den Kirchen Großmährens und Böhmens während des 9. und 10. Jhs. Jahrb. RGZM 40, 1993 (1995) 557–620.

Schulze-Dörrlamm 2002 – M. Schulze-Dörrlamm, Die Ungarneinfälle des 10. Jahrhunderts im Spiegel archäologischer Funde. In: Henning 2002, 109–122.

Schulze-Dörrlamm 2003 – M. Schulze-Dörrlamm, Eine goldene, byzantinische Senkschmelzfibel mit dem Bild der Maria Orans aus dem 9. Jahrhundert (T. p. 843). Zur Entstehung und Datierung karolingischer Heiligenfibeln. Jahrbuch RGZM 50, 2003, 449–487.

Schunk-Larrabee 1990 – G. Schunk-Larrabee, Keramik des frühen bis späten Mittelalters aus dem „Haus Marburg" in der Frankfurter Altstadt. In: B. Arrhenius u. a., Frankfurter Beiträge zur Mittelalter-Archäologie II: Mit Untersuchungen zur Völkerwanderungszeit, zur Frankfurter Altstadt und zum Antoniterkloster Frankfurt am Main-Höchst. Schr. Frankfurter Mus. Vor- u. Frühgesch. 12 (Bonn 1990) 83–106.

Schütte u. a. 1998 – S. Schütte/M. Gechter/V. Zedelius/J. Giesler, Beiträge zur mittelalterlichen Baugeschichte des Kölner Albansviertels. In: Zur Bauforschung im Rheinland. Ber. Haus- und Bauforsch. 5 (Marburg 1998) 29–59.

Schwarz 1978 – K. Schwarz, Im Wandel der Jahrhunderte. Die frühmittelalterlichen Anfänge nach den archäologischen Quellen. In: Im Spiegel der Zeiten. Der Landkreis Amberg-Sulzbach (Amberg 1978) 59–75.

Schwarz 2008 – J. Schwarz, Stadtluft macht frei. Leben in der mittelalterlichen Stadt (Darmstadt 2008).

Schwemmer 1951 – W. Schwemmer, Das ehemalige Königsgut Velden. Mitt. Ver. Gesch. Stadt Nürnberg 42, 1951, 14–29.

Schwemmer 1976 – W. Schwemmer, Velden a. d. Pegnitz. Aus der Geschichte einer alten Stadt (Nürnberg 1976).

Schwind 1977 – F. Schwind, Beobachtungen zur inneren Struktur des Dorfes in karolingischer Zeit. In: Jankuhn u. a. 1977, 444–493.

Schwind 1984a – F. Schwind, Zu karolingerzeitlichen Klöstern als Wirtschaftsorganismen und Stätten handwerklicher Tätigkeit. In: L. Fenske u. a. (Hrsg.), Institutionen, Kultur und Gesellschaft im Mittelalter. Festschr. Josef Fleckenstein (Sigmaringen 1984) 101–124.

Schwind 1984b – F. Schwind, Zur Geschichte des heute hessischen Raumes im Frühmittelalter. In: H. Roth/E. Wamers (Hrsg.), Hessen im Frühmittelalter. Archäologie und Kunst (Sigmaringen 1984) 34–46.

Sebald 1990 – E. Sebald, Die Baugeschichte der Stiftskirche St. Marien in Wetzlar (Worms 1990).

Seibert 2002 – H. Seibert, Adlige Gefolgschaft und königliche Herrschaft. Die Grafen von Schweinfurt im ottonischen Reich. Zeitschr. bayer. Landesgesch. 65, 2002, 839–882. – Seibert 2004 – H. Seibert, Adlige Herrschaft um die Jahrtausendwende. In: E. Schneider/B. Schneidmüller (Hrsg.), Vor 1000 Jahren – Die Schweinfurter Fehde und die Landschaft am Obermain 1003. Schweinfurter Museumsschr. 118, 2004, 65–81.

Seiler 2000 – S. Seiler, Ausgrabungen im Kölner Albansviertel. In: H. G. Horn/H. Hellenkemper/G. Isenberg/ H. Koschik (Hrsg.), Millionen Jahre Geschichte. Fundort Nordrhein-Westfalen. Begleitbuch zur Landesausstellung in Köln (Mainz 2000) 382–385.

Seiler 1977 – S. Seiler, Ausgrabungen in der Kirche St. Kolumba in Köln. Zeitschr. Arch. Mittelalter 5, 1977, 97–119.

Seiler 1984 – S. Seiler, St. Kunibert, Die Ausgrabungen unter dem Westwerk. In: H. Kier/U. Krings (Hrsg.), Köln: Die romanischen Kirchen. Stadtspuren Bd. 1 (Köln 1984) 298–395.

Sicherl/Brink-Kloke 2009 – B. Sicherl/H. Brink-Kloke, Tausend Jahre Stadtentwicklung – Infrastruktur und Metallgewerbe in Dortmund. Arch. Nordrhein-Westfalen 2009 (2010) 101–105.

Siegfried 2011 – K. Siegfried, Die Ausgrabungen zwischen Marienstraße und „Im Düstern". Ein Siedlungsausschnitt im Kontext der werdenden Bischofsstadt Paderborn (Magisterarbeit, Münster 2011).

Sippel 2001 – K. Sippel, Ein frühmittelalterlicher Grabstein aus Großenritte in Nordhessen. In: E. Pohl/U. Recker/C. Theune (Hrsg.), Archäologisches Zellwerk. Beiträge zur Kulturgeschichte in Europa und Asien. Internat. Arch. Stud. honoraria 16. Festschr. Helmut Roth (Rahden/Westf. 2001) 435–445.

Šmahel 2002 – F. Šmahel, Die hussitische Revolution (Hannover 2002).

Soder 1990 – E. Soder v. Güldenstubbe, Christliche Mission und kirchliche Organisation. In: Kolb/Krenig 1990, 91–152.

Sonnemann 2010 – T. Sonnemann, Die Büraburg und das Fritzlar-Waberner Becken im frühen Mittelalter. Stud. Arch. Europa 12 (Bonn 2010).

Spiegel 1984 – E. M. Spiegel, St. Cäcilien. Die Ausgrabungen. Ein Beitrag zur Baugeschichte. In: H. Kier/U. Krings (Hrsg.), Köln: Die romanischen Kirchen. Stadtspuren Bd. 1 (Köln 1984) 209–234.

Spiong 2000 – S. Spiong, Fibeln und Gewandnadeln des 8. bis 12. Jahrhunderts in Zentraleuropa. Eine archäologische Betrachtung ausgewählter Kleidungsbestandteile als Indikatoren menschlicher Identität. Zeitschr. Arch. Mittelalter. Beih. 12 (Bonn 2000).

Spiong 2005 – S. Spiong, Im Schatten der Domburg. Zur Siedlungsentwicklung Paderborns vom späten 8. bis zum 10. Jahrhundert. In: F. Marazzi/S. Gai (Hrsg.), Il cammino di Carlo Magno. Quaderni della ricerca scientifica dell'Università degli Studî Suor Orsola Benincasa (Neapel 2005) 41–56.

Spiong 2008a – S. Spiong, Neuere Untersuchungen der Stadtarchäologie im Paderborner Domstift. In: A. Hardt (Hrsg.), Erzbischöfliches Generalvikariat. Dokumentation zum Umbau 2005–2007 (Paderborn 2008) 60–73.

Spiong 2008b – S. Spiong, Neue Ausgrabungen bei der Paderborner Klosterkirche Abdinghof. Westfälische Zeitschr. 158, 2008, 189–198.

Spiong 2009 – S. Spiong, Neue Forschungen im Paderborner Domkloster an seinem Standort bis 1133. Arch. Westfalen-Lippe 2009 (2010) 60–63.

Spiong 2009b – S. Spiong, Von der bischöflichen Residenz zur mittelalterlichen Stadt – die Stadtgenese Paderborns im Spiegel neuer archäologischer Ausgrabungen. In: J. Jarnut/A. Köb/M. Wemhoff (Hrsg.), Bischöfliches Bauen im 11. Jahrhundert. Mittelalter Stud. 18 (München 2009) 173–190.

Spiong 2010 – S. Spiong, Ausgrabungen am innerstädtischen Hellweg in der Heierstraße in Paderborn. Arch. Westfalen-Lippe (2010; im Druck).

Staab 2001 – F. Staab, Fulda. In: Th. Zotz (Hrsg.), Die deutschen Königspfalzen. Bd. 1: Hessen (Göttingen 2001) 511–611.

Stamm 1955 – O. Stamm, Zur karolingischen Königspfalz in Frankfurt am Main. Germania 33, 1955, 391–401.

Stamm 1962 – O. Stamm, Spätrömische und frühmittelalterliche Keramik der Altstadt Frankfurt am Main. Schr. Frankfurter Mus. Vor- u. Frühgesch. 1 (Frankfurt a. M. 1962).

Staňa 1996 – Č. Staňa, Hledáme hrob sv. Metoděje, Sborník velehradský, třetí řada, 5–23.

Stein 1996 – F. Stein, Die Gräber unter dem Kölner Dom im Vergleich zu anderen Grablegen der Merowingerfamilien. In: Wolff 1996, 99–118.

Stengel 1960a – E. E. Stengel, Die Reichsabtei Fulda in der deutschen Geschichte. In: Ders., Abhandlungen und Untersuchungen zur Geschichte der Reichsabtei Fulda. Veröff. Fuldaer Geschver. 37 (Fulda 1960) 1–26.

Stengel 1960b – E. E. Stengel, Über die karolingischen Cartulare des Klosters Fulda. In: Ders., Abhandlungen und Untersuchungen zur Geschichte der Reichsabtei Fulda. Veröff. Fuldaer Geschver. 37 (Fulda 1960) 147–193.

Stephan 1994 – H.-G. Stephan, Archäologische Erkenntnisse zu karolingischen Klosterwerkstätten in der Reichsabtei Corvey. Arch. Korrbl. 24, 1994, 207–216.

Stephan 2000a – H.-G. Stephan, Mittelalterliche Töpferei in Nordhessen. Fundber. Hessen 32/33, 1992/93 (2000) 207–279.

Stephan 2000b – H.-G. Stephan, Studien zur Siedlungsentwicklung und -struktur von Stadt und Reichskloster Corvey (800–1670). Eine Gesamtdarstellung auf der Grundlage archäologischer und historischer Quellen. Göttinger Schr. Vor- u. Frühgesch. 26 (Neumünster 2000).

Steuer 2007 – H. Steuer, Zentralort. In: Reallexikon Germ. Altertumskde. 35 (2007) 878–914.

Stiegemann/Wemhoff 1999 – Ch. Stiegemann/M. Wemhoff, 799 – Kunst und Kultur zur Karolingerzeit. Beiträge zum Katalog der Ausstellung Paderborn 1999 (Mainz 1999).

Stork 1995 – I. Stork, Fürst und Bauer – Heide und Christ. 10 Jahre archäologische Forschungen in Lauchheim/Ostalbkreis. Arch. Inform. Baden-Württemberg 29 (Stuttgart 1995).

Stork 1997 – I. Stork, Friedhof und Dorf, Herrenhof und Adelsgrab. In: Arch. Landesmus. Baden-Württemberg (Hrsg.), Die Alamannen (Stuttgart 1997) 290–310.

Störmer 1973 – W. Störmer, Die Gründung von Kleinstädten als Mittel herrschaftlichen Territorienaufbaus, gezeigt an fränkischen Beispielen. Zeitschr. Bayer. Landesgesch. 36, 1973, 563–585.

Störmer 1990 – W. Störmer, Im Karolingerreich. In: Kolb/Krenig 1990, 153–204.

Störmer 1996 – W. Störmer, Heinrichs II. Schenkungen an Bamberg zur Topographie und Typologie des Königs- und bayerischen Herzogsguts um die Jahrtausendwende in Franken und Bayern. In: L. Fenske (Hrsg.), Deutsche Königspfalzen 4. Deutsche Königspfalzen. Pfalzen – Reichsgut – Königshöfe (Göttingen 1996) 377–408.

Störmer 1997a – W. Störmer, Von der Vorzeit bis zur fränkischen Staatssiedlung. Innere Entwicklung. In: Kraus 1997, 89–112.

Störmer 1997b – W. Störmer, Franken vom Zeitalter der Karolinger bis zum Interregnum (716/19–1257). Die innere Entwicklung: Staat, Gesellschaft, Kirche, Wirtschaft. In: Kraus 1997, 210–330.

Störmer 1998 – W. Störmer, Entwicklungstendenzen in der ostfränkischen Klosterlandschaft der Karolingerzeit. In: D. R. Bauer u. a. (Hrsg.), Mönchtum – Kirche – Herrschaft 750–1000 (Sigmaringen 1998) 77–97.

Störmer 1999 – W. Störmer, Franken von der Völkerwanderungszeit bis 1268. Dokumente zur Geschichte von Staat und Gesellschaft in Bayern 2,1 (München 1999).

Störmer 2004a – W. Störmer, Franken bis zum Ende der Stauferzeit. In: W. Jahn/J. Schumann/E. Brockhoff (Hrsg.), Edel und frei. Franken im Mittelalter. Veröff. Bayer. Gesch. u. Kultur 47/04 (Augsburg 2004) 17–49.

Störmer 2004b – W. Störmer, Der Adel der Obermainregion im Umkreis der „Schweinfurter" während der ausgehenden Ottonenzeit. In: E. Schneider/B. Schneidmüller (Hrsg.), Vor 1000 Jahren – Die Schweinfurter Fehde und die Landschaft am Obermain 1003. Schweinfurter Museumsschr. 118, 2004, 83–100.

Störmer 2006 – W. Störmer, Die konradinisch-babenbergische Fehde um 900. Ursachen, Anlass Folgen. In: Goetz 2006, 169–183.

Straub 2008 – T. Straub, Über „Ingoldestat" zur Karolingerzeit oder Ingolstadt im 8. und 9. Jahrhundert. In: J. Haberstroh u. a. (Hrsg.), Bayern und Ingolstadt in der Karolinger-Zeit (Ingolstadt 2008) 116–162.

Strott 2006 – N. Strott, Paläodemographie frühmittelalterlicher Bevölkerungen Altbaierns – Diachrone und allopatrische Trends (Diss. München 2006).

Struck 1956 – W. H. Struck, Das St. Georgenstift, die Klöster, das Hospital und die Kapellen in Limburg an der Lahn. Regesten 910-1500. Quellen zur Geschichte der Klöster und Stifte im Gebiet der mittleren Lahn bis zum Ausgang des Mittelalters I. Veröff. Hist. Komm. Nassau XII, 1 (Wiesbaden 1956).

Struck 1972 – W.-H. Struck, Die Stiftsgründungen der Konradiner im Gebiet der mittleren Lahn. Rhein. Vierteljahresbl. 36, 1972, 28–52.

Struck 1986 – W.-H. Struck, Die Gründung des Stifts St. Georg und die Erbauung der heutigen Kathedrale in Limburg a. d. Lahn. Nassauer Ann. 97, 1986, 1–31.

Struck 1988 – W.-H. Struck, Die Stifte St.Severus in Gemüden, St. Maria in Diez mit ihren Vorläufern St.Petrus in Kettenbach, St. Adelphus in Salz. Germania Sacra N. F. 25. Die Bistümer der Kirchenprovinz Trier/ Das Erzbistum Trier 5 (Berlin, New York 1988) 28–39.

Struck 1990a – W.-H. Struck, Nachträge zu Konrad Kurzbold, Gaugraf des Niederlahngaus und Gründer des Stifts St.Georg in Limburg an der Lahn (✝ 948). Nassauer Ann. 101, 1990, 1–6.

Struck 1990b – W.-H. Struck, Die Stifte St. Walpurgis in Weilburg und St. Martin in Idstein. Germania Sacra N. F. 27. Die Bistümer der Kirchenprovinz Trier. Das Erzbistum Trier 6 (Berlin, New York 1990).

Süss 1978 – L. Süss, Die frühmittelalterliche Saline von Bad Nauheim. Mat. Vor- u. Frühgesch. Hessen 3 (Frankfurt a. M. 1978).

Theobald 1933 – W. Theobald, Technik des Kunsthandwerks im zehnten Jahrhundert des Theophilus Presbyter Diversarum artium Schedula (Berlin 1933).

Theune 2008 – C. Theune, Zentrum und Peripherie – Aussagemöglichkeiten zum mittelalterlichen Handwerk aufgrund archäologischer Quellen. In: Melzer 2008, 13–26.

Theuws 1997 – F. Theuws, Haus, Hof und Siedlung im nördlichen Frankenreich 6.–8. Jahrhundert. In: A. Wieczorek (Hrsg.), Die Franken, Les Francs. Wegbereiter Europas, Précurseurs de l'Europe 5. bis 8. Jahrhundert n. Chr. Ausstellungskatalog (Mainz 1997) 754–768.

Thiedmann 2000 – A. Thiedmann, Die Siedlung von Geismar bei Fritzlar. Arch. Denkmäler Hessen 2 ²(Wiesbaden 2000).

Thiedmann 2001 – A. Thiedmann, Die spätkarolingerzeitliche Tuchmacherei in der frühgeschichtlichen Siedlung von Fritzlar-Geismar im Schwalm-Eder-Kreis. In: E. Pohl/U. Recker/C. Theune (Hrsg.), Archäologisches Zellwerk. Beiträge zur Kulturgeschichte in Europa und Asien. Festschr. Helmut Roth. Internat. Arch. Studia honoraria 16 (Rahden/Westf. 2001) 531–540.

Thiedmann 2005 – A. Thiedmann, Die Kesterburg auf dem Christenberg und die Siedlung Geismar bei Fritzlar. Neue Erkenntnisse aus alten Grabungen. Zeitschr. Arch. Mittelalter 33, 2005, 163–171.

Thiedmann, im Druck – A. Thiedmann, Die eisenzeitliche bis hochmittelalterliche Siedlung bei Fritzlar-Geismar, Schwalm-Eder-Kreis. Die Siedlungsbefunde aus den Grabungen der Jahre 1973–1980. Mat. Vor- u. Frühgesch. Hessen 12, 3 (Wiesbaden im Druck).

Thier 2005a – B. Thier, Spuren des Alltagslebens in Mimigernaford – Archäologische Funde zur frühen Stadtgeschichte Münsters aus dem 9.–12. Jahrhundert. In: Isenberg/Rommé 2005, 255–270.

Thier 2005b – B. Thier, Mimigernaford – Monasterium – Münster. 400 Jahre Siedlungsentwicklung vom Dorf zur Stadt. In: Isenberg/Rommé 2005, 243–254.

Timpel 1995 – W. Timpel, Die früh- und hochmittelalterliche Keramik im westlichen Thüringen (8.–12. Jh.). Weimarer Monogr. Ur- u. Frühgesch. 33 (Stuttgart 1995).

Třeštík 1999 – D. Třeštík, Místo Velké Moravy v dějinách. Ke stavu a potřebám bádání o Velké Moravě. Český časopis historický 97, 1999, 689–727.

Třeštík 2000 – D. Třeštík, Anläufe zur Gestaltung des slawischen Reiches: Großmähren. In: A. Wieczorek/H.-M. Hinz (Hrsg.), Europas Mitte um 1000, Handbuch zur Ausstellung. Bd. 1 (Stuttgart 2000) 298–303.

Treude 2005 – E. Treude, Die Höfe bei Dreihausen. Fundber. Hessen 39/40, 1999/2000 (2005), 1–70.

Trier 2002 – M. Trier, Köln im frühen Mittelalter: Zur Stadt des 5. bis 10. Jahrhunderts aufgrund archäologischer Quellen. In: Henning 2002, 301–310.

Trier 2005a – M. Trier, Müll und Abwasser in der Colonia. Siedlungshygiene im frühmittelalterlichen Köln. In: Ders. (Hrsg.), Krank/gesund. 2000 Jahre Krankheit und Gesundheit in Köln (Köln 2005) 54–69.

Trier 2005b – M. Trier, Archäologie in Kölner Kanälen – In den Fußstapfen von Rudolf Schultze und Carl Steuernagel Archäologie in Kölner Kanälen, in: H. G. Horn/H. Hellenkemper/G. Isenberg/J. Kunow (Hrsg.), Von Anfang an – Archäologie in Nordrhein-Westfalen. Schr. Bodendenkmalpfl. Nordrhein-Westfalen 8 (Mainz 2005) 160–167.

Trier 2011 – M. Trier, Köln im Mittelalter: Erzbischöfliche Kapitale und europäisches Handelszentrum. In: Die Salier. Macht im Wandel. Ausstellungskatalog Speyer 2011 (Speyer 2011) 184–186.

Trost 1991 – V. Trost, Die Buchherstellung im Mittelalter (Stuttgart 1991).

Ulbricht 1978 – I. Ulbricht, Die Geweihverarbeitung in Haithabu. Ausgr. Haithabu 7 (Neumünster 1978).

Untermann 2006 – M. Untermann, Rez. zu Krause 2002. In: Kontinuität und Diskontinuität im archäologischen Befund = Mitt. Deutschen Ges. Arch. Mittelalter u. d. Neuzeit 17, 2006, 144–147.

Untermann 2008 – M. Untermann, Handwerk im Kloster. In: Melzer 2008, 27–36.

Untermann 2010 – M. Untermann, Bauten zur Beherbergung vornehmer Gäste in frühmittelalterlichen Klöstern In: H. R. Sennhauser (Hrsg.), Pfalz – Kloster – Klosterpfalz in St. Johann in Müstair. Historische und archäologische Fragen. Acta Müstair 2 (Zürich 2010) 183–196.

Varna 2002 – E. Varna, Kleidung. In: Lexikon des Mittelalters 5 (München 2002) Sp. 1198–1200.

Vavřínek 2000 – V. Vavřínek, Mission in Mähren: Zwischen dem lateinischen Westen und Byzanz. In: A. Wieczorek/H.-M. Hinz (Hrsg.), Europas Mitte um 1000, Handbuch zur Ausstellung. Bd. 1 (Stuttgart 2000) 304–310.

Verstegen 2006 – U. Verstegen, Ausgrabungen und Bauforschungen in St. Gereon zu Köln. Kölner Forsch. 9 (Mainz 2006).

Vögler 2005 – G. Vögler, Konrad I. (911–918). Konrad I. – Der König, der aus Hessen kam (Fulda 2005).

Vögler 2006 – G. Vögler, König Konrads I. Bestattungswunsch vor dem Hintergrund seines persönlichen Umfeldes, der politischen Konstellationen und religiösen Vorstellungen seiner Zeit. In: Goetz 2006, 437–456.

Vogtherr 2006 – T. Vogtherr, Das Nachleben Konrads I. in dokumentarischen Quellen. In: Goetz 2006, 329–337.

Vogts 1914 – H. Vogts, Das Kölner Wohnhaus bis zur Mitte des 19. Jahrhunderts (Köln 1914).

Volbach 1921 – W. F. Volbach, Metallarbeiten des christlichen Kultes in der Spätantike und im frühen Mittelalter. Kat. RGZM 9 (Mainz 1921).

Volk 2006 – O. Volk, Der Alltag auf Burgen im Spiegel der mittelalterlichen Rechnungsüberlieferung. In: Zeune 2006, 19–25.

Volkert 1995 – W. Volkert, Staat und Kirche. Die staatliche Organisation. In: A. Kraus (Hrsg.), Geschichte der Oberpfalz und des bayerischen Reichskreises bis zum Ausgang des 18. Jahrhunderts. Handb. bayer. Gesch. 3/3 (München 1995) 145–162.

Vonderau 1899 – J. Vonderau, Pfahlbauten im Fuldathale. 1. Veröff. Fuldaer Geschver. (Fulda 1899).

Vonderau 1919 – J. Vonderau, Die Ausgrabungen am Dome zu Fulda in den Jahren 1908–1913. 16. Veröff. Fuldaer Geschver. (Fulda 1919).

Vonderau 1920 – J. Vonderau, Vor- und frühgeschichtliche Durchgangswege im Fuldaer Lande. Fuldaer Geschbl. 14, 1920, 129–154.

Vonderau 1924 – J. Vonderau, Die Ausgrabungen am Dome zu Fulda in den Jahren 1919–1924. 17. Veröff. Fuldaer Geschver. (Fulda 1924).

Vonderau 1925 – J. Vonderau, Die Ausgrabungen an der Stiftskirche zu Hersfeld in den Jahren 1921 und 1922. 18. Veröff. Fuldaer Geschver. (Fulda 1925).

Vonderau 1931 – J. Vonderau, Denkmäler aus vor- und frühgeschichtlicher Zeit im Fuldaer Lande. 21. Veröff. Fuldaer Geschver. (Fulda 1931).

Vonderau 1944 – J. Vonderau (Hrsg.), Die Gründung des Klosters Fulda und seine Bauten bis zum Tode Sturms (Fulda 1944).

Vonderau 1946 – J. Vonderau, Die Ausgrabungen am Domplatz zu Fulda im Jahre 1941. Ein merowingischer Gutshof auf dem nachmaligen Klostergelände. 26. Veröff. Fuldaer Geschver. (Fulda 1946).

Vreeken 1994 – H. Vreeken, Kunstnijverheid. Middeleeuwen en Renaissance. Decorative Art: Middle Ages and Renaissance (Rotterdam 1994).

Wach 2006 – W. Wach, Art. Velden. Handb. Hist. Stätten Bayern 2. Franken (Stuttgart 2006).

Wagner 2001 – U. Wagner (Hrsg.), Geschichte der Stadt Würzburg. Bd. I: Von den Anfängen bis zum Ausbruch des Bauernkriegs (Stuttgart 2001).

Wamers 1994 – E. Wamers, Die frühmittelalterlichen Lesefunde aus der Löhrstraße (Baustelle Hilton II) in Mainz. Mainzer Arch. Schr. 1 (Mainz 1994).

Wamers 2001 – E. Wamers, Vom römischen Militärstützpunkt zur karolingischen Pfalz. Neue Aspekte zur Kontinuität auf dem Domhügel in Frankfurt am Main. In: S. Felgenhauer-Schmiedt/A. Eibner/H. Knittler (Hrsg.), Zwischen Römersiedlung und mittelalterlicher Stadt. Archäologische Aspekte zur Kontinuitätsfrage. Beitr. Mittelalterarch. Österreich 17, 2001, 67–88.

Wamers 2005 – E. Wamers, Insignien der Macht. In: E. Wamers/M. Brandt (Hrsg.), Die Macht des Silbers. Karolingische Schätze im Norden. Katalog zur Ausstellung im Archäologischen Museum Frankfurt und im Dom-Museum Hildesheim (Regensburg 2005) 35–61.

Wamers 2008 – E. Wamers, Franconofurd. Die karolingisch-ottonische Kaiserpfalz Frankfurt am Main. 3D-Computerrekonstruktion des Archäologischen Museums Frankfurt und von Architectura Virtualis GmbH Darmstadt (M. Grellert/E. Heller/M. Koob) (Frankfurt a. M., Darmstadt 2008).

Wamser 1991 – L. Wamser, Archäologisches zur Frühgeschichte Karlburgs. In: Gertrud in Franken. Kat. Marmelsteiner Kabinett 6 (Würzburg 1991) 17–26.

Wamser 1992a – L. Wamser, Zur archäologischen Bedeutung der Karlburger Befunde. In: Lenssen/Wamser 1992, 319–343.

Wamser 1992b – L. Wamser, Erwägungen zur Topografie und Geschichte des Klosters Neustadt am Main und seiner Mark. In: Lenssen/Wamser 1992, 163–208.

Wamser 1999 – L. Wamser, Zu einer Tatinger Kanne und ausgewählten Kleinfunden von Karlburg am Main. In: Ders. (Hrsg.), Dedicatio. Hermann Dannheimer zum 70. Geburtstag. Kat. Prähist. Staatsslg. München, Beih. 5 (Kallmünz/Opf. 1999) 206–242.

Wand 1992 – N. Wand, Holzheim bei Fritzlar in salischer Zeit – Ein nordhessisches Dorf mit Herrensitz, Fronhof und Eigenkirche. In: H. W. Böhme (Hrsg.), Siedlungen und Landesausbau zur Salierzeit I. Monogr. RGZM 27 (Sigmaringen 1992) 169–210.

Wand 2002a – N. Wand, Holzheim bei Fritzlar. Archäologie eines mittelalterlichen Dorfes. Mit Beiträgen von K. Donat u. a. Kasseler Beitr. Vor- u. Frühgesch. 6 (Rahden/Westf. 2002).

Wand 2002b – N. Wand, Die Ausgrabungen in der Dorfwüstung Holzheim. In: Wand 2002a, 47–156.

Wanderwitz 1984 – H. Wanderwitz, Ambergs Frühgeschichte – offene Fragen. In: K.-O. Ambronn u. a., Amberg 1034–1984. Aus tausend Jahren Stadtgeschichte (Amberg 1984) 35–44.

Weber 2007 – A. O. Weber, Die Geschichte von Pfalz und Pfalzumland von Forchheim, Oberehrenbach 2007. In: M. Kern (Hrsg.), Oberehrenbach. Dorfchronik der ehemals freieigenen fränkischen Gemeinde (Oberehrenbach 2007) 8–13.

Wehlt 1970 – H.-P. Wehlt, Reichsabtei und König. Dargestellt am Beispiel der Abtei Lorsch mit Ausblicken auf Hersfeld, Stablo und Fulda. Veröff. Max-Planck-Inst. Gesch. 28 (Göttingen 1970).

Wehner 2003 – Th. Wehner, Realschematismus der Diözese Würzburg. Dekanat Karlstadt (Würzburg 2003).

Weidinger 1991 – U. Weidinger, Untersuchungen zur Wirtschaftsstruktur des Klosters Fulda in der Karolingerzeit. Monogr. Gesch. Mittelalter 36 (Stuttgart 1991).

Weigel 1953 – H. Weigel, Straßen, Königscentene und Klöster im karolingischen Mainfranken. Jahrb. Fränk. Landesforsch. 13, 1953, 7–54.

Weigel 1959a – H. Weigel, Ostfranken im frühen Mittelalter. Altstraßen und Ortsnamen als Hilfsmittel der Forschung. Bl. Dt. Landesgesch. 95, 1959, 127–211.

Weigel 1959b – H. Weigel, Der karolingische Pfalzort Forchheim (725–912). Jahrb. fränk. Landesforsch. 19, 1959, 135–170.

Wemhoff 1993 – M. Wemhoff, Damenstift Herford. Die archäologischen Ergebnisse zur Geschichte der Profan- und Sakralbauten seit dem 8. Jahrhundert. Denkmalpfl. u. Forsch. Westfalen 24 (Bonn 1993).

Wendehorst 1980 – A. Wendehorst, Das benediktinische Mönchtum im mittelalterlichen Franken. In: Untersuchungen zu Kloster und Stift. Stud. Germania Sacra 14. Veröff. Max-Planck-Ges. Gesch. 68 (Göttingen 1980) 39–60.

Werner 1969 – J. Werner, Der Sporn von Bacharach und das Seeheimer Schmuckstück. Bemerkungen zu zwei Denkmälern des 9. Jahrhunderts vom Mittelrhein. In: K.-H. Otto/J. Herrmann (Hrsg.), Siedlung, Burg und Stadt. Deutsche Akad. Wiss. Berlin, Schr. Sektion Vor- u. Frühgesch. 25 (Berlin 1969) 497–506.

Weyres 1935 – W. Weyres, Der Georgdom zu Limburg – Festschrift zur Siebenhundertjahrfeier (Limburg 1935) 76.

Widemann 1988 – J. Widemann (Bearb.), Die Traditionen des Hochstifts Regensburg und des Klosters S. Emmeram, Quellen u. Erörterungen zur Bayer. Gesch. N. F. 8 (Neudruck Aalen 1988).

Wiedenau 1979 – A. Wiedenau, Romanischer Wohnbau im Rheinland. Veröff. Abt. Architektur Kunsthist. Inst. Uni. Köln 16 (Köln 1979).

Wies 1992 – E. W. Wies, „Capitulare de villis et curtis imperabilibus" (Verordnung über die Krongüter und Reichshöfe) und die Geheimnisse des Kräutergartens Karls des Großen (Aachen 1992).

Wild 1994 – M. Wild, Die Stiftskirche St. Severus in Gemünden. Baugeschichte und Bedeutung eines mittelalterlichen Kirchenbaus im Westerwald. Veröff. Ges. hist. Hilfswiss. 2 (Koblenz 1994).

Willerding 1993 – U. Willerding, Landwirtschaftliche Produktionsstrukturen im Mittelalter. In: Herrmann 1993, 244–256.

Willerding 2002 – U. Willerding, Paläo-ethnobotanische Beiträge zur Rekonstruktion der Lebens- und Umweltverhältnisse von Holzheim. In: Wand 2002a, 479–484.

Wintergerst 2002 – M. Wintergerst, Hoch- und spätmittelalterliche Keramik aus der Altstadt Frankfurt am Main. Schr. Arch. Mus. Frankfurt 18 (Frankfurt a. M. 2002).

Wintergerst 2007 – M. Wintergerst, Franconofurd I: Die Befunde der karolingisch-ottonischen Pfalz aus den Frankfurter Altstadtgrabungen 1953–1993. Mit einem Beitrag von Egon Wamers (Schr. Frankfurter Mus. Vor- u. Frühgesch. – Arch. Mus. 22/1) (Frankfurt a. M. 2007).

Wolff 1996 – A. Wolff (Hrsg.), Die Domgrabung Köln. Altertum – Frühmittelalter – Mittelalter. Koll. Baugesch. u. Arch. 14.–17.3.1984 in Köln. Vortr. u. Diskussionen = Stud. Kölner Dom 2 (Köln 1996).

Wolfram 2000 – H. Wolfram, Konrad II. 990–1039. Kaiser dreier Reiche (München 2000).

Wolfram 2009 – H. Wolfram, Könige als Erben der Imperatoren. In: Das Königreich der Vandalen. Erben des Imperiums in Nordafrika. Kat. Landesausstellung Bad. Landesmus. Karlsruhe (Mainz 2009) 19–25.

Wollasch 1989 – J. Wollasch, Totengedenken im Reformmönchtum. In: R. Kottje/H. Maurer (Hrsg.), Monastische Reformen im 9. und 10. Jahrhundert. Vorträge u. Forsch. 28 (Sigmaringen 1989) 147–166.

Wurm 1996 – H. Wurm, Körpergröße und Ernährung der Deutschen im Mittelalter. In: Herrmann 1996, 101–108.

Zäh 1999 – H. Zäh, Machtwechsel am Rhein. Salvianus von Marseille beschreibt den Übergang zur fränkischen Herrschaft. In: W. Rosen/L. Wirtler (Hrsg.), Quellen zur Geschichte der Stadt Köln. Bd. I: Antike und Mittelalter von den Anfängen bis 1396/97 (Köln 1999) 59–63.

Zapotetzky 1980 – W. Zapotetzky, Karlstadt. Geschichte einer Stadt in Franken (Ochsenfurt 1980).

Zettler 1997 – A. Zettler, Einzug der Mönche, Kultur durch Klöster. In: Arch. Landesmus. Baden-Württemberg (Hrsg.), Die Alamannen (Stuttgart 1997) 481–490.

Zeune 2006 – J. Zeune (Hrsg.), Alltag auf Burgen im Mittelalter. Veröff. Dt. Burgenver. R. B, Schr. 10 (Braubach 2006).

Zieling 1990 – N. Zieling, Dortmund (Innenstadt, „Adlerturm"). In: Archäologische Bodendenkmalpflege, Fundchronik 1986: Regierungsbezirk Arnsberg. Ausgr. u. Funde Westfalen-Lippe 6A, 1990, 165–166.

Zöllner 1970 – E. Zöllner, Geschichte der Franken bis zur Mitte des sechsten Jahrhunderts (München 1970).

Zotz 1984 – T. Zotz, Königspfalz und Herrschaftspraxis im 10. und frühen 11. Jahrhundert. Bl. dt. Landesgesch. 120, 1984, 19–46.

Zotz 1991 – T. Zotz, Präsenz und Repräsentation. Beobachtungen zur königlichen Herrschaftspraxis im hohen und späten Mittelalter. In: A. Lüdtke (Hrsg.), Herrschaft als soziale Praxis (Göttingen 1991) 168–194.

Zotz 2003 – T. Zotz, Pfalz und Pfalzen. Reallexikon Germ. Altertumskde. 23, 2003, 640–645.

Żak 1956 – J. Żak, Z dziejów znajomości pisma w Polsce. Slavia Antiqua 5, 1954–1956, 377–398.

Quellen

Annales Alamannici – W. Lendi (Hrsg.), Untersuchungen zur frühalemannischen Annalistik. Die Murbacher Annalen, Freiburg/Schweiz 1971.

Annales fuldenses – R. Rau (Bearb.), Quellen zur karolingischen Reichsgeschichte. Teil 3. In: R. Buchner (Hrsg.), Ausgewählten Quellen zur Geschichte des Mittelalters. Bd. VII [3] (Darmstadt 1975).

CDF – E. F. J. Dronke (Hrsg.), Codex diplomaticus Fuldensis (Kassel 1850).

CE – H. Meyer zu Ermgassen (Hrsg.), Der Codex Eberhardi des Klosters Fulda. Veröff. Hist. Komm. Hessen 58/1–3 (Marburg 1995–2007).

CTF – J. F. Schannat (Hrsg.), Corpus Traditionum Fuldensium (Leipzig 1724).

FUB – E. E. Stengel (Bearb.), Urkundenbuch des Klosters Fulda 1 (Die Zeit der Äbte Sturmi und Baugulf). Veröff. Hist. Komm. Hessen u. Waldeck X, 1 (Marburg 1958).

FSGA – Freiher vom Stein-Gedächtnisausgabe

Gesta abbatum – K. Schmid (Hrsg.), Die Klostergemeinschaft von Fulda im früheren Mittelalter. Bd. 1. Münstersche Mittelalter-Schriften 8/1 (München 1978) 212–213.

MB 28 – Monumenta Boica.

MGH – Monumenta Germaniae Historica.

Vita Sturmi – P. Engelbert, Eigil: Das Leben des Abtes Sturmi. Fuldaer Geschbl. 56, 1980, 17–49.